Möglichkeiten und Grenzen des Städtebaurechts zur Mietensteuerung am Beispiel Berlin

Europäische Hochschulschriften Recht

European University Studies in Law
Publications Universitaires Européennes de Droit

BAND 6848

Kris Breudel

Möglichkeiten und Grenzen des Städtebaurechts zur Mietensteuerung am Beispiel Berlin

PETER LANG
Berlin · Bruxelles · Chennai · Lausanne · New York · Oxford

Bibliografische Information der Deutschen Nationalbibliothek
Die Deutsche Nationalbibliothek verzeichnet diese Publikation in der Deutschen Nationalbibliografie; detaillierte bibliografische Daten sind im Internet über http://dnb.d-nb.de abrufbar.

Zugl.: Halle-Wittenberg, Univ., Diss., 2025

DE-3
ISSN (Print) 3052-8291
ISSN (eVersion) 3052-8305
ISBN 978-3-631-94157-7 (Print)
ISBN 978-3-631-94193-5 (ePDF)
ISBN 978-3-631-94194-2 (ePUB)
DOI 10.3726/b23123

Verlegt durch Peter Lang GmbH, Berlin (Deutschland)

info@peterlang.com

www.peterlang.com

Kontaktadresse nach EU-Produktsicherheitsverordnung: gpsr@peterlang.com

Inhaltsverzeichnis

Einleitung

Ein für alle bezahlbarer Wohnraum ist in den letzten Jahrzehnten zu einer gesellschaftlich fundamentalen Streitfrage geworden.[1] Das Thema des Wohnraumes beschäftigt demzufolge auch den politischen Diskurs in vielfältiger Form. Unstrittig ist: Die Nachfrage nach Wohnraum übersteigt das Angebot, und Wohnraum ist für jede und jeden von essenzieller Bedeutung.[2] Eine Wohnung ist nicht nur wichtig, weil sie vor Witterung schützt, sondern stellt auch einen wichtigen persönlichen Rückzugsort dar.[3] So bietet sie Raum

---

1 Vgl. so unter anderem etwa in den Wahlprogrammen der Bundestagswahl 2021: mit dem Vorschlag eines runden Tisches aus Unternehmen der Privatwirtschaft und der öffentlichen Hand zur Schaffung bezahlbaren Wohnraums: SPD, Aus Respekt vor deiner Zukunft, Das Zukunftsprogramm der SPD, Seite 37, abrufbar unter: https://www.spd.de/fileadmin/Dokumente/Beschluesse/Programm/SPD-Zukunftsprogramm.pdf (zuletzt abgerufen am 26. April 2025); für ein Recht auf Wohnen und mehr sozialen Wohnraum: BÜNDNIS 90/DIE GRÜNEN, Deutschland. Alles ist drin. Bundestagswahlprogramm 2021, Seite 130 f., abrufbar unter: https://cms.gruene.de/uploads/documents/Wahlprogramm-DIE-GRUENEN-Bundestagswahl-2021_barrierefrei.pdf (zuletzt abgerufen am 26. April 2025); zur Einführung eines Bundesmietendeckels, DIE LINKE, Wohnen bezahlbar machen, abrufbar unter: https://www.die-linke.de/themen/wohnen/ (zuletzt abgerufen am 26. April 2025).

2 Vgl. Investitionsbank Berlin, IBB Wohnungsmarktbericht 2020 – Zusammenfassung, Seite 3 f., abrufbar unter: https://www.ibb.de/media/dokumente/publikationen/berliner-wohnungsmarkt/wohnungsmarktbericht/ibb_wmb_zusammenfassung_2020.pdf (zuletzt abgerufen am 26. April 2025).

3 Vgl. zur Definition von Wohnraum: Bundesgerichtshof, Beschluss vom 15. Dezember 1959 – VIII ZB 28.59, NJW 1960, 526 (527); Bayerischer Verwaltungsgerichtshof, Beschluss vom 14. Juli 1993 – 20 N 93.309, NVwZ-RR 1994, 251 (252); Papier, in:

für die Gestaltung des privaten Lebens, also des Teils, der der Öffentlichkeit gerade entzogen werden soll.[4] Es lässt sich damit einleitend festhalten, dass Wohnraum für jede und jeden einen zentralen Punkt im Leben darstellt.[5]

1.1 Rahmenbedingungen

Der Preis für Wohnraum steigt in Deutschland über die letzten Jahre signifikant an.[6] Dies gilt insbesondere für Großstädte, allen voran für die Stadt Berlin: Zwischen 2010 und 2017 sind die Preise hier für die Neu- und bei Wiedervermietung um 67,8 Prozent angewachsen.[7] In den darauffolgenden Jahren 2017, 2018 und 2019 stiegen diese nochmals um weitere 39,1 %.[8] Es liegt somit ein anhaltender erheblicher Preisanstieg mit Blick auf die Neu- und Wiedervermietung von Wohnraum vor,[9] der die Gefahr birgt, dass

---

Dürig/Herzog/Scholz, Grundgesetz-Kommentar, Stand: Oktober 2024, Art. 13 Rn. 1 f.; Krumme, Die Wohnung im Recht, Stand: 2004, Seite 100 f.

4 Vgl. dazu auch: Merten/Papier, Handbuch der Grundrechte in Deutschland und Europa, Bd. IV, 2011, § 91 Rn. 6 f.; Hofe, ZRP 1995, 169; Steiner, Das Grundrecht der Unverletzlichkeit der Wohnung, Stand: 1959, Seite 32 f.; Klaus, DÖV 1954, 392 (394).

5 Vgl. so auch: Bundesverfassungsgericht, Beschluss vom 18. Juli 2019 – 1 BvL 1.18, 1 BvL 4.18, 1 BvR 1595.18, NJW 2019, 3054 Rn. 77 f.; Beschluss vom 26. Mai 1993 – 1 BvR 208.93, NJW 1993, 2035 (2036); Beschluss vom 23. April 1974 – 1 BvR 6.74 und 2270.73, NJW 1974, 1499 (1500); Urteil vom 4. Februar 1975 – 2 BvL 5.74, NJW 1975, 727 (727); Beschluss vom 15. Oktober 1996 – 1 BvL 44.92, NJW 1997, 722 (722); Landesgericht Berlin, Urteil vom 25. April 2018 – 65 S 238.17, BeckRS 2018, 11478 Rn. 43 f.; Blankenagel/Schröder/Spoerr, NZM 2015, 1 (16); so auch Kluth, Die Verortung von Wohnungsgenossenschaften im System der Vergesellschaftung, DVBl 2022, 879 (880).

6 Vgl. Bundesministerium für Wirtschaft und Energie, Gutachten des Wissenschaftlichen Beirats beim Bundesministerium für Wirtschaft und Energie, Soziale Wohnungspolitik, Stand 17. Juli 2018, Seite 4, abrufbar unter https://www.bmwi.de/Redaktion/DE/Publikationen/Ministerium/Veroeffentlichung-Wissenschaftlicher-Beirat/gutachten-wissenschaftlicher-beirat-soziale-wohnungspolitik.pdf?__blob=publicationFile&v=4 (zuletzt besucht am 29. Mai 2022).

7 Vgl. Investitionsbank Berlin, IBB Wohnungsmarktbericht 2020 – Zusammenfassung, Seite 3 f., abrufbar unter: https://www.ibb.de/media/dokumente/publikationen/berliner-wohnungsmarkt/wohnungsmarktbericht/ibb_wmb_zusammenfassung_2020.pdf (zuletzt abgerufen am 26. April 2025).

8 Vgl. Investitionsbank Berlin, IBB Wohnungsmarktbericht 2020 – Zusammenfassung, Seite 3 f.

9 Vgl. Investitionsbank Berlin, IBB Wohnungsmarktbericht 2020 – Zusammenfassung, Seite 3 f.

in Zukunft nur noch diejenigen in Berlin wohnen werden, die sich dies auch finanziell leisten können.[10] Um zu verhindern, dass die Stadt nur noch für wenige Bevölkerungsschichten bewohnbar sein wird, braucht es daher ein akzeptables Mietangebot für möglichst alle.[11]

Die im gesellschaftlichen, politischen und rechtlichen Diskurs thematisierten Lösungsansätze fallen beträchtlich auseinander: Auf der einen Seite reichen die Vorschläge von der Einführung einer Mietobergrenze bis hin zur Verstaatlichung von Immobilienunternehmen.[12] Auf der anderen Seite wird argumentiert, dass bereits kleinste staatliche Eingriffe in den Wohnungsmarkt eben letzteren massiv beschädigen würden und daher unbedingt zu verhindern seien.[13]

Die Relevanz dieses Thema beschränkt sich keinesfalls auf den gesellschaftspolitischen Diskurs. Längst ist es zu einer rechtlichen Fragestellung und zum Gegenstand rechtlicher Verfahren und Auseinandersetzungen geworden. Hierzu reicht es bereits, wenn man auf gerichtliche

---

10 Vgl. so auch: Berliner Modell, Leitlinien für den Abschluss städtebaulicher Verträge im Land Berlin, Stand: 1. August 2018, Seite 7 f., abrufbar unter: https://www.stadtentwicklung.berlin.de/wohnen/wohnungsbau/de/vertraege/ (zuletzt abgerufen am 26. April 2025); Senatsverwaltung für Stadtentwicklung und Wohnen, Berliner Modell – eine Zwischenbilanz vom 5. Juni 2019, Seite 2 f., abrufbar unter: https://www.parlament-berlin.de/ados/18/StadtWohn/vorgang/sw18-0152-Präsentation-SenStadtWohn.pdf (zuletzt abgerufen am 26. April 2025).

11 Vgl. so auch: Berliner Modell, Leitlinien für den Abschluss städtebaulicher Verträge im Land Berlin, Stand: 1. August 2018, Seite 7 f.; Senatsverwaltung für Stadtentwicklung und Wohnen, Berliner Modell – eine Zwischenbilanz vom 5. Juni 2019, Seite 2 f.

12 Vgl. bspw. Pressemitteilung der Partei DIE LINKE, abrufbar unter https://www.miete-bezahlbar.de/faq/vonovia-enteignen/ (zuletzt abgerufen am 26. April 2025); Pressemitteilung der Initiative „Deutsche Wohnen & Co enteignen", abrufbar unter https://www.dwenteignen.de/2018/10/volksentscheid-langversion-beschlusstext/ (zuletzt abgerufen am 26. April 2025).

13 Vgl. kritisch dazu: Gutachten des Beirats des Bundeswirtschaftsministeriums zum Wohnungsbau vom 23. August 2018, Seite 7 f., abrufbar unter https://www.bmwi.de/Redaktion/DE/Publikationen/Ministerium/Veroeffentlichung-Wissenschaftlicher-Beirat/gutachten-wissenschaftlicher-beirat-soziale-wohnungspolitik.html (zuletzt abgerufen am 26. April 2025); Stellungnahme des Deutschen Verbandes für Wohnungswesen, Städtebau und Raumordnung e.V., Seite 3 f., abrufbar unter https://www.deutscher-verband.org/fileadmin/user_upload/documents/Kommentare/Kommentar_Enteignungsdebatte_LANG_Michael-Groschek_DV_20190328.pdf (zuletzt abgerufen am 26. April 2025).

Auseinandersetzungen der letzten Jahre blickt: Erst am 16. Juli 2020 hat der Bayerische Verfassungsgerichtshof geurteilt, dass das Volksbegehren „#6 Jahre Mietenstopp“ zur Begrenzung der Miethöhe in 162 Gemeinden mit angespanntem Wohnungsmarkt in Bayern unzulässig sei.[14] Dem Landesgesetzgeber fehle die Gesetzgebungskompetenz nach Art. 72 Abs. 1 Grundgesetz, entschied das Gericht.[15] Dem ist das Bundesverfassungsgericht in seiner Entscheidung zum Berliner Gesetz zur Mietenbegrenzung im Wohnungswesen in Berlin (MietenWoG Bln, auch „Berliner Mietendeckel“ genannt) mit seiner Entscheidung am 25. März 2021 im Ergebnis gefolgt.[16] Das Gericht hat darin entschieden, dass „Regelungen zur Miethöhe für frei finanzierten Wohnraum, der auf dem freien Wohnungsmarkt angeboten werde (ungebundener Wohnraum)“,[17] in die Zuständigkeit des Bundesgesetzgebers falle.[18] In der Folge hat das Bundesverfassungsgericht das MietenWOG Bln für nichtig erklärt.[19]

Dennoch bleibt das Thema Wohnen rechtlich wie politisch, insbesondere mit Blick auf die Sozialverträglichkeit, weiter eine Streitfrage.[20] Dafür spricht auch der jüngste Erfolg einer Initiative unter dem Titel „Deutsche

---

[14] Vgl. Bayerischer Verfassungsgerichtshof, Entscheidung vom 16. Juli 2020 – 32-IX-20, NVwZ 2020, 1429; dazu auch Herrlein, NJW 2020, 2857 Rn. 21.

[15] Vgl. Bayerischer Verfassungsgerichtshof, Entscheidung vom 16. Juli 2020 – 32-IX-20, NVwZ 2020, 1429; dazu auch Herrlein, NJW 2020, 2857 Rn. 21.

[16] Vgl. Bundesverfassungsgericht, Beschluss vom 25. März 2021 – 2 BvF 1.20, 2 BvL 4.20, 2 BvL 5.20, NJW 2021, 1377 (1377).

[17] Bundesverfassungsgericht, Beschluss vom 25. März 2021 – 2 BvF 1.20, 2 BvL 4.20, 2 BvL 5.20, NJW 2021, 1377 (Ls.).

[18] Vgl. Bundesverfassungsgericht, Beschluss vom 25. März 2021 – 2 BvF 1.20, 2 BvL 4.20, 2 BvL 5.20, NJW 2021, 1377 (1377).

[19] Vgl. Bundesverfassungsgericht, Beschluss vom 25. März 2021 – 2 BvF 1.20, 2 BvL 4.20, 2 BvL 5.20, NJW 2021, 1377 (1377).

[20] Vgl. im Anschluss an die Entscheidung bereits: Sachs, JuS 2021, 572; Hillgruber, JA 2021, 614; dazu auch die Programme der politischen Parteien: Bündnis 90/DIE GRÜNEN, abrufbar unter: https://www.gruene.de/artikel/wohnungs-und-mietenpolitik (zuletzt abgerufen 29. Mai 2022); DIE LINKE, abrufbar unter: https://www.miete-bezahlbar.de/start/ (zuletzt abgerufen am 26. April 2025) und Pressemitteilungen der Berliner CDU, abrufbar unter: https://www.cduberlin.de/news/lokal/522/Mietendeckel-steht-vor-dem-Aus.html (zuletzt abgerufen am 26. April 2025) und der FDP, abrufbar unter: https://www.fdp.de/_mietendeckel-ist-keine-loesung-er-verschaerft-nur-die-wohnungsnot (zuletzt abgerufen am 26. April 2025).

Wohnen & Co. Enteignen".[21] Die Initiative setzt sich insbesondere für den Erlass eines Gesetzes zur Vergesellschaftung von Wohnungsunternehmen mit über 3000 (Bestands-)Wohnungen im Land Berlin ein.[22] Der entsprechende Beschlussentwurf ist im Rahmen eines Volksentscheids nach amtlichem Ergebnis vom 14. Oktober 2021 von der Berliner Bevölkerung angenommen worden.[23]

Auch daran zeigt sich, dass die Frage nach der Zulässigkeit einer Mietenregulierung – allen voran die Festsetzung von Mietobergrenzen – unzweifelhaft wichtig bleibt.[24]

1.2 Rechtsinstrumente des Landes Berlin

Die Einführung einer Mietobergrenze durch Instrumente des Städtebaurechts – vorwiegend geregelt im Baugesetzbuch – ist auch bereits Gegenstand juristischer Auseinandersetzungen gewesen. Im Einzelnen sind zusätzlich zu dem **„Berliner Mietendeckel"** (vgl. Kapitel C.) bereits Mietobergrenzen im Rahmen sanierungs- sowie zweckentfremdungsrechtlicher Genehmigungen festgesetzt und im Rahmen städtebaulicher Verträge vereinbart worden:

Das Land Berlin hat zur Mietpreisregulierung in **Sanierungsgebieten** – also in Gebieten, die innerhalb einer Sanierungsverordnung im Sinne der §§ 136

---

21 Vgl. dazu https://www.dwenteignen.de/etappen-des-volksentscheids/ (zuletzt abgerufen am 26. April 2025).

22 Vgl. Entwurf eines Gesetzes zur Überführung von Wohnimmobilien in Gemeineigentum (Vergesellschaftungsgesetz – VergG), Stand: Mai 2021, abrufbar unter: https://www.dwenteignen.de/wp-content/uploads/2021/05/Vergesellschaftungsgesetz.pdf (zuletzt 29. Mai 2022).

23 Vgl. dazu Mitteilung des Berliner Senats, abrufbar unter: https://www.wahlen-berlin.de/abstimmungen/VE2021/AFSPRAES/index.html (zuletzt abgerufen am 26. April 2025).

24 Vgl. dazu insbesondere für das Land Berlin: https://www.dwenteignen.de/etappen-des-volksentscheids/ (zuletzt abgerufen am 26. April 2025) sowie Bündnis 90/DIE GRÜNEN, abrufbar unter: https://www.gruene.de/artikel/wohnungs-und-mietenpolitik (zuletzt abgerufen am 26. April 2025); DIE LINKE, abrufbar unter: https://www.miete-bezahlbar.de/start/ (zuletzt abgerufen am 26. April 2025) und Pressemitteilungen der Berliner CDU, abrufbar unter: https://www.cduberlin.de/news/lokal/522/Mietendeckel-steht-vor-dem-Aus.html (zuletzt abgerufen am 26. April 2025) und der FDP, abrufbar unter: https://www.fdp.de/_mietendeckel-ist-keine-loesung-er-verschaerft-nur-die-wohnungsnot (zuletzt abgerufen am 26. April 2025).

f. BauGB liegen – die Praxis entwickelt, mit Hilfe von Nebenbestimmungen nach § 36 VwVfG eine Mietpreisobergrenze einzuführen.[25] Bauvorhaben und sonstige wertsteigernde Veränderungen des Grundstücks innerhalb eines Sanierungsgebiets setzen im Regelfall eine gesonderte Genehmigung voraus.[26] Dazu hat das Land Berlin bei der Erteilung von sanierungsrechtlichen Genehmigungen nach § 172 f. BauGB für den Rückbau, die Änderung oder die Nutzungsänderung baulicher Anlagen eine Obergrenze für Mietbeträge in Form einer Nebenbestimmung festgesetzt.[27] In seiner Entscheidung vom 24. Mai 2006[28] hat das Bundesverwaltungsgericht diese Praxis aber für unzulässig erklärt; eine Ansicht, die bereits das Oberverwaltungsgericht Berlin in seiner Entscheidung vom 30. Januar 2004[29] so vertreten hatte, die jedoch in der übrigen Literatur nicht unwidersprochen geblieben ist (vgl. Kapitel D.).[30]

Auch sieht das Berliner **Zweckentfremdungsrecht** eine Mietobergrenze bei der Schaffung von Ersatzwohnraum vor: Gemäß § 3 Abs. 4 Zweckentfremdungsverbot-Verordnung darf nach dem Zweckentfremdungsverbot-Gesetz keine höhere Nettokaltmiete verlangt werden als 9,12 Euro pro Quadratmeter im Monat; dies soll im Rahmen dieser Arbeit später noch analysiert werden (vgl. Kapitel E.).[31]

Ergänzend dazu setzt sich diese Arbeit mit der Frage auseinander, ob das **Erhaltungsrecht** für die Einführung von Mietobergrenzen geeignet ist. D.h. es soll im Einzelnen zunächst die Berliner Praxis – unter Vorhalt der Ausübung eines gemeindlichen Vorkaufsrechts innerhalb von Erhaltungsgebieten den Abschluss sogenannter Abwendungsvereinbarungen anzustreben – geprüft

---

[25] Vgl. Verwaltungsgericht Berlin, Urteil vom 18. Juli 2002 – 13 A 424.01, NVwZ 2003, 242 (243).

[26] Vgl. Krautzberger, in: Ernst/Zinkahn/Bielenberg/Krautzberger, Baugesetzbuch, Stand: November 2024, § 144 Rn. 23 f.

[27] Vgl. Verwaltungsgericht Berlin, Urteil vom 18. Juli 2002 – 13 A 424.01, NVwZ 2003, 242 (243).

[28] Vgl. Bundesverwaltungsgericht, Urteil vom 24. Mai 2006 – 4 C 9.04, ZfBR 2006, 674 (674).

[29] Vgl. Oberverwaltungsgericht Berlin, Urteil vom 30. Januar 2004 – 2 B 18.02, LKV 2004, 415 (415).

[30] Vgl. Schmidt-Eichstaedt, ZfBR 2002, 212.

[31] Vgl. Hellriegel, in: Meyer/Achelis/von Alven-Döring/Hellriegel/Kohl/Rau, Bauordnung für Berlin mit Kommentierung des Berliner Planungsrechts, 7. Auflage 2021, § 63b Rn. 2 f.

und darüber hinaus untersucht werden, ob das Erhaltungsrecht trotz seiner Verortung im Städtebaurecht als Instrument des Mieterschutzes eingesetzt werden kann (vgl. Kapitel F.).

Zur Schaffung von zusätzlichem Wohnraum mit einer Mietpreisbindung und damit einer Mietobergrenze ist das **Berliner Modell der kooperativen Baulandentwicklung** (im Weiteren: Berliner Modell) am 28. August 2014 eingeführt worden.[32] Zur näheren Betrachtung dieses Instruments der städtebaulichen Vertragsgestaltung soll zunächst der städtebauliche Vertrag als Rechtsinstrument – im Besonderen mit Blick auf seine Anwendung in der bauplanungsrechtlichen Praxis und die entscheidende Weichenstellung der Angemessenheit nach § 11 Abs. 2 Satz 1 BauGB – sowie im Speziellen die Gestaltung von städtebaulichen Verträgen im Rahmen der Anwendung des Berliner Modells begutachtet werden. Der Bezirk Neukölln hat sich das Berliner Modell zum Vorbild genommen und mit dem **Neuköllner Modell für kiezverträglichen Wohnungsbau** (im Weiteren: Neuköllner Modell) in seinem Anwendungsbereich noch erweitert.[33] Denn Voraussetzung für dessen Anwendbarkeit ist, dass dem Grunde nach Baurecht bereits besteht und nicht erst von den Bezirken geschaffen werden muss.[34] Sind für die Entwicklung des einschlägigen Bauvorhabens aber Befreiungen gemäß § 31 Baugesetzbuch notwendig, überträgt der Bezirk Neukölln die Regelungen des Berliner Modells auch auf solche Vorhaben. Dies gilt für Befreiungen mit

---

32 Vgl. Berliner Modell, Leitlinien für den Abschluss städtebaulicher Verträge im Land Berlin, Stand: 1. August 2018, Seite 7 f.; Senatsverwaltung für Stadtentwicklung und Wohnen, Berliner Modell – eine Zwischenbilanz vom 5. Juni 2019, Seite 2.

33 Vgl. zum Vorstehenden: Pressemitteilung des Bezirksamtes Neukölln von Berlin, Abteilung Stadtentwicklung, Soziales und Bürgerdienste, Bezirksstadtrat, Kiezverträglicher Wohnungsbau für Neukölln – Bezirk setzt Rahmenbedingungen, Seite 7 f., abrufbar unter: https://www.google.com/url?sa=t&rct=j&q=&esrc=s&source=web&cd=&ved=2ahUKEwia7bvzu4T4AhX2SvEDHVdlA2cQFnoECAwQAQ&url=https%3A%2F%2Fwww.berlin.de%2Fba-neukoelln%2Fpolitik-und-verwaltung%2Faemter%2Fstadtentwicklungsamt%2Fausschussunterlagen%2F2020%2Fmai%2Fneukoellner_modell_fuer_kiezvertraeglichen_wohnungsbau.pdf&usg=AOvVaw0-cMEB5lAs3ezv5cKKjcFi (zuletzt abgerufen am 9. November 2022).

34 Vgl. zum Vorstehenden: Pressemitteilung des Bezirksamtes Neukölln von Berlin, Abteilung Stadtentwicklung, Soziales und Bürgerdienste, Bezirksstadtrat, Kiezverträglicher Wohnungsbau für Neukölln – Bezirk setzt Rahmenbedingungen, Seite 7 f.

über 1.000 qm neuer Geschossfläche.[35] Nach den Leitlinien des Neuköllner Modells sind im Rahmen der durch die Befreiungen ermöglichten zusätzlichen Geschossflächen 30 Prozent mietpreis- und belegungsgebundener Wohnraum zu schaffen.[36] Darüber hinaus müssen sich die Vorhabenträger an der Finanzierung von sozialer Infrastruktur beteiligen, wenn diese nicht in ausreichender Quantität vorhanden ist.[37] Die Begutachtung der beiden Leitlinien für städtebauliche Verträge soll in Verbindung mit der Rezeption in der Rechtsprechung und der juristischen Fachliteratur ausgewertet werden und den Rahmen für eine abschließende Bewertung bilden (vgl. Kapitel G).

1.3 Zielsetzung

Zur Bewertung der Möglichkeiten und Grenzen des Städtebaurechts mit Blick auf die Mietensteuerung am Beispiel Berlin stellt diese Arbeit einleitend das Problem des angespannten Berliner Wohnungsmarktes umfänglich anhand der Auswertung des IBB Wohnungsmarktberichts dar (vgl. Kapitel B.).[38] In einem zweiten Schritt soll in den Kapiteln C. bis F. auf die in aller Kürze dargestellten bisherigen Reaktionen des Landes Berlin eingegangen werden. Dabei werden fünf unterschiedliche Regelungsinstrumente dargestellt und die einschlägige Rezeption in Rechtsprechung und Literatur behandelt, bevor daran anschließend eine rechtliche Bewertung erfolgt.

---

[35] Vgl. zum Vorstehenden: Pressemitteilung des Bezirksamtes Neukölln von Berlin, Abteilung Stadtentwicklung, Soziales und Bürgerdienste, Bezirksstadtrat, Kiezverträglicher Wohnungsbau für Neukölln – Bezirk setzt Rahmenbedingungen, Seite 7 f.

[36] Vgl. zum Vorstehenden: Pressemitteilung des Bezirksamtes Neukölln von Berlin, Abteilung Stadtentwicklung, Soziales und Bürgerdienste, Bezirksstadtrat, Kiezverträglicher Wohnungsbau für Neukölln – Bezirk setzt Rahmenbedingungen, Seite 7 f.

[37] Vgl. zum Vorstehenden: Pressemitteilung des Bezirksamtes Neukölln von Berlin, Abteilung Stadtentwicklung, Soziales und Bürgerdienste, Bezirksstadtrat, Kiezverträglicher Wohnungsbau für Neukölln – Bezirk setzt Rahmenbedingungen, Seite 7 f.

[38] Zum Bericht, siehe: Investitionsbank Berlin, IBB Wohnungsmarktbericht 2021 – Zusammenfassung, Seite 3 f., abrufbar unter https://www.ibb.de/de/ueber-uns/publikationen/wohnungsmarktbericht/2021.html (zuletzt abgerufen am 9. November 2022).

Ziel der Arbeit ist es – neben der Behandlung des Forschungsgegenstands als rechtlich brandaktuellem Thema – die verschiedenen bestehenden Herangehensweisen zur Lösung der Wohnungsfrage einander gegenüberzustellen und zu einer begründeten Favorisierung zu kommen. Schwerpunkt wird hierbei die vergleichende Erörterung kooperativer Entwicklungsmodelle wie dem Neuköllner Modell und dem Berliner Modell mit regulativen Ansätzen wie der Mietpreisbindung im Sanierungsrecht im Rahmen des Zweckentfremdungsrechts oder die Einführung von Mietobergrenzen durch § 4 des MietenWOG Bln sein.

Ausgangslage am Wohnungsmarkt

In Berlin übersteigt die Nachfrage nach Wohnraum das bestehende Angebot erheblich.[39] Eine der wohl gravierendsten Folgen dieser Entwicklung ist, dass die Mieten in der Stadt erheblich ansteigen.[40] Vor allem aber ist die Bevölkerung in Berlin in den vergangenen Jahren stetig angewachsen.[41] Zwar ist die Bevölkerungszahl im Jahr 2020 insgesamt etwas zurückgegangen,[42] aber es ist davon auszugehen, dass es sich dabei lediglich um einen durch ein durch die Corona Krise ausgelösten Sondereffekt[43] handelt.[44] In den Jahren

[39] Vgl. Investitionsbank Berlin, IBB Wohnungsmarktbericht 2021, Seite 9 f., abrufbar unter: https://www.berlin.de/rbmskzl/aktuelles/pressemitteilungen/2022/pressemitteilung.1218203.php (zuletzt abgerufen am 26. April 2025); ebenso: Investitionsbank Berlin, IBB Wohnungsmarktbericht 2021 – Zusammenfassung, Seite 8., abrufbar unter: https://www.berlin.de/rbmskzl/aktuelles/pressemitteilungen/2022/pressemitteilung.1218203.php (zuletzt abgerufen am 26. April 2025).

[40] Vgl. Investitionsbank Berlin, IBB Wohnungsmarktbericht 2020, Seite 9 f.; ebenso: Investitionsbank Berlin, IBB Wohnungsmarktbericht 2021 – Zusammenfassung, Seite 8.

[41] Vgl. Investitionsbank Berlin, IBB Wohnungsmarktbericht 2020 – Zusammenfassung, Seite 3 f., abrufbar unter: https://www.ibb.de/media/dokumente/publikationen/berliner-wohnungsmarkt/wohnungsmarktbericht/ibb_wmb_zusammenfassung_2020.pdf (zuletzt abgerufen am 26. April 2025); ebenso: Investitionsbank Berlin, IBB Wohnungsmarktbericht 2020, Seite 4 f., abrufbar unter: https://www.ibb.de/media/dokumente/publikationen/berliner-wohnungsmarkt/wohnungsmarktbericht/ibb_wohnungsmarktbericht_2020.pdf (zuletzt abgerufen am 26. April 2025).

[42] Vgl. Investitionsbank Berlin, IBB Wohnungsmarktbericht 2021, Seite 8.

[43] Aufgrund der von der Investitionsbank unterstellten Ausnahmesituation mit Blick auf die Wohnungsmarktbetrachtung im Jahr 2021 soll hier ergänzend auch die Vorjahresbegutachtung mit einbezogen werden.

[44] Vgl. Investitionsbank Berlin, IBB Wohnungsmarktbericht 2021, Seite 8.

zuvor verzeichnete die Stadt eine deutliche Zunahme der Bevölkerung. Dieser Trend setzt sich auch im Jahr 2024 aufgrund einer noch immer anwachsenden Bevölkerung in Berlin weiter fort (vgl. I.).[45]

In der Folge dieses Zuzugs ist der Berliner Wohnungsmarkt, dem zugleich Bestandswohnungen und ein Fortschritt beim Wohnungsneubau fehlen, erkennbar angespannt: In Berlin sind im Jahr 2019 insgesamt 1.982.825 Wohnungen bei gleichzeitig 2.033.700 Haushalten registriert.[46] Bereits damit besteht auf dem Berliner Wohnungsmarkt offensichtlich ein Engpass an bestehendem Wohnraum.[47] Da die Bevölkerungszahl weiter leicht ansteigt, erhöht dies zusätzlich die Nachfrage nach Wohnraum. Gleichzeitig geht die Bautätigkeit zurück – unter anderem wegen der angespannten wirtschaftlichen Lage, gestiegener Zinsen und weiterhin hoher Baukosten. Aber der Wohnungsbau bleibt wichtig, wie der Stadtentwicklungsplan „Wohnen 2040" zeigt: Bis zu diesem Zeitpunkt werden etwa 222.000 neue Wohnungen benötigt, um den Bedarf zu decken. Wegen des zu geringen Angebots wiederum sind die Mieten weiter gestiegen – 2024 lag der Durchschnitt bei 15,74 EUR/m^2, also 1,75 EUR/m^2 höher als im Vorjahr. Besonders für bestimmte Gruppen wird es dadurch immer schwieriger, passenden Wohnraum zu finden. Das Wohnungsangebot ist also deutlich geringer als die Nachfrage der Bevölkerung.[48] Der Berliner Wohnungsmarkt hält in der Folge schon im Bestand nicht ausreichend Wohnraum bereit.[49] Dies gilt zukünftig um so mehr, da die Nachfrage nach Wohnraum in den kommenden Jahren voraussichtlich wieder ansteigt (vgl. II.).[50]

Zudem ist bereits absehbar, dass diese Wohnungsmarktdichte auch zukünftig weiter zunimmt, weil die Genehmigungen für neue Wohnungsbauprojekte – trotz der steigenden Nachfrage nach Wohnraum – zurückgehen.[51] Besonders

---

45 Vgl. Investitionsbank Berlin, IBB Wohnungsmarktbericht 2024 – Zusammenfassung, Seite 3 f., abrufbar unter: https://www.ibb.de/de/ueber-uns/publikationen/wohnungsmarktbericht/2024.html (zuletzt abgerufen am 1. Juni 2025).

46 Vgl. Investitionsbank Berlin, IBB Wohnungsmarktbericht 2021, Seite 29, 38.

47 Vgl. Investitionsbank Berlin, IBB Wohnungsmarktbericht 2021, Seite 29, 38.

48 Vgl. Investitionsbank Berlin, IBB Wohnungsmarktbericht 2024, Seite 29, 38 und Investitionsbank Berlin, IBB Wohnungsmarktbericht 2024 – Zusammenfassung, Seite 6.

49 Vgl. Investitionsbank Berlin, IBB Wohnungsmarktbericht 2024, Seite 29, 38.

50 Vgl. Investitionsbank Berlin, IBB Wohnungsmarktbericht 2024, Seite 4 und 29, 38.

51 Vgl. Investitionsbank Berlin, IBB Wohnungsmarktbericht 2024, Seite 10, 46 und Investitionsbank Berlin, IBB Wohnungsmarktbericht 2024 – Zusammenfassung, Seite 7.

dramatisch stellt sich die Lage mit Blick auf mietpreis- und belegungsgebundenen Wohnraum dar: Bei der aktuellen Entwicklung würde sich aufgrund des in den nächsten Jahren bevorstehenden Ablaufs der Mietpreis- und Belegungsbindungen für öffentlich geförderten Wohnraum der Bestand von über 80.000 mietpreis- und belegungsgebundenen Wohnungen im Jahr 2020 auf nur 1.635 Wohnungen im Jahr 2029[52] reduzieren.[53] Im Jahr 2023 betrug der Anteil von mietpreis- und belegungsgebundenen Wohnungen noch 6,6 % des Gesamtwohnungsmarktes, dies entsprach einer Anzahl von 90.654 durch das WoBindG und WoFG geförderten Wohnungen (vgl. III.).[54]

2.1 Nachfrage nach Wohnraum

Nach kurzzeitigem Rückgang der Bevölkerungszahlen zwischen den Jahren 2010 und 2011 – im Jahr 2010 lebten circa 3.450.000 Personen in Berlin[55], im Jahr 2011 nur knapp 3.300.000[56] – befindet sich die Stadt in einem dynamischen Wachstumstrend.[57] Einen Bevölkerungsverlust verzeichnete die Stadt lediglich im Jahr 2020 – hier kann allerdings davon ausgegangen werden, dass damit kein langanhaltender Trend verbunden ist, sondern dies durch den Sondereffekt der Corona-Krise ausgelöst worden ist.[58] Der Rückgang belief sich dabei auf insgesamt 5.403 Personen, was einem Anteil von 0,15 % an der Gesamtbevölkerung entspricht.[59] Damit betrug die Bevölkerung in Berlin im Jahr 2020 3.664.088 Personen.[60]

Der bisherige Bevölkerungszuwachs in Berlin ist im Schwerpunkt durch Wanderungsbewegungen bedingt.[61] Es gibt seit dem Jahr 2009 in Berlin aber

52 Vgl. Investitionsbank Berlin, IBB Wohnungsmarktbericht 2020 – Zusammenfassung, Seite 3 f.; Investitionsbank Berlin, IBB Wohnungsmarktbericht 2020, Seite 52 f.

53 Vgl. Investitionsbank Berlin, IBB Wohnungsmarktbericht 2020 – Zusammenfassung, Seite 3 f.

54 Vgl. Investitionsbank Berlin, IBB Wohnungsmarktbericht 2024 – Zusammenfassung, Seite 7; Investitionsbank Berlin, IBB Wohnungsmarktbericht 2024, Seite 48 f.

55 Vgl. Investitionsbank Berlin, IBB Wohnungsmarktbericht 2020, Seite 14.

56 Vgl. Investitionsbank Berlin, IBB Wohnungsmarktbericht 2020, Seite 14 f.

57 Vgl. Investitionsbank Berlin, IBB Wohnungsmarktbericht 2020, Seite 14 f.

58 Vgl. Investitionsbank Berlin, IBB Wohnungsmarktbericht 2020, Seite 8 f.

59 Vgl. Investitionsbank Berlin, IBB Wohnungsmarktbericht 2020, Seite 14.

60 Vgl. Investitionsbank Berlin, IBB Wohnungsmarktbericht 2020, Seite 14.

61 Vgl. Investitionsbank Berlin, IBB Wohnungsmarktbericht 2020, Seite 15 f.

auch natürliche Bevölkerungsgewinne durch einen Geburtenüberschuss, also der Differenz aus Geburten und Sterbefällen.[62] Im Jahr 2018 kamen so 4.303 Personen hinzu.[63] Dieser langfristige Trend ist zum Jahr 2017 um eine Zahl von 1.521 Personen zurückgegangen[64], bleibt aber dennoch ein Faktor für den Bevölkerungszuwachs Berlins.[65] Dies stellt aber einen vergleichsweise geringen Faktor für den Bevölkerungszuwachs Berlins dar.[66] Denn das natürliche Bevölkerungswachstum macht mit Blick auf die Jahre zwischen 2009 und 2018 lediglich 9 % des gesamten Zugewinns aus.[67] In absoluten Zahlen sind dies 33.920 Personen.[68] Vielmehr beruht das dynamische Bevölkerungswachstum Berlins auf Wanderungsgewinnen:[69] Von 2009 bis 2018, also für eine Zeitspanne von 9 Jahren, ergibt sich aus den Wanderungsbewegungen nach Berlin ein Bevölkerungsgewinn von 384.220 Personen[70], was einem Anteil von 91% am Bevölkerungswachstum entspricht.[71] Zwischen 2011 und 2015 kamen jährlich circa 40.000 Personen hinzu[72], 2017 dann 33.533.[73] Der Bevölkerungsgewinn nimmt mit Blick auf die letzten Jahre erkennbar ab.[74] Nichtsdestotrotz verbleiben Wanderungsgewinne der überragende Faktor beim Blick auf das Bevölkerungswachstum von Berlin.[75]

Ausgelöst worden ist der Bevölkerungsrückgang im Jahr 2020 sowohl durch Umzüge in das Berliner Umland als auch durch den Anstieg der Sterbefälle und die gleichzeitig zurückgehenden Geburtenzahlen.[76] So sind im Jahr 2020 in Berlin nach Auswertung des IBB Wohnungsmarktberichts 2021 insgesamt 1.271 Personen im Zusammenhang mit Covid-19 gestorben.[77]

---

[62] Vgl. Investitionsbank Berlin, IBB Wohnungsmarktbericht 2020, Seite 16.
[63] Vgl. Investitionsbank Berlin, IBB Wohnungsmarktbericht 2020, Seite 16.
[64] Vgl. Investitionsbank Berlin, IBB Wohnungsmarktbericht 2020, 16 Zeile 6.
[65] Vgl. Investitionsbank Berlin, IBB Wohnungsmarktbericht 2020, Seite 15 f.
[66] Vgl. Investitionsbank Berlin, IBB Wohnungsmarktbericht 2020, Seite 15 f.
[67] Vgl. Investitionsbank Berlin, IBB Wohnungsmarktbericht 2020, Seite 15 f.
[68] Vgl. Investitionsbank Berlin, IBB Wohnungsmarktbericht 2021, Seite 15 f.
[69] Vgl. Investitionsbank Berlin, IBB Wohnungsmarktbericht 2021, Seite 15 f.
[70] Vgl. Investitionsbank Berlin, IBB Wohnungsmarktbericht 2021, Seite 15 f.
[71] Vgl. Investitionsbank Berlin, IBB Wohnungsmarktbericht 2021, Seite 15 f.
[72] Vgl. Investitionsbank Berlin, IBB Wohnungsmarktbericht 2021, Seite 15 f.
[73] Vgl. Investitionsbank Berlin, IBB Wohnungsmarktbericht 2021, Seite 15 f.
[74] Vgl. Investitionsbank Berlin, IBB Wohnungsmarktbericht 2021, Seite 15 f.
[75] Vgl. Investitionsbank Berlin, IBB Wohnungsmarktbericht 2021, Seite 15 f.
[76] Vgl. Investitionsbank Berlin, IBB Wohnungsmarktbericht 2021, Seite 16.
[77] Vgl. Investitionsbank Berlin, IBB Wohnungsmarktbericht 2021, Seite 16.

Zudem zogen 1.958 Personen mehr aus der Stadt als Personen zugezogen sind.[78] Damit bleibt das Jahr 2020 in einer langzeitigen Betrachtung der Bevölkerungsentwicklung in Berlin aber eine Ausnahme.[79]

Festzuhalten ist, dass Berlin bis zum Jahr 2021 einen anhaltenden Wachstumstrend aufwies, auch wenn dieser in den vergangenen Jahren weniger deutlich ausfiel.[80] Im Jahr 2020 verkehrte sich dieses Wachstum ausnahmsweise ins Negative – zu erwarten bleibt aber, dass es sich hierbei um einen Sondereffekt handelt und das Bevölkerungswachstum in den darauffolgenden Jahren weiter anhalten wird.[81]

Dies zeigte sich schon im Jahr 2023: Festgestellt wurde ein Bevölkerungszuwachs von 26.951 Personen, was einem Plus von 0,7 % entspricht und damit dem Niveau von vor der Corona-Pandemie nahekommt.[82]

2.2 Kein ausreichendes Wohnraumangebot im Bestand

Es ergibt sich im Rahmen der Auswertung des IBB Wohnungsmarktberichts deutlich, dass in Berlin kein ausreichendes Wohnraumangebot vorhanden ist.[83] Die Wohnflächen können sowohl im Bestand als auch mit Blick auf die Schaffung von neuem Wohnraum die Nachfrage nach Wohnraum nicht abdecken (vgl. 1.). In der Folge kommt es zu einem erheblichen Anstieg der Angebotsmieten (vgl. 2.). Dies zeigt sich insbesondere im Bereich des sozialen Wohnraumangebots, also solchen Wohnungen, die einer Mietpreis- und Belegungsbindung unterliegen: Nach der Prognose der Senatsverwaltung für Stadtentwicklung und Wohnen im IBB Wohnungsmarktbericht wird sich aufgrund der in den nächsten Jahren auslaufenden Geltungsdauer der Mietpreis- und Belegungsbindungen für diesen Wohnraum der Bestand von

---

78 Vgl. Investitionsbank Berlin, IBB Wohnungsmarktbericht 2021, Seite 16.

79 Vgl. Investitionsbank Berlin, IBB Wohnungsmarktbericht 2021, Seite 16, 17.

80 Vgl. Investitionsbank Berlin, IBB Wohnungsmarktbericht 2021, Seite 29, 38.

81 Vgl. Investitionsbank Berlin, IBB Wohnungsmarktbericht 2021, Seite 15; so ausdrücklich auch der Senator für Stadtentwicklung, Bauen und Wohnen, Andreas Geisel in seinem Geleitwort zum IBB Wohnungsmarktbericht 2021.

82 Vgl. Investitionsbank Berlin, IBB Wohnungsmarktbericht 2024, Seite 14.

83 Vgl. Investitionsbank Berlin, IBB Wohnungsmarktbericht 2021, Seite 36 f. und 74 f. Senatsverwaltung für Stadtentwicklung, Bauen und Wohnen, Stadtentwicklungsplan Wohnen, Seite 50, abrufbar unter: https://www.stadtentwicklung.berlin.de/planen/stadtentwicklungsplanung/de/wohnen/ (zuletzt abgerufen am 26. April 2025).

über 80.000 Wohnungen im Jahr 2020 auf nur 1.635 Wohnungen im Jahr 2029 reduzieren[84] (vgl. 3.).

2.2.1 Nachfrage nach Wohnraum

Geprägt wird der bestehende Wohnungsmarkt weit überwiegend von Geschosswohnungsbau, der im Jahr 2020 mit insgesamt 1.982.825 Wohnungen noch 87,3 % des Marktes abgedeckt hat.[85] Während die Bevölkerung in Berlin in den vergangenen fünf Jahren um 4,2 %, also 149.460 Personen, angewachsen ist,[86] ist der Wohnungsbestand nur um 3,4 % gestiegen, so dass die Nachfrage nach Wohnraum auch weiterhin das Angebot übersteigt.[87]

Etwas anderes gilt trotz der negativen Bevölkerungsentwicklung im Jahr 2020 auch für das Jahr 2021 nicht, da ein zu geringes Angebot an Wohnraum nichtsdestotrotz fortbesteht.[88] Dies betrifft aufgrund der fehlenden Schaffung von zusätzlichem Wohnraum zumindest die nahe Zukunft[89] – aller Voraussicht nach verschärft sich diese Situation dazu noch.[90] Für eine Entspannung des Wohnungsmarktes wäre es erforderlich, dass der Prozentsatz an neu geschaffenem Wohnraum das Bevölkerungswachstum übersteigt,[91] um jedem Haushalt ein Wohnungsangebot gegenüberstellen zu können.[92] Dafür ist der Ausbau des Wohnungsangebots entscheidend – ein zentraler Indikator hierbei ist dafür ist die Zahl der fertiggestellten Wohnungen. Während diese zwischen 2014 und 2019 kontinuierlich zunahm und sich seit 2020 auf einem relativ stabilen Niveau hielt, wurde für 2022 nur noch ein leichter Anstieg auf 17.310

---

84 Vgl. Senatsverwaltung für Stadtentwicklung, Bauen und Wohnen, Stadtentwicklungsplan Wohnen, Seite 50 f.; Investitionsbank Berlin, IBB Wohnungsmarktbericht 2021, Seite 54 f.

85 Vgl. Investitionsbank Berlin, IBB Wohnungsmarktbericht 2021, Seite 38.

86 Vgl. Investitionsbank Berlin, IBB Wohnungsmarktbericht 2020, Seite 74.

87 Vgl. Investitionsbank Berlin, IBB Wohnungsmarktbericht 2024, Seite 74.

88 Vgl. Investitionsbank Berlin, IBB Wohnungsmarktbericht 2021, Seite 59; Bündnisvereinbarung des Bündnisses für Wohnungsneubau und bezahlbares Wohnen in Berlin vom 20. Juni 2022, Seite 4 f., abrufbar unter: https://www.berlin.de/rbmskzl/aktuelles/pressemitteilungen/2022/pressemitteilung.1218203.php (zuletzt abgerufen am 26. April 2025).

89 Vgl. Investitionsbank Berlin, IBB Wohnungsmarktbericht 2020, Seite 74.

90 Vgl. Investitionsbank Berlin, IBB Wohnungsmarktbericht 2020, Seite 74; Bündnisvereinbarung des Bündnisses für Wohnungsneubau und bezahlbares Wohnen in Berlin vom 20. Juni 2022, Seite 4 f.

91 Vgl. Investitionsbank Berlin, IBB Wohnungsmarktbericht 2020, Seite 74.

92 Vgl. Investitionsbank Berlin, IBB Wohnungsmarktbericht 2020, Seite 75.

Wohnungen verzeichnet. 2023 dann ging die Zahl der Fertigstellungen deutlich zurück: Es wurden nur noch 15.965 Wohnungen fertiggestellt – ein Minus von 1.345 Einheiten im Vergleich zum Vorjahr. Damit wurde lediglich der Stand aus dem Jahr 2021 erreicht.[93]

2.2.2 Anstieg der Mietpreise

Die Auswertung des IBB Wohnungsmarktberichts ergibt, dass die Mietpreise auf dem gesamten Wohnungsmarkt deutlich gestiegen sind.[94]

Die Angebotsmieten betrugen bei einer Gesamtbetrachtung des Berliner Mietenmarktes im Jahr 2021 durchschnittlich EUR 10,55 pro qm.[95] Dabei zeigte sich zwar mit Blick auf die Bestandsgebäude eine leichte Absenkung der Mieten zwischen den Jahren 2019 und 2020.[96] Bei der Betrachtung sind jedoch die Sondereffekte der Corona-Pandemie und des Berliner Mietendeckels[97], der, bis er vom Bundesverfassungsgericht für nichtig erklärt worden ist[98], zu einem kurzzeitigen Absenken der Mieten geführt hat, mit zu berücksichtigen.[99] Bei den Neubauten stieg der Mietpreis von EUR 14,04 pro qm im Jahr 2019 auf EUR 15,26 pro qm im Jahr 2020.[100] Der durchschnittliche Mietpreis lag im Jahr 2019 im unteren Preissegment bei EUR 8,63 pro qm – die Miethöhe ist damit gegenüber dem Vorjahr um EUR 0,43 pro qm zurückgegangen.[101] Im mittleren Preissegment betrug der Mietpreis im Durchschnitt EUR 12,08 pro qm und

---

[93] Vgl. Investitionsbank Berlin, IBB Wohnungsmarktbericht 2024, Seite 39.

[94] Vgl. Investitionsbank Berlin, IBB Wohnungsmarktbericht 2020 – Zusammenfassung, Seite 8 f.; dazu auch: Bündnisvereinbarung des Bündnisses für Wohnungsneubau und bezahlbares Wohnen in Berlin vom 20. Juni 2022, Seite 5 f.

[95] Vgl. Investitionsbank Berlin, IBB Wohnungsmarktbericht 2021 – Zusammenfassung, Seite 8.

[96] Vgl. Investitionsbank Berlin, IBB Wohnungsmarktbericht 2020, Seite 65.

[97] Vgl. Gesetz zur Neuregelung gesetzlicher Vorschriften zur Mietenbegrenzung, Abgeordnetenhaus Berlin, Drucksache 18/2347 in der Fassung vom 28. November 2019 (im Weiteren auch als Berliner Mietendeckel bezeichnet), Seite 2 f., abrufbar unter: https://pardok.parlament-berlin.de/starweb/adis/citat/VT/18/DruckSachen/d18-2347.pdf (zuletzt abgerufen am 26. April 2025).

[98] Vgl. Bundesverfassungsgericht, Beschluss vom 25. März 2021 – 2 BvF 1.20, 2 BvL 4.20, 2 BvL 5.20, NJW 2021, 1377 (1378); Investitionsbank Berlin, IBB Wohnungsmarktbericht 2021, Seite 70 f.

[99] Vgl. Investitionsbank Berlin, IBB Wohnungsmarktbericht 2020, Seite 65 f.

[100] Vgl. Investitionsbank Berlin, IBB Wohnungsmarktbericht 2020, Seite 65, 66.

[101] Vgl. Investitionsbank Berlin, IBB Wohnungsmarktbericht 2020, Seite 65, 66.

blieb damit gegenüber dem Vorjahr nahezu gleich.[102] Dagegen ist die Miete im oberen Preissegment um EUR 0,50 pro qm angestiegen.[103] Besonders der Unterschied zwischen Mieten im unteren und oberen Preissegment ist deutlich angewachsen: im Jahr 2019 betrug dieser EUR 5,64 pro qm, im Jahr 2020 lag er bei EUR 6,57 pro qm.[104] Umfassend betrachtet sind im Jahr 2021 Mietanstiege in Höhe von EUR 0,41 pro qm zu verzeichnen gewesen.[105]

2024 erreichte die mittlere Angebotsmiete mit EUR 15,74 pro qm ihren Höchststand seit 2012 – ein Anstieg von 12,5 % bzw. EUR 1,75 pro qm allein gegenüber dem Vorjahr. Im Vergleich zum Jahr 2015 zahlen Berliner Haushalte damit rund 85 % mehr für ihre Wohnung. Die Angebotsmiete lag damit mehr als doppelt so hoch wie die ortsübliche Vergleichsmiete von EUR 7,21 qm. Neubauwohnungen kosteten im Schnitt EUR 20,50 qm (+3,3 %), Bestandswohnungen EUR 14,35 qm (+15,3 %). Die Anzahl der Mietinserate stieg um 32,8 % auf 31.852, die durchschnittliche Laufzeit der Inserate verlängerte sich von 0,9 auf 1,7 Wochen. Bei möblierten Wohnungen nahm die Zahl der Anzeigen um 24,5 % auf 39.039 zu. In der inneren Stadt lag die Angebotsmiete bei EUR 19,56 EUR qm (+9,9 %), in Potsdam bei EUR 13,64 qm (+4,9 %), im Berliner Umland bei EUR 13,33 qm (+7,7 %) und in der äußeren Stadt bei EUR 12,94 qm (+17,2 %).[106]

2.3 Fehlender sozialer Wohnraum

Diese Entwicklung zeigt sich in besonderem Maße im Bereich der mietpreis- und belegungsgebundenen Wohnflächen.[107] Hier werden die Mieten voraussichtlich zukünftig besonders stark ansteigen, da die Mietpreis- und Belegungsbindungen auslaufen:[108]

Auf der Grundlage des Gesetzes zur Sicherung der Zweckbestimmung von Sozialwohnungen (Wohnungsbindungsgesetz – WoBindG) und des Gesetzes

[102] Vgl. Investitionsbank Berlin, IBB Wohnungsmarktbericht 2020, Seite 65, 66.
[103] Vgl. Investitionsbank Berlin, IBB Wohnungsmarktbericht 2020, Seite 65, 66.
[104] Vgl. Investitionsbank Berlin, IBB Wohnungsmarktbericht 2020, Seite 65, 66.
[105] Vgl. Investitionsbank Berlin, IBB Wohnungsmarktbericht 2021, Seite 71.
[106] Vgl. Investitionsbank Berlin, IBB Wohnungsmarktbericht 2024 – Zusammenfassung, Seite 7.
[107] Vgl. Investitionsbank Berlin, IBB Wohnungsmarktbericht 2021, Seite 78 f.
[108] Vgl. Investitionsbank Berlin, IBB Wohnungsmarktbericht 2020, Seite 53 f.

über die soziale Wohnraumförderung (Wohnraumförderungsgesetz – WoFG) kommt eine Mietpreis- und Belegungsbindung von Wohnungen bei gleichzeitiger Förderung mit öffentlichen Mitteln in Betracht.[109] Im Jahr 2010 gab es in Berlin über 150.000 Bestandswohnungen, die einer Mietpreis- und Belegungsbindung unterlagen.[110] Da die Dauer der Mietpreis- und Belegungsbindung regelmäßig befristet ist – wie etwa in § 29 WoFG, der eine Befristung ausdrücklich vorsieht – läuft diese Bindung zu einem bestimmten Zeitpunkt aus.[111] Das heißt, dass durch den Ablauf der Geltungsdauer der Bestand an mietpreis- und belegungsgebundenen Wohnungen stetig zurück geht.[112]

2023 gab es in Berlin 114.140 mietpreis- und belegungsgebundene Wohnungen, was 6,6 % des Mietwohnungsbestandes insgesamt entspricht. Im Vergleich zu 2022 sank damit der Bestand um 4.937 Wohnungen. Somit setzte sich der Rückgang fort, allerdings deutlich schwächer als 2022, als ein Minus von 23.266 Wohnungen registriert wurde. Der Bezirk Neukölln von Berlin hatte den höchsten Anteil mit 9,8 %. Die Bezirke Mitte, Friedrichshain-Kreuzberg, Marzahn-Hellersdorf, Tempelhof-Schöneberg und Spandau lagen zwischen 6 % und 9 %. Unter 6 % meldeten Pankow, Charlottenburg-Wilmersdorf, Steglitz-Zehlendorf und Reinickendorf. Lichtenberg wies mit 2,2 % den geringsten Anteil auf. Nur in Treptow-Köpenick gab es einen Zuwachs um 0,8 Prozentpunkte bzw. 553 Wohnungen. Alle anderen Bezirke von Berlin verzeichneten Rückgänge.[113]

Für die Wohnungen, die aktuell mietpreis- und belegungsgebunden errichtet werden, ist im niedrigen Preissegment anfänglich eine Höchstmiete von EUR 6,50 pro qm vorgesehen.[114] Dabei lagen die Mieten im Jahr 2020 durchschnittlich zwischen EUR 6,63 pro qm und EUR 7,36 pro qm.[115] Sie wiesen damit einen Anstieg der Mietpreise von 22,6 % bis 29,8 % auf, die vorwiegend

---

109 Vgl. Investitionsbank Berlin, IBB Wohnungsmarktbericht 2021, Seite 78 f.

110 Vgl. Investitionsbank Berlin, IBB Wohnungsmarktbericht 2021, Seite 78 f.

111 Vgl. Investitionsbank Berlin, IBB Wohnungsmarktbericht 2021, Seite 78 f.

112 Vgl. Investitionsbank Berlin, IBB Wohnungsmarktbericht 2021, Seite 78 f.

113 Vgl. Investitionsbank Berlin, IBB Wohnungsmarktbericht 2024, Seite 47.

114 Vgl. Investitionsbank Berlin, IBB Wohnungsmarktbericht 2020, Seite 53 mit Verweis auf Ziffer 10 der Wohnungsbauförderungsbestimmungen (WFB 2019).

115 Die unterschiedlichen Angaben ergeben sich bei dieser Betrachtung aus den unterschiedlichen Förderwegen der WFB 2019, so dass sich ein Durchschnittswert nur mit einer Spanne angeben lässt, vgl. Investitionsbank Berlin, IBB Wohnungsmarktbericht

auf gestiegenen Pauschalen für Verwaltung und Instandhaltung beruhen.[116] Diese Betrachtung berücksichtigt jedoch nicht den Wegfall der Mietpreis- und Belegungsbindung für geförderten Wohnraum, so dass mit Blick auf diesen Teilbereich die jeweilige Mietsteigerung deutlich höher ausfällt.[117]

2.4 Fazit

Die überblicksartige Auswertung des IBB Wohnungsmarktbereichs für Berlin zeigt, dass die Nachfrage nach Wohnraum das Angebot weiterhin übersteigt.[118] In der Folge werden die Mieten auf dem Berliner Wohnungsmarkt bei einer Betrachtung aller Preissegmente im Durchschnitt ansteigen.[119] Besonders gravierend fällt die Prognose hingegen mit Blick auf das niedrige Preissegment aus: Bis zum Jahr 2029 steht nach Ansicht der Senatsverwaltung für Stadtentwicklung und Wohnen ein Rückgang auf nur 1.635 mietpreis- und belegungsgebundene Wohnungen bevor.[120]

Es besteht damit die Gefahr, dass breite Bevölkerungsschichten die angebotenen Mieten damit zukünftig nicht mehr wirtschaftlich tragen können und somit eine Verdrängung dieser Bevölkerungsteile aus ihren angestammten Wohnungen sowie ihrem Lebensumfeld in Gang gesetzt wird.[121]

2020, Seite 71 f.; siehe auch: Investitionsbank Berlin, IBB Wohnungsmarktbericht 2021, Seite 78 f.

116 Vgl. Investitionsbank Berlin, IBB Wohnungsmarktbericht 2021, Seite 71.

117 Vgl. Investitionsbank Berlin, IBB Wohnungsmarktbericht 2021, Seite 70 f.

118 Vgl. Investitionsbank Berlin, IBB Wohnungsmarktbericht 2020, Seite 53.

119 Vgl. Investitionsbank Berlin, IBB Wohnungsmarktbericht 2020, Seite 53.

120 Vgl. Investitionsbank Berlin, IBB Wohnungsmarktbericht 2020, Seite 53.

121 Vgl. so auch der Senator für Stadtentwicklung und Wohnen das Landes Berlin, Sebastian Scheel, in: Investitionsbank Berlin, IBB Wohnungsmarktbericht 2020, Seite 4 f.; so auch im darauffolgenden Jahr: Investitionsbank Berlin, IBB Wohnungsmarktbericht 2021, Seite 80 f.

„Berliner Mietendeckel"

Aufgrund der im Land Berlin sich verschärfenden Anspannung des Wohnungsmarktes, die – wie einleitend dargelegt – mit steigenden Mieten einhergeht, sah das Land Berlin einen Eingriff in den Berliner Wohnungsmarkt als erforderlich an, um diese Fehlentwicklung am Wohnungsmarkt aufzugreifen und ihr zum Schutz breiter Teile der Wohnbevölkerung – insbesondere vor Verdrängungsprozessen – entgegenzusteuern.[122] Nach dem Beschluss des Berliner Abgeordnetenhauses vom 30. Januar 2020 ist am 23. Februar 2020 das Gesetz zur Mietenbegrenzung im Wohnungswesen in Berlin (MietenWoG Bln; auch Berliner Mietendeckel genannt) in Kraft getreten.[123] Im Wesentlichen sah dieses Gesetz drei Regelungen vor: das Einfrieren von Mieten ab dem 18. Juni 2019 in den §§ 1, 3 MietenWoG Bln, eine Obergrenze für zulässige Mieten bei der Wiedervermietungen nach den §§ 1, 4 MietenWoG Bln und ein Verbot von – nach den Vorgaben des MietenWoG Bln als überhöht angesehenen – Mieten gemäß §§ 1, 5 MietenWoG Bln.[124] Keine Anwendung fand

---

[122] Vgl. Gesetz zur Neuregelung gesetzlicher Vorschriften zur Mietenbegrenzung, Abgeordnetenhaus Berlin, Drucksache 18/2347 in der Fassung vom 28. November 2019, Seite 2 f., abrufbar unter: https://pardok.parlament-berlin.de/starweb/adis/citat/VT/18/DruckSachen/d18-2347.pdf (zuletzt abgerufen am 1. November 2022).

[123] Vgl. GVBl. 2020, 50 (Heft Nr. 6) vom 22. Februar 2020, abrufbar unter: file:///C:/Users/k.breudel/Downloads/ausgabe-nr-6-vom-22-2-2020-s-49-56.pdf (zuletzt abgerufen am: 1. November 2022).

[124] Gegenstand dieser Arbeit soll die Auseinandersetzung mit der Einführung einer Mietobergrenze sein – die übrigen Instrumente sollen hier allein der Vollständigkeit halber genannt werden.

die Regelung dabei auf Neubauten, die ab dem 1. Januar 2014 erstmalig bezugsfertig wurden.[125]

3.1 Instrument: MietenWoG Bln

Das MietenWoG Bln betrifft Regelungen zur zulässigen Miethöhe für Wohnraum, der auf dem freien Wohnungsmarkt angeboten werden kann.[126] Umfasst werden also solche Wohnungen, deren Mietpreis sich prinzipiell nach dem Mechanismus von Angebot und Nachfrage bestimmen.[127] Dagegen sind übrige Formen des Angebots von Wohnraum davon ausgenommen.[128]

Nach § 4 MietenWoG Bln war eine Miete verboten, die die Mietobergrenzen, die sich aus den §§ 6 und 7 des Gesetzes ergeben, überschritt, wenn Wohnraum nach Inkrafttreten des Gesetzes wieder vermietet oder erstmalig vermietet war. Dabei sah § 6 MietenWoG Bln vor, dass die monatlich zulässige Miete mit Blick auf die Wohnfläche und die erstmalige Bezugsfertigkeit der Wohnung und Ausstattung zu bestimmen war.[129] Als Höchstgrenze sah § 6 MietenWoG Bln hierbei einen Betrag von EUR 9,80 pro Quadratmeter für eine Wohnung vor, die in der Zeit von 2003 bis 2013 bezugsfertig und mit Sammelheizung und Bad ausgestattet war.[130] Bis zu diesem Höchstbetrag sah das Gesetz eine Staffelung des zulässigen Mietpreises pro Quadratmeter vor – beginnend mit einem Mietpreis in Höhe von EUR 6,45 pro Quadratmeter für eine

---

125 Vgl. Gesetz zur Neuregelung gesetzlicher Vorschriften zur Mietenbegrenzung, Abgeordnetenhaus Berlin, Drucksache 18/2347 in der Fassung vom 28. November 2019, Seite 2 f.

126 Vgl. § 1 des MietenWoG Bln; siehe auch: Gesetz zur Neuregelung gesetzlicher Vorschriften zur Mietenbegrenzung, Abgeordnetenhaus Berlin, Drucksache 18/2347 in der Fassung vom 28. November 2019, Seite 16 f.

127 Vgl. § 1 des MietenWoG Bln; siehe auch: Gesetz zur Neuregelung gesetzlicher Vorschriften zur Mietenbegrenzung, Abgeordnetenhaus Berlin, Drucksache 18/2347 in der Fassung vom 28. November 2019, Seite 16 f.

128 Vgl. Gesetz zur Neuregelung gesetzlicher Vorschriften zur Mietenbegrenzung, Abgeordnetenhaus Berlin, Drucksache 18/2347 in der Fassung vom 28. November 2019, Seite 2 und 16.

129 Vgl. Gesetz zur Neuregelung gesetzlicher Vorschriften zur Mietenbegrenzung, Abgeordnetenhaus Berlin, Drucksache 18/2347 in der Fassung vom 28. November 2019, Seite 9 f.

130 Vgl. Gesetz zur Neuregelung gesetzlicher Vorschriften zur Mietenbegrenzung, Abgeordnetenhaus Berlin, Drucksache 18/2347 in der Fassung vom 28. November 2019, Seite 9 f.

Wohnung, die bis 1918 bezugsfertig und mit Sammelheizung und Bad ausgestattet war, vor.[131]

Dabei erhöhte sich die jeweilige Mietobergrenze nach der genannten Staffelung des § 6 Abs. 1 MietenWoG Bln entsprechend der Regelung in § 6 Abs. 3 MietenWoG Bln um 10 Prozent, wenn in einem Gebäude lediglich bis zu zwei Wohnungen vorhanden waren.[132] Zudem erhöhte sich die festgesetzte Mietobergrenze nach § 6 Abs. 1 MietenWoG Bln um EUR 1 für die modernere Ausstattung von Wohnraum.[133] Dazu ergänzte § 7 MietenWoG Bln, dass, wenn Vermieterinnen und Vermieter nach Inkrafttreten dieses Gesetzes nach durchgeführter Modernisierung auf Grund einer gesetzlichen Verpflichtung die Miete erhöhten, dieses der Investitionsbank Berlin elektronisch oder schriftlich anzuzeigen war.[134] Im Fall von Modernisierungsmaßnahmen im vorbenannten Sinne erhöhte sich die zulässige Miete gemäß § 6 Abs. 3 MietenWOG Bln um nicht mehr als EUR 1 pro Quadratmeter.[135] Auch im Falle mehrfacher Modernisierung im Geltungszeitraum des Gesetzes durfte sich die nach dem Gesetz zulässige Miete insgesamt dadurch um nicht mehr als EUR 1 pro Quadratmeter erhöhen.[136]

3.2 Bestehen eines landesrechtlichen Kompetenztitels

Das Bundesverfassungsgericht hat mit Beschluss vom 25. März 2021 den Berliner Mietendeckel für nichtig erklärt (vgl. 1.).[137] Zuvor war dieser – aufgrund

---

[131] Vg. zum Vorstehenden § 6 MietenWoG Bln.

[132] Vgl. Gesetz zur Neuregelung gesetzlicher Vorschriften zur Mietenbegrenzung, Abgeordnetenhaus Berlin, Drucksache 18/2347 in der Fassung vom 28. November 2019, Seite 9 und 31 f.

[133] Vgl. Gesetz zur Neuregelung gesetzlicher Vorschriften zur Mietenbegrenzung, Abgeordnetenhaus Berlin, Drucksache 18/2347 in der Fassung vom 28. November 2019, Seite 9 und 31 f.

[134] Vgl. Gesetz zur Neuregelung gesetzlicher Vorschriften zur Mietenbegrenzung, Abgeordnetenhaus Berlin, Drucksache 18/2347 in der Fassung vom 28. November 2019, Seite 9 und 34 f.

[135] Vgl. Gesetz zur Neuregelung gesetzlicher Vorschriften zur Mietenbegrenzung, Abgeordnetenhaus Berlin, Drucksache 18/2347 in der Fassung vom 28. November 2019, Seite 9 und 34 f.

[136] Vgl. zum Vorstehenden § 7 MietenWoG Bln.

[137] Vgl. Bundesverfassungsgericht, Beschluss vom 25. März 2021 – 2 BvF 1.20, 2 BvL 4.20, 2 BvL 5.20, NJW 2021, 1377 (1378).

der außerordentlichen Brisanz der Einführung der Mietobergrenzen im gesellschaftlichen sowie politischen Diskurs – bereits im Rahmen des Gesetzgebungsverfahrens Gegenstand verschiedener Fachbeiträge in der juristischen Literatur.[138] Das Land Berlin sah es in der Gesetzesbegründung ausdrücklich als „ungeklärt“[139] an, ob nach der Föderalismusreform im Jahre 2006 der Kompetenztitel nach Art. 74 Abs. 1 Nr. 18 GG die Einführung von öffentlich-rechtlichen Mietrechtsvorschriften in die Zuständigkeit der Länder falle – dennoch hielt es die entworfenen Regelungen für verfassungsgemäß (vgl. 2.).[140] Aufgrund der angenommenen Unsicherheit mit Blick auf die Frage der Abgrenzung zwischen Landes- und Bundeskompetenz haben sich bereits vor der Entscheidung des Bundesverfassungsgerichts eine Vielzahl an Gutachtern mit der Zulässigkeit des Gesetzes – allem voran dem Bestehen eines landesrechtlichen Kompetenztitels – auseinandergesetzt (vgl. 3., 4. und 5.).[141]

---

[138] Vgl. Weber, JZ 2018, 1022; Schede/Schuldt, NJW-aktuell 14/2019 und NVwZ 2019, 1572 sowie Berliner Anwaltsblatt 2019, 414 (414); Hardan/Pustelnik, NZM 2021, 67.

[139] Vgl. Gesetz zur Neuregelung gesetzlicher Vorschriften zur Mietenbegrenzung, Abgeordnetenhaus Berlin, Drucksache 18/2347 in der Fassung vom 28. November 2019, Seite 16 Zeile 10.

[140] Vgl. Gesetz zur Neuregelung gesetzlicher Vorschriften zur Mietenbegrenzung, Abgeordnetenhaus Berlin, Drucksache 18/2347 in der Fassung vom 28. November 2019, Seite 16 f.

[141] So etwa: Battis, Rechtsgutachten, Verfassungsrechtliche Prüfung des Referentenentwurfes eines Gestzes zur Neuregelung gesetzlicher Vorschriften zur Mietenbegrenzung in Berlin (Berliner MietenWoG) im Auftrag der Senatskanzlei des Landes Berlin vom 4. Oktober 2019 – da es hierfür an einer Quelle fehlt, dieser Arbeit als **Anlage** beigefügt; Fischer-Lescano/Gutmann/Schmid, Landeskompetenz für Maßnahmen der Mitpreisregulierung, Rechtsgutachten im Auftrag der Rosa-Luxemburg-Stiftung, abrufbar unter: https://www.rosalux.de/publikation/id/41344/landeskompetenzen-fuer-massnahmen-der-mietpreisregulierung (zuletzt abgerufen am 26. April 2025); Wissenschaftliche Dienste des Deutschen Bundestages, Gesetzliche Mietpreisregulierung durch die Länder aufgrund der Gesetzgebungskompetenz für das Wohnungswesen, Ausarbeitung WD 3-3000-029/19 vom 5. Februar 2019 abrufbar unter: https://www.bundestag.de/resource/blob/592066/409b80b8bd9764f047a-54e923b7c0ab3/wd-3-029-19-pdf-data.pdf (zuletzt abgerufen am 26. April 2025); zur landesrechtlichen Kompetenz mit Blick auf das Land Hessen: Mayer/Artz, Rechtsgutachten für die SPD Frankfurt/Main und die SPD-Fraktion im Hessischen Landtag, Öffentlich-rechtliche und privatrechtliche Aspekte eines „Mietendeckels“ für das Land Hessen, abrufbar unter: https://www.spd-fraktion-hessen.de/wp-content/uploads/sites/265/2020/03/MAYER_ARTZ_Gutachten_Mietendeckel_Hessen_v1_4_FIN_06012020.pdf (zuletzt abgerufen am 26. April 2025).

3.2.1 Bundesverfassungsgericht

Für die Einführung des Berliner Mietendeckels fehlt es dem Land Berlin nach Auffassung des Bundesverfassungsgerichts an der erforderlichen Gesetzgebungskompetenz nach Art. 74 Abs. 1 Nr. 1 i.V.m. Art. 72 Abs. 1 GG.[142] Der Bundesgesetzgeber habe mit dem sozialen Mietrecht des BGB abschließende Regelungen geschaffen, die gegen den Erlass der Regelungen des Berliner Mietendeckels eine Sperrwirkung entfalten würden.[143]

a) Die Zuordnung der verschiedenen Kompetenztitel der Art. 70 bis 82 des Grundgesetzes für den Landesgesetzgeber erfolge durch die darin genannten Kompetenzen des Bundesgesetzgebers.[144] Soweit also die Kompetenzen des Bundes reichen und dieser von diesen Gebrauch gemacht hat, sind die Länder nicht in der Lage, Regelungen in den selben Bereichen zu erlassen.[145] Allerdings reiche diese Sperrwirkung nur so weit, wie der Bundesgesetzgeber eine abschließende Regelung getroffen habe; anders verhalte es sich, wenn der Bundesgesetzgeber lediglich Mindestanforderungen festlege und dem Landesgesetzgeber damit weitere Regelungsbereiche überlassen bleibe.[146] Dazu hat das Gericht seiner Prüfung ausdrücklich die folgenden Maßstäbe an die Sperrwirkung einer bundesgesetzlichen Regelung vorangestellt:

> „Die Reichweite der Sperrwirkung ist jeweils für die konkrete Regelung und den konkreten Sachbereich zu bestimmen. Da sich der abschließende Charakter einer bundesgesetzlichen Regelung erst aus dem Zusammenspiel verschiedener, ggf. inhaltlich und zeitlich aneinander anschließender Gesetze ergeben kann, bedarf

---

142 Vgl. Bundesverfassungsgericht, Beschluss vom 25. März 2021 – 2 BvF 1.20, 2 BvL 4.20, 2 BvL 5.20, NJW 2021, 1377 (1378).

143 Vgl. Bundesverfassungsgericht, Beschluss vom 25. März 2021 – 2 BvF 1.20, 2 BvL 4.20, 2 BvL 5.20, NJW 2021, 1377 (1378).

144 Vgl. Bundesverfassungsgericht, Beschluss vom 25. März 2021 – 2 BvF 1.20, 2 BvL 4.20, 2 BvL 5.20, NJW 2021, 1377 (1378).

145 Vgl. Bundesverfassungsgericht, Beschluss vom 25. März 2021 – 2 BvF 1.20, 2 BvL 4.20, 2 BvL 5.20, NJW 2021, 1377 Rn. 87; so bereits Bundesverfassungsgericht, Urteil vom 28. Januar 2014 – 2 BvR 1561.12, 2 BvR 1562.12, 2 BvR 1563.12, 2 BvR 1563.12, 2 BvR 1564.12, NVwZ 2014, 646; Urteil vom 27. Oktober 1998 – 1 BvR 2306-96, 2314-96, 1108-97, 1109-97, 1110-97, NJW 1999, 841; Urteil vom 27. Juli 2005 – 1 BvR 668.04, NJW 2005, 2603.

146 Vgl. Bundesverfassungsgericht, Beschluss vom 25. März 2021 – 2 BvF 1.20, 2 BvL 4.20, 2 BvL 5.20, NJW 2021, 1377 (1378).

es dazu in der Regel einer Gesamtwürdigung des betreffenden Normenkomplexes, also der gesetzgeberischen Gesamtkonzeption. In diesem Zusammenhang sind nicht nur der Wortlaut des Bundesgesetzes selbst zu würdigen, sondern auch der dahinterstehende Regelungszweck, die Gesetzgebungsgeschichte und die Gesetzesmaterialien. Ob die bundesgesetzliche Regelung abschließend ist, ist materien- und nicht zielbezogen zu bestimmen, so dass es für eine möglicherweise verbleibende Gesetzgebungskompetenz der Länder allein auf die Identität der Regelungsmaterien ankommt, nicht hingegen auf die konkrete – ggf. abweichende – Zielsetzung des Landesgesetzgebers. Maßgeblich ist, welche Sachverhalte der Bundesgesetzgeber gesehen hat und einer Regelung zuführen wollte. Wenn der Bundesgesetzgeber nur eine abstrakte Zielvorstellung festschreibt, die Wege zu ihrer Verwirklichung aber den Ländern überlasst, verbleibt den Ländern eine eigene Gesetzgebungskompetenz. Der Erlass eines Bundesgesetzes zur Regelung eines bestimmten Gegenstands rechtfertigt für sich allein noch nicht die Annahme, dass die Länder damit von einer eigenen Gesetzgebung ausgeschlossen sind; es können insofern durchaus Bereiche verbleiben, deren Regelung für die Gesetzgebung der Länder offen ist."

Bundesverfassungsgericht, Beschluss vom 25. März 2021.[147]

Dabei bedürften die Kompetenzen der Art. 73 und 74 GG stets der Auslegung durch den Rechtsanwender; wobei der historischen Auslegung ein besonderes Gewicht zukomme, weil für die Zuordnung der jeweiligen Kompetenztitel des Grundgesetzes die vorhandene Staatspraxis ein wesentliches Indiz für die Auslegung dieser darstelle.[148]

Für den Berliner Mietendeckel ergebe sich aus der historischen Betrachtung von öffentlich-rechtlichen Regelungen zu Mietpreisregelungen in der Tradition des Bundesgesetzgebers, dass dem Grunde nach bereits die Reichsverfassung von 1871 neben privatrechtlichen auch öffentlich-rechtliche Mietregelungen kannte.[149] Jedoch habe der Bundesgesetzgeber mit den Regelungen gemäß §§ 556 bis 561 BGB mit Blick auf das Mietpreisrecht für

---

[147] Bundesverfassungsgericht, Beschluss vom 25. März 2021 – 2 BvF 1.20, 2 BvL 4.20, 2 BvL 5.20, NJW 2021, 1377 Rn. 92.

[148] Vgl. Bundesverfassungsgericht, Beschluss vom 25. März 2021 – 2 BvF 1.20, 2 BvL 4.20, 2 BvL 5.20, NJW 2021, 1377 Rn. 92 f.; so bereits: Bundesverfassungsgericht, Beschluss vom 9. Juli 1969 – 2 BvL 25.64, 2 BvL 26.64, BeckRS 1969, 104923 Rn. 29; Beschluss vom 28. Januar 1998 – 2 BvR 3.92, NVwZ 1998, 495; Urteil vom 10. Februar 2004 – 2 BvR 834.02, 2 BvR 1588.02, NJW 2004, 750; Beschluss vom 14. Januar 2015 – 1 BvR 931.12, NVwZ 2015, 582.

[149] Bundesverfassungsgericht, Beschluss vom 25. März 2021 – 2 BvF 1.20, 2 BvL 4.20, 2 BvL 5.20, NJW 2021, 1377 Rn. 137.

Wohnraummieten abschließend von seiner Gesetzgebungskompetenz des Art. 72 GG Gebrauch gemacht, Denn er habe mit den vorangegangenen Gesetzesänderungen – unter anderem mit der Einführung der sogenannten Mietpreisbremse – den Regelungskomplex zur Miethöhe damit umfassend geregelt.[150] Jedenfalls sei mit dem Mietrechtsnovellierungsgesetz 2015 die Bestimmung von zulässigen Mieten für frei verfügbaren Wohnraum endgültig im Sinne der Gesetzgebungskompetenzen abschließend geregelt worden.[151] Zwar eröffne die Regelung des sozialen Mietrechts nach § 556 d Abs. 2 BGB dem Landesgesetzgeber die Möglichkeit, durch Rechtsverordnung den örtlichen Anwendungsbereich der Mietpreisbremse näher auszugestalten, aber materiell-rechtlich sei der Landesgesetzgeber auf eben diese örtliche Konkretisierung der Anwendung der Regelungen des sozialen Mietrechts beschränkt.[152] In der Folge hält das Bundesverfassungsgericht fest:

> „Da der Bund mit den Regelungen über die Miethöhe im Allgemeinen (§§ 556ff. BGB) und die Mietpreisbremse im Besonderen (§§ 556 d ff. BGB) für Mietverhältnisse über ungebundenen Wohnraum von der konkurrierenden Gesetzgebung für das bürgerliche Recht jedenfalls im Hinblick auf die Festlegung der höchstzulässigen Miete abschließend Gebrauch gemacht hat, sind die Länder von Regelungen zur Festlegung der Miethöhe in diesem Bereich ausgeschlossen (Art. 72 I GG). Das gilt unabhängig davon, ob die landesrechtliche Regelung den §§ 556ff. BGB widerspricht, sie ohne inhaltlichen Widerspruch ergänzt oder nur wiederholt.“
> Bundesverfassungsgericht, Beschluss vom 25. März 2021.[153]

b) Nach Auffassung des Gerichts zielt das umfassende Regelungskonzept des sozialen Mietrechts für ungebundenen Wohnungsraum auf einen abschließenden Interessenausgleich der Vertragsparteien ab.[154] Dies ergebe sich aus der Regelungsintensität und Häufigkeit der Gesetzgebung und habe zur Folge, dass der Bundesgesetzgeber im Sinne des Art. 72 Abs. 1

---

[150] Vgl. Bundesverfassungsgericht, Beschluss vom 25. März 2021 – 2 BvF 1.20, 2 BvL 4.20, 2 BvL 5.20, NJW 2021, 1377 (1380).

[151] Vgl. Bundesverfassungsgericht, Beschluss vom 25. März 2021 – 2 BvF 1.20, 2 BvL 4.20, 2 BvL 5.20, NJW 2021, 1377 Rn. 148 f.

[152] Vgl. Bundesverfassungsgericht, Beschluss vom 25. März 2021 – 2 BvF 1.20, 2 BvL 4.20, 2 BvL 5.20, NJW 2021, 1377 Rn. 159.

[153] Bundesverfassungsgericht, Beschluss vom 25. März 2021 – 2 BvF 1.20, 2 BvL 4.20, 2 BvL 5.20, NJW 2021, 1377 Rn. 160.

[154] Vgl. Bundesverfassungsgericht, Beschluss vom 25. März 2021 – 2 BvF 1.20, 2 BvL 4.20, 2 BvL 5.20, NJW 2021, 1377 (1379).

GG abschließend von seiner Gesetzgebungskompetenz Gebrauch gemacht habe.[155]

Der Berliner Mietendeckel greife aber gerade in die konkrete Ausgestaltung der privatrechtlichen Rechtsbeziehungen zwischen Mieter und Vermieter ein – auch wenn die Regelungen durch den Landesgesetzgeber öffentlich-rechtlich ausgestaltet worden seien.[156] Etwas anderes ergebe sich auch nicht aus der Beifügung von Vorschriften im Rechtscharakter des Ordnungswidrigkeitenrechts in § 11 MietenWoG Bln, wonach ordnungswidrig handelt, wer vorsätzlich oder fahrlässig Mitwirkungspflichten des § 2 Absatz 3 Satz 3 MietenWoG Bln nicht, nicht richtig oder nicht vollständig nachkommt, ebenso den Mitteilungspflichten des § 3 Absatz 1 MietenWoG Bln nicht, nicht richtig oder nicht vollständig nachkommt, seine Auskunftspflicht aus § 6 Absatz 4 MietenWoG Bln nicht, nicht richtig oder nicht vollständig erteilt, ohne die erforderliche Genehmigung nach § 8 MietenWoG Bln eine höhere als die nach den §§ 3 bis 7 MietenWoG Bln zulässige Miete fordert oder entgegennimmt oder entgegen § 7 des Gesetzes die Erhöhung der Wohnraummiete nicht oder nicht richtig anzeigt.[157] Trotz dessen betrifft der Berliner Mietendeckel nach Auffassung des Gerichts im Kern die Ausgestaltung des Privatrechtsverhältnisses zwischen Mieter und Vermieter. Maßgeblich für die Beurteilung, ob sich die Regelungen des Berliner Mietendeckels mit denen des sozialen Mietrechts des BGB überschneiden, sei stets der Normzweck der Regelungen mit Blick auf den objektivierbaren Willen des Gesetzgebers.[158] Die Ausgestaltung des Berliner Mietendeckels greift nach Auffassung des Gerichts im Kern in das Privatrechtsverhältnis von Mieter und Vermieter ein:

---

[155] Vgl. Bundesverfassungsgericht, Beschluss vom 25. März 2021 – 2 BvF 1.20, 2 BvL 4.20, 2 BvL 5.20, NJW 2021, 1377 Rn. 158 f, 161.

[156] Vgl. Bundesverfassungsgericht, Beschluss vom 25. März 2021 – 2 BvF 1.20, 2 BvL 4.20, 2 BvL 5.20, NJW 2021, 1377 (1379).

[157] Vgl. Bundesverfassungsgericht, Beschluss vom 25. März 2021 – 2 BvF 1.20, 2 BvL 4.20, 2 BvL 5.20, NJW 2021, 1377 (1379).

[158] So bereits: Bundesverfassungsgericht, Urteil vom 21. Mai 1952 – 2 BvH 2.52, BeckRS 9998, 124866; Beschluss vom 11. Januar 1966 – 2 BvR 424.63, BeckRS 1966, 104345; Urteil vom 17. Januar 2017 – 2 BvB 1.13, NJW 2017, 611; Beschluss vom 18. Dezember 2018 – 1 BvR 142.15, NJW 2019, 827.

> „Dass die Berliner Regelung die von ihr vorgenommene Ausgestaltung des Rechtsverhältnisses zwischen Vermietern und Mietern über ungebundenen Wohnraum auch mit verwaltungs-, ordnungs- und strafrechtlichen Instrumenten abzusichern bzw. durchzusetzen versucht (vgl. etwa § 5 II BlnMietenWoG), berührt ihren im Kern bürgerlich-rechtlichen Gegenstand nicht. [...] Diese öffentlich-rechtliche bzw. ordnungswidrigkeitenrechtliche Einkleidung ändert nichts daran, dass die Vorschriften des Gesetzes zur Mietenbegrenzung im Wohnungswesen in Berlin der Sache nach Regelungen der Rechtsverhältnisse zwischen Vermietern und Mietern darstellen und damit Teil des Privatrechts sind.
>
> Bundesverfassungsgericht, Beschluss vom 25. März 2021 (Auslassungen nur hier).[159]

Im Übrigen ergebe sich eine Kompetenz des Landesgesetzgebers ebenso nicht aus anderen Titeln des Grundgesetzes, so dass der Berliner Mietendeckel – einschließlich der Regelung zur Einführung von Mietobergrenzen gemäß § 4 MietenWoG Bln – mit der Kompetenzordnung des Grundgesetzes unvereinbar und somit nichtig sei.[160]

3.2.2 Land Berlin

Mit der Zulässigkeit der Regelungen des MietenWoG Bln im Hinblick auf die Kompetenz des Landesgesetzgebers hat sich das Land Berlin im Rahmen der Vorlage zur Beschlussfassung im Abgeordnetenhaus auseinandergesetzt und ist zu dem Ergebnis gelangt, dass ein Kompetenztitel des Landesgesetzgebers für die Einführung einer Mietobergrenze gegeben sei.[161]

Dies begründet das Land wie folgt: Das Mietpreisrecht sei nicht abschließend durch die Regelungen zur sogenannten Mietpreisbremse im Bürgerlichen Recht geregelt und gebe dem Landesgesetzgeber daher Gestaltungsspielraum zum Erlass eigener gesetzlicher Regelungen.[162] Soweit das Mietrecht durch

---

159 Vgl. Vgl. Bundesverfassungsgericht, Beschluss vom 25. März 2021 – 2 BvF 1.20, 2 BvL 4.20, 2 BvL 5.20, NJW 2021, 1377 Rn. 169; so auch: Schede/Schuldt, NVwZ 2019, 1572 (1574); Wolfers/Oppers, DVBl. 2019, 1446 (1448); Ackermann, JZ 2021, 7 (9)

160 Bundesverfassungsgericht, Beschluss vom 25. März 2021 – 2 BvF 1.20, 2 BvL 4.20, 2 BvL 5.20, NJW 2021, 1377 Rn. 186.

161 Vgl. Gesetz zur Neuregelung gesetzlicher Vorschriften zur Mietenbegrenzung, Abgeordnetenhaus Berlin, Drucksache 18/2347 in der Fassung vom 28. November 2019, Seite 16 und 24 f.

162 Vgl. Gesetz zur Neuregelung gesetzlicher Vorschriften zur Mietenbegrenzung, Abgeordnetenhaus Berlin, Drucksache 18/2347 in der Fassung vom 28. November 2019, Seite 16.

die Vorschriften zu Mietverhältnissen über Wohnraum nach den §§ 549 f. BGB ausgestaltet werde, widerspreche dies im Sinne der konkurrierenden Gesetzgebung nach Art. 74 Abs. 1 Nr. 1 GG nicht der Zuständigkeit der Länder für die Einführung öffentlich-rechtlicher Regelungen – wie etwa der Einführung einer Mietobergrenze.[163]

Seit der Streichung des Wohnungswesens in Art. 74 Abs. 1 Nr. 1 GG gelten dafür nach Auffassung des Landes Berlin die Regelungen des Art. 70 Abs. 1 GG.[164] Denn damit sei die Gesetzgebungskompetenz des Bundes gerade aufgehoben worden.[165] Danach haben die Länder das Recht der Gesetzgebung, soweit das Grundgesetz nicht dem Bunde Gesetzgebungsbefugnisse verleiht; die Zuständigkeit zwischen Bund und Ländern ist dazu nach den Vorschriften des Grundgesetzes über die ausschließliche und die konkurrierende Gesetzgebung abzugrenzen.[166] Nach der Rechtsprechung des Bundesverfassungsgerichts sei die Abgrenzung daher insbesondere nach der historischen Auslegungspraxis in der Tradition der Weimarer Verfassung vorzunehmen.[167] Unter Anwendung dieser Maßstäbe der Rechtsprechung des Bundesverfassungsgerichts mit Blick auf die Weimarer Reichsverfassung ergebe sich, dass Mieterschutzbestimmungen bereits historisch Gegenstand öffentlich-rechtlicher Bestimmungen gewesen seien.[168] Aus historischen

[163] Vgl. Gesetz zur Neuregelung gesetzlicher Vorschriften zur Mietenbegrenzung, Abgeordnetenhaus Berlin, Drucksache 18/2347 in der Fassung vom 28. November 2019, Seite 16 f.

[164] Vgl. Gesetz zur Neuregelung gesetzlicher Vorschriften zur Mietenbegrenzung, Abgeordnetenhaus Berlin, Drucksache 18/2347 in der Fassung vom 28. November 2019, Seite 16.

[165] Vgl. Gesetz zur Neuregelung gesetzlicher Vorschriften zur Mietenbegrenzung, Abgeordnetenhaus Berlin, Drucksache 18/2347 in der Fassung vom 28. November 2019, Seite 16 f.

[166] Vgl. Gesetz zur Neuregelung gesetzlicher Vorschriften zur Mietenbegrenzung, Abgeordnetenhaus Berlin, Drucksache 18/2347 in der Fassung vom 28. November 2019, Seite 16; mit Verweis auf Bundesverfassungsgericht, Beschluss vom 10. März 1976 – 1 BvR 355.67, NJW 1976, 1835 (1836).

[167] Vgl. Gesetz zur Neuregelung gesetzlicher Vorschriften zur Mietenbegrenzung, Abgeordnetenhaus Berlin, Drucksache 18/2347 in der Fassung vom 28. November 2019, Seite 16; mit Verweis auf Bundesverfassungsgericht, Beschluss vom 10. März 1976 – 1 BvR 355.67, NJW 1976, 1835 (1836).

[168] Vgl. Gesetz zur Neuregelung gesetzlicher Vorschriften zur Mietenbegrenzung, Abgeordnetenhaus Berlin, Drucksache 18/2347 in der Fassung vom 28. November 2019, Seite 3.

Beispielen von Mietenregulierungen durch öffentlich-rechtliche Regelungen könne entnommen werden, dass sich die Gesetzgebungskompetenz für das Mietpreisrecht nicht einzig mit Blick auf das bürgerliche Recht begründen lasse.[169] Denn Grundlage dieser Regulierung sei stets die Zuständigkeit für das Wohnungswesen gewesen – bis zur Föderalismusreform in Art. 74 Abs. 1 Nr. 18 GG geregelt und in der Verfassung des Deutschen Reiches vom 11. August 1919 in Art. 10 Nr. 4.[170] Daraus ergebe sich – so die Auffassung des Landes Berlin – eine Zweiteilung zwischen öffentlich-rechtlichen und zivilrechtlichen Regelungen mit Blick auf die Kompetenzregelung des Art. 74 Abs. 1 Nr. 18 GG.[171]

Die Einführung von Regelungen des öffentlich-rechtlichen Mietpreisrechts durch den Landesgesetzgeber nach Art. 70 Abs. 1 GG sei daher zulässig. [172]

3.2.3 Fischer-Lescano/Gutmann/Schmid

Von einem Kompetenztitel des Landesgesetzgebers für die Einführung der Regelungen des MietenWoG Bln gehen auch *Fischer-Lescano/Gutmann/Schmid* in ihrem Gutachten für die Rosa-Luxemburg-Stiftung aus.[173]

Die Autoren haben sich dabei mit dem Gesetzesentwurf auseinandergesetzt und sehen in den Regelungen des sozialen Mietrechts des BGB (§§ 556 f. BGB) und des MietenWoG sich ergänzende Regelungskomplexe; weder würden sich die Regelungen widersprechen noch gegenseitig ausschließen:[174]

---

[169] Vgl. Gesetz zur Neuregelung gesetzlicher Vorschriften zur Mietenbegrenzung, Abgeordnetenhaus Berlin, Drucksache 18/2347 in der Fassung vom 28. November 2019, Seite 3.

[170] Vgl. Gesetz zur Neuregelung gesetzlicher Vorschriften zur Mietenbegrenzung, Abgeordnetenhaus Berlin, Drucksache 18/2347 in der Fassung vom 28. November 2019, Seite 2 f.

[171] Vgl. Gesetz zur Neuregelung gesetzlicher Vorschriften zur Mietenbegrenzung, Abgeordnetenhaus Berlin, Drucksache 18/2347 in der Fassung vom 28. November 2019, Seite 2 f.

[172] Vgl. Gesetz zur Neuregelung gesetzlicher Vorschriften zur Mietenbegrenzung, Abgeordnetenhaus Berlin, Drucksache 18/2347 in der Fassung vom 28. November 2019, Seite 2 f.

[173] Vgl. Fischer-Lescano/Gutmann/Schmid, Landeskompetenz für Maßnahmen der Mitpreisregulierung, Rechtsgutachten im Auftrag der Rosa-Luxemburg-Stiftung, Seiten 4 und 5.

[174] Vgl. Fischer-Lescano/Gutmann/Schmid, Landeskompetenz für Maßnahmen der Mitpreisregulierung, Rechtsgutachten im Auftrag der Rosa-Luxemburg-Stiftung, Seite 17.

Das soziale Mietrecht des BGB – auch als „bundesrechtliche Mietpreisbremse“[175] bezeichnet – orientiere sich mit Blick auf die danach zulässige Miethöhe am Mietpreis des freien Wohnungsmarktes.[176] Dabei sei das soziale Mietrecht des BGB darauf ausgelegt, einen verträglichen Mietpreis durch dessen Orientierung am üblichen Marktpreis – als einer Vergleichsmiete – abzusichern.[177] Damit solle ein Ausgleich zwischen den Vertragsparteien derart geschaffen werden, dass der jeweilige Mietpreis zwar nicht in Form einer festgesetzten Vergleichsmiete begrenzt werde, aber eine überhöhte Miete – im Sinne einer Wohnungsmiete, die vom übrigen Wohnungsmarkt unabhängig festgesetzt werde – verhindere.[178] In der Folge stehe das soziale Mietrecht einer Verhandlung der zu zahlenden Miete zwischen dem Vermieter und dem Mieter nicht entgegen. Es werde allerdings der Angebotsmietpreis durch das soziale Mietrecht „abgefedert“.[179]

Bei der Einführung der Mietobergrenze nach § 4 MietenWoG Bln handle es sich um eine öffentlich-rechtliche Bestimmung.[180] Denn diese unterscheide sich von den Regelungen des sozialen Mietrechts dadurch, dass der Gesetzgeber umfassend für die Stadt Berlin die Verhinderung der Verdrängung der ansässigen Wohnbevölkerung beabsichtige und insofern gerade darauf verzichtet habe, den zulässigen Preis für Wohnraum am Marktpreis zu orientieren.[181]

---

175 Vgl. Fischer-Lescano/Gutmann/Schmid, Landeskompetenz für Maßnahmen der Mitpreisregulierung, Rechtsgutachten im Auftrag der Rosa-Luxemburg-Stiftung, Seite 17 Zeile 5.

176 Vgl. so auch: Bundesverfassungsgericht, Beschluss vom 18. Juli 2019 – 1 BvR 1595.18, NJW 2019, 3054 (3064).

177 Vgl. Fischer-Lescano/Gutmann/Schmid, Landeskompetenz für Maßnahmen der Mitpreisregulierung, Rechtsgutachten im Auftrag der Rosa-Luxemburg-Stiftung, Seite 17.

178 Vgl. Fischer-Lescano/Gutmann/Schmid, Landeskompetenz für Maßnahmen der Mitpreisregulierung, Rechtsgutachten im Auftrag der Rosa-Luxemburg-Stiftung, Seite 17 f.

179 Vgl. Fischer-Lescano/Gutmann/Schmid, Landeskompetenz für Maßnahmen der Mitpreisregulierung, Rechtsgutachten im Auftrag der Rosa-Luxemburg-Stiftung, Seite 17 Zeile 43.

180 Vgl. Fischer-Lescano/Gutmann/Schmid, Landeskompetenz für Maßnahmen der Mitpreisregulierung, Rechtsgutachten im Auftrag der Rosa-Luxemburg-Stiftung, Seite 15 f.

181 Vgl. Fischer-Lescano/Gutmann/Schmid, Landeskompetenz für Maßnahmen der Mitpreisregulierung, Rechtsgutachten im Auftrag der Rosa-Luxemburg-Stiftung, Seite 2 und 15.

Das MietenWoG Bln führe dagegen mit § 4 MietenWoG Bln eine grundsätzlich starre Mietenobergrenze ein. Insbesondere der Wortlaut der Vorschrift des § 4 MietenWoG Bln verdeutliche, dass die Vorschrift ein Verbotsgesetz im Sinne des § 134 BGB darstelle.[182] Vor allem diene die Einführung einer Mietobergrenze – anders als das soziale Mietrecht – dazu, bestehende Entwicklungen und insoweit auch die Mechanismen des Wohnungsmarktes zurückzudrängen.[183] Die beiden Regelungssysteme verfolgen nach Auffassung der Autoren bereits dem Grunde nach unterschiedliche Ziele.[184] Zudem diene die Einführung der Mietobergrenze im Sinne des MietenWoG Bln nicht der Regelung des Rechtsverhältnisses zwischen Vermietern und Mietern, weil nach § 4 MietenWoG Bln nur mittelbar das Individualrechtsverhältnis von Vermieter und Mieter betroffen werde.[185] Die Regelung des § 4 MietenWoG Bln finde zudem lediglich auf dem Wohnungsmarkt direkte Anwendung, indem nur der Marktpreis begrenzt werde.[186] Ein Kompetenztitel des Landesgesetzgebers sei daher gegeben.[187]

Nicht von der landesrechtlichen Gesetzgebungskompetenz des Art. 70 Abs. 1 GG umfasst wäre eine Regelung nach Auffassung der Autoren nur dann nicht, wenn sie sich im Einzelfall als strengere Fassung des § 556d BGB darstelle.[188] Dies sei aber für den § 4 MietenWoG Bln aus den genannten

---

[182] Vgl. Fischer-Lescano/Gutmann/Schmid, Landeskompetenz für Maßnahmen der Mitpreisregulierung, Rechtsgutachten im Auftrag der Rosa-Luxemburg-Stiftung, Seite 17.

[183] Vgl. Fischer-Lescano/Gutmann/Schmid, Landeskompetenz für Maßnahmen der Mitpreisregulierung, Rechtsgutachten im Auftrag der Rosa-Luxemburg-Stiftung, Seite 17.

[184] Vgl. Fischer-Lescano/Gutmann/Schmid, Landeskompetenz für Maßnahmen der Mitpreisregulierung, Rechtsgutachten im Auftrag der Rosa-Luxemburg-Stiftung, Seite 15 f.

[185] Vgl. Fischer-Lescano/Gutmann/Schmid, Landeskompetenz für Maßnahmen der Mitpreisregulierung, Rechtsgutachten im Auftrag der Rosa-Luxemburg-Stiftung, Seite 2 und 15 f.

[186] Vgl. Fischer-Lescano/Gutmann/Schmid, Landeskompetenz für Maßnahmen der Mitpreisregulierung, Rechtsgutachten im Auftrag der Rosa-Luxemburg-Stiftung, Seite 18.

[187] Vgl. Fischer-Lescano/Gutmann/Schmid, Landeskompetenz für Maßnahmen der Mitpreisregulierung, Rechtsgutachten im Auftrag der Rosa-Luxemburg-Stiftung, Seite 17.

[188] Vgl. Fischer-Lescano/Gutmann/Schmid, Landeskompetenz für Maßnahmen der Mitpreisregulierung, Rechtsgutachten im Auftrag der Rosa-Luxemburg-Stiftung, Seite 15 f.

Gründen nicht der Fall. Auch würden sich das soziale Mietrecht und das MietenWoG Bln insbesondere mit Blick auf § 4 MietenWoG Bln nicht widersprechen: Zwar werde tatsächlich mit beiden Regelungen eine Höchstmiete für Wohnraummietverhältnisse festgesetzt, dabei seien aber die Regelungen nebeneinander für die Bestimmung des jeweiligen Mietpreises heranzuziehen, weil sie sich in der Sache ergänzen würden.[189]

Daher sei eine

> „Mietobergrenze, wie sie in § 4 des E-MietenWoG Bln festgelegt ist, weder vom Bundesrecht ausgeschlossen noch diesem gegenläufig. Der Landesgesetzgeber hat dementsprechend ebenfalls die Kompetenz, eine Mietpreisobergrenze einzuführen."[190]

3.2.4 Battis

Den Entwurf der Mietenregelungen hält *Battis* hingegen für teilweise unzulässig – das Einfrieren der Mieten sei zulässig, eine Mietenabsenkung sowie die Einführung einer tatsächlichen Mietobergrenze dagegen nicht. Er stellt dabei insbesondere fest, dass diese Unzulässigkeit des Gesetzes nicht pauschal für öffentlich-rechtliche Regelungen zum Mietrecht angenommen werden könne – mit Blick auf die vom Land Berlin entworfenen Regelungen sei eine Mietendeckelung jedoch verfassungswidrig.[191]

---

[189] Vgl. Fischer-Lescano/Gutmann/Schmid, Landeskompetenz für Maßnahmen der Mitpreisregulierung, Rechtsgutachten im Auftrag der Rosa-Luxemburg-Stiftung, Seite 18.

[190] Vgl. ausdrücklich zum Gesetz in der Entwurfsfassung bezeichnet als E-MietnWoG Bln: Fischer-Lescano/Gutmann/Schmid, Landeskompetenz für Maßnahmen der Mitpreisregulierung, Rechtsgutachten im Auftrag der Rosa-Luxemburg-Stiftung, Zusammenfassung auf Seite 4.

[191] Vgl. Battis, Rechtsgutachten, Verfassungsrechtliche Prüfung des Referentenentwurfes eines Gesetzes zur Neuregelung gesetzlicher Vorschriften zur Mietenbegrenzung in Berlin (Berliner MietenWoG) im Auftrag der Senatskanzlei des Landes Berlin vom 4. Oktober 2019, Seiten 2 und 3, (einsehbar als **Anlage** zu dieser Arbeit); a.A. Papier, Landeskompetenz zur Einführung eines sogenannten Mietendeckels?, Rechtsgutachterliche Stellungnahme im Auftrag des Bundesverbandes deutscher Wohnungs- und Immobilienunternehmen e.V. – GdW vom September 2019, Seite 10, abrufbar unter: https://web.gdw.de/uploads/pdf/Pressemeldungen/Gutachten_Mietendeckel_Zustaendigkeit.pdf (zuletzt abgerufen am 26. April 2025).

Battis vertritt die Ansicht, dass der Berliner Mietendeckel mit Blick auf die Einführung einer Mietobergrenze[192] zwar nicht generell, aber aufgrund seiner konkreten Ausgestaltung unzulässig sei, was sich auf die Einführung einer öffentlich-rechtlichen Mietobergrenze aber nicht pauschal übertragen lasse.[193] Die Zuständigkeit des Landesgesetzgebers für die Einführung öffentlich-rechtlicher Regelungen sei zunächst einmal grundsätzlich gegeben.[194] Bereits historisch habe es eine Reihe öffentlich-rechtlicher Mietenregelungen gegeben, die dabei neben dem sozialen Mietrecht des BGB Wirkung beanspruchten.[195] Auch mit diesen historischen Regelungen habe der Gesetzgeber das Mietrecht des BGB weiter eingeschränkt.[196] Daher sei bei der Auslegung des Kompetenztitels des Wohnungswesens nach Art. 74 Abs. 1 Nr. 18 GG – und damit für die Betrachtung des Berliner Mietendeckels – die historische Perspektive entscheidend, weil nach der Rechtsprechung des Bundesverfassungsgerichts bei der Auslegung der Kompetenzverteilung nach dem Grundgesetz der historischen Auslegung ein Vorrang gegenüber den übrigen Auslegungsmethoden zukomme.[197] Es habe sich nach Auffassung von *Battis* an der Situation mit Blick auf die rechtliche Ausgestaltung der Kompetenztitel und des Mietrechts

---

192 Nur diese soll Gegenstand der Betrachtung im Rahmen dieser Arbeit sein.

193 Vgl. Battis, Rechtsgutachten, Verfassungsrechtliche Prüfung des Referentenentwurfes eines Gestzes zur Neuregelung gesetzlicher Vorschriften zur Mietenbegrenzung in Berlin (Berliner MietenWoG) im Auftrag der Senatskanzlei des Landes Berlin vom 4. Oktober 2019, Seiten 2 und 3.

194 Vgl. Battis, Rechtsgutachten, Verfassungsrechtliche Prüfung des Referentenentwurfes eines Gesetzes zur Neuregelung gesetzlicher Vorschriften zur Mietenbegrenzung in Berlin (Berliner MietenWoG) im Auftrag der Senatskanzlei des Landes Berlin vom 4. Oktober 2019, Seite 3 und 8.

195 Vgl. Battis, Rechtsgutachten, Verfassungsrechtliche Prüfung des Referentenentwurfes eines Gesetzes zur Neuregelung gesetzlicher Vorschriften zur Mietenbegrenzung in Berlin (Berliner MietenWoG) im Auftrag der Senatskanzlei des Landes Berlin vom 4. Oktober 2019, Seite 8 f.

196 Vgl. Battis, Rechtsgutachten, Verfassungsrechtliche Prüfung des Referentenentwurfes eines Gesetzes zur Neuregelung gesetzlicher Vorschriften zur Mietenbegrenzung in Berlin (Berliner MietenWoG) im Auftrag der Senatskanzlei des Landes Berlin vom 4. Oktober 2019, Seite 11 unter Verweis auf Bundesverwaltungsgericht, Beschluss vom 5. März 1954 – II ER 46.53, BeckRS 1954, 30433678.

197 Vgl. Bundesverfassungsgericht, Urteil vom 19. Oktober 1982 – 2 BvF 1.81, BeckRS 9998, 102324; Beschluss vom 9. Mai 1972 – 1 BvR 518.62 und 308.64, NJW 1972, 1504; Beschluss vom 10. März 1976 – 1 BvR 355.67, NJW 1976, 1835; Beschluss vom 15. Juli 1981 – 1 BvL 77.78, NJW 1982, 745.

des BGBs derart grundlegend etwas geändert, dass ein landesrechtlicher Kompetenztitel, der nachweislich historisch bestanden habe, nicht auch nach aktueller Rechtslage fortgelte.[198] Vielmehr ergebe sich aus der historischen Auslegung – insbesondere aufgrund des Vorrangs der historischen Auslegung – die Kompetenz des Landesgesetzgebers und im Speziellen des Landes Berlin zur Einführung von Miet-obergrenzen.[199] Dazu schlussfolgert *Battis* wie folgt:

> „Die Landeskompetenz für das Wohnungsgesetz umfasst auch ein öffentlich-rechtliches Preisrecht. Inwieweit ein solches Preisrecht durch das Land ausgestaltet werden kann und inwieweit es durch das soziale Mietrecht des Bürgerlichen Gesetzbuches begrenzt wird, kann weder pauschal durch den Hinweis „Mietpreisbremse vs. Mietendeckel" entschieden werden noch durch die schlichte Entgegensetzung von Privatrecht und öffentlichem Recht, sondern muss im Detail anhand der jeweiligen Vorschriften und ihrem Regelungsgehalt geprüft werden."
>
> Battis, Rechtsgutachten, Verfassungsrechtliche Prüfung des Referentenentwurfes eines Gesetzes zur Neuregelung gesetzlicher Vorschriften zur Mietenbegrenzung in Berlin.[200]

Daher besteht nach Auffassung von *Battis* eine Kompetenz des Landesgesetzgebers zum Erlass eines öffentlich-rechtlichen Preisrechts neben den Regelungen des sozialen Mietrechts nach dem Bürgerlichen Gesetzbuch.[201] Also gelte:

---

[198] Vgl. Battis, Rechtsgutachten, Verfassungsrechtliche Prüfung des Referentenentwurfes eines Gesetzes zur Neuregelung gesetzlicher Vorschriften zur Mietenbegrenzung in Berlin (Berliner MietenWoG) im Auftrag der Senatskanzlei des Landes Berlin vom 4. Oktober 2019, Seite 3 und 8 f.

[199] Vgl. Battis, Rechtsgutachten, Verfassungsrechtliche Prüfung des Referentenentwurfes eines Gesetzes zur Neuregelung gesetzlicher Vorschriften zur Mietenbegrenzung in Berlin (Berliner MietenWoG) im Auftrag der Senatskanzlei des Landes Berlin vom 4. Oktober 2019, Seite 11.

[200] Battis, Rechtsgutachten, Verfassungsrechtliche Prüfung des Referentenentwurfes eines Gesetzes zur Neuregelung gesetzlicher Vorschriften zur Mietenbegrenzung in Berlin (Berliner MietenWoG) im Auftrag der Senatskanzlei des Landes Berlin vom 4. Oktober 2019, Seite 14 Zeile 15-22.

[201] Vgl. Battis, Rechtsgutachten, Verfassungsrechtliche Prüfung des Referentenentwurfes eines Gesetzes zur Neuregelung gesetzlicher Vorschriften zur Mietenbegrenzung in Berlin (Berliner MietenWoG) im Auftrag der Senatskanzlei des Landes Berlin vom 4. Oktober 2019, Seite 12 f.

Ein Mietenmoratorium, wie in § 3 MietenWoG Bln vorgesehen, sei kompetenzrechtlich verfassungsgemäß. Denn es trete als „Konzept zur Wiederherstellung eines ausgeglichenen Wohnungsmarktes“[202] neben die Regelungen des Bürgerlichen Gesetzbuches zum Mietrecht.[203] Da ein Mietenmoratorium auf den Wohnungsmarkt ausgerichtet sei und die Regelungen des sozialen Mietrechts nach dem Bürgerlichen Gesetzbuch die vertragliche Rechtsgestaltung zwischen Vermieter und Mieter betreffe, seien hiermit zwei unterschiedliche Rechtsmaterien betroffen.[204] In der Folge werde die öffentlich-rechtliche Regulierung des Wohnungsmarktes durch ein Mietenmoratorium im Sinne des § 3 MietenWoG Bln nicht durch das bestehende Mietrecht des Bundesgesetzgebers im BGB gesperrt.[205]

Mit Blick auf die konkrete Ausgestaltung der Mietobergrenzen nach § 4 MietenWoG Bln hält *Battis* diese Regelung allerdings für bereits formell verfassungswidrig.[206] Die Mietenobergrenze des Berliner Mietendeckels würden einen Widerspruch zu den Regeln des sozialen Mietrechts darstellen, indem sie die privatrechtliche Gestaltung von Mietverhältnissen auf Grundlage der Vereinbarung von Mieter und Vermieter ausschließen würden.[207]

---

[202] Vgl. Battis, Rechtsgutachten, Verfassungsrechtliche Prüfung des Referentenentwurfes eines Gesetzes zur Neuregelung gesetzlicher Vorschriften zur Mietenbegrenzung in Berlin (Berliner MietenWoG) im Auftrag der Senatskanzlei des Landes Berlin vom 4. Oktober 2019, Seite 17 Zeilen 19, 20.

[203] Vgl. Battis, Rechtsgutachten, Verfassungsrechtliche Prüfung des Referentenentwurfes eines Gesetzes zur Neuregelung gesetzlicher Vorschriften zur Mietenbegrenzung in Berlin (Berliner MietenWoG) im Auftrag der Senatskanzlei des Landes Berlin vom 4. Oktober 2019, Seite 15 f.

[204] Vgl. Battis, Rechtsgutachten, Verfassungsrechtliche Prüfung des Referentenentwurfes eines Gesetzes zur Neuregelung gesetzlicher Vorschriften zur Mietenbegrenzung in Berlin (Berliner MietenWoG) im Auftrag der Senatskanzlei des Landes Berlin vom 4. Oktober 2019, Seite 15 f.

[205] Vgl. Battis, Rechtsgutachten, Verfassungsrechtliche Prüfung des Referentenentwurfes eines Gesetzes zur Neuregelung gesetzlicher Vorschriften zur Mietenbegrenzung in Berlin (Berliner MietenWoG) im Auftrag der Senatskanzlei des Landes Berlin vom 4. Oktober 2019, Seite 15 f.

[206] Vgl. Battis, Rechtsgutachten, Verfassungsrechtliche Prüfung des Referentenentwurfes eines Gesetzes zur Neuregelung gesetzlicher Vorschriften zur Mietenbegrenzung in Berlin (Berliner MietenWoG) im Auftrag der Senatskanzlei des Landes Berlin vom 4. Oktober 2019, Seite 3 und 8 f.

[207] Vgl. Battis, Rechtsgutachten, Verfassungsrechtliche Prüfung des Referentenentwurfes eines Gesetzes zur Neuregelung gesetzlicher Vorschriften zur Mietenbegrenzung in

Zusammenfassend hält er in seinem Rechtsgutachten im Auftrag der Senatskanzlei des Landes Berlin mit Blick auf die Einführung von Mietobergrenzen wie folgt fest:

> „[...] die Regelungen stehen in diametralem Gegensatz zum bundesgesetzlichen Konzept des sozial abgefederten zivilen Mietrechts. Dem Landesgesetzgeber ist es nach der Rechtsprechung des Bundesverfassungsgerichts verwehrt, konzeptionelle Entscheidungen des Bundesgesetzgebers zu verfälschen."[208]

3.2.5 Wissenschaftlicher Dienst des Deutschen Bundestages

Weitaus enger betrachtet der Wissenschaftliche Dienst des Deutschen Bundestages den Anwendungsbereich der Gesetzgebungskompetenz der Länder mit Blick auf die Einführung von Regelungen zur zulässigen Miethöhe und damit die formelle Verfassungsmäßigkeit des Berliner Mietendeckels. Dieser vertritt die Auffassung, dass die Vorschriften des sozialen Mietrechts unter Art. 74 Abs. 1 Nr. 1 GG zu fassen sind.[209] Mit der Einführung des Mietrechtsnovellierungsgesetzes (MietNovG) im Jahre 2014[210] habe der Bundesgesetzgeber im Sinne des Art. 74 GG abschließend davon Gebrauch gemacht.[211] Unter diesem Kompetenztitel für die Länder bestehe nicht die Möglichkeit, eine eigene gesetzliche Regelung zu erlassen.[212]

Berlin (Berliner MietenWoG) im Auftrag der Senatskanzlei des Landes Berlin vom 4. Oktober 2019, Seite 18 f.

208 Battis, Rechtsgutachten, Verfassungsrechtliche Prüfung des Referentenentwurfes eines Gesetzes zur Neuregelung gesetzlicher Vorschriften zur Mietenbegrenzung in Berlin (Berliner MietenWoG) im Auftrag der Senatskanzlei des Landes Berlin vom 4. Oktober 2019, Seite 2 Zeilen 3-7.

209 Vgl. Wissenschaftliche Dienste des Deutschen Bundestages, Gesetzliche Mietpreisregulierung durch die Länder aufgrund der Gesetzgebungskompetenz für das Wohnungswesen, Ausarbeitung WD 3-3000-029/19 vom 5. Februar 2019, Seite 3 f., abrufbar unter: https://www.bundestag.de/resource/blob/592066/409b80b8bd9764f047a54e923b7c0ab3/wd-3-029-19-pdf-data.pdf (zuletzt abgerufen am 1. November 2022).

210 Vgl. BT-Drs. 18/3121 vom 10. November 2014, Seite 19, abrufbar unter: https://www.bundestag.de/resource/blob/341626/fa05b7ce32ee390b9f0e6ff3cb13f142/gesetzentwurf-data.pdf (zuletzt abgerufen am 1. November 2022).

211 Vgl. Wissenschaftliche Dienste des Deutschen Bundestages, Gesetzliche Mietpreisregulierung durch die Länder aufgrund der Gesetzgebungskompetenz für das Wohnungswesen, Ausarbeitung WD 3-3000-029/19 vom 5. Februar 2019, Seite 3 f.

212 Vgl. Wissenschaftliche Dienste des Deutschen Bundestages, Gesetzliche Mietpreisregulierung durch die Länder aufgrund der Gesetzgebungskompetenz für das Wohnungswesen, Ausarbeitung WD 3-3000-029/19 vom 5. Februar 2019, Seite 3 f.

Mit der Föderalismusreform falle die Gesetzgebungskompetenz mit Blick auf das Wohnungswesen in die Regelungskompetenz des Bundesgesetzgebers, da diese nicht länger in Art. 74 Abs. 1 Nr. 1 GG geregelt werde, sondern Bestandteil des Art. 70 GG sei.[213] Danach haben die Länder das Recht der Gesetzgebung, soweit das Grundgesetz nicht dem Bunde Gesetzgebungsbefugnisse verleiht. Nach Auffassung des Wissenschaftlichen Dienstes des Deutschen Bundestages ist in der Folge nur eine Regelung, die „den Wohnraum einer öffentlich-rechtlichen Zweckbindung unterwirft, wie im Falle des öffentlich geförderten Wohnraums oder der Wohnraumbewirtschaftung“, verfassungsgemäß.[214] Für frei verfügbaren Wohnraum sei eine öffentlich-rechtliche Ausgestaltung des Mietpreisrechts durch den Landesgesetzgeber hingegen ausgeschlossen, da eine solche Regelung unabhängig von der konkreten Ausgestaltung ihrem Gegenstand nach bereits dem Privatrecht zuzuordnen sei, weil diese regelmäßig die Ausgestaltung der Rechtsbeziehungen zwischen Mieter und Vermieter betreffe.[215] Daher sei eine solche Regelung ohne weiteres verfassungswidrig.[216]

3.3 Bewertung

Ausgangspunkt der umfassenden Debatte zum Berliner Mietendeckel war ein Artikel von *Weber*, der den Gedanken angestoßen hat, dass der Landesgesetzgeber

---

213 Vgl. Wissenschaftliche Dienste des Deutschen Bundestages, Gesetzliche Mietpreisregulierung durch die Länder aufgrund der Gesetzgebungskompetenz für das Wohnungswesen, Ausarbeitung WD 3-3000-029/19 vom 5. Februar 2019, Seite 6; so auch: Degenhart, in: Sachs, Grundgesetz Kommentar, 10. Auflage 2024, Art. 74 Rn. 80 f.; Uhle, in: Dürig/Herzog/Scholz, Grundgesetz-Kommentar, Stand: Oktober 2020, Art. 74 Rn. 87 f.; Seiler, in: Epping/Hillgruber, BeckOK Grundgesetz, Stand: Mai 2021, Art. 74 Rn. 2f.

214 Wissenschaftlicher Dienste des Deutschen Bundestages, Gesetzliche Mietpreisregulierung durch die Länder aufgrund der Gesetzgebungskompetenz für das Wohnungswesen, Ausarbeitung WD 3-3000-029/19 vom 5. Februar 2019, Seite 6 Zeilen 15, 16.

215 Vgl. Wissenschaftliche Dienste des Deutschen Bundestages, Gesetzliche Mietpreisregulierung durch die Länder aufgrund der Gesetzgebungskompetenz für das Wohnungswesen, Ausarbeitung WD 3-3000-029/19 vom 5. Februar 2019, Seite 6.

216 Vgl. Wissenschaftliche Dienste des Deutschen Bundestages, Gesetzliche Mietpreisregulierung durch die Länder aufgrund der Gesetzgebungskompetenz für das Wohnungswesen, Ausarbeitung WD 3-3000-029/19 vom 5. Februar 2019, Seite 5 und 6.

neben dem bestehenden sozialen Mietrecht ein eigenes Preisrecht gestalten könne.[217] Mit der Entscheidung des Bundesverfassungsgerichts zum Berliner Mietendeckel[218] hat das Gericht zwar der konkreten Ausgestaltung des Landes Berlin in aller Deutlichkeit die formelle Verfassungswidrigkeit bescheinigt.[219] Aber eine abschließende Entscheidung darüber, ob der Landesgesetzgeber grundsätzlich in der Lage ist, mit öffentlich-rechtlich ausgestalteten Regelungsinstrumenten Mietenobergrenzen einzuführen, hat das Gericht dagegen nicht getroffen.[220] Es hat lediglich festgestellt, dass die Ausgestaltung des Berliner Mietendeckels kompetenzwidrig ist.[221] Anhand dessen lassen sich nichtsdestotrotz Maßstäbe für die verbleibende Zulässigkeit der Einführung öffentlich-rechtlicher Mietobergrenzen aufstellen:

Das Bundesverfassungsgericht hat in seinem Beschluss vom 25. März 2021 zwar den Berliner Mietendeckel für nichtig erklärt, weil sich die konkrete Ausgestaltung des § 4 MietenWoG Bln lediglich als strengere Regelung gegenüber dem (bundesrechtlich) bestehenden sozialen Mietrechts der §§ 556 f. BGB darstellt.[222] Und dem ist mit Blick auf die hier in den Fokus der Betrachtung genommenen Regelung des § 4 MietenWoG Bln zur Einführung einer Mietobergrenze auch zuzustimmen (vgl. 1.).[223] Dennoch ist die Einführung einer Mietobergrenze dem Landesgesetzgeber nicht vollständig verwehrt. In Betracht kommt vielmehr eine Regelung, die den Wohnraum nach ihrer Konzeption im Einzelfall einer öffentlich-rechtlichen Zweckbindung unterwirft und sich daher von den abschließenden Regelungen des sozialen Mietrechts des BGB deutlich abhebt (vgl. 2.).

---

217 Vgl. Weber, JZ 2018, 1022; zusätzlich im Rahmen des Gesetzgebungsverfahrens zum Berliner Mietendeckel: Weber, NZM 2019, 878.

218 Vgl. Bundesverfassungsgericht, Beschluss vom 25. März 2021 – 2 BvF 1.20, 2 BvL 4.20, 2 BvL 5.20, NJW 2021, 1377 (1380).

219 Vgl. Bundesverfassungsgericht, Beschluss vom 25. März 2021 – 2 BvF 1.20, 2 BvL 4.20, 2 BvL 5.20, NJW 2021, 1377 (1380).

220 Vgl. Bundesverfassungsgericht, Beschluss vom 25. März 2021 – 2 BvF 1.20, 2 BvL 4.20, 2 BvL 5.20, NJW 2021, 1377 (1380).

221 Vgl. Bundesverfassungsgericht, Beschluss vom 25. März 2021 – 2 BvF 1.20, 2 BvL 4.20, 2 BvL 5.20, NJW 2021, 1377 (1380).

222 Vgl. Bundesverwaltungsgericht, Beschluss vom 25. März 2021 – 2 BvF 1.20, 2 BvL 4.20, 2 BvL 5.20, NJW 2021, 1377 (1378).

223 Vgl. Bundesverwaltungsgericht, Beschluss vom 25. März 2021 – 2 BvF 1.20, 2 BvL 4.20, 2 BvL 5.20, NJW 2021, 1377 (1378).

3.3.1 Landesrechtliche Regelungskompetenz

Der Rahmen, innerhalb dessen sich die Frage nach der kompetenzrechtlichen Zuordnung der verschiedenen Gesetzgebungszuständigkeiten gemäß Art. 70 GG stellt, wird durch das Bundesverfassungsgericht in seiner Entscheidung zum Berliner Mietendeckel vom 25. März 2021 mit Blick auf die bereits gefestigte Rechtsprechungspraxis umfassend festgelegt.[224] Dabei gilt, dass Ausgangspunkt der Abgrenzung zwischen Bundes- und Landeskompetenz im Rahmen der konkurrierenden Gesetzgebung der Art. 72 GG ist. Danach haben die Länder die Befugnis zur Gesetzgebung, solange und soweit der Bund von seiner Gesetzgebungszuständigkeit nicht durch Gesetz Gebrauch gemacht hat.

Der Umfang einer sich aus dieser Vorschrift ergebenen Sperrwirkung für die Einführung landesrechtlicher Mietenbegrenzungen ist einzelfallabhängig und anhand der jeweiligen (landes-)gesetzlichen Regelung mit Blick auf den konkreten Sachbereich zu bestimmen.[225] Es kann also nicht pauschal festgestellt werden, dass dem Landesgesetzgeber nicht das Recht zukommt, öffentlich-rechtlich ausgestaltete Miet-obergrenzen einzuführen. Maßgeblich ist dabei stets die Gesamtwürdigung des betreffenden Normenkomplexes, also der Konzeption des Gesetzes; dies ist nach der Rechtsprechung des Bundesverwaltungsgerichts ausdrücklich objektiv anhand des jeweiligen Gesetzes zu bestimmen.[226] Darüber hinaus wesentlich für die Bestimmung, ob die bundesgesetzlichen Regelungen zum Mietpreisrecht abschließend sind, ist also der materiell-rechtliche Gehalt der geplanten Normen und nicht das (subjektive) Ziel des Gesetzgebers zu bestimmen. Es kommt für eine gegebenenfalls verbleibende Gesetzgebungskompetenz der Länder vor allem auf die Übereinstimmung mit den bundesrechtlichen Regelungen zum Mietpreisrecht mit Blick auf die zur Prüfung gestellten Vorschriften an, nicht hingegen auf die Zielsetzung des Landesgesetzgebers, die sich

---

[224] Vgl. Bundesverwaltungsgericht, Beschluss vom 25. März 2021 – 2 BvF 1.20, 2 BvL 4.20, 2 BvL 5.20, NJW 2021, 1377 (1378).

[225] Vgl. so auch: Battis, Rechtsgutachten, Verfassungsrechtliche Prüfung des Referentenentwurfes eines Gestzes zur Neuregelung gesetzlicher Vorschriften zur Mietenbegrenzung in Berlin (Berliner MietenWoG) im Auftrag der Senatskanzlei des Landes Berlin vom 4. Oktober 2019, Seite 16 f.

[226] Vgl. Bundesverwaltungsgericht, Beschluss vom 25. März 2021 – 2 BvF 1.20, 2 BvL 4.20, 2 BvL 5.20, NJW 2021, 1377 (1378).

regelmäßig aus der Gesetzesbegründung ableiten lässt.[227] Das bedeutet, dass eine Regelung, die identisch mit den Regeln des sozialen Mietpreisrechts aus dem Bürgerlichen Gesetzbuch ist oder sich als weitere Ausgestaltung dessen darstellt, bereits kompetenzwidrig ist.[228] Im Übrigen ist es dem Landesgesetzgeber aber nicht verwehrt eine Mietpreisbindung in öffentlich-rechtlicher Form einzuführen.[229] Für die Zuordnung einer Regelung zu einem Kompetenztitel der Art. 70 f. GG kommt es auf den Regelungsgegenstand, den Normzweck, die Wirkung und die konkreten Adressaten der Norm an.[230] Für den Berliner Mietendeckel gilt anhand dieser Maßstäbe Folgendes:

a) Aus der Streichung des Kompetenztitels „Wohnungswesen“ lässt sich – entgegen der von einigen Autoren vertretenden Auffassung – keine alleinige Zuständigkeit der Länder für das Recht auf Festsetzung der Wohnungsmiete und des Mietpreisrechts herleiten.[231]

---

[227] Vgl. Bundesverfassungsgericht, Beschluss vom 25. März 2021 – 2 BvF 1.20, 2 BvL 4.20, 2 BvL 5.20, NJW 2021, 1377 Rn. 186; Bayerischer Verfassungsgerichtshof, Entscheidung vom 16. Juli 2020 – Vf. 32-IX-20, NVwZ 2020, 1429; so auch: Sachs, JuS 2021, 572; Hillgruber, JA 2021, 614 (615).

[228] Vgl. Bundesverfassungsgericht, Beschluss vom 25. März 2021 – 2 BvF 1.20, 2 BvL 4.20, 2 BvL 5.20, NJW 2021, 1377 Rn. 186; Bayerischer Verfassungsgerichtshof, Entscheidung vom 16. Juli 2020 – Vf. 32-IX-20, NVwZ 2020, 1429.

[229] Vgl. Bundesverfassungsgericht, Beschluss vom 25. März 2021 – 2 BvF 1.20, 2 BvL 4.20, 2 BvL 5.20, NJW 2021, 1377 Rn. 186; Bayerischer Verfassungsgerichtshof, Entscheidung vom 16. Juli 2020 – Vf. 32-IX-20, NVwZ 2020, 1429.

[230] Vgl. zum vorstehenden: Bundesverfassungsgericht, Beschluss vom 25. März 2021 – 2 BvF 1.20, 2 BvL 4.20, 2 BvL 5.20, NJW 2021, 1377 Rn. 186; Bayerischer Verfassungsgerichtshof, Entscheidung vom 16. Juli 2020 – Vf. 32-IX-20, NVwZ 2020, 1429; so auch: Sachs, JuS 2021, 572; Hillgruber, JA 2021, 614 (615).

[231] Vgl. nach Weber, JZ 2018, 1022; Putzer, NVwZ 2019, 283 liegt die Gesetzgebungskompetenz bei den Ländern; a.A.: Battis, Rechtsgutachten, Verfassungsrechtliche Prüfung des Referentenentwurfes eines Gestzes zur Neuregelung gesetzlicher Vorschriften zur Mietenbegrenzung in Berlin (Berliner MietenWoG) im Auftrag der Senatskanzlei des Landes Berlin vom 4. Oktober 2019, Seite 8 (dieser Arbeit als **Anlage** beigefügt); Papier, Landeskompetenz zur Einführung eines sogenannten Mietendeckels?, Rechtsgutachterliche Stellungnahme im Auftrag des Bundesverbandes deutscher Wohnungs- und Immobilienunternehmen e.V. – GdW vom September 2019, Seite 10; Schede/Schuldt, Kurzgutachten für den BFW Landesverband Berlin Brandenburg zur Verfassungsmäßigkeit des „Berliner Mietendeckels“ vom 6. Mai 2019, Seite 4 f.

Soweit *Fischer-Lescano/Gutmann/Schmid* von einer Gesetzgebungskompetenz aufgrund der sozialpolitischen Zielsetzung des Berliner Mietendeckels ausgehen[232], kann dem entgegenhalten, dass die Ausgestaltung der Regelungen privatrechtlicher Natur ist. Denn im Schwerpunkt sind sie auf die Regelung der rechtlichen Beziehungen von Mietern und Vermietern bezogen.[233] Im Ergebnis überzeugen daher die Ansichten, die eine Gesetzgebungskompetenz auf dieser Grundlage ablehnen.[234]

Soweit *Kingreen* dazu vertritt, dass aufgrund der Rechtsverordnungsermächtigung nach § 556d Abs. 2 BGB eine Gesetzgebungskompetenz der Länder gegeben sei,[235] ist dies im Ergebnis kaum überzeugend. Zwar verweist er richtig darauf, dass mit einer Verordnungsermächtigung die Anwendung im Einzelfall – also die Bewertung der regionalen Unterschiede in den Bundesländern – beim Landesgesetzgeber verbleibe.[236] Dies betrifft aber nur die Frage der Anwendbarkeit der Regelung des sozialen Mietrechts und lässt die Bestimmungen zur Miethöhe unberührt, so dass die besseren Argumente hierbei gegen eine Gesetzgebungskompetenz der Bundesländer sprechen.[237]

Stattdessen gilt, dass der Bundesgesetzgeber durch die Einführung der sogenannten „Mietpreisbremse“[238] abschließende Regelungen des privaten Rechtsverhältnisses zwischen Mietern und Vermietern geschaffen hat.[239] Das Ziel einer Preisdämpfung – insbesondere mit Blick auf Mietpreise in den städtischen Ballungsräumen wie Berlin – wird von diesen Regelungen bereits

---

232 Vgl. Fischer-Lescano/Gutmann/Schmid, Landeskompetenz für Maßnahmen der Mitpreisregulierung, Rechtsgutachten im Auftrag der Rosa-Luxemburg-Stiftung, Seiten 4 und 5.

233 Vgl. Bundesverfassungsgericht, Beschluss vom 25. März 2021 – 2 BvF 1.20, 2 BvL 4.20, 2 BvL 5.20, NJW 2021, 1377 Rn. 136 f.

234 Vgl. so etwa: Schede/Schuldt, NVwZ 2019, 1572 (1575).

235 Vgl. Kingreen, NVwZ 2020, 737 (740) mit Verweis auf Bundesverfassungsgericht, Beschluss vom 23. März 1965 – 2 BvN 1.62, NJW 1965, 1371 (1371).

236 Vgl. Kingreen, NVwZ 2020, 737 (740); dahingehend übereinstimmend: Bundesverfassungsgericht, Beschluss vom 25. März 2021 – 2 BvF 1.20, 2 BvL 4.20, 2 BvL 5.20, NJW 2021, 1377 Rn. 159.

237 Vgl. Bundesverfassungsgericht, Beschluss vom 25. März 2021 – 2 BvF 1.20, 2 BvL 4.20, 2 BvL 5.20, NJW 2021, 1377 Rn. 159.

238 Vgl. Bundesverfassungsgericht, Beschluss vom 18. Juli 2019 – 1 BvL 1.18, BvL 4.18, 1 BvR 1595.18, NJW 2019, 3054 (3055).

239 Vgl. Bundesverfassungsgericht, Beschluss vom 18. Juli 2019 – 1 BvL 1.18, BvL 4.18, 1 BvR 1595.18, NJW 2019, 3054 (3055).

erfasst. Eine Verschärfung wäre, wie bereits in der Vergangenheit geschehen, daher am Instrument der Mietpreisbremse vorzunehmen.[240]

b) Der Landesgesetzgeber ist in der Folge der Streichung des Kompetenztitels „Wohnungswesen" zunächst einmal alleinig für Teilbereiche des Rechts des Wohnungswesens zuständig. Solche sind nach der Gesetzesbegründung der „Föderalismusreform"[241] ausdrücklich

> „das Recht der sozialen Wohnraumförderung, der Abbau von Fehlsubventionierung im Wohnungswesen, das Wohnungsbindungsrecht, das Zweckentfremdungsrecht im Wohnungswesen sowie das Wohnungsgenossenschaftsvermögensrecht".
>
> Papier, Rechtsgutachterliche Stellungnahme im Auftrag des Bundesverbandes deutscher Wohnungs- und Immobilienunternehmen e.V.[242]

Der Gesetzgeber nimmt in diese Aufzählung das Wohnungsmietrecht sowie das Mietpreisrecht nicht mit auf. In der Folge wird teilweise vertreten, dass die beiden Teilbereiche des Wohnungsmietrechts und des Mietpreisrechts daher in die Kompetenz des Bundes fallen und dies damit eine Länderkompetenz gerade ausschließen würde.[243] Dagegen ist zu berücksichtigen, dass es Sinn und Zweck der Föderalismusreform war, den Katalog der Länderkompetenzen zu erweitern, um den Landesgesetzgeber dahingehend zu stärken.[244] Soweit

---

[240] Vgl. so auch Battis im Interview mit Der Tagesspiegel: Bünger, Verwaltungsrechtler Ulrich Battis im Interview „Man könnte den Berliner Mietendeckel mit Sicherheit nicht als Bundesgesetz erlassen", Der Tagesspiegel vom 23. April 2021, abrufbar unter: https://plus.tagesspiegel.de/wirtschaft/immobilien/verwaltungsrechtler-ulrich-battis-im-interview-man-koennte-den-berliner-mietendeckel-mit-sicherheit-nicht-als-bundesgesetz-erlassen-134006.html (zuletzt abgerufen am 26. April 2025).

[241] Vgl. sogenannte Föderalismusreform I zur Reform der Bund-Länder-Beziehungen vom 28. August 2006 und 5. September 2006 mit Veröffentlichung am 31. August 2006 und 11. September 2006 im Bundesgesetzblatt: siehe BGBl. 2006, Teil I, Nr. 41, Seite 2034 und BGBl. 2006, Teil I, Nr. 42, Seite 2098, abrufbar unter: https://www.bundesrat.de/DE/plenum/themen/foekoI/foekoI-node.html (zuletzt abgerufen am 26. April 2025).

[242] BT-Drucksache 16/813, Seite 13, Zeile 23 f., abrufbar unter: https://dserver.bundestag.de/btd/16/008/1600813.pdf (zuletzt abgerufen am 26. April 2025).

[243] So unter anderem Papier, Landeskompetenz zur Einführung eines sogenannten Mietendeckels?, Rechtsgutachterliche Stellungnahme im Auftrag des Bundesverbandes deutscher Wohnungs- und Immobilienunternehmen e.V. – GdW vom September 2019, Seite 10 f.

[244] Vgl. BT-Drucksache 16/813, Seite 9.

in der Gesetzesbegründung Teilbereiche ausdrücklich der Kompetenz des Landesgesetzgebers überlassen werden, ist diese schon nicht abschließend. Die Annahme, dass aufgrund der fehlenden Aufzählung des Wohnungsmietrechts sowie des Mietpreisrechts diese als Teil der Kompetenzen des Bundes zu betrachten seien, sollte daher mit der Auslegung des Willens des Gesetzgebers mit Blick auf die Förderalismusreform nicht vereinbar sein. Das Gegenteil ist hingegen der Fall. Die fehlende Aufzählung des Wohnungsmietrechts sowie des Mietpreisrechts kann als Indiz dafür betrachtet werden, dass diese ohne Einschränkungen in die Kompetenz des Landesgesetzgebers fallen. Dafür spricht auch der Blick auf die historische Kompetenzverteilung zwischen Bund und Ländern: Das Wohnungswesen sollte nach dem Willen des Gesetzgebers im Rahmen der Föderalismusreform Teil der Kompetenz der Länder werden.[245] Vor allem lässt sich der Gesetzesbegründung kein Ausschluss des Mietpreisrechts aus der Kompetenz der Länder entnehmen.

c) Darüber hinaus ist mit dem sozialen Mietrecht eine Begrenzung der Kompetenz der Länder im Sinne des Art. 70, 72 GG geschaffen worden. Die Sperrwirkung des sozialen Mietrechts des BGB reicht dabei so weit, wie das Grundgesetz nicht dem Bundesgesetzgeber die Gesetzeskompetenz zuordnet. Dabei geht *Papier* davon aus, dass dieser Ausschluss umfassend sei:

> „Der Berliner Landesgesetzgeber würde – wie bereits erwähnt – mit seinen Regelungen eines sogenannten Mietendeckels bundesgesetzlich geregelte Rechte und Pflichten der Parteien eines Mietvertragsverhältnisses über Wohnraum suspendieren, die im Bundesrecht aus sozialpolitischen Gründen beziehungsweise im öffentlichen Interesse vorgenommenen Einschränkungen der Vertragsautonomie obsolet werden lassen und stattdessen durch das anders geartete und weitaus rigidere Instrument einer Mietendeckelung und einer Mietabsenkung durch Verwaltungsakt ersetzen. Dafür besitzt der Landesgesetzgeber evidentermaßen keine Regelungsbefugnis.“
>
> Papier, Rechtsgutachterliche Stellungnahme im Auftrag des GdW vom September 2019.[246]

---

[245] Vgl. so auch: Weber, JZ 2018, 1022 (1027) und ZMR 2019, 393.

[246] Papier, Landeskompetenz zur Einführung eines sogenannten Mietendeckels? Rechtsgutachterliche Stellungnahme im Auftrag des Bundesverbandes deutscher Wohnungs- und Immobilienunternehmen e.V. – GdW vom September 2019, Seite 10 Zeile 4-13.

Auch wenn dem mit Blick auf den § 4 des Berliner Mietendeckels zuzustimmen ist, ist der Ausschluss dennoch nicht derart weit gefasst.[247] Die Regelung des § 4 MietenWoG Bln regelt im Kern die Ausgestaltung des Mietrechtsverhältnisses zwischen Mietern und Vermietern. Dies gilt zunächst einmal für die Zielrichtung des Gesetzes. Ausdrücklich sollte nach dem Gedanken des Landesgesetzgebers damit das „Kräfteungleichgewicht zwischen Mieterinnen und Mietern einerseits und Vermieterinnen und Vermietern andererseits“[248] korrigiert werden.[249] Auch wenn dieses subjektive Beurteilungskriterium mit Blick auf die Abgrenzung der Kompetenztitel des Art. 70 f. GG nicht maßgeblich ist, spricht die zivilrechtliche Ausgestaltung der Rechtsfolgenseite des Gesetzes für dessen Kompetenzwidrigkeit. Insbesondere betrifft dies die Rechtsfolgenseite des Gesetzes: Die Regelung des § 4 MietenWoG Bln war konkret als Verbotsgesetz im Sinne des § 134 BGB ausgestaltet.[250]

Eine überhöhte Miete im Sinne des Berliner Mietendeckels verstieß nach der Gesetzeskonzeption allerdings im Ergebnis gegen das, was zwischen Mietern und Vermietern vertraglich – das bedeutet auf der Ebene des Zivilrechts – rechtmäßig vereinbart werden konnte. Ein Mieter hätte sich in der Folge auch bei einer Nichtbeachtung des Berliner Mietendeckels mit Mitteln des Zivilrechts erwehren müssen. Da die Regelung des § 4 MietenWoG Bln damit in seiner konkreten Ausgestaltung eine Verschärfung der Regelungen der §§ 556d BGB darstellt, ist dieses verfassungsrechtlich unzulässig.[251]

---

[247] Vgl. so auch Battis, Rechtsgutachten, Verfassungsrechtliche Prüfung des Referentenentwurfes eines Gesetzes zur Neuregelung gesetzlicher Vorschriften zur Mietenbegrenzung in Berlin (Berliner MietenWoG) im Auftrag der Senatskanzlei des Landes Berlin vom 4. Oktober 2019, Seite 11.

[248] Vgl. Entwurf eines Gesetzes zur Neuregelung gesetzlicher Vorschriften zur Mietenbegrenzung in der Fassung des Senatsbeschlusses vom 22. Oktober 2019, Seite 3 und 13.

[249] Vgl. ebenfalls davon ausgehend: Schede/Schuldt, NVwZ 2019, 1572 (1574).

[250] Vgl. Entwurf eines Gesetzes zur Neuregelung gesetzlicher Vorschriften zur Mietenbegrenzung in der Fassung des Senatsbeschlusses vom 22. Oktober 2019, Seite 22.

[251] Vgl. so auch: Battis, Rechtsgutachten, Verfassungsrechtliche Prüfung des Referentenentwurfes eines Gesetzes zur Neuregelung gesetzlicher Vorschriften zur Mietenbegrenzung in Berlin (Berliner MietenWoG) im Auftrag der Senatskanzlei des Landes Berlin vom 4. Oktober 2019, Seite 18.

3.3.2 Einführung einer Mietobergrenze

Mit Blick auf die Zulässigkeit der Einführung einer landesrechtlichen Mietobergrenze für Wohnraum gilt im Anschluss an die Entscheidung des Bundesverfassungsgerichts dennoch: Diese bleibt auch weiterhin verfassungsrechtlich zulässig, soweit dabei die Maßstäbe des Gerichts berücksichtigt werden:

a) Das Bundesverfassungsgericht hat in seiner Entscheidung hervorgehoben, dass der Bundesgesetzgeber durch die §§ 556 f. BGB sowie die Einführung der sogenannten Mietpreisbremse gemäß § 556 d f. BGB die zulässige Miethöhe für frei verfügbaren Wohnraum abschließend geregelt habe.[252]

Das bedeutet, dass der Landesgesetzgeber von einer Ausgestaltung des Mietpreisrechts für frei verfügbaren Wohnraum in Form des Berliner Mietendeckels Abstand nehmen sollte.[253] Eine Regelung wäre in diesem Bereich unzulässig.[254] Allerdings gilt dies vor allem mit Blick auf Regelungen, die zwar eine öffentlich-rechtliche Einkleidung aufweisen, aber – wie der Berliner Mietendeckel – in der Sache auf das Zivilrechtsverhältnis zwischen Mieter und Vermieter Einfluss nehmen. [255]

Das bedeutet aber zunächst, dass eine Mietobergrenze für Wohnraum mit Blick auf ungebundenen Mietwohnraum in Form des Berliner Mietendeckels verfassungsrechtlich ausgeschlossen ist; zulässig könnte eine solche allerdings sein, soweit die Maßstäbe, die das Bundesverwaltungsgericht in seiner Entscheidung vom 25. März 2021 hervorgehoben hat, beachtet werden.[256] Dabei muss

---

[252] Bundesverfassungsgericht, Beschluss vom 25. März 2021 – 2 BvF 1.20, 2 BvL 4.20, 2 BvL 5.20, NJW 2021, 1377 Rn. 160.

[253] Vgl. Bundesverfassungsgericht, Beschluss vom 25. März 2021 – 2 BvF 1.20, 2 BvL 4.20, 2 BvL 5.20, NJW 2021, 1377 Rn. 160; so ausdrücklich Battis im Interview mit Der Tagesspiegel: Bünger, Verwaltungsrechtler Ulrich Battis im Interview „Man könnte den Berliner Mietendeckel mit Sicherheit nicht als Bundesgesetz erlassen“, Der Tagesspiegel vom 23. April 2021.

[254] Vgl. Bundesverfassungsgericht, Beschluss vom 25. März 2021 – 2 BvF 1.20, 2 BvL 4.20, 2 BvL 5.20, NJW 2021, 1377 Rn. 160.

[255] Vgl. Bundesverfassungsgericht, Beschluss vom 25. März 2021 – 2 BvF 1.20, 2 BvL 4.20, 2 BvL 5.20, NJW 2021, 1377 Rn. 160.

[256] Vgl. Bundesverfassungsgericht, Beschluss vom 25. März 2021 – 2 BvF 1.20, 2 BvL 4.20, 2 BvL 5.20, NJW 2021, 1377 Rn. 160.

eine solche Regelung als öffentlich-rechtliches Regelungsinstrument tatsächlich neben das soziale Mietrecht treten und von dessen Regelungen unabhängig sein. Das heißt, ein solches Rechtsinstrument darf den Regelungen des sozialen Mietrechts weder widersprechen noch sie ergänzen oder wiederholen.[257] In Betracht käme hierbei etwa eine öffentlich-rechtliche Zweckbindung von Wohnraum.[258] Mit anderen Worten würde der betroffene Wohnraum damit aus dem Gefüge des frei verfügbaren Wohnraums herausgelöst, so dass die Vorschriften des sozialen Mietrechts für diesen keine Anwendung mehr finden.[259]

b) Der Landesgesetzgeber bleibt auch weiterhin dazu in der Lage – neben dem sozialen Mietrecht des BGB – Wohnraum einer öffentlich-rechtlichen Zweckbindung zu unterwerfen. Dazu ist zwar der kompetenzrechtliche Handlungsspielraum des Landesgesetzgebers mit Blick auf das Miet(preis)recht infolge der Entscheidung des Bundesverfassungsgerichts kurz zu fassen; ausgeschlossen ist die Einführung einer Mitobergrenze hingegen nicht.[260] Denn es gilt weiterhin wie folgt: Bis zur Föderalismusreform I im Jahr 2006 enthielt Art. 74 Abs. 1 Nr. 18 GG den Kompetenztitel „Wohnungswesen“, der sich auf solche Gebäude erstreckt, die zum Wohnen dienen.[261] Der Begriff bedeutete in Abgrenzung zum ebenfalls in Art. 74

[257] Vgl. so ausdrücklich: Bundesverfassungsgericht, Beschluss vom 25. März 2021 – 2 BvF 1.20, 2 BvL 4.20, 2 BvL 5.20, NJW 2021, 1377 Rn. 160.

[258] Vgl. so auch Wissenschaftliche Dienste des Deutschen Bundestages, Gesetzliche Mietpreisregulierung durch die Länder aufgrund der Gesetzgebungskompetenz für das Wohnungswesen, Ausarbeitung WD 3-3000-029/19 vom 5. Februar 2019; noch darüber hinausgehend: Battis, Rechtsgutachten, Verfassungsrechtliche Prüfung des Referentenentwurfes eines Gestzes zur Neuregelung gesetzlicher Vorschriften zur Mietenbegrenzung in Berlin (Berliner MietenWoG) im Auftrag der Senatskanzlei des Landes Berlin vom 4. Oktober 2019, Seite 16 f.

[259] Vgl. so wohl auch: Battis, Rechtsgutachten, Verfassungsrechtliche Prüfung des Referentenentwurfes eines Gestzes zur Neuregelung gesetzlicher Vorschriften zur Mietenbegrenzung in Berlin (Berliner MietenWoG) im Auftrag der Senatskanzlei des Landes Berlin vom 4. Oktober 2019, Seite 16 f.

[260] Vgl. Bundesverfassungsgericht, Beschluss vom 25. März 2021 – 2 BvF 1.20, 2 BvL 4.20, 2 BvL 5.20, NJW 2021, 1377 (1377); a.A. Spoerr im Interview mit der Immobilien Zeitung: Ochs, „Kein Spielraum mehr“, Immobilien Zeitung vom 22. April 2021, abrufbar unter: https://www.iz.de/recht/news/-kein-spielraum-mehr-160710?crefresh=1 (zuletzt abgerufen am 26. April 2025).

[261] Bundesverfassungsgericht, Rechtsgutachten vom 16. Juni 1954 – 1 PBvV 2.52, NJW 1954, 1474 (1475).

Abs. 1 Nr. 18 GG enthaltenen „Bodenrecht“ „nicht die bauliche Nutzung von Grundstücken zu Wohnzwecken, sondern die – angesichts der Wohnraumknappheit in der Nachkriegszeit notwendigen Regelungen – über die Bewirtschaftung des Wohnraums.“[262] Erfasst sein sollten aus Gründen der Abgrenzung zum bürgerlichen Recht allerdings nur die öffentlich-rechtlichen Regelungen über das „Wohnungswesen“.[263]

Das öffentliche Mietpreisrecht fiel historisch unter den Kompetenztitel „Wohnungswesen“.[264] Zum Teil wird vertreten, dass nach der Reform auch das öffentliche Mietpreisrecht in die alleinige Zuständigkeit der Länder gemäß Art. 70 Abs. 1 GG überführt worden wäre.[265] Nach dieser Ansicht hätte der verfassungsändernde Gesetzgeber im Zuge der Reform deutlich zu erkennen gegeben, dass er die Regelungen zum öffentlichen Mietpreisrecht nicht den Ländern übertrage.[266] Eine andere Auffassung sei danach verfehlt, weil sich in der Gesetzesbegründung schon kein Hinweis diesbezüglich finden lasse, dass der Gesetzgeber eine andere Kompetenzzuschreibung bezweckt habe.[267]

Das Bundesverfassungsgericht hat in seinem Urteil zum Berliner Mietendeckel festgestellt, dass Regelungen zur Miethöhe für ungebundenen Wohnraum als Teil des sozialen Mietrechts in die konkurrierende Gesetzgebungszuständigkeit des bürgerlichen Rechts gemäß Art. 74 Abs. 1

---

[262] Bundesverfassungsgericht, Rechtsgutachten vom 16. Juni 1954 – 1 PBvV 2.52, NJW 1954, 1474 (1475).

[263] Vgl. Kingreen, NVwZ 2020, 737 (738); a.A. Bayerischer Verfassungsgerichtshof, Entscheidung vom 16. Juli 2020 – Vf. 32-IX-20, BeckRS 2020, 16071; Uhle, in: Dürig/Herzog/Scholz, Grundgesetz-Kommentar, Stand: Juli 2021, Art. 74 Rn. 95; Liesenfeld/Bickert/Dittmann, Der geplante Mietendeckel in Berlin ist nichtig!, abrufbar unter: http://www.heussen-law.de/assets/Uploads/News/PDFs/Gesetzgebungskompetenz-der-Laender-fuer-die-Miethoehe-final2.pdf (zuletzt abgerufen am 26. April 2025).

[264] Vgl. Entwurf eines Gesetzes über den Abbau der Wohnungszwangswirtschaft und über ein soziales Mietrecht, BT-Drucksache 1234, 46, Seite 5 f., abrufbar unter: https://dserver.bundestag.de/btd/03/012/0301234.pdf (zuletzt abgerufen am 26. April 2025).

[265] Vgl. Putzer, NVwZ 2019, 283 (286); Weber NZM 2019, 878 (880); Kingreen NVwZ 2020, 737 (741); Schneider/Franke DÖV 2020, 415 (420); Mayer/Artz, Öffentlich-rechtliche und privatrechtliche Aspekte eines „Mietendeckels“ für das Land Berlin, Seite 34 f.

[266] Vgl. unter anderem: Kingreen, NVwZ 2020, 737 (739).

[267] Vgl. Bundesverfassungsgericht, Beschluss vom 25. März 2021 – 2 BvF 1.20, 2 BvL 4.20, 2 BvL 5.20, NJW 2021, 1377 Rn. 115 f. und Rn. 160 f.

Nr. 1 GG und nicht in die ausschließliche Gesetzgebungskompetenz der Länder gemäß Art. 70 Abs. 1 GG fallen.[268] Hierbei entscheidend sei, ob durch die Vorschrift Privatrechtsverhältnisse geregelt werden.[269] Allerdings hat das Gericht die Gesetzgebung der Länder in diesem Bereich damit nicht vollständig aufgehoben.[270] Dazu hat das Bundesverfassungsgericht ausdrücklich wie folgt festgehalten:

> „Anders liegen die Dinge dagegen, wenn die bürgerlich-rechtliche Prägung des Mietverhältnisses durch öffentlich-rechtliche Vorschriften ganz oder teilweise verdrängt und die Auswahl der Vertragsparteien sowie die Festlegung der Vertragsinhalte durch verwaltungsrechtliche Vorgaben überlagert und etwa durch eine mehr oder weniger weitreichende Wohnraumbewirtschaftung ganz oder teilweise ausgeschlossen wird. In einem solchen Fall beruhen wesentliche Rechte und Pflichten der Mietvertragsparteien gerade nicht auf ihrer grundsätzlich privatautonom getroffenen Entscheidung über die wesentlichen Inhalte des Mietverhältnisses, sondern auf Lenkungs- und Verteilungsentscheidungen der Verwaltung. Derartige Regelungen sind selbst dann nicht dem bürgerlichen Recht zuzuordnen, wenn subsidiär oder zur Lückenfüllung auf die §§ 535 ff. BGB zurückgegriffen wird."
> Bundesverfassungsgericht, Beschluss vom 25. März 2021[271]

In der Folge wäre bei einer entsprechenden Ausgestaltung gesetzlicher Regelungen keine Sperrwirkung der Regelung zum sozialen Mietrecht aus dem Bürgerlichen Gesetzbuch anzunehmen.[272] Etwas anderes gilt – wie am Beispiel des Berliner Mietendeckels dargelegt –, wenn die gesetzlichen Regelungen zwar eine öffentlich-rechtliche Einkleidung aufweisen, im Ergebnis aber schwerpunktmäßig den Regelungen des Bürgerlichen Gesetzbuchs zuzuordnen sind; so etwa, indem die Regelung durch verwaltungsrechtliche

---

[268] Vgl. Bundesverfassungsgericht, Beschluss vom 25. März 2021 – 2 BvF 1.20, 2 BvL 4.20, 2 BvL 5.20, NJW 2021, 1377 Rn. 115 f.

[269] Vgl. Bundesverfassungsgericht, Beschluss vom 25. März 2021 – 2 BvF 1.20, 2 BvL 4.20, 2 BvL 5.20, NJW 2021, 1377 Rn. 115 f.

[270] Vgl. Bundesverfassungsgericht, Beschluss vom 25. März 2021 – 2 BvF 1.20, 2 BvL 4.20, 2 BvL 5.20, NJW 2021, 1377 Rn. 115 f.

[271] Bundesverfassungsgericht, Beschluss vom 25. März 2021 – 2 BvF 1.20, 2 BvL 4.20, 2 BvL 5.20, NJW 2021, 1377 Rn. 115.

[272] Vgl. Bundesverfassungsgericht, Beschluss vom 25. März 2021 – 2 BvF 1.20, 2 BvL 4.20, 2 BvL 5.20, NJW 2021, 1377 Rn. 115 f.

Ordnungswidrigkeitsregelungen[273] lediglich eine öffentlich-rechtliche Färbung bekommen.[274] Der Vorschlag eines solchen Regelungskonzepts soll hierbei allerdings bereits aus Platzgründen anderen Ausarbeitungen zu diesem Thema vorbehalten bleiben.

c) Entscheidend kommt es also darauf an, dass der Landesgesetzgeber Regulierungen schafft, die als öffentlich-rechtliches Preisbindungsrecht eigene städtebauliche Parameter für die Vermietung des betroffenen Wohnraums aufstellen; dahingehend ließe sich zunächst allein mit Blick auf deren verfassungsmäßige Zulässigkeit eine Regelungswirkung – im Sinne einer bisher fehlenden rechtlichen Bindungswirkung – der bestehenden Mietspiegel umsetzen.[275] Das Bundesverfassungsgericht differenziert in seinem Beschluss zum „Berliner Mietendeckel“ vom 25. März 2021 selbst zwischen gebundenem und ungebundenem Wohnraum.[276] Daraus folgt im Umkehrschluss: Wenn das Land Berlin eine öffentlich-rechtliche Zweckbindung und damit auf diese Weise gebundenen Wohnraum schafft, dessen Zweckbindung rechtlich tragfähig und vollziehbar ist, widerspricht dies nicht der Anwendung des bundesrechtlichen Mietrechts und unterliegt auch nicht dessen kompetenzrechtlichen Sperrwirkung. Denn die §§ 556f. BGB (einschließlich § 556d Abs. 2 BGB) finden auf den ungebundenen Wohnraum Anwendung.[277] Die öffentlich-rechtliche Zweckbindung würde in diesem Fall eine neue rechtliche Qualität schaffen, die den betroffenen Wohnraum aus dem Anwendungsbereich der zivilrechtlichen Vorschriften des Mietrechts gemäß §§ 556f. BGB herausnimmt. Eine solche wäre kompetenzrechtlich nicht zu beanstanden. Allerdings müsste eine solche Regelung sich entscheidend von der Wirkung des Berliner Mietendeckels abheben: Indem

---

273 Vgl. Bundesverfassungsgericht, Beschluss vom 25. März 2021 – 2 BvF 1.20, 2 BvL 4.20, 2 BvL 5.20, NJW 2021, 1377 Rn. 114.

274 Vgl. Vgl. Bundesverfassungsgericht, Beschluss vom 25. März 2021 – 2 BvF 1.20, 2 BvL 4.20, 2 BvL 5.20, NJW 2021, 1377 Rn. 113 f.

275 Vgl. dahingehend: Weber, JZ 2018, 1022; so wohl auch: Bundesverwaltungsgericht, Urteil vom 26. Januar 1996 – 8 C 19.94, NJW 1996, 2046 (2048); Brüning, NZM 2003, 921 (921); Börstinghaus, in: Miethöhe-Handbuch, 2. Auflage 2016, Kapitel 12 Rn. 43 f.

276 Vgl. so etwa Bundesverfassungsgericht, Beschluss vom 25. März 2021 – 2 BvF 1.20, 2 BvL 4.20, 2 BvL 5.20, NJW 2021, 1377 Rn. 169.

277 Vgl. so auch: Landgericht Berlin II, Urteil vom 27. März 2024 – 66 S 213/23, BeckRS 2024, 11287 Rn. 12.

sie nicht in die Regelungen des sozialen Mietrechts mit Blick auf das Rechtsverhältnis zwischen Mieter und Vermieter eingreift.[278] Vielmehr wäre so infolge einer öffentlich-rechtlichen Zweckbindung der betroffene Wohnraum nicht mehr von den Regelungen des sozialen Mietrechts erfasst. Maßgebend wäre in der Folge die konkrete öffentlich-rechtliche Ausgestaltung.[279]

d) Eine solche öffentlich-rechtliche Zweckbindung bleibt für den Landesgesetzgeber auch nach dem Beschluss des Bundesverfassungsgerichts vom 25. März 2021 weiterhin zulässig. In seiner Entscheidung führt das Bundesverfassungsgericht aus, dass Regelungen, die inhaltlich auf die Ausgestaltung des Mietverhältnisses im Zivilrecht zielen, in die Regelungskompetenz des Bundes fallen.[280] Eine Differenzierung zwischen zivilrechtlicher und öffentlich-rechtlicher Regelungsperspektive ist daher für eine zulässige Ausgestaltung einer öffentlich-rechtlichen Zweckbindung zentral.

Ein landesrechtlicher Eingriff in Form eines Mietpreismoratoriums oder einer Genehmigungspflicht für Mieterhöhungen wäre aber – soweit der Eingriff öffentlich-rechtlich ausgestaltet ist – nicht kompetenzwidrig. Entscheidend ist, dass eine solche öffentlich-rechtliche Zweckbindung nicht inhaltlich in das zivilrechtliche Vertragsverhältnis für ungebundenen Wohnraum eingreift. D.h. ein öffentlich-rechtlich ausgestaltetes Mietrechtsregime kann verfassungsrechtlich zulässig sein, sofern es zum Bundesrecht im BGB keine gegenläufigen Lenkungswirkungen vornimmt oder ebenso gegenläufige Handlungsmittel einsetzt. Dabei darf sich der Landesgesetzgeber allerdings nicht, wie es der Berliner Landesgesetzgeber getan hat, auf eine öffentlich-rechtliche Ausgestaltung der Rechtsfolgenseite beschränken – also z.B. die Verstöße als Ordnungswidrigkeit mit einem Bußgeld zu belegen. Für eine zulässige Ausgestaltung ist vielmehr zwischen verschiedenen Regelungs-Konstellationen zu differenzieren – beispielsweise gilt:

---

[278] Vgl. Bundesverfassungsgericht, Beschluss vom 25. März 2021 – 2 BvF 1.20, 2 BvL 4.20, 2 BvL 5.20, NJW 2021, 1377 Rn. 160.

[279] Vgl. im Ergebnis so auch: Bundesverfassungsgericht, Beschluss vom 25. März 2021 – 2 BvF 1.20, 2 BvL 4.20, 2 BvL 5.20, NJW 2021, 1377 Rn. 160.

[280] Bundesverfassungsgericht, Beschluss vom 25. März 2021 – 2 BvF 1.20, 2 BvL 4.20, 2 BvL 5.20, NJW 2021, 1377 Rn. 107f., 132, 169.

1) Nicht gegenläufig sind Vorschriften, wenn der Landesgesetzgeber z.B. Maßnahmen erlassen würde, die die bundesrechtlichen Regelungen durch öffentlich-rechtliche Normen ergänzen oder verstärken. Als Beispiel könnte Berlin eine landesrechtliche Vorschrift vorsehen, nach der Mieten oberhalb der Regelungen zur Mietpreisbremse aus den §§ 556f. BGB verwaltungsrechtlich einer Genehmigungspflicht unterliegen. Das zivilrechtliche Vertragsverhältnis bleibt unberührt, aber die praktische Umsetzung unterliegt einer zusätzlichen öffentlich-rechtlichen Kontrolle.

2) Ebenfalls nicht kompetenzwidrig wären landesrechtliche Vorschriften, wenn sie eine andere Regelungsperspektive einnehmen als das Bundesrecht und der Bundesgesetzgeber. Die §§ 556d ff. BGB regeln die Miethöhe als Teil der vertraglichen Privatautonomie, schließen aber öffentlich-rechtliche Genehmigungsmechanismen oder wohnraumschutzrechtliche Auflagen nicht aus, so dass auch in diesem Punkt Gesetzgebungsspielraum zu Gunsten des Landesgesetzgebers verbleibt.

3) Denkbar wäre dazu auch eine differenzierte Lenkungswirkung: Während das Bundesrecht in den §§ 556f. BGB darauf abzielt, den Anstieg der Mietpreise zu verlangsamen („Mietpreisbremse“), könnten landesrechtliche Vorschriften zielgerichtet auf den Bestandsschutz oder sozialen Ausgleich wirken – etwa durch temporäre Einfrierungen in einer Zweckbindung unterworfenen Marktsegmenten. Die Lenkungsziele wären damit komplementär, nicht gegenläufig zum Mietrecht des BGB.

4) Zusammenfassend ist festzuhalten, dass landesrechtliche Vorschriften mit öffentlich-rechtlicher Ausgestaltung – etwa in Form eines öffentlich-rechtlichen Zweckbindung (Genehmigungspflicht für Mieterhöhungen oder einer behördlichen Aufsicht über Mietpreisfestsetzungen) kompetenzrechtlich zulässig sein können, sofern sie mehrere Voraussetzungen einhalten: nicht unmittelbar das zivilrechtliche Mietrechtsverhältnis für ungebundenen Wohnraum modifizieren, keine gegenläufige Regelungswirkung zum Bundesrecht entfalten, und keine Handlungsmittel vorsehen, die die Anwendung des Bundesrechts faktisch ausschließen. In diesem Sinne wäre eine kompetenzrechtliche Kollissionsentscheidung nur dann erforderlich, wenn eine tatsächliche Kollission zwischen den betreffenden landesrechtlichen Vorschriften (öffentlich-rechtliche Zweckbindung) und den §§ 556 ff. BGB im Sinne einer Unvereinbarkeit vorliegt. Fehlt es daran, verbleibt Raum

für ergänzende landesrechtliche Steuerungsinstrumente, insbesondere im Rahmen einer öffentlich-rechtlichen Zweckbindung. ee) Diesem Ergebnis einer zulässigen öffentlich-rechtlichen Zweckbindung steht auch die Verordnungsermächtigung in § 556d Abs. 2 BGB nicht entgegen. § 556d Abs. 2 BGB sperrt als Teil des privatrechtlichen Mietrechts der §§ 556f. BGB eine öffentlich-rechtliche Zweckbindung nicht, solange die Zweckbindung die so eben aufgeführten Rahmenbedingungen einhält.[281] Das es sich bei § 556d Abs. 2 BGB um eine privatrechtliche Norm handelt, die Bestandteil des Mietrechts des BGB ist, unterstreicht auch das Bundesverfassungsgericht. Wörtlich führt das Bundesverfassungsgericht aus:

> „Durch eine Rechtsverordnung nach § 556 d II BGB werden zwar die Regelungen über die Mietpreisbremse räumlich konkretisiert. Die Verordnungsermächtigung eröffnet den Ländern aber keinen inhaltlichen Gestaltungsspielraum, sondern erschöpft sich darin, die auf Ebene des BGB detailliert ausgestaltete Mietpreisbremse nach Maßgabe der in den einzelnen Ländern bestehenden Verhältnisse zur Anwendung zu bringen."
>
> Bundesverfassungsgericht, Beschluss vom 25. März 2021.[282]

e) In einem weiteren Schritt wäre jedoch zwingend die Verfassungsmäßigkeit einer öffentlich-rechtlichen Zweckbindung anhand der konkreten Ausgestaltung mit Blick auf die Verhältnismäßigkeit – vor allem der Angemessenheitskontrolle – zu beurteilen.[283]

3.3.3 Ergebnis

Es bleibt festzuhalten, dass das bestehende soziale Mietrecht die Einführung einer Mietobergrenze, wie sie § 4 MietenWoG Bln vorsieht, sperrt.[284] Aufgrund dessen ist der Entscheidung des Bundesverfassungsgerichts zur Verfassungswidrigkeit des Berliner Mietendeckels – mit dem hier in den Fokus der Beurteilung genommenen § 4 MietenWoG Bln – auch in seiner Deutlichkeit beizupflichten. Soweit der Landesgesetzgeber Mietpreise für Wohnraum

---

[281] Vgl. Bundesverfassungsgericht, Beschluss vom 24. Juni 2015 – 1 BvR 1360/15, NJW 2015, 3024 (Ls.), so auch: Weber JZ 2018, 1022 (1023).

[282] Bundesverfassungsgericht, Beschluss vom 25. März 2021 – 2 BvF 1/20, 2 BvL 4/20, 2 BvL 5/20, NJW 2021, 1377, Rn. 159 Zeilen 6-9.

[283] Vgl. dazu im Folgenden unter IV. 2.

[284] Vgl. Bundesverfassungsgericht, Beschluss vom 25. März 2021 – 2 BvF 1.20, 2 BvL 4.20, 2 BvL 5.20, NJW 2021, 1377 Rn. 150 f.

allerdings tatsächlich öffentlich-rechtlich regelt, steht die Entscheidung des Bundesverfassungsgerichts einer solchen Gesetzesregelung nicht entgegen. In Betracht kommt dabei jedenfalls die Einführung einer Mietobergrenze durch eine konkret öffentlich-rechtlich ausgestaltete Zweckbindung von Wohnraum – in Abgrenzung zu § 556d Abs. 2 (vgl. C. III. 2.d)) und mit Blick auf die Angemessenheit der Mietenbegrenzung.[285]

---

[285] Vgl. im Ergebnis so wohl auch: Battis, Rechtsgutachten, Verfassungsrechtliche Prüfung des Referentenentwurfes eines Gestzes zur Neuregelung gesetzlicher Vorschriften zur Mietenbegrenzung in Berlin (Berliner MietenWoG) im Auftrag der Senatskanzlei des Landes Berlin vom 4. Oktober 2019, Seite 17 f.

Mietobergrenzen im Sanierungsrecht

Als Reaktion auf die einleitend dargestellte Wohnungsmarktsituation hat das Land Berlin für Bauvorhaben in Sanierungsgebieten – also solchen, die innerhalb einer Sanierungsverordnung im Sinne der §§ 136 f. BauGB liegen, – im Zuge von sanierungsrechtlichen Genehmigungen von Instandhaltungs- und Modernisierungsmaßnahmen Mietobergrenzen als Auflagen im Sinne des § 36 VwVfG festgesetzt.[286] Diese Auflagen sollten dem Schutz der ansässigen Mieter dienen und verhindern, dass die Mieter durch die Baumaßnahmen an dem betreffenden Gebäude und der regelmäßig damit einhergehenden Anhebung des Mietpreises aus dem Gebiet verdrängt werden.[287]

Bei der Festlegung von Sanierungsgebieten handelt es sich nach der Intention des Gesetzgebers um eine städtebauliche Maßnahme, die zur Aufwertung der baulichen Situation und damit in der Regel zur Beseitigung städtebaulicher Missstände vorgesehen ist.[288] Nach § 136 Abs. 2 BauGB sind durch städtebauliche Sanierungsmaßnahmen städtebaulicher Missstände wesentlich zu verbessern oder umzugestalten.[289] Danach liegen städtebauliche Missstände vor, wenn das Gebiet nach seiner vorhandenen Bebauung

---

286 Vgl. Bundesverwaltungsgericht, Urteil vom 24. Mai 2006 – 4 C 9.04, ZfBR 2006, 674 (674).

287 Vgl. dazu Bundesverwaltungsgericht, Urteil vom 24. Mai 2006 – 4 C 9.04, ZfBR 2006, 674 (674); Oberverwaltungsgericht Berlin, Urteil vom 30. Januar 2004 – 2 B 18.02, LKV 2004, 415 (415).

288 Vgl. Krautzberger, in: Ernst/Zinkahn/Bielenberg/Krautzberger, Baugesetzbuch, Stand: November 2024, § 136 Rn. 32 f.

289 Vgl. Krautzberger, in: Ernst/Zinkahn/Bielenberg/Krautzberger, Baugesetzbuch, Stand: November 2024, § 136 Rn. 32 f.

oder nach seiner sonstigen Beschaffenheit den allgemeinen Anforderungen an gesunde Wohn- und Arbeitsverhältnisse oder an die Sicherheit der in ihm wohnenden oder arbeitenden Menschen auch unter Berücksichtigung der Belange des Klimaschutzes und der Klimaanpassung nicht entspricht oder das Gebiet in der Erfüllung der Aufgaben erheblich beeinträchtigt ist, die ihm nach seiner Lage und Funktion obliegen.[290]

Die Errichtung, Änderung sowie Nutzungsänderung baulicher Anlagen bedarf im Sanierungsbiet gemäß § 144 BauGB einer Genehmigung.[291] Die Genehmigung darf nur versagt werden, wenn Grund zur Annahme besteht, dass das Vorhaben, der Rechtsvorgang einschließlich der Teilung eines Grundstücks oder die damit erkennbar bezweckte Nutzung die Durchführung der Sanierung unmöglich machen oder wesentlich erschweren oder den Zielen und Zwecken der Sanierung zuwiderlaufen würde.[292] Es besteht damit ein Rechtsanspruch für die Errichtung, Änderung sowie Nutzungsänderung baulicher Anlagen soweit die Ziele der Sanierungsmaßnahmen nicht schon betroffen sind.[293] Dabei hat das Land Berlin bei der Erteilung von sanierungsrechtlichen Genehmigungen nach §§ 136 f. BauGB eine Obergrenze für Mietbeträge in Form einer Nebenbestimmung nach § 36 VwVfG festgesetzt.[294]

4.1 Voraussetzungen für die Festsetzung eines Sanierungsgebiets

Der § 136 Abs. 1 BauGB bestimmt den Anwendungsbereich des Sanierungsrechts im Sinne des BauGB. Danach schafft das Baugesetzbuch

---

[290] Vgl. § 136 Abs. 2 BauGB; Mitschang, in: Battis/Krautzberger/Löhr, Baugesetzbuch, 15. Auflage 2022, § 136 Rn. 1 f.

[291] Vgl. Krautzberger, in: Ernst/Zinkahn/Bielenberg/Krautzberger, Baugesetzbuch, Stand: November 2024, § 144 Rn. 23 f.

[292] Vgl. § 145 Abs. 2 BauGB; Krautzberger, in: Ernst/Zinkahn/Bielenberg/Krautzberger, Baugesetzbuch, Stand: November 2024, § 144 Rn. 23 f.

[293] Vgl. Bundesverwaltungsgericht, Urteil vom 20. Oktober 1978 – 4 C 48.76, NJW 1979, 2577 (2577); Urteil vom 24. Mai 2006 – 4 C 9.04, ZfBR 2006, 674 (674); Oberverwaltungsgericht für das Land Nordrhein-Westfalen, Urteil vom 12. November 1993 – 7 A 3706.92, BeckRS 1993, 10057; Schmitz, in: Spannowsky/Uechtritz, BeckOK BauGB, Stand: 1. November 2024, § 145 Rn. 13 f.; Krautzberger, in: Ernst/Zinkahn/Bielenberg/Krautzberger, Baugesetzbuch, Stand: November 2024, § 145 Rn. 22 f.

[294] Vgl. Oberverwaltungsgericht Berlin, Urteil vom 30. Januar 2004 – 2 B 18.02, LKV 2004, 415 (415).

für die in Abs. 1 bezeichneten und in Abs. 2 näher definierten städtebaulichen Maßnahmen eine eigene Rechtsgrundlage.[295] Der Anwendungsbereich ist sachlich in § 136 Abs. 2 BauGB, räumlich in § 142 BauGB und zeitlich in dem §§ 162 f. BauGB festgelegt.[296] Das Sanierungsrecht enthält innerhalb des so umfassten Anwendungsbereichs keine abschließenden Regelungen, sondern es finden daneben Vorschriften des BauGB und anderer Gesetze Anwendung.[297] Die Bereitstellung entsprechender Finanzmittel für die städtebauliche Sanierung wird, ohne dass eine diesbezügliche Erwähnung in § 136 Abs. 1 erfolgt, vom Gesetzgeber vorausgesetzt.[298]

Dabei enthält das BauGB keine allgemein verbindliche oder abschließende Festlegung dessen, was unter städtebaulicher Sanierung zu verstehen ist.[299] Die Verbesserung oder Umgestaltung von Gebieten sind städtebauliche Vorhaben, die auch ohne Anwendung des Sanierungsrechts und förmliche Festsetzung von Sanierungsgebieten regelmäßig durchgeführt werden.[300] Der Anwendungsbereich des Gesetzes ist daher auf die Sanierungsmaßnahmen, die im Gesetz im Einzelnen näher ausgestaltet sind, beschränkt: Zunächst die Festsetzung von Untersuchungsgebieten, gefolgt von der förmlichen Festsetzung von Sanierungsgebieten, im Zuge der Sanierung ergänzt durch die Festlegung von Ersatz- und Ergänzungsgebieten sowie die Bestimmung von Ersatzbauten, Ersatzanlagen und durch die Sanierung bedingte Gemeinbedarfs- und Folgeeinrichtungen.[301]

---

[295] Vgl. Mitschang, in: Battis/Krautzberger/Löhr, Baugesetzbuch, 15. Auflage 2022, § 136 Rn. 1 f.

[296] Vgl. Mitschang, in: Battis/Krautzberger/Löhr, Baugesetzbuch, 15. Auflage 2022, § 136 Rn. 1 f.; zu § 162 BauGB vgl. Schmitz, in: Spannowsky/Uechtritz, BeckOK BauGB, Stand: 1. November 2024, § 162 Rn. 11 f.

[297] Vgl. Mitschang, in: Battis/Krautzberger/Löhr, Baugesetzbuch, 15. Auflage 2022, § 136 Rn. 1 f.

[298] Vgl. Schmitz, in: Spannowsky/Uechtritz, BeckOK BauGB, Stand: 1. November 2024, § 136 Rn. 9 f.; Mitschang, in: Battis/Krautzberger/Löhr, Baugesetzbuch, 15. Auflage 2022, § 136 Rn. 3 f.

[299] Vgl. Schmitz, in: Spannowsky/Uechtritz, BeckOK BauGB, Stand: 1. November 2024, § 136 Rn. 5 f.

[300] Vgl. Mitschang, in: Battis/Krautzberger/Löhr, Baugesetzbuch, 15. Auflage 2022, § 136 Rn. 1 f.

[301] Vgl. Mitschang, in: Battis/Krautzberger/Löhr, Baugesetzbuch, 15. Auflage 2022, § 136 Rn. 1 f.

Das Baugesetzbuch definiert Sanierungsmaßnahmen in § 136 Abs. 2 S. 1 BauGB. Danach ist objektive Voraussetzung für die Durchführung von Sanierungsmaßnahmen das Vorliegen „städtebaulicher Missstände“[302]. Die Sanierungsmaßnahme muss der Behebung städtebaulicher Missstände dienen, und zwar durch wesentliche Verbesserung oder Umgestaltung des betreffenden Gebiets.[303] Der Begriff „städtebauliche Missstände“ wird in § 136 Abs. 2 S. 2 und 3 BauGB bestimmt und setzt den Rahmen der objektiven Voraussetzungen für die Festsetzung eines Sanierungsgebiets fest.[304] Dabei finden die Belange des § 136 Abs. 3 BauGB besondere Berücksichtigung im Hinblick auf die Beurteilung, ob in einem Gebiet städtebauliche Missstände vorhanden sind:[305]

4.1.1 Vorliegen städtebaulicher Missstände

Der Begriff der städtebaulichen Missstände zielt zunächst auf die Ausgangslage einer Sanierung ab, das heißt auf den Zustand, der die Einleitung von Sanierungsmaßnahmen erforderlich macht.[306] Das Gesetz räumt aber dabei der Gemeinde einen planerischen Gestaltungsrahmen für die städtebaulichen Maßnahmen ein.[307] Einen objektiven Rahmen im

[302] Siehe § 136 Abs. 2 S. 1 BauGB; zum Begriff städtebaulicher Missstände, vgl. auch Bundesverwaltungsgericht, Beschluss vom 16. Januar 1996 – 4 B 69.95, NVwZ-RR 1997, 155 (157); Beschluss vom 24. März 2010 – 4 BN 60.09, NVwZ 2010, 1490 (1490); Oberverwaltungsgericht für das Land Nordrhein-Westfalen, Urteil vom 12. November 2015 – 7 D 76.14.NE, BeckRS 2016, 40549; Schmitz, in: Spannowsky/Uechtritz, BeckOK BauGB, Stand: 1. November 2024, § 136 Rn. 18 f.

[303] Vgl. Oberverwaltungsgericht für das Land Nordrhein-Westfalen, Urteil vom 12. November 2015 – 7 D 76.14.NE, BeckRS 2016, 40549; Schmitz, in: Spannowsky/Uechtritz, BeckOK BauGB, Stand: 1. November 2024, § 136 Rn. 18 f.

[304] Vgl. Oberverwaltungsgericht für das Land Nordrhein-Westfalen, Urteil vom 12. November 2015 – 7 D 76.14.NE, BeckRS 2016, 40549; Schmitz, in: Spannowsky/Uechtritz, BeckOK BauGB, Stand: 1. November 2024, § 136 Rn. 18 f.

[305] Vgl. Schmitz, in: Spannowsky/Uechtritz, BeckOK BauGB, Stand: 1. November 2024, § 136 Rn. 29 f.

[306] Vgl. Schmitz, in: Spannowsky/Uechtritz, BeckOK BauGB, Stand: 1. November 2024, § 136 Rn. 30 f.

[307] Vgl. auch Bundesverwaltungsgericht, Beschluss vom 16. Januar 1996 – 4 B 69.95, NVwZ-RR 1997, 155 (157); Beschluss vom 24. März 2010 – 4 BN 60.09, NVwZ 2010, 1490 (1490); Oberverwaltungsgericht für das Land Nordrhein-Westfalen, Urteil vom 12. November 2015 – 7 D 76.14.NE, BeckRS 2016, 40549; Schmitz, in: Spannowsky/Uechtritz, BeckOK BauGB, Stand: 1. November 2024, § 136 Rn. 18 f.

Sinne einer Mindestanforderung an Sanierungszielen und durchgeführten Maßnahmen setzen die Begriffsmerkmale „wesentliche Verbesserung" oder „Umgestaltung".[308] Wesentliche Verbesserung bedeutet, dass sich die städtebauliche Maßnahme auf das Gebiet deutlich auswirken muss.[309] Damit setzt das Sanierungsrecht das Maßnahmenziel für die betreffende Gemeinde[310] im Rahmen der Sanierung fest. Die Festsetzung eines Sanierungsgebiets hat eigentumsrechtliche und sonstige Einschränkungen der baulichen Entwicklung von Vorhaben in dem betreffenden Gebiet zur Folge.[311] Diese Konsequenzen der Festsetzung sind nur gerechtfertigt, wenn die städtebauliche Situation des Gebiets durch die Sanierungsmaßnahme tatsächlich deutlich verbessert wird.[312] Aus diesem Grund „ist zum Beispiel die Einleitung der Sanierung ausschließlich aus der Erwägung, in dem Gebiet die Anwendung der besonderen bodenrechtlichen Bestimmungen zu ermöglichen, ebenso unzulässig wie die förmliche Festlegung mit der Absicht, nur einzelne Durchführungsmaßnahmen vorzunehmen, die sich auf die gebietliche Gesamtsituation lediglich unwesentlich auswirken."[313]

Aber auch wenn der Begriff des städtebaulichen Missstandes auf das bereits Vorhandene abstellt, ist er dennoch in seiner rechtlichen Ausgestaltung flexibel sowie auch offengehalten. Das heißt, er ist gegenüber sich wandelnden städtebaulichen Aufgaben, insbesondere gegenüber sich ändernden sozialen Vorstellungen offen.[314] Dazu hat der Bundesgerichtshof mit Blick auf die Anforderungen an gesunde Wohnumstände wie folgt ausdrücklich bestimmt:

> „(…) bei der Frage, ob das Bauvorhaben den neuen baurechtl. Bestimmungen und Anschauungen entspricht, ob es situationsgerecht ist, muß auch diese Bestimmung und der ihr zugrundeliegende Gedanke des Verordnungsgebers beachtet werden.

---

308 Vgl. Mitschang, in: Battis/Krautzberger/Löhr, Baugesetzbuch, 15. Auflage 2022, § 136 Rn. 10.

309 Vgl. Mitschang, in: Battis/Krautzberger/Löhr, Baugesetzbuch, 15. Auflage 2022, § 136 Rn. 10.

310 Gleichlaufend übernehmen im Land Berlin die Bezirke die Aufgaben der Gemeinden soweit das Gesetz auf diese verweist, § 1 des Gesetzes zur Ausführung des Baugesetzbuchs (AGBauGB).

311 Vgl. Stüer, Bau- und Fachplanungsrecht, 5. Auflage 2015, Rn. 2317 f.

312 Vgl. Stüer, Bau- und Fachplanungsrecht, 5. Auflage 2015, Rn. 2317 f.

313 Mitschang, in: Battis/Krautzberger/Löhr, Baugesetzbuch, 15. Auflage 2022, § 136 Rn. 10.

314 Vgl. Stüer, Bau- und Fachplanungsrecht, 5. Auflage 2015, Rn. 2317 f.

Nun haben sich die Anschauungen über gesundheitliches Wohnen und das Wohnen in städtischen Hinterhäusern seit der Jahrhundertwende völlig geändert. Es entspricht grundsätzlich nicht mehr allgemeinen Anforderungen, wenn Menschen in solchen Stadtwohnungen, die erfahrungsgemäß Sonne und frischer Luft geringen Zutritt bieten, untergebracht werden. Die mit einer solchen Unterbringung verbundenen gesundheitlichen Gefährdungen und unerwünschten Begleiterscheinungen haben die diesen Umständen Rechnung tragende Baugesinnung völlig gewandelt und lassen heute eine Bebauung von städtischen Grundstücken mit Hinterhäusern zu Wohnzwecken in der Regel als eine nicht situationsgemäße Nutzungsart erscheinen, die der einsichtige Eigentümer nicht verwirklichen würde. Dann aber entfiele nach dem Gesagten ein Entschädigungsanspruch, da dem Betroffenen nichts genommen wird, was ihm bei vernünftiger Betrachtungsweise ohnehin nicht zusteht. – Die Forderung, ein nicht zerstörtes Hinterhaus abzureißen, ist etwas anderes, als die Forderung, ein zerstörtes Hintergebäude nicht mehr aufzubauen; die Revisionserwiderung setzt beides zu Unrecht einander gleich. – Auf der selben Ebene liegt es, wenn heute das Bundesbaugesetz in § 44 Abs. 1 Satz 2 den Eigentümern eine Entschädigung bei Änderung einer zulässigen Nutzung bei städtebaul. Sanierungsmaßnahmen, und zwar dann versagt, wenn die bisher zulässige Nutzung, den allgemeinen Anforderungen an gesunde Wohn- und Arbeitsverhältnisse oder an die Unterbringung der auf dem betreffenden Grundstück oder einem umliegenden Gebiet wohnenden oder arbeitenden Menschen nicht genügt."

Bundesgerichtshof, Urteil vom 13. Juli 1967.[315]

Ebenso zeigt der § 136 Abs. 2 S. 2 Nr. 2, Abs. 3 Nr. 2 BauGB (sogenannte Funktionsschwäche)[316] die Dynamik des Sanierungsbegriffs, also dessen Anpassungsfähigkeit an sich entwickelnde städtebauliche, aber auch soziale Mindeststandards. Denn dabei wird der städtebauliche Missstand erst mit der zukünftigen Struktur und Funktion des Sanierungsgebiets im gemeindlichen Bereich begründet.[317]

Zu diesen Funktionen gehören dabei alle in einem Gebiet, die es nach dem Sanierungskonzept baulich erhalten oder auch durch einen Wandel erreicht werden sollen.[318] Noch deutlicher wird dies bei der Ausrichtung des

---

[315] Bundesgerichtshof, Urteil vom 13. Juli 1967 – III ZR 1.65, VerwRspr 1968, 443 (446).

[316] Vgl. Stüer, Bau- und Fachplanungsrecht, 5. Auflage 2015, Rn. 2317 f.

[317] Vgl. Bundesverwaltungsgericht, Urteil vom 6. Juli 1984 – 4 C 14.81, NVwZ 1985, 184 (185); Oberverwaltungsgericht für das Land Nordrhein-Westfalen, Urteil vom 12. November 2015 – 7 D 66.14.NE, BauR 2016, 800 (801).

[318] Vgl. Stüer, Bau- und Fachplanungsrecht, 5. Auflage 2015, Rn. 2319.

Sanierungsrechts, also dem Tatbestandsmerkmal der „Behebung"[319]: Die Voraussetzung für die Anwendung des Sanierungsrechts lassen sich nicht generell aus dem Ist-Zustand beantworten, sondern ergeben sich nur aus den Umständen des jeweiligen Einzelfalls.[320] Dies gilt sowohl im Hinblick auf die jeweilige städtebauliche Situation als auch im Hinblick auf die gemeindliche Planungskonzeption zur Behebung des jeweiligen Missstands[321]. Ziele und Eingriffsintensität der Sanierung bestimmen sich daher vornehmlich nach der gemeindlichen Sanierungsplanung, wobei das Gesetz den Gemeinden hier einen planerischen Gestaltungsrahmen einräumt. [322]

Dazu nimmt das Bundesverwaltungsgericht wie folgt Stellung:

> „Die Bewertung der zukünftigen Struktur und Funktion eines Sanierungsgebiets knüpft an die gemeindliche Planungskonzeption an. Es ist Sache der Gemeinde, wie sie ihre Planungshoheit handhabt. Hierzu gehört insbesondere die planerische, auch durch eine Sanierungssatzung zum Ausdruck kommende Entschließung, wie und in welcher Richtung sie sich städtebaulich geordnet fortentwickeln will. Das Gesetz räumt damit der Gemeinde einen weiten Beurteilungs- und Gestaltungsspielraum ein. Die Gemeinde muss allerdings beachten, dass Sanierungsmaßnahmen nur bei Vorliegen städtebaulicher Missstände in Betracht kommen und erforderlich sein müssen. Ob ein bestimmtes Gebiet sanierungsbedürftig ist und ob seine Sanierung aus der maßgeblichen Sicht der Gemeinde erforderlich ist, lässt sich abschließend nur unter Berücksichtigung des – seinerseits auf einer Abwägung beruhenden – Sanierungskonzepts und aller übrigen öffentlichen und privaten Belange, also im Wege einer Abwägung, entscheiden."
>
> Bundesverwaltungsgericht, Beschluss vom 24. März 2010[323]

Daraus lässt sich entnehmen, dass die Sanierung in einem Gebiet nicht zwingend etwas qualitativ Neues mit Blick auf die städtebaulichen Gegebenheiten schaffen muss. Ausreichend ist hingegen, wenn vorhandene städtebauliche

---

319 Vgl. § 136 Abs. 2 Satz 1 BauGB; Stüer, Bau- und Fachplanungsrecht, 5. Auflage 2015, Rn. 2319.

320 Vgl. Stüer, Bau- und Fachplanungsrecht, 5. Auflage 2015, Rn. 2317 f.

321 Vgl. Mitschang, in: Battis/Krautzberger/Löhr, Baugesetzbuch, 15. Auflage 2022, § 136 Rn. 10 f.

322 Bundesverwaltungsgericht, Beschluss vom 24. März 2010 – 4 BN 60.09, ZfBR 2010, 479 (481); Urteil vom 4. März 1999 – 4 C 8.98, NVwZ 1999, 1336 (1336).

323 Bundesverwaltungsgericht, Beschluss vom 24. März 2010 – 4 BN 60.09, ZfBR 2010, 479 (481).

Missstände behoben oder auch gemindert werden.[324] Dabei sind die Begriffe des Sanierungsrechts durch den Gesetzgeber so ausgestaltet worden, dass sie im Einzelfall stets der Auslegung bedürfen.[325] Aufgrund dieser Offenheit der gesetzlichen Sanierungsbegriffe[326] ist eine Anpassung an jeweils bestehende städtebauliche Standards möglich.[327]

4.1.2 Besonders zu berücksichtigende städtebauliche Belange

Nach § 136 Abs. 3 BauGB sind bei der Beurteilung, ob in einem städtischen oder ländlichen Gebiet städtebauliche Missstände vorliegen, insbesondere die Wohn- und Arbeitsverhältnisse oder die Sicherheit der in dem Gebiet wohnenden und arbeitenden Menschen in Bezug auf

- die Belichtung, Besonnung und Belüftung der Wohnungen und Arbeitsstätten,
- die bauliche Beschaffenheit von Gebäuden, Wohnungen und Arbeitsstätten,
- die Zugänglichkeit der Grundstücke,
- die Auswirkungen einer vorhandenen Mischung von Wohn- und Arbeitsstätten,
- die Nutzung von bebauten und unbebauten Flächen nach Art, Maß und Zustand,
- die Einwirkungen, die von Grundstücken, Betrieben, Einrichtungen oder Verkehrsanlagen ausgehen, insbesondere durch Lärm, Verunreinigungen und Erschütterungen,
- die vorhandene Erschließung,
- die energetische Beschaffenheit, die Gesamtenergieeffizienz der vorhandenen Bebauung und der Versorgungseinrichtungen des Gebiets unter Berücksichtigung der allgemeinen Anforderungen an den Klimaschutz und die Klimaanpassung[328]

---

[324] Krautzberger, DVBl. 1984, 1149.

[325] Vgl. Krautzberger, in: Ernst/Zinkahn/Bielenberg/Krautzberger, BauGB, Stand: Mai 2021, § 136 Rn. 9 f.

[326] Vgl. so etwa mit Blick auf die Begriffe „wesentliche Verbesserung“ und „Umgestaltung“, Krautzberger, in: Ernst/Zinkahn/Bielenberg/Krautzberger, BauGB, Stand: Mai 2021, § 136 Rn. 9 f.

[327] Vgl. Krautzberger, in: Ernst/Zinkahn/Bielenberg/Krautzberger, BauGB, Stand: Mai 2021, § 136 Rn. 9 f.

[328] Vgl. zum Vorstehenden unter anderem: Stüer, Bau- und Fachplanungsrecht, 5. Auflage 2015, Rn. 2320.

und die Funktionsfähigkeit des Gebiets in Bezug auf

- den fließenden und ruhenden Verkehr,
- die wirtschaftliche Situation und Entwicklungsfähigkeit des Gebiets unter Berücksichtigung seiner Versorgungsfunktion im Verflechtungsbereich,
- die infrastrukturelle Erschließung des Gebiets, seine Ausstattung mit Grünflächen, Spiel- und Sportplätzen und mit Anlagen des Gemeinbedarfs, insbesondere unter Berücksichtigung der sozialen und kulturellen Aufgaben dieses Gebiets im Verflechtungsbereich[329]

zu berücksichtigen.[330] Diese Kriterien für die Annahme städtebaulicher Missstände unterscheiden zwischen Zustandsmängeln [331] in § 136 Abs. 3 Nr. 1 und Funktionsmängeln oder -schwächen [332] in § 136 Abs. 3 Nr. 2 BauGB. Der Annahme städtebaulicher Missstände ist eine Gesamtbetrachtung des jeweiligen Untersuchungsgebiets zugrunde zu legen.[333] Das bedeutet, dass punktuelle städtebauliche Missstände auf einzelnen oder auch mehreren Grundstücken nicht ausreichend sind, sondern im maßgeblichen Kontext des gesamten Gebiets ein Gewicht erreicht haben müssen, das eine Sanierung erforderlich macht.[334] Entscheidend ist eine gebietsbezogene, nicht grundstücksbezogene Betrachtung der städtebaulichen Missstände, so dass das Sanierungsgebiet auch nicht sanierungsbedürftige Grundstücke rechtsfehlerfrei umfassen kann, wenn dies zur wirksamen Behebung der Missstände erforderlich ist.[335] Dabei reicht es für die Bewertung eines

---

329 Vgl. zum Vorstehenden unter anderem: Stüer, Bau- und Fachplanungsrecht, 5. Auflage 2015, Rn. 2320.

330 Siehe § 136 Abs. 3 BauGB.

331 Vgl. Wortlaut entsprechend Bundesverwaltungsgericht, Beschluss vom 24. März 2010 – 4 BN 60.09, NVwZ 2010, 1490 Rn. 6 f.; Krautzberger, in: Ernst/Zinkahn/Bielenberg/Krautzberger, BauGB, Stand: Mai 2021, § 136 Rn. 94.

332 Vgl. Wortlaut entsprechend Bundesverwaltungsgericht, Beschluss vom 24. März 2010 – 4 BN 60.09, NVwZ 2010, 1490 Rn. 6 f.; Krautzberger, in: Ernst/Zinkahn/Bielenberg/Krautzberger, BauGB, Stand: Mai 2021, § 136 Rn. 94.

333 Vgl. Stüer, Bau- und Fachplanungsrecht, 5. Auflage 2015, Rn. 2322 f.

334 Vgl. Krautzberger, in: Ernst/Zinkahn/Bielenberg/Krautzberger, BauGB, Stand: Mai 2021, § 136 Rn. 95.

335 Vgl. Schleswig-Holsteinisches Oberverwaltungsgericht, Urteil vom 23. Mai 2006 – 1 LB 8.04, NVwZ-RR 2007, 811 (812); anders hingegen für eine auch nur kleinen

städtebaulichen Missstandes allerdings auch aus, wenn sich dieser erst bei einer Gesamtbetrachtung der Substanz- und Funktionsmängel im zu betrachtenden Gebiet ergibt.[336] Die in § 136 Abs. 3 Nr. 1 und Nr. 2 genannten Kriterien stehen nicht in einem Entweder-oder-Verhältnis.[337] Vor allem ist der Katalog an besonders zu berücksichtigenden Kriterien aufgrund der Formulierung „insbesondere" nach seinem Wortlaut keinesfalls abschließend.[338] Vielmehr enthält der Katalog Regelbeispiele für die Annahme städtebaulicher Missstände. Nach Rechtsprechung des Schleswig-Holsteinischen Oberverwaltungsgericht können städtebauliche Missstände mit Blick auf gesunde Wohn- und Arbeitsverhältnisse als allgemeine Anforderungen des § 15 BauNVO angenommen werden. Diese seien etwa dann gegeben, wenn Anforderungen an

> „die städtebauliche Hygiene oder der Schutz vor seelischen oder körperlichen Beeinträchtigungen infolge der baulichen Verhältnisse nicht gewährleistet ist. Dabei vermitteln die allgemeinen Anforderungen aus § 15 BauNVO, §§ 22, 45, 50 BImSchG und §§ 3, 4, 6 und 14 SchlHBauO sowie die beispielhafte Aufzählung in § 136 III Nr. 1 BauGB konkretere Beurteilungskriterien. Solche Mängel können insbesondere darin liegen, dass der Brand-, Wärme- und Schallschutz nicht gewährleistet sind oder unzureichende Wasser- oder Abwasseranlagen, Sanitärräume, Spielplätze oder Stellplätze vorhanden sind, ferner darin, dass eine ausreichende Licht- und Luftzufuhr oder Zugänglichkeit der Grundstücke fehlt. Dabei genügt es nicht, wenn die Bausubstanz in einem Gebiet hinter den allgemein anerkannten Grundsätzen an gesunde Wohn- und Arbeitsverhältnisse zurückbleibt; erforderlich ist vielmehr ein Zustand, der sich **schwerwiegend** auf das gesunde Wohnen und Arbeiten auswirkt und (deshalb) einen „Missstand" darstellt."
>
> Schleswig-Holsteinisches Oberverwaltungsgericht, Urteil vom 23. Mai 2006 (Hervorhebung nur hier).[339]

Straßenzug: Schleswig-Holsteinisches Oberverwaltungsgericht, Urteil vom 23. Mai 2006 – 1 LB 8.04, NVwZ-RR 2007, 811 (813) mit Bezugnahme auf die Kriterien aus: Bundesverwaltungsgericht, Urteil vom 26. September 2001 – 11 C 16.00, NVwZ 2002, 607.

[336] Vgl. Stüer, Bau- und Fachplanungsrecht, 5. Auflage 2015, Rn. 2322 f.

[337] Vgl. Bundesverwaltungsgericht, Beschluss vom 24. März 2010 – 4 BN 60.09, NVwZ 2010, 1490 Rn. 6 f.

[338] Vgl. Oberverwaltungsgericht für das Land Nordrhein-Westfalen, Urteil vom 20. November 2015 – 7 D 70.14.NE, BeckRS 2016, 40548 Rn. 30.

[339] Schleswig-Holsteinisches Oberverwaltungsgericht, Urteil vom 23. Mai 2006 – 1 LB 8.04, NVwZ-RR 2007, 811 (812).

Es ist daher in der Regel erforderlich, dass mehrere der besonderen Belange aus § 136 Abs. 3 BauGB vorliegen, um städtebauliche Missstände tatsächlich annehmen zu können.[340]

4.1.3 Zwischenergebnis

Es bleibt festzuhalten, dass städtebauliche Sanierungsmaßnahmen das Vorliegen „städtebaulicher Missstände“[341] voraussetzen. Die Sanierungsmaßnahme muss daran anknüpfend der Behebung städtebaulicher Missstände dienen, und zwar in jedem Fall durch wesentliche Verbesserung oder gar durch die Umgestaltung des betreffenden Gebiets.[342] Das Sanierungsgebiet wird gemäß § 162 Abs. 1 Satz 1 BauGB zumindest immer dann aufgehoben, wenn der Sanierungszweck erreicht worden ist oder dieser nicht länger erreicht werden kann.[343]

4.2 Schutz der ansässigen Wohnbevölkerung als Sanierungsziel

Plant ein Vorhabenträger Maßnahmen, die einer sanierungsrechtlichen Genehmigungspflicht unterliegen, ist ein zusätzlicher Genehmigungsantrag bei der zuständigen Behörde zu stellen. Zum Schutz der ansässigen Wohnbevölkerung haben die Berliner Bezirke bei Erteilung dieser Genehmigungen den Vorhabenträgern die Einhaltung von Mietobergrenzen zur Auflage gemacht.[344] Diese Nebenbestimmungen im Sinne des § 36 VwVfG sind vielfach Gegenstand der Auseinandersetzung in der juristischen Fachliteratur sowie auch gerichtlicher Entscheidungen gewesen.[345] Dabei war wesentlicher Streitpunkt der juristischen Auseinandersetzung mit Blick

---

[340] Stüer, Bau- und Fachplanungsrecht, 5. Auflage 2015, Rn. 2322 f.

[341] Siehe § 136 Abs. 2 S. 1 BauGB.

[342] Vgl. Bundesverwaltungsgericht, Urteil vom 7. September 1984 – 4 C 20.81, NJW 1985, 278; Mitschang, in: Battis/Krautzberger/Löhr, Baugesetzbuch, 15. Auflage 2022, § 162 Rn. 11 f.

[343] Vgl. Stüer, Bau- und Fachplanungsrecht, 5. Auflage 2015, Rn. 2393 f.

[344] Vgl. Verwaltungsgericht Berlin, Urteil vom 18. Juli 2002 – 13 A 424.01, NVwZ 2003, 242 (242); Schmidt-Eichstaedt, ZfBR 2002, 212 (216).

[345] Vgl. unter anderem: Bundesverwaltungsgericht, Urteil vom 24. Mai 2006 – 4 C 9.04, NVwZ 2006, 1167; Verwaltungsgericht Berlin, Urteil vom 18. Juli 2002 – 13 A 424.01, NVwZ 2003, 242 (242); Schmidt-Eichstaedt, ZfBR 2002, 212 (216).

auf die Zulässigkeit solcher Nebenbestimmungen, ob das Sanierungsrecht in seiner Zielrichtung dem Schutz der ansässigen Wohnbevölkerung dient: Sanierungsmaßnahmen dienen als städtebauliche Instrumente nach der Intention des Gesetzgebers im Sinne des § 136 Abs. 4 BauGB in erster Linie dem Wohl der Allgemeinheit.[346] Darüber hinaus sollen sie: die bauliche Struktur in allen Teilen des Bundesgebiets nach den allgemeinen Anforderungen an den Klimaschutz und die Klimaanpassung sowie nach den sozialen, hygienischen, wirtschaftlichen und kulturellen Erfordernissen entwickeln,[347] die Verbesserung der Wirtschafts- und Agrarstruktur unterstützen,[348] dafür sorgen, dass die Siedlungsstruktur den Erfordernissen des Umweltschutzes, den Anforderungen an gesunde Lebens- und Arbeitsbedingungen der Bevölkerung und der Bevölkerungsentwicklung entspricht[349] oder dass die vorhandenen Ortsteile erhalten, erneuert und fortentwickelt werden, die Gestaltung des Orts- und Landschaftsbilds verbessert und den Erfordernissen des Denkmalschutzes Rechnung getragen wird.[350]

Dabei sind zudem auch die öffentlichen und privaten Belange gegeneinander und untereinander gerecht abzuwägen.[351] Damit stellt das Gesetz zunächst voran, dass Sanierungsmaßnahmen im öffentlichen Interesse liegen müssen.[352] Der Absatz 4 Satz 1 zu § 136 BauGB hebt vor allem hervor, dass Sanierungsmaßnahmen der Lösung komplexer städtebaulicher Sachverhalte – im Besonderen Entwicklungsvorhaben von Baugebieten – dienen.[353] § 136 Abs. 4 Satz 2 BauGB nennt dazu allgemeine Ziele von städtebaulichen Sanierungsmaßnahmen. Die Bestimmung ist als eine Soll-Vorschrift ausgestaltet, so dass ihr demzufolge lediglich die Bedeutung einer

[346] Vgl. unter anderem Oberverwaltungsgericht für das Land Nordrhein-Westfalen, Urteil vom 19. Januar 2011 – 2 D 146.08.NE, BeckRS 2011, 47173; Fieseler, NVwZ 1997, 867 (868).

[347] Siehe § 136 Abs. 4 Nr. 1 BauGB.

[348] Siehe § 136 Abs. 4 Nr. 2 BauGB.

[349] Siehe § 136 Abs. 4 Nr. 3 BauGB.

[350] Siehe § 136 Abs. 4 Nr. 4 BauGB.

[351] Vgl. Bundesverwaltungsgericht, Beschluss vom 24. März 2010 – 4 BN 60.09, NVwZ 2010, 1490 Rn. 3 f.

[352] Vgl. unter anderem Oberverwaltungsgericht für das Land Nordrhein-Westfalen, Urteil vom 19. Januar 2011 – 2 D 146.08.NE, BeckRS 2011, 47173; Fieseler, NVwZ 1997, 867 (868).

[353] Bundesverwaltungsgericht, Beschluss vom 8. Juli 2009 – 4 BN 12.09, ZfBR 2009, 692 (692).

Absichts- bzw. Zielvorstellung zukommt.[354] Mit dieser Gesetzesvorgabe soll auf die nachhaltige Ausstattung der baulichen Anlagen – also mit erneuerbaren Energien, Kraft-Wärme-Kopplungsanlagen sowie auch mit Wärmedämmungsmaßnahmen – im Besonderen abgestellt werden.[355] Diese Vorschriften haben daher Indizwirkung für das Bestehen eines öffentlichen Interesses im Sinne des § 136 Abs. 1 BauGB.[356]

4.2.1 Verwaltungsgericht Berlin

Nach Einschätzung des Verwaltungsgerichts Berlin umfasst das Sanierungsrecht nach seiner Zielrichtung nicht den Schutz der ansässigen Wohnbevölkerung. Das Gericht hatte sich mit dieser Frage in seiner Entscheidung vom 18. Juli 2002 im Zuge der Entscheidung einer Anfechtungsklage insbesondere gegen zwei Auflagen einer sanierungsrechtlichen Genehmigung – die die Einhaltung einer Mietobergrenze festgelegt haben – auseinanderzusetzen.[357]

Das Verwaltungsgericht gab der Klägerin mit Blick auf die angefochtenen Auflagen Recht.[358] Diesen fehle es an einem zulässigen Versagungsgrund für die sanierungsrechtliche Genehmigung, weil die Klägerin einen Anspruch nach § 145 Abs. 2 BauGB auf die sanierungsrechtliche Genehmigung habe.[359] Der Katalog von zulässigen Versagungsgründen, der sich aus § 145 Abs. 4 Satz 1 BauGB entnehmen ließe, sehe keine solche Auflage zur Einhaltung einer Mietobergrenze vor.[360] Vor allem liefen die Baumaßnahmen den Zielen der Sanierung nicht entgegen, weil das von dem Beklagten angenommene

354 Vgl. Battis/Mitschang/Reidt: Stärkung der Innenentwicklung in den Städten und Gemeinden, NVwZ 2013, 961 (966).

355 Krautzberger/Stüer: BauGB-Novelle 2013 Gesetz zur Stärkung der Innenentwicklung in den Städten und Gemeinden und weiteren Fortentwicklung des Städtebaurechts, DVBl. 2013, Seite 805 f.

356 Vgl. Mitschang, in: Battis/Krautzberger/Löhr, Baugesetzbuch, 15. Auflage 2022, § 136 Rn. 28 f.; Krautzberger, in: Ernst/Zinkahn/Bielenberg/Krautzberger, BauGB, Stand: Mai 2021, § 136 Rn. 58 f.

357 Vgl. Verwaltungsgericht Berlin, Urteil vom 18. Juli 2002 – 13 A 424.01, NVwZ 2003, 242 (243).

358 Vgl. Verwaltungsgericht Berlin, Urteil vom 18. Juli 2002 – 13 A 424.01, NVwZ 2003, 242 (242).

359 Vgl. Verwaltungsgericht Berlin, Urteil vom 18. Juli 2002 – 13 A 424.01, NVwZ 2003, 242 (243 f.).

360 Vgl. Verwaltungsgericht Berlin, Urteil vom 18. Juli 2002 – 13 A 424.01, NVwZ 2003, 242 (243 f.).

Ziel des Verdrängungsschutzes zugunsten der Anwohner zur Zeit der städtebaulichen Sanierungsmaßnahme durch die Genehmigung „kein mit den Mitteln des Sanierungsrechts nach §§ 136ff. BauGB zulässigerweise zu verfolgendes Ziel sei."[361]

Das Gericht hat in der Folge der Klägerin mit Blick auf die Auflagen Recht gegeben, weil es diese auch bereits nicht von den Schutzzielen des Sanierungsrechts als gedeckt angesehen hat.[362]

4.2.2 Oberverwaltungsgericht Berlin

Das Oberverwaltungsgericht Berlin hat in seinem Urteil vom 30. Januar 2004 ausdrücklich klargestellt, dass der Schutz der in dem Gebiet ansässigen Bevölkerung vor Verdrängung durch Mietensteigerungen als unmittelbare Folge der Gebietssanierung seiner Auffassung nach einen bei der Sanierung zu berücksichtigenden Belang darstellt.[363] Dies hat das Gericht damit begründet, dass im Zuge sanierungsrechtlicher Maßnahmen zuvorderst die Folgen für die Anwohner berückstigt werden müssten; darunter sei auch eine mögliche Verdrängungsgefahr zu fassen.[364] Dies sei gesetzlich auch so in § 140 Nr. 3 BauGB vorgesehen.[365] Im Konkreten sei eine solche Schutzrichtung des Sanierungsrechts aus § 136 Abs. 4 Satz 1 BauGB, § 136 Abs. 4 Satz 2 Nr. 1 BauGB und § 136 Abs. 4 Satz 3 BauGB abzuleiten.[366]

Damit sah das Oberverwaltungsgericht Berlin – anders als das Verwaltungsgericht Berlin – darin keine Erweiterung der Schutzziele des Sanierungsrechts.[367] Soweit das Verwaltungsgericht Berlin annehme, dass

---

[361] Verwaltungsgericht Berlin, Urteil vom 18. Juli 2002 – 13 A 424.01, NVwZ 2003, 242 (243).

[362] Vgl. zum Vorstehenden Verwaltungsgericht Berlin, Urteil vom 18. Juli 2002 – 13 A 424.01, NVwZ 2003, 242 (243).

[363] Vgl. Oberverwaltungsgericht Berlin, Urteil vom 30. Januar 2004 – 2 B 18.02, LKV 2004, 415 (416).

[364] Vgl. Oberverwaltungsgericht Berlin, Urteil vom 30. Januar 2004 – 2 B 18.02, LKV 2004, 415 (418).

[365] Vgl. Oberverwaltungsgericht Berlin, Urteil vom 30. Januar 2004 – 2 B 18.02, LKV 2004, 415 (418).

[366] Vgl. Oberverwaltungsgericht Berlin, Urteil vom 30. Januar 2004 – 2 B 18.02, LKV 2004, 415 (418).

[367] Vgl. Oberverwaltungsgericht Berlin, Urteil vom 30. Januar 2004 – 2 B 18.02, LKV 2004, 415 (418).

die Verdrängung der Wohnbevölkerung kein zu berücksichtigender Belang des Sanierungsrechts sei, entspreche dies nicht dem Sinn und Zweck von Sanierungsmaßnahmen.[368] Das Oberverwaltungsgericht Berlin sieht in der Entscheidung des Verwaltungsgerichts Berlin eine unzulässige Verkürzung von Sanierungsmaßnahmen auf den „rein baulichen Aspekt."[369] Das Verwaltungsgericht Berlin verkenne soweit, dass die Berücksichtigung der Verdrängungsgefahr durch sanierungsbedingte Mietensteigerungen die verfassungsrechtliche Eigentumsgarantie der Grundstückseigentümer aus Art. 14 Abs. 1 Satz 1 GG nicht verletzen würde.[370] Der Gemeinde sei es dagegen gerade nicht verwehrt, auch „sozialpolitische Aspekte"[371] – hierbei die Gefahr der Verdrängung der vorhandenen Wohnbevölkerung – bei der Erteilung einer sanierungsrechtlichen Genehmigung zu berücksichtigen.[372] Dafür spreche nach Auffassung des Oberverwaltungsgerichts Berlin auch die historische Auslegung sanierungsrechtlicher Vorschriften im Sinne der §§ 136 f. BauGB.[373] Denn im Sanierungsrecht finde der Verdrängungsschutz – anders als in einem sozialen Erhaltungsgebiet, das im Sinne des § 172 Abs. 1 Satz 1 Nr. 2 BauGB darauf abzielt, eine bestimmte Bevölkerungsstruktur beizubehalten – als sozialer Belang im Rahmen der Sanierungsmaßnahme zwingend Berücksichtigung.[374] Soziale Belange gehören bereits seit der Einführung sanierungsrechtlicher Maßnahmen im Zuge der Verabschiedung des Städtebauförderungsgesetzes im Jahre 1971 dazu.[375]

---

[368] Vgl. Oberverwaltungsgericht Berlin, Urteil vom 30. Januar 2004 – 2 B 18.02, LKV 2004, 415 (418).

[369] Oberverwaltungsgericht Berlin, Urteil vom 30. Januar 2004 – 2 B 18.02, LKV 2004, 415 (417).

[370] Vgl. Oberverwaltungsgericht Berlin, Urteil vom 30. Januar 2004 – 2 B 18.02, LKV 2004, 415 (418).

[371] Oberverwaltungsgericht Berlin, Urteil vom 30. Januar 2004 – 2 B 18.02, LKV 2004, 415 (417).

[372] Vgl. Oberverwaltungsgericht Berlin, Urteil vom 30. Januar 2004 – 2 B 18.02, LKV 2004, 415 (417).

[373] Vgl. Oberverwaltungsgericht Berlin, Urteil vom 30. Januar 2004 – 2 B 18.02, LKV 2004, 415 (417 f.).

[374] Vgl. Oberverwaltungsgericht Berlin, Urteil vom 30. Januar 2004 – 2 B 18.02, LKV 2004, 415 (417 f.).

[375] Vgl. dazu im Einzelnen: Federwisch, NVwZ 2003, 1035 (1038); zu den Motiven der Novelle des Bundesbaugesetzes 1976: Bielenberg/Koopmann/Krautzberger, StädtebauförderungsR, Stand: 2003, Einleitung Rn. 238 f.

Gegen den Schutz der ansässigen Bevölkerung vor Verdrängung als im Rahmen der Sanierungsmaßnahme zu berücksichtigendem Belang lasse sich nicht – wie das Verwaltungsgericht Berlin – anführen, dass ein Verdrängungsschutz durch die Festsetzung eines Erhaltungsgebiets im Sanierungsgebiet erreicht werden müsse.[376] Dabei seien mit der Festsetzung eines Sanierungsgebiets im Vergleich zu einem Erhaltungsgebiet vor allem unterschiedliche städtebauliche Aufgaben verknüpft und insbesondere von Gesetzes wegen unterschiedliche Anforderungen gestellt.[377] Liegen zudem die Voraussetzungen für die Festsetzung eines Sanierungsgebiets vor, sei dies kein Automatismus für das Vorliegen der Voraussetzungen zur Festsetzung eines Erhaltungsgebiets.[378] Dazu seien die Anforderungen an die beiden städtebaulichen Instrumente zu unterschiedlich.[379]

Vor allem begründe die Zulässigkeit eines Nebeneinanders von Sanierungs- und Erhaltungsgebiet nach Auffassung des Oberverwaltungsgerichts keine Einschränkung von Belangen, die im Rahmen der Sanierungsmaßnahme im Sinne des § 136 BauGB zu berücksichtigen seien.[380]

4.2.3 Bundesverwaltungsgericht

Wie auch das Oberverwaltungsgericht Berlin, geht das Bundesverwaltungsgericht in seiner Entscheidung davon aus, dass die Gemeinden im Rahmen der §§ 136 f. BauGB den Verdrängungsschutz der ansässigen Wohnbevölkerung rechtmäßig als Sanierungsziel in das jeweilige Sanierungskonzept mit aufnehmen können.[381] Der Verdrängungsschutz könne durch die Gemeinde bei der Durchführung der Sanierungsmaßnahmen mit Blick auf die Ziele und Zwecke der Sanierung in das Sanierungskonzept aufgenommen

---

[376] Vgl. Oberverwaltungsgericht Berlin, Urteil vom 30. Januar 2004 – 2 B 18.02, LKV 2004, 415 (418).

[377] Vgl. Oberverwaltungsgericht Berlin, Urteil vom 30. Januar 2004 – 2 B 18.02, LKV 2004, 415 (417 f.).

[378] Vgl. Oberverwaltungsgericht Berlin, Urteil vom 30. Januar 2004 – 2 B 18.02, LKV 2004, 415 (417 f.).

[379] Vgl. Oberverwaltungsgericht Berlin, Urteil vom 30. Januar 2004 – 2 B 18.02, LKV 2004, 415 (417 f.).

[380] Vgl. Oberverwaltungsgericht Berlin, Urteil vom 30. Januar 2004 – 2 B 18.02, LKV 2004, 415 (417).

[381] Vgl. Bundesverwaltungsgericht, Urteil vom 24. Mai 2006 – 4 C 9.04, NZM 2006, 903 Rn. 24 f.

werden.[382] Allerdings sei der Verdrängungsschutz – wenn er im Einzelfall durch die Gemeinde in das Sanierungskonzept aufgenommen und damit als Sanierungsziel festgesetzt wird – mit den übrigen Sanierungszielen nach dem Gebot der gerechten Abwägung in Ausgleich zu bringen. Das Sanierungsziel des Schutzes der ansässigen Wohnbevölkerung vor Verdrängung muss daher durch die Gemeinden stets etwa mit ihren baulichen Sanierungszielen und den abwägungserheblichen Interessen der Grundstückseigentümer in Ausgleich gebracht werden.[383] Das heißt, dass auch wenn der Verdrängungsschutz rechtmäßiges Sanierungsziel der Gemeinde sein kann, kann es nichtsdestotrotz im Einzelfall hinter anderen Belangen der Sanierung zurückstehen.[384] Denn nur der Erlass einer Erhaltungsverordnung bezwecke es nach Auffassung des Gerichts, die in einem Gebiet vorhandene Bevölkerungsstruktur auf Dauer zu erhalten.[385]

4.3 Zulässigkeit von Mietobergrenzen

Daran knüpft die Streitfrage an, ob die Einführung von Mietobergrenzen im Rahmen von sanierungsrechtlichen Genehmigungen zulässig ist:

4.3.1 Verwaltungsgericht Berlin

Das Verwaltungsgericht Berlin kam hier zu dem Ergebnis, dass die zuständige Behörde nicht verlangen könne, dass Eigentümer sich auf Grundlage des Sanierungsrechts zur Einhaltung von Mietobergrenzen verpflichten.[386] Das Gericht betont dazu, dass einen solchen „Verdrängungsschutz“[387] nur das Erhaltungsrecht, aber nicht das Sanierungsrecht gesetzlich vorsehe.[388]

---

[382] Vgl. Bundesverwaltungsgericht, Urteil vom 24. Mai 2006 – 4 C 9.04, NZM 2006, 903 Rn. 24 f.

[383] Vgl. Bundesverwaltungsgericht, Urteil vom 24. Mai 2006 – 4 C 9.04, NZM 2006, 903 Rn. 24 f.

[384] Vgl. Bundesverwaltungsgericht, Urteil vom 24. Mai 2006 – 4 C 9.04, NZM 2006, 903 Rn. 24 f.

[385] Vgl. Bundesverwaltungsgericht, Urteil vom 24. Mai 2006 – 4 C 9.04, NZM 2006, 903 Rn. 24.

[386] Vgl. Verwaltungsgericht Berlin, Urteil vom 18. Juli 2002 – 13 A 424.01, NVwZ 2003, 242 (243).

[387] Verwaltungsgericht Berlin, Urteil vom 18. Juli 2002 – 13 A 424.01, NVwZ 2003, 242 (243).

[388] Vgl. Verwaltungsgericht Berlin, Urteil vom 18. Juli 2002 – 13 A 424.01, NVwZ 2003, 242 (244 f.).

Auch könne dem Eigentumsgrundrecht aus Art. 14 Abs. 1 Satz 2 GG keine Rechtsgrundlage für die vorliegend streitgegenständliche Auflage entnommen werden.[389] Zwar gebe Art. 14 Abs. 1 Satz 2 GG ausdrücklich vor, dass Inhalt und Schranken des Eigentums durch Gesetz bestimmt werden.[390] Aber die Auslegung dieser Bestimmung ließe nicht zu, den Schutzzweck, den der Gesetzgeber ausdrücklich dem Erhaltungsrecht zugeordnet habe, auf das Sanierungsrecht zu übertragen.[391] Dies gelte vor allem deshalb, weil die städtebaulichen Instrumentarien des Sanierungs- und Erhaltungsrechts nebeneinander festgesetzt werden können.[392] In dieser Auffassung stützt sich das Gericht auch auf die übrige Berliner Rechtsprechung[393], indem es insoweit wie folgt festhält:

> „Rechtsprechung über die Zulässigkeit von Mietobergrenzen zur Überwindung des Versagungsgrundes „Schutz der angestammten Wohnbevölkerung vor Verdrängung" findet sich in Berlin lediglich in Entscheidungen des vorläufigen Rechtsschutzes (vgl. einerseits OVG Berlin, NVwZ 1996, 920, andererseits VG Berlin, Das Grundeigentum 2002, 407; OVG Berlin, Beschl. v. 12. 6. 2002 – OVG 2 S 8.02, jeweils m.w.Nachw.). In diesen ist die Zulässigkeit dieses Sanierungsziels nicht ausdrücklich begründet worden."
>
> Verwaltungsgericht Berlin, Urteil vom 18. Juli 2002.[394]

4.3.2 Oberverwaltungsgericht Berlin

Die Berufung des Bezirks beim Oberverwaltungsgericht Berlin hatte – auch wenn das Gericht die Schutzziele des Sanierungsrechts, wie oben

---

389 Vgl. Verwaltungsgericht Berlin, Urteil vom 18. Juli 2002 – 13 A 424.01, NVwZ 2003, 242 (244).

390 Vgl. Verwaltungsgericht Berlin, Urteil vom 18. Juli 2002 – 13 A 424.01, NVwZ 2003, 242 (244).

391 Vgl. Verwaltungsgericht Berlin, Urteil vom 18. Juli 2002 – 13 A 424.01, NVwZ 2003, 242 (244 f.).

392 Vgl. Verwaltungsgericht Berlin, Urteil vom 18. Juli 2002 – 13 A 424.01, NVwZ 2003, 242 (244 f.).

393 Vgl. unter anderem Oberverwaltungsgericht Berlin, Beschluss vom 10. Oktober 1995 – 2 S 7.95, NVwZ 1996, 920 (920); Beschluss vom 12. Juni 2002 – 2 S 8.02, BeckRS 2002, 14668; Verwaltungsgericht Berlin, Urteil vom 24. Januar 2002 – 19 A 79.01, BeckRS 2002, 31000452.

394 Vgl. Verwaltungsgericht Berlin, Urteil vom 18. Juli 2002 – 13 A 424.01, NVwZ 2003, 242 (244 f.).

dargestellt, weiter ausgelegt hatte – keinen Erfolg.[395] Das Gericht ist mit seiner Einschätzung im Ergebnis der Entscheidung des Verwaltungsgerichts Berlin gefolgt.[396]

Zwar sei der Verdrängungsschutz im Rahmen der Sanierungsmaßnahmen als Sanierungsziel durchaus zu berücksichtigen.[397] Aber die §§ 136 f. BauGB würden keine Rechtsgrundlage zur Festsetzung von Mietobergrenzen als Voraussetzung für die Erteilung einer sanierungsrechtlichen Genehmigung bieten.[398] Dabei habe der Bezirk auf Grundlage von Daten über die Einkommensverhältnisse der ansässigen Wohnbevölkerung im Gebiet, die er während der Untersuchung des Gebiets erlangt hatte, anhand eines Mittelwertes eine Mietobergrenze festgesetzt.[399] Damit lege der Bezirk – der vorliegend aus dem gerade dargestellten statistischen Mittelwert mit Blick auf eine angenommene zumutbare Mietbelastung von 30 % des Monatseinkommens der zu betrachtenden Haushaltseinkommen eine Mietobergrenze ableite – nach Auffassung des Gerichts den Wert bereits lediglich pauschal fest.[400] Eine solche Art der Einführung von Mietobergrenzen im Zuge des sanierungsrechtlichen Genehmigungsverfahren erachtet das Oberverwaltungsgericht Berlin als unzulässig, da es an der erforderlichen Rechtsgrundlage einer solchen Genehmigungsvoraussetzung fehle.[401] Denn Hauptziel der Sanierung von Baugebieten sei die wesentliche Aufwertung baulicher und funktionaler

395 Vgl. Oberverwaltungsgericht Berlin, Urteil vom 30. Januar 2004 – 2 B 18.02, LKV 2004, 415 (418 f.).

396 Vgl. Oberverwaltungsgericht Berlin, Urteil vom 30. Januar 2004 – 2 B 18.02, LKV 2004, 415 (418 f.).

397 Vgl. Oberverwaltungsgericht Berlin, Urteil vom 30. Januar 2004 – 2 B 18.02, LKV 2004, 415 (418 f.).

398 Vgl. Oberverwaltungsgericht Berlin, Urteil vom 30. Januar 2004 – 2 B 18.02, LKV 2004, 415 (418 f.).

399 Vgl. Oberverwaltungsgericht Berlin, Urteil vom 30. Januar 2004 – 2 B 18.02, LKV 2004, 415 (418 f.).

400 Vgl. Oberverwaltungsgericht Berlin, Urteil vom 30. Januar 2004 – 2 B 18.02, LKV 2004, 415 (417); die konkreten Einkommensverhältnisse finden dabei im Einzelfall nur dann Berücksichtigung, wenn die einzelnen Mieter trotz der Beachtung dieser Grundsätze wirtschaftlich überfordert werden, so ausdrücklich: Oberverwaltungsgericht Berlin, Urteil vom 30. Januar 2004 – 2 B 18.02, LKV 2004, 415 (417).

401 Vgl. Oberverwaltungsgericht Berlin, Urteil vom 30. Januar 2004 – 2 B 18.02, LKV 2004, 415 (418 f.).

Mängel.[402] Darüber hinaus gehende Ziele – so auch die Erreichung sozialer Ziele wie den Schutz der ansässigen Bevölkerung vor Verdrängung – seien diesem Hauptziel unterzuordnen.[403] Die bauliche Entwicklung des Sanierungsgebiets sei dabei Aufgabe der privaten Eigentümer, während der Gemeinde lediglich die Durchführung der Ordnungsmaßnahme gemäß §§ 146, 147 BauGB obliege.[404] Mit der baulichen Aufwertung des jeweiligen Baugrundstücks im Sinne der Sanierungsmaßnahme durch den Eigentümer könne dieser gemäß § 558 BGB in der Folge die Modernisierungskosten zu 11 % im Jahr auf die Netto-Kaltmiete anrechnen.[405] Die Regelungen des Bürgerlichen Gesetzbuches seien dahingehend bereits unter Berücksichtigung der Sozialpflichtigkeit des Eigentums nach Art. 14 Abs. 2 GG abgewogen und somit abschließend. Das Gericht hat dazu wörtlich festgestellt:

> „Die bürgerlich-rechtliche Regelung in §§ 557 ff. BGB über die zulässigen Miethöhen sind, in Verbindung mit der Regelung in § 554 BGB hinsichtlich der Duldungspflicht des Mieters bei Modernisierungsmaßnahmen, als ein **insgesamt sozial abgewogenes System** ausgestaltet, das schutzwürdige Belange des Mieters ebenso wie die Interessen des Vermieters ausgleichend wahrt und insoweit eine verfassungskonforme Inhalts- und Schrankenbestimmung des Eigentums darstellt. Die danach dem Eigentümer eingeräumte Möglichkeit einer Erhöhung der Miete wird vom Schutzbereich des Art. 14 GG erfasst."
>
> Oberverwaltungsgericht Berlin, Urteil vom 30. Januar 2004 (Hervorhebung nur hier).[406]

Mit einer zusätzlichen Bindung des Eigentümers an eine Mietobergrenze, die die zivilrechtlich vorgesehene Kompensation für eine Investition in das Eigentum verhindert, sei das Sanierungsrecht unvereinbar: Grundlegende Voraussetzung für eine rechtlich zulässige Beschränkung des Eigentums wäre

---

[402] Vgl. Oberverwaltungsgericht Berlin, Urteil vom 30. Januar 2004 – 2 B 18.02, LKV 2004, 415 (418 f.).

[403] Vgl. Oberverwaltungsgericht Berlin, Urteil vom 30. Januar 2004 – 2 B 18.02, LKV 2004, 415 (418 f.).

[404] Vgl. Oberverwaltungsgericht Berlin, Urteil vom 30. Januar 2004 – 2 B 18.02, LKV 2004, 415 (418 f.).

[405] Vgl. Oberverwaltungsgericht Berlin, Urteil vom 30. Januar 2004 – 2 B 18.02, LKV 2004, 415 (418).

[406] Oberverwaltungsgericht Berlin, Urteil vom 30. Januar 2004 – 2 B 18.02, LKV 2004, 415 (418).

eine gesetzliche Ermächtigung.[407] Eine ausdrückliche Ermächtigung sehe das Gesetz nicht vor.[408] Es fehlten städtebauliche Gründe für die weitergehende Einschränkung des verfassungsrechtlich garantierten Eigentumsrechts, für die insbesondere die Ziele eines „bloßen sozialen Mieterschutzes von vornherein nicht“[409] ausreichend seien. Vielmehr seien pauschale Mietobergrenzen mit dem System der Sanierungsmaßnahme nicht vereinbar.[410]

Nach Auffassung des Oberverwaltungsgerichts Berlin entstünde selbst bei Verdrängung der ansässigen Wohnbevölkerung nicht die Gefahr, dass hierdurch städtebauliche Probleme geschaffen würden.[411] Denn es sei ausreichend bezahlbarer Wohnraum – im vorliegenden Fall im Ostteil der Stadt – vorhanden, so dass diejenigen Bewohner, die aufgrund steigender Mieten tatsächlich verdrängt würden, im Stadtgebiet eine Wohnung finden könnten.[412] Diese Wohnung liege dann eben nicht innerhalb des streitgegenständlichen Sanierungsgebiets oder überhaupt in demselben Bezirk – hier Friedrichhain.[413] Daraus schlussfolgert das Oberverwaltungsgericht Berlin, dass es dem Sanierungsrecht schon an einer Rechtfertigung der Einschränkung der Rechte von Grundstückseigentümern fehle.[414] Daher habe das Verwaltungsgericht Berlin die Auflagen im Rahmen des sanierungsrechtlichen Genehmigungsbescheides im Ergebnis zu Recht aufgehoben.[415]

---

407 Vgl. Oberverwaltungsgericht Berlin, Urteil vom 30. Januar 2004 – 2 B 18.02, LKV 2004, 415 (418 f.).

408 Vgl. Oberverwaltungsgericht Berlin, Urteil vom 30. Januar 2004 – 2 B 18.02, LKV 2004, 415 (418 f.).

409 Oberverwaltungsgericht Berlin, Urteil vom 30. Januar 2004 – 2 B 18.02, LKV 2004, 415 (418).

410 Vgl. Oberverwaltungsgericht Berlin, Urteil vom 30. Januar 2004 – 2 B 18.02, LKV 2004, 415 (418).

411 Vgl. Oberverwaltungsgericht Berlin, Urteil vom 30. Januar 2004 – 2 B 18.02, LKV 2004, 415 (418 f.).

412 Vgl. Oberverwaltungsgericht Berlin, Urteil vom 30. Januar 2004 – 2 B 18.02, LKV 2004, 415 (418 f.).

413 Vgl. so ausdrücklich Oberverwaltungsgericht Berlin, Urteil vom 30. Januar 2004 – 2 B 18.02, LKV 2004, 415 (419).

414 Vgl. Oberverwaltungsgericht Berlin, Urteil vom 30. Januar 2004 – 2 B 18.02, LKV 2004, 415 (418 f.).

415 Vgl. Oberverwaltungsgericht Berlin, Urteil vom 30. Januar 2004 – 2 B 18.02, LKV 2004, 415 (420).

4.3.3 Bundesverwaltungsgericht

Dem folgte auch das Bundesverwaltungsgericht: Es entschied, dass

> „es mit dem System der Regelungen des städtebaulichen Sanierungsrechts in §§ 136ff. BauGB unvereinbar ist, die sanierungsrechtliche Genehmigung von Sanierungsmaßnahmen davon abhängig zu machen, dass an der durchschnittlichen Leistungsfähigkeit der Wohnbevölkerung des Sanierungsgebiets orientierte Mietobergrenzen eingehalten werden."
> Bundesverwaltungsgericht, Urteil vom 24. Mai 2006.[416]

Den Nebenbestimmungen im Rahmen der sanierungsrechtlichen Genehmigung fehle es daher an der erforderlichen Rechtsgrundlage.[417]

Denn über die Festsetzung des Verdrängungsschutzes als Sanierungsziel – die das Gericht entsprechend der Entscheidung des Oberverwaltungsgerichts bejaht hatte – gehe die Ermächtigung der Vorschriften der §§ 136 f. BauGB nicht hinaus.[418] Mit Blick auf die Einführung von Mietobergrenzen im Zuge von sanierungsrechtlichen Genehmigungsbescheiden fehle es der Gemeinde hingegen an der erforderlichen Ermächtigung, um entsprechend einer Festsetzung von Mietobergrenzen in Mietrechtsverhältnisse einzugreifen.[419] Dazu hat das Gericht wörtlich ausgeführt:

> „Befugnis, das private Rechtsverhältnis zwischen Vermieter und Mieter zu gestalten, steht der Gemeinde, soweit es um die Höhe der Miete geht, weder bei der Bestimmung der Ziele und Zwecke der Sanierung (§ 140 Nr. 3 BauGB) noch bei der Aufstellung und Fortschreibung des Sozialplans (§§ 140 Nr. 6, 180 BauGB) zu. In dieses Rechtsverhältnis darf die Gemeinde nur regelnd eingreifen, wenn sie hierzu ausdrücklich ermächtigt ist."
> Bundesverwaltungsgericht, Urteil vom 24. Mai 2006.[420]

---

416 Bundesverwaltungsgericht, Urteil vom 24. Mai 2006 – 4 C 9.04, NZM 2006, 903 Rn. 24 f.

417 Vgl. Bundesverwaltungsgericht, Urteil vom 24. Mai 2006 – 4 C 9.04, NZM 2006, 903 Rn. 24 f.

418 Vgl. Bundesverwaltungsgericht, Urteil vom 24. Mai 2006 – 4 C 9.04, NZM 2006, 903 Rn. 24 f.

419 Vgl. Bundesverwaltungsgericht, Urteil vom 24. Mai 2006 – 4 C 9.04, NZM 2006, 903 Rn. 24 f.

420 Bundesverwaltungsgericht, Urteil vom 24. Mai 2006 – 4 C 9.04, NZM 2006, 903 Rn. 24 f.

Daher verbiete sich die Festsetzung einer Mietobergrenze ebenso durch die Nebenbestimmung im Zuge einer sanierungsrechtlichen Genehmigung.[421] Nichts anderes ergebe sich aus der Regelung des § 186 BauGB.[422] Diese Befugnis schließe die Festsetzung von Mietobergrenzen hingegen nicht mit ein und sei nach ihrem Regelungsgehalt abschließend.[423] Zur Regelung der Miethöhe sei die Gemeinde daher in keinem Fall befugt, da es an einer entsprechenden Rechtsgrundlage hierzu fehle.[424] Dies gelte sowohl für den Einzelfall als Nebenbestimmung einer sanierungsrechtlichen Genehmigung als auch für die Sanierungsziele: Die Festsetzung einer Miet-obergrenze könne weder Sanierungsziel sein noch von einem Grundstückseigentümer für die sanierungsrechtliche Genehmigung eines Bauvorhabens verlangt werden.[425]

4.3.4 Schmidt-Eichstaedt

Anders sieht dies *Schmidt-Eichstaedt*, der Mietobergrenzen zum sozialgerechten Ablauf einer Sanierung für zulässig erachtet[426]:

Grundsätzlich sehe das Sanierungsrecht für die Festsetzung von Mietobergrenzen in den §§ 144, 145 BauGB eine eigene Rechtsgrundlage vor.[427] Dazu seien in § 144 BauGB die genehmigungspflichtigen Vorhaben und Rechtsvorgänge in einem förmlich festgelegten Sanierungsgebiet aufgezählt.[428] Zu unterscheiden seien hierbei Vorhaben und sonstige Maßnahmen, Gebrauchs- und Nutzungsvereinbarungen, Veräußerung eines Grundstücks, die Bestellung zur Belastung des Grundstücks sowie auch schuldrechtliche Vereinbarungen, Baulasten und Teilungen und in § 144 Abs. 4 BauGB

---

[421] Vgl. Bundesverwaltungsgericht, Urteil vom 24. Mai 2006 – 4 C 9.04, NZM 2006, 903 Rn. 24 f.

[422] Vgl. Bundesverwaltungsgericht, Urteil vom 24. Mai 2006 – 4 C 9.04, NZM 2006, 903 Rn. 24 f.

[423] Vgl. Bundesverwaltungsgericht, Urteil vom 24. Mai 2006 – 4 C 9.04, NZM 2006, 903 Rn. 32.

[424] Vgl. Bundesverwaltungsgericht, Urteil vom 24. Mai 2006 – 4 C 9.04, NZM 2006, 903 Rn. 24 f.

[425] Vgl. Bundesverwaltungsgericht, Urteil vom 24. Mai 2006 – 4 C 9.04, NZM 2006, 903 Rn. 32 f.

[426] Vgl. Schmidt-Eichstaedt, ZfBR 2002, 212 (216).

[427] Vgl. Schmidt-Eichstaedt, ZfBR 2002, 212 (216).

[428] Vgl. Schmidt-Eichstaedt, ZfBR 2002, 212 (216).

die von einer Genehmigungspflicht ausgenommenen Rechtsvorgänge.[429] In § 145 BauGB seien ergänzend Voraussetzungen für die sanierungsrechtliche Genehmigungserteilung geregelt.[430] Nach Auffassung von *Schmidt-Eichstaedt* entsprechen diese Vorschriften einer „Ablaufsicherung“[431] mit Blick auf die jeweilige Sanierungsmaßnahme.[432] Damit solle ein effektiver und gleichzeitig sozial gerechter Ablauf der Sanierungsmaßnahme sichergestellt werden.[433] Dieser Sinn und Zweck der §§ 144, 145 BauGB lässt sich nach Auffassung von *Schmidt-Eichstaedt* mit der Funktion von Erhaltungssatzungen nach § 172 BauGB gleichsetzen.[434] Soziale Sanierungsmaßnahmen seien daher „Maßnahmen zur Verbesserung der Wohnverhältnisse; Wohnumfeldverbesserung; Förderung von wirtschaftlich initiativreicher Tätigkeit (Unternehmensgründung); Schaffung von Arbeitsplätzen im vorhandenen Handwerk und Gewerbe; Herstellung sozialer Infrastruktur, besonders für Jugendliche; Förderung der Aus- und Fortbildung; Kriminalitätsbekämpfung, Verbesserung der öffentlichen Sicherheit und Ordnung; Vermeisung, Verminderung, Ausgleich von Umweltschäden; Verbesserung des öffentlichen Personennahverkehrs; Förderung der Stadtteilkultur.“[435] Maßgeblicher Teil einer Sanierungsmaßnahme sei nicht nur die endgültige Aufwertung des Gebiets, sondern auch die Wahrung der erforderlichen Belange – wie die Sozialpflichtigkeit – im Zuge der Durchführung der Sanierung.[436] Dafür spreche bereits die Vorschrift des § 181 BauGB.[437] Danach soll die Gemeinde, soweit es die Billigkeit erfordere, bei der Durchführung Sanierungsmaßnahme zur Vermeidung oder zum Ausgleich wirtschaftlicher Nachteile – auch im sozialen Bereich – auf Antrag der in den Nummern 1 bis 4 der in § 181 benannten Gruppen einen Härteausgleich in Geld gewähren.[438] Es werde

---

[429] Vgl. dazu Mitschang, in: Battis/Krautzberger/Löhr, Baugesetzbuch, 15. Auflage 2022, § 144 Rn. 10 f.
[430] Vgl. Schmidt-Eichstaedt, ZfBR 2002, 212 (216).
[431] Schmidt-Eichstaedt, ZfBR 2002, 212 (216) Zeile 68.
[432] Vgl. Schmidt-Eichstaedt, ZfBR 2002, 212 (216 f.).
[433] Vgl. Schmidt-Eichstaedt, ZfBR 2002, 212 (216 f.).
[434] Vgl. Schmidt-Eichstaedt, ZfBR 2002, 212 (216 f.).
[435] Vgl. Schmidt-Eichstaedt, in: Brüggelmann, Baugesetzbuch, Stand: Juli 2022, § 171e Rn. 15.
[436] Vgl. Schmidt-Eichstaedt, ZfBR 2002, 212 (216 f.).
[437] Vgl. Schmidt-Eichstaedt, ZfBR 2002, 212 (216 f.).
[438] Vgl. Schmidt-Eichstaedt, ZfBR 2002, 212 (216 f.).

daher mit Blick auf die Vorschriften zu Sanierungsgebieten offenkundig, vertritt *Schmidt-Eichstaedt*, dass die Erhaltung der Gruppe der bisherigen Bewohner und Gewerbetreibenden gerade auch bei der Durchführung maßgeblich zu berücksichtigen seien.[439] Denn nur so bleibe die Funktionsfähigkeit des Gebiets während sowie nach der Sanierung erhalten.[440] Dazu hält er ausdrücklich fest:

> „Der "Kiez" mit seiner öffentlichen und privaten Infrastruktur einschließlich des vorhandenen Kleingewerbes bleiben nur funktionsfähig, wenn das Sanierungsgebiet auch während der Sanierung von den Stammkunden bewohnt bleibt."
> Schmidt-Eichstaedt, ZfBR 2002, 212.[441]

4.4 Bewertung

Ob im Rahmen der sanierungsrechtlichen Genehmigung von Einzelmaßnahmen Nebenbestimmungen im Sinne des § 36 VwVfG zulässig sind, bestimmt sich vorwiegend anhand einer maßgeblichen Fragestellung: Ist es rechtlich zulässig, mit den Mitteln des Sanierungsrechts die bestehenden Mieterstrukturen im betreffenden Gebiet durch Einführung von Mietobergrenzen vor Verdrängung zu schützen? Für die Beantwortung dieser Frage ist zum einen zu prüfen, ob die Einführung einer Mietobergrenze zum Mieterschutz mit den Mitteln des Sanierungsrechts überhaupt verfolgt werden kann.[442] Zum anderen gilt es zu beurteilen, ob – wenn die erste Frage zu bejahen wäre – in der Folge eine Rechtsgrundlage für die Einführung von Mietobergrenzen besteht.[443]

---

[439] Vgl. Schmidt-Eichstaedt, ZfBR 2002, 212 (216 f.).

[440] Vgl. Schmidt-Eichstaedt, ZfBR 2002, 212 (217).

[441] Schmidt-Eichstaedt, ZfBR 2002, 212 (216, Zeile 24).

[442] Vgl. bejahend: Bundesverwaltungsgericht, Urteil vom 24. Mai 2006 – 4 C 9.04, NZM 2006, 903; Oberverwaltungsgericht Berlin, Urteil vom 30. Januar 2004 – 2 B 18.02, LKV 2004, 415 (415); Schmidt-Eichstaedt, ZfBR 2002, 212 (216 f.); a.A.: Verwaltungsgericht Berlin, Urteil vom 18. Juli 2002 – 13 A 424.01, NVwZ 2003, 242 (242); Tietzsch, NZM 2001, 887 (888 f.).

[443] Insofern verneinend: Bundesverwaltungsgericht, Urteil vom 24. Mai 2006 – 4 C 9.04, NZM 2006, 903; Oberverwaltungsgericht Berlin, Urteil vom 30. Januar 2004 – 2 B 18.02, LKV 2004, 415 (415); Verwaltungsgericht Berlin, Urteil vom 18. Juli 2002 – 13 A 424.01, NVwZ 2003, 242 (242); Tietzsch, NZM 2001, 887 (888 f.); a.A.: Schmidt-Eichstaedt, ZfBR 2002, 212 (216 f.).

Anhand der Auslegung der Vorschriften des Sanierungsrechts ergibt sich, dass zwar der Schutz der ansässigen Wohnbevölkerung als Sanierungsziel rechtmäßig verfolgt werden kann (vgl. 1.), es im Weiteren aber an einer Rechtsgrundlage für die Festsetzung einer Mietobergrenze fehlt, so dass die Festsetzung einer solchen rechtswidrig ist (vgl. 2.).

4.4.1 Schutz der ansässigen Wohnbevölkerung als Sanierungsziel

Nach § 145 Abs. 2 BauGB hat der Grundstückseigentümer einen Anspruch auf die Erteilung der sanierungsrechtlichen Genehmigung, wenn das betreffende Vorhaben die Durchführung der Sanierung oder deren Ziele erkennbar nicht beeinträchtigt.[444]

Maßgebend sind also bei der Beurteilung des Anspruchs, welche Ziele und Zwecke, also welches Konzept die Gemeinde der Sanierungsmaßnahme zugrunde legt.[445] Allerdings regelt das Baugesetzbuch darüber hinaus nicht abschließend, welche Ziele und Zwecke inhaltlich im Rahmen der Sanierungsmaßnahme zwingend sind.[446] Vielmehr verbleibt den Gemeinden ein großer Entscheidungsspielraum, der im Gebot der gerechten Abwägung seine Grenzen hat.[447] Ausdrücklich von den Zielen und Zwecken der Sanierung nach den §§ 136 f. BauGB ausgenommen ist der Verdrängungsschutz dabei zunächst einmal nicht. Ebensowenig ist der Schutz der ansässigen Wohnbevölkerung, insbesondere der Mieter innerhalb des (Sanierungs-) Gebiets, kein ausdrücklich genanntes Sanierungsziel im Sinne der §§ 136 f. BauGB.[448] Zur – mit Blick auf die in der Literatur viel diskutierten – Frage[449],

---

444 Siehe § 145 Abs. 2 BauGB; vgl. Krautzberger, in: Ernst/Zinkahn/Bielenberg/Krautzberger, Baugesetzbuch, Stand: November 2024, § 145 Rn. 32 f.

445 Vgl. Krautzberger, in: Ernst/Zinkahn/Bielenberg/Krautzberger, Baugesetzbuch, Stand: November 2024, § 145 Rn. 33 f.

446 Vgl. Krautzberger, in: Ernst/Zinkahn/Bielenberg/Krautzberger, Baugesetzbuch, Stand: November 2024, § 145 Rn. 42 f.

447 Vgl. Federwisch, NVwZ 2003, 1035 (1035).

448 Vgl. Krautzberger, in: Ernst/Zinkahn/Bielenberg/Krautzberger, Baugesetzbuch, Stand: November 2024, § 145 Rn. 33 f.

449 Vgl. Krautzberger, ZfBR 1981, 209; Löhr, NVwZ 1982, 19; Peine, DÖV 1992, 85; May, DÖV 1994, 862; Tietzsch, NVwZ 1996, 870; Fieseler, NVwZ 1997, 867; Schmitz, LKV 2001, 443; Hong, ZMR 2001, 857; Schmidt-Eichstaedt, ZfBR 2002, 212; kritisch gegenüber dem Verdrängungsschutz als Ziel und Zweck der Sanierungsmaßnahme: Partsch, NVwZ 1997, 139.

ob der Schutz der angestammten Wohnbevölkerung vor Verdrängung auch Ziel und Zweck der Sanierungsmaßnahme sein kann, soll im Folgenden anhand der Auslegung nach dem Wortlaut der einschlägigen Vorschriften, der Gesetzessystematik und dessen historischer Auslegung Stellung genommen werden.

a) Wortlaut

Aus dem Wortlaut der Vorschriften zum Sanierungsrecht und zur Durchführung von Sanierungsmaßnahmen lässt sich entnehmen, dass der Verdrängungsschutz der angestammten Wohnbevölkerung ohne weiteres Sanierungsziel im Sinne der §§ 136 f. BauGB sein kann[450]:

1. Für die Auslegung des Wortlauts der Vorschriften zum Sanierungsrecht ist für die Ermittlung der gesetzlich festgesetzten Sanierungsziele zunächst die Auslegung des § 136 Abs. 4 Satz 1 BauGB als maßgebend zu betrachten. In dieser Norm zu Beginn der Vorschriften zum Sanierungsrecht wird die Ausrichtung von Sanierungsmaßnahmen bestimmt. Danach dienen städtebauliche Sanierungsmaßnahmen „dem Wohl der Allgemeinheit“[451]. Dabei lässt sich der Formulierung „Wohl der Allgemeinheit“ eine soziale Ausrichtung der Sanierungsmaßnahmen entnehmen.[452] Unter diese soziale Ausrichtung kann der Verdrängungsschutz der ansässigen Wohnbevölkerung angesiedelt werden.[453] Denn mit Blick auf die allgemeinen Ziele der Bauleitplanung gemäß § 1 Abs. 5 Satz 1 BauGB dienen die Bauleitpläne einer nachhaltigen städtebaulichen Entwicklung, die die sozialen, wirtschaftlichen und umweltschützenden Anforderungen auch in Verantwortung gegenüber künftigen

[450] Vgl. so auch Bundesverwaltungsgericht, Urteil vom 24. Mai 2006 – 4 C 9.04, NZM 2006, 903; Oberverwaltungsgericht Berlin, Urteil vom 30. Januar 2004 – 2 B 18.02, LKV 2004, 415 (415); Schmidt-Eichstaedt, ZfBR 2002, 212 (216 f.); a.A.: Verwaltungsgericht Berlin, Urteil vom 18. Juli 2002 – 13 A 424.01, NVwZ 2003, 242 (242); Tietzsch, NZM 2001, 887 (888 f.).

[451] Vgl. Wortlaut § 136 Abs. 4 Satz 1 BauGB.

[452] So auch: Federwisch, NVwZ 2003, 1035 (1036); a.A.: Verwaltungsgericht Berlin, Urteil vom 18. Juli 2002 – 13 A 424.01, NVwZ 2003, 242 (243); Partsch, NVwZ 1997, 139; Bielenberg, in: Bielenberg/Koopmann/Krautzberger, Städtebauförderungsrecht, Stand: Dezember 2020, § 136 Rn. 22 f.

[453] Vgl. so auch: Federwisch, NVwZ 2003, 1035 (1036); Peine, NuR 1992, 353.

Generationen miteinander in Einklang bringen soll.[454] Ebenso sieht das Allgemeine Städtebaurecht des Baugesetzbuchs eine dem Wohl der Allgemeinheit dienende, sozialgerechte Bodennutzung vor, die die Wohnbedürfnisse der Bevölkerung berücksichtigt. In der Folge lässt sich feststellen, dass das Baugesetzbuch unter dem Wohl der Allgemeinheit insbesondere auch die sozialgerechte Bodennutzung unter Berücksichtigung der Wohnbedürfnisse der Bevölkerung versteht.[455] Dafür spricht auch, dass nach § 1 Abs. 6 Nr. 2 BauGB zu den Wohnbedürfnissen der Bevölkerung ausdrücklich die Erhaltung sozial stabiler Bewohnerstrukturen zählt.[456] Eine Verdrängung der ansässigen Wohnbevölkerung würde dem diametral entgegenlaufen.[457]

Demgegenüber argumentiert *Tietzsch*, dass es dieser Einschätzung an einem rechtlichen Anknüpfungspunkt fehlt.[458] Auch gelte: Selbst wenn man dem Sanierungsrecht den Schutz des angestammten Wohnbevölkerung als zulässiges Ziel entnehmen wolle, fehle es bereits an der Zuständigkeit der Gemeinden.[459] Denn diese liege zur Einführung von Mietobergrenzen ausschließlich beim Bund.[460] Die Kompetenz des Bundes für die Festsetzung von Mietobergrenzen ergebe sich hierbei aus Art. 72 Abs. 1, 74 Abs. 1 GG, weil der Bundesgesetzgeber von dieser Kompetenzzuordnung durch die Einführung von § 514b BGB Gebrauch gemacht habe.[461] Damit sei abschließend geregelt, unter welchen Voraussetzungen Modernisierungen von Wohnraum zulässig und insbesondere umlegungsfähig seien.[462] Es fehle daher für die Regelung von Mietrechtsverhältnissen bereits an der maßgeblich erforderlichen Kompetenz der Gemeinden.[463] Es bleibt festzuhalten, dass

---

[454] Söfker/Runkel, in: Ernst/Zinkahn/Bielenberg/Krautzberger, Baugesetzbuch, Stand: November 2024, § 1 Rn. 104 f.

[455] Söfker/Runkel, in: Ernst/Zinkahn/Bielenberg/Krautzberger, Baugesetzbuch, Stand: November 2024, § 1 Rn. 104 f.

[456] Söfker/Runkel, in: Ernst/Zinkahn/Bielenberg/Krautzberger, Baugesetzbuch, Stand: November 2024, § 1 Rn. 104 f.

[457] Vgl. im Ergebnis so auch: Söfker, in: Ernst/Zinkahn/Bielenberg/Krautzberger, BauGB, Stand: Mai 2021, § 1 Rn. 47 f.

[458] Vgl. Tietzsch, NZM 2001, 887 (888).

[459] Vgl. Tietzsch, NZM 2001, 887 (888 f.).

[460] Vgl. Tietzsch, NZM 2001, 887 (889).

[461] Vgl. Tietzsch, NZM 2001, 887 (888 f.).

[462] Vgl. Tietzsch, NZM 2001, 887 (888 f.).

[463] Vgl. Tietzsch, NZM 2001, 887 (888 f.).

die Einführung von Mietobergrenzen durch Auflagen in sanierungsrechtlichen Genehmigungen nach Auffassung von *Tietzsch* gleich aus mehreren Gründen unzulässig ist.[464]

Dem ist allerdings nicht zu folgen. Denn es entspricht daher dem Gesetzeswortlaut, dass unter dem Wohl der Allgemeinheit – das in § 136 Abs. 4 Satz 1 BauGB ausdrücklich genannt wird – auch der Schutz der ansässigen Wohnbevölkerung vor Verdrängung zu fassen ist.[465]

2. Dafür spricht darüber hinaus die Betrachtung der §§ 137 und 138 Abs. 1 BauGB:

   Nach § 137 BauGB soll die Sanierung mit den Eigentümern, Mietern, Pächtern und sonstigen Betroffenen möglichst frühzeitig erörtert werden.[466] Dabei sollen die Betroffenen zur Mitwirkung bei der Sanierung und zur Durchführung der erforderlichen baulichen Maßnahmen angeregt und hierbei im Rahmen des Möglichen beraten werden.[467] Die darin ausdrücklich genannten Betroffenen sind im Rahmen der Sanierung vor allem Teil der ansässigen Wohnbevölkerung – wobei dies insbesondere für die genannte Gruppe der Mieter gilt.[468] Das Gesetz geht aufgrund dieser Formulierung gerade davon aus, dass Teile der Bevölkerung in die Sanierungsmaßnahme mit einzubinden sind, die vor dem Beginn dieser bereits in dem Sanierungsgebiet gewohnt haben. Vor allem aber verkommt eine Beteiligung der

---

[464] Vgl. Tietzsch, NZM 2001, 887 (889).

[465] Vgl. so auch Bundesverwaltungsgericht, Urteil vom 24. Mai 2006 – 4 C 9.04, NZM 2006, 903; Oberverwaltungsgericht Berlin, Urteil vom 30. Januar 2004 – 2 B 18.02, LKV 2004, 415 (415); Schmidt-Eichstaedt, ZfBR 2002, 212 (216 f.); Federwisch, NVwZ 2003, 1035 (1036); Peine, NuR 1992, 353; a.A.: Verwaltungsgericht Berlin, Urteil vom 18. Juli 2002 – 13 A 424.01, NVwZ 2003, 242 (242); Tietzsch, NZM 2001, 887 (888 f.).

[466] Vgl. Bundesverwaltungsgericht, Beschluss vom 8. Juli 2009 – 4 BN 12.09, ZfBR 2009, 692 (693); Bayerischer Verwaltungsgerichtshof, Urteil vom 17. Dezember 1979 – 14.N-838.79, BeckRS 1979, 108325; Oberverwaltungsgericht Berlin-Brandenburg, Urteil vom 18. Juli 2016 – OVG 2 A 13.14, BeckRS 2016, 55799; Krautzberger, LSK 2008, 180401; Krautzberger, in: Ernst/Zinkahn/Bielenberg/Krautzberger, Baugesetzbuch, Stand: November 2024, § 137 Rn. 37 f.; Mitschang, in: Battis/Krautzberger/Löhr, Baugesetzbuch, 15. Auflage 2022, § 137 Rn. 5.

[467] Vgl. Krautzberger, in: Ernst/Zinkahn/Bielenberg/Krautzberger, Baugesetzbuch, Stand: November 2024, § 137 Rn. 37 f.

[468] Vgl. Niedersächsisches Oberverwaltungsgericht, Urteil vom 29. Mai 2018 – 1 KN 65.17, BeckRS 2018, 43863 Rn 5 f.; Schmitz, in: Spannowsky/Uechtritz, BeckOK BauGB, Stand: 1. Februar 2021, § 137 Rn. 2 f.

genannten Betroffenen zum reinen Selbstzweck, wenn diese im Zuge der Aufwertung des Sanierungsgebiets aus diesem verdrängt würden; eine reine Formvorschrift in diesem Sinne lässt sich aus § 137 BauGB hingegen nicht entnehmen.[469] § 137 BauGB sieht eine Sanierung des Gebiets vor, die Eigentümer, Mieter, Pächter und sonstige Beteiligte mit einschließt.[470] Im Gegenzug nicht anzuerkennen, dass die Betroffenen auch schutzwürdig sind, ist mit diesem Konzept der Bevölkerungsinklusiven Stadtentwicklung – wie sie ausdrücklich gesetzlich vorgesehen ist – nicht vereinbar.[471]

Dies gilt auch mit Blick auf § 138 BauGB. Denn danach sind Eigentümer, Mieter, Pächter und sonstige zum Besitz oder zur Nutzung eines Grundstücks, Gebäudes oder Gebäudeteils Berechtigte sowie ihre Beauftragten verpflichtet, der Gemeinde Auskunft über die Tatsachen zu erteilen, deren Kenntnis zur Beurteilung der Sanierungsbedürftigkeit eines Gebiets oder zur Vorbereitung oder Durchführung der Sanierung erforderlich ist. Dies umfasst dabei ausdrücklich Angaben der Betroffenen über ihre persönlichen Lebensumstände im wirtschaftlichen und sozialen Bereich, namentlich über die Berufs-, Erwerbs- und Familienverhältnisse, das Lebensalter, die Wohnbedürfnisse, die sozialen Verflechtungen sowie über die örtlichen Bindungen.[472] Nutzt die Gemeinde diese nicht für die Sanierung – allen voran die Sanierungsziele – dürfen diese Daten nicht verwendet werden.[473] Denn gemäß § 138 Abs. 2 BauGB dürfen die erhobenen personenbezogenen Daten nur zu Zwecken der Sanierung verwendet werden.[474]

---

469 Vgl. dazu auch: Federwisch, NVwZ 2003, 1035 (1035 f.); Peine, NuR 1992, 353; Krautzberger, in: Ernst/Zinkahn/Bielenberg/Krautzberger, Baugesetzbuch, Stand: November 2024, § 137 Rn. 49 f.

470 Vgl. Krautzberger, in: Ernst/Zinkahn/Bielenberg/Krautzberger, Baugesetzbuch, Stand: November 2024, § 137 Rn. 37 f.

471 Vgl. so im Ergebnis auch: Bundesverwaltungsgericht, Urteil vom 24. Mai 2006 – 4 C 9.04, NZM 2006, 903; Oberverwaltungsgericht Berlin, Urteil vom 30. Januar 2004 – 2 B 18.02, LKV 2004, 415 (415); Schmidt-Eichstaedt, ZfBR 2002, 212 (216 f.); Federwisch, NVwZ 2003, 1035 (1036); Peine, NuR 1992, 353.

472 Vgl. Krautzberger, in: Ernst/Zinkahn/Bielenberg/Krautzberger, Baugesetzbuch, Stand: November 2024, § 138 Rn. 22 f.

473 Vgl. Krautzberger, in: Ernst/Zinkahn/Bielenberg/Krautzberger, Baugesetzbuch, Stand: November 2024, § 138 Rn. 22 f.

474 Vgl. Krautzberger, in: Ernst/Zinkahn/Bielenberg/Krautzberger, Baugesetzbuch, Stand: November 2024, § 138 Rn. 22 f.

Auch mit Blick auf die Angaben zu den Erwerbsverhältnissen und sozialen Verflechtungen wäre es daher im Zuge der Aufwertung des Sanierungsgebiets widersinnig, wenn die Wohnbevölkerung durch die Sanierung aus dem Gebiet verdrängt werden würde.[475]

Es bleibt mithin festzuhalten, dass das Gesetz durch die genannten Vorschriften mit Blick auf den Wortlaut erkennbar die Erhaltung der ansässigen Wohnbevölkerung im Sinne eines Verdrängungsschutzes als ein Sanierungsziel vorsieht.[476] Das Gesetz formuliert dieses Ziel nicht als einen Auftrag an die Gemeinden, da es schon an der ausdrücklichen Nennung im Katalog der §§ 136 f. BauGB fehlt. Aber nach der Konzeption des Sanierungsrechts können die Gemeinden die Erhaltung der Wohnbevölkerung als Sanierungsziel ohne Weiteres verfolgen.[477]

b) Systematik

Des Weiteren kann der Verdrängungsschutz der ansässigen Bevölkerung auch mit Blick auf die Systematik des Sanierungsrechts Teil der Ziele von Sanierungsmaßnahmen sein.

Die Sanierungsvorschriften sind Teil des Besonderen Städtebaurechts im zweiten Kapitel des Baugesetzbuches. Dabei sind die Vorschriften zum Sanierungsrecht aufgrund der dynamischen Entwicklung und der verschiedenen abwägungserheblichen Belange bewusst offengehalten.[478] Denn nur so ist im Einzelfall die Entwicklung zulässiger Konzepte für die Durchführung der Sanierung möglich.[479] Allein deshalb sind als Ziele der Sanierungsmaßnahme

---

[475] Vgl. so auch: Federwisch, NVwZ 2003, 1035 (1037).

[476] Vgl. so im Ergebnis auch: Bundesverwaltungsgericht, Urteil vom 24. Mai 2006 – 4 C 9.04, NZM 2006, 903; Oberverwaltungsgericht Berlin, Urteil vom 30. Januar 2004 – 2 B 18.02, LKV 2004, 415 (415); Schmidt-Eichstaedt, ZfBR 2002, 212 (216 f.); Federwisch, NVwZ 2003, 1035 (1036); Peine, NuR 1992, 353.

[477] Vgl. so auch: Oberverwaltungsgericht Berlin, Urteil vom 30. Januar 2004 – 2 B 18.02, LKV 2004, 415 (415); Schmidt-Eichstaedt, ZfBR 2002, 212 (216 f.); Federwisch, NVwZ 2003, 1035 (1036); Peine, NuR 1992, 353.

[478] Vgl. Krautzberger, in: Ernst/Zinkahn/Bielenberg/Krautzberger, Baugesetzbuch, Stand: November 2024, § 145 Rn. 33 f.

[479] Vgl. Krautzberger, in: Ernst/Zinkahn/Bielenberg/Krautzberger, Baugesetzbuch, Stand: November 2024, § 145 Rn. 33 f.

auch soziale Ziele wie der Verdrängungsschutz erfasst.[480] Dem kann dazu nicht entgegengehalten werden, dass nur das Erhaltungsrecht ausdrücklich die Erhaltung der ansässigen Wohnbevölkerung zum Ziel hat.[481] Insbesondere zeigt sich unter Betrachtung der Ziele der Bauleitplanung, dass neben dem Erhaltungsrecht auch bereits die Ziele der Bauleitplanung ausdrücklich zum Ziel haben, einseitige Bevölkerungsstrukturen im Rahmen des Abwägungsgebots zu vermeiden.[482] Gerade über die gemäß § 9 Abs. 1 BauGB rechtmäßigen Festsetzungen kann die Bevölkerungsstruktur des jeweiligen Baugebiets beeinflusst werden.[483] Mit Blick auf die Systematik des Sanierungsrechts kann daher von den Zielen des Allgemeinen Städtebaurechts auf die Ziele des besonderen Städtebaurecht geschlossen werden. In der Folge ist festzuhalten, dass auch der Verdrängungsschutz Sanierungsziel im Rahmen der §§ 136 f. BauGB sein kann.[484]

c) Sinn und Zweck

Der Verdrängungsschutz wird auch gemäß der Auslegung nach dem Sinn und Zweck des Sanierungsrechts von diesem erfasst. Zunächst gilt dies bereits mit Blick auf § 136 Abs. 2 BauGB: Danach sollen städtebauliche Sanierungsmaßnahmen ein Gebiet zur Behebung städtebaulicher Missstände wesentlich verbessern oder umgestalten.[485] Dieser Grundgedanke der Aufwertung soll dabei zwar das Gebiet dem Grunde nach baulich aufwerten, aber diese bauliche Aufwertung zielt nicht vordringlich darauf ab, das Sanierungsgebiet lediglich städtebaulich ansehnlicher zu gestalten.[486] Vielmehr sollen die Lebensumstände der Bevölkerung verbessert werden.

---

[480] So ausdrücklich auch: Schmidt-Eichstaedt, ZfBR 2002, 212 (216 f.); Federwisch, NVwZ 2003, 1035 (1036); Peine, NuR 1992, 353; ebenso: im Ergebnis auch: Bundesverwaltungsgericht, Urteil vom 24. Mai 2006 – 4 C 9.04, NZM 2006, 903; Oberverwaltungsgericht Berlin, Urteil vom 30. Januar 2004 – 2 B 18.02, LKV 2004, 415 (415).

[481] Vgl. so auch: Federwisch, NVwZ 2003, 1035 (1036 f.).

[482] Vgl. so auch: Federwisch, NVwZ 2003, 1035 (1036 f.).

[483] Vgl. so auch: Federwisch, NVwZ 2003, 1035 (1038).

[484] Vgl. so auch: Federwisch, NVwZ 2003, 1035 (1036 f.)

[485] Vgl. Krautzberger, in: Ernst/Zinkahn/Bielenberg/Krautzberger, Baugesetzbuch, Stand: November 2024, § 136 Rn. 36.

[486] Vgl. Krautzberger, in: Ernst/Zinkahn/Bielenberg/Krautzberger, Baugesetzbuch, Stand: November 2024, § 136 Rn. 36.

Beseitigt werden sollen die städtebaulichen Missstände, die nach § 136 f. BauGB Voraussetzung für die Sanierungsmaßnahme sind, zum Vorteil der von den Missständen geplagten Wohnbevölkerung. Die Behebung der städtebaulichen Missstände dient gerade nicht ihrer selbst willen.[487] Eine Verbesserung der Lebensumstände wäre aber nicht erreicht, wenn in der Folge der Sanierung Teile der Bevölkerung die Wohnkosten nicht mehr aufbringen könnten.[488]

d) Historische Auslegung

Zu diesem Ergebnis kommt auch die historische Auslegung des Sanierungsrechts mit Blick auf den gesetzgeberischen Willen, der sich aus den verschiedenen Gesetzesänderungen entnehmen lässt: Bereits bei der Einführung des Städtebauförderungsgesetz 1971 hatte der Gesetzgeber zur Lösung städtebaulicher Missstände durch Sanierungsmaßnahmen insbesondere die von der Sanierungsmaßnahme Betroffenen in den Blick genommen und ihre Position bei der Durchführung der Maßnahmen gestärkt.[489] Denn der Gesetzesänderung lässt sich entnehmen, dass der Gesetzgeber das Zusammenspiel baulicher und sozialer Aspekte im Rahmen der Sanierungsmaßnahme in ein ausgewogenes Verhältnis setzen wollte.[490] Dazu sollte vor allem die Gemeinde bei der Festlegung des jeweiligen Konzepts zur Gebietssanierung einen weiten Beurteilungsspielraum erhalten.[491]

e) Zwischenergebnis

Es ist festzuhalten, dass der Verdrängungsschutz nach der Auslegung der Vorschriften zum Sanierungsrecht nach Wortlaut, Systematik, Sinn und Zweck und historischer Auslegung von den Zielen der Sanierungsmaßnahmen umfasst wird. Des Weiteren zu beurteilen bleibt dennoch, ob sich aus dem Verdrängungsschutz der ansässigen Wohnbevölkerung im Einzelfall rechtmäßig die Festsetzung von Mietobergrenzen herleiten lässt.

---

487 Vgl. so auch: Federwisch, NVwZ 2003, 1035 (1037).

488 Vgl. im Ergebnis so auch: Federwisch, NVwZ 2003, 1035 (1037).

489 Vgl. Federwisch, NVwZ 2003, 1035 (1036 f.).

490 Vgl. Federwisch, NVwZ 2003, 1035 (1036 f.).

491 Vgl. zum Vorstehenden: Krautzberger, ZfBR 1981, 209 (231); May, LSK 1994, 460323; Federwisch, NVwZ 2003, 1035 (1038).

4.4.2 Zulässigkeit von Mietobergrenzen

Aus dem Dargestellten ergibt sich dennoch nicht die Zulässigkeit der Einführung von Mietobergrenzen als Nebenbestimmungen im Rahmen sanierungsrechtlicher Genehmigungen.[492]

So lehnt *Tietzsch* die Zulässigkeit von Nebenbestimmungen, die Mietobergrenzen festlegen, ab. Denn dazu fehlt es seiner Auffassung nach an der erforderlichen Rechtsgrundlage: Der Verdrängungsschutz der ansässigen Wohnbevölkerung – von *Tietzsch* als Milieuschutz bezeichnet – lasse sich dem Sanierungsrecht, insbesondere den Sanierungszielen aus der Vorschrift des § 136 Abs. 2 BauGB nicht entnehmen.[493] Dort würden weder der Milieuschutz noch die Festsetzung von Mietobergrenzen ausdrücklich genannt.[494] Da allerdings im Erhaltungsrecht unter § 172 BauGB der Milieuschutz ausdrücklich genannt werde, sei der fehlenden ausdrücklichen Nennung desselben in den Sanierungszielen zu entnehmen, dass der Gesetzgeber dieses Ziel nicht im Sanierungsrecht vorgesehen habe.[495] Für die Zulässigkeit von Mietobergrenzen sei außerdem aufgrund des – nach dem Rechtsstaatsprinzip aus Art. 20 GG – Grundsatzes des Gesetzesvorbehalts für Eingriffe in verfassungsrechtlich garantierte Rechtspositionen eine Rechtsgrundlage erforderlich.[496] Dabei richteten sich, nach der Wesentlichkeitstheorie, die Anforderungen an eine Rechtsgrundlage jeweils nach der Intensität des Eingriffs in die betroffenen Grundrechte.[497] Entscheidend scheitert die Einführung von Mietobergrenzen nach der Auffassung von *Tietzsch* daher daran, dass diese im Einzelfall nicht verhältnismäßig ausgestaltet werden könnten.[498]

Dem ist im Ergebnis zuzustimmen: Eine Mietobergrenze als Nebenbestimmung sanierungsrechtlicher Genehmigungen von Bauvorhaben ist mit den bestehenden Regeln des sozialen Mietrechts unvereinbar.[499]

---

[492] Vgl. im Ergebnis auch: Bundesverwaltungsgericht, Urteil vom 24. Mai 2006 – 4 C 9.04, NZM 2006, 903; Oberverwaltungsgericht Berlin, Urteil vom 30. Januar 2004 – 2 B 18.02, LKV 2004, 415 (415); a.A.: Schmidt-Eichstaedt, ZfBR 2002, 212 (216 f.); so wohl auch: Federwisch, NVwZ 2003, 1035 (1036); Peine, NuR 1992, 353.

[493] Vgl. Tietzsch, NZM 2001, 887 (888 f.).

[494] Vgl. Tietzsch, NZM 2001, 887 (888 f.).

[495] Vgl. Tietzsch, NZM 2001, 887 (889).

[496] Vgl. Tietzsch, NZM 2001, 887 (889).

[497] Vgl. Tietzsch, NZM 2001, 887 (888 f.).

[498] Vgl. Tietzsch, NZM 2001, 887 (889).

[499] Vgl. Bundesverwaltungsgericht, Urteil vom 24. Mai 2006 – 4 C 9.04, NZM 2006, 903.

Zum einen besteht ein Vorrang des Privatrechts mit Blick auf Regelung von Mietpreisen zwischen Privaten vor dem öffentlichen Recht. Zum anderen ist die Einführung von Mietobergrenzen in einem Sanierungsgebiet zumindest geeignet, dessen (Haupt-)Sanierungszweck zu beeinträchtigen (vgl. a). Zudem wäre aufgrund des Eingriffes in die Rechte der Eigentümer in jedem Fall eine Rechtsgrundlage erforderlich, die für die Einführung von Mietobergrenzen aber fehlt (vgl. b).

a) Vorrang des Privatrechts

Die Gemeinde kann über die umfassende Instandsetzung und Modernisierung eines Baugebiets mit den Mitteln des Sanierungsrechts nicht das Ziel verfolgen, durch eine Mietobergrenze modernisierungsbedingte Steigerungen der Miete - nach den Vorschriften des sozialen Mietrechts des Bürgerlichen Gesetzbuches - die Verdrängung der ansässigen Wohnbevölkerung aus dem Sanierungsgebiet zu verhindern.[500] Denn die Festsetzung einer Mietobergrenze ist – entgegen dem primären Zweck der Gebietssanierung – zumindest geeignet, die Behebung städtebaulicher Missstände im Einzelfall zu verhindern, so dass eine solche mit der Konzeption des Sanierungsrechts unvereinbar ist.[501] Es besteht jedenfalls die Gefahr, durch die Einführung der Mietobergrenze Grundstückseigentümer von der Durchführung von Sanierungsmaßnahmen abzuhalten. Gleichzeitig ist die Durchführung von Sanierungsmaßnahmen durch einzelne Grundstückseigentümer regelmäßig für die zügige Durchführung der städtebaulichen Sanierungsmaßnahmen erforderlich und von Gesetzes wegen vorgesehen.[502] Daraus ergibt sich für die Sanierung die dringende Gefahr, dass durch den dargestellten Konflikt die eigentlich bezweckte Aufwertung des Gebiets und damit die Bekämpfung städtebaulicher Missstände verhindert

---

[500] Vgl. im Ergebnis auch: Bundesverwaltungsgericht, Urteil vom 24. Mai 2006 – 4 C 9.04, NZM 2006, 903; Oberverwaltungsgericht Berlin, Urteil vom 30. Januar 2004 – 2 B 18.02, LKV 2004, 415 (415); a.A.: Schmidt-Eichstaedt, ZfBR 2002, 212 (216 f.); so wohl auch: Federwisch, NVwZ 2003, 1035 (1036); Peine, NuR 1992, 353.

[501] Vgl. so auch Bundesverwaltungsgericht, Urteil vom 24. Mai 2006 – 4 C 9.04, NZM 2006, 903 Rn. 35; a.A. Schmidt-Eichstaedt, NVwZ 2003, 566 (567), der eine zeitweise Begrenzung der Höhe der zulässigen Mieten als rechtlich zulässig ansieht.

[502] Vgl. unter anderem Krautzberger, in: Ernst/Zinkahn/Bielenberg/Krautzberger, Baugesetzbuch, Stand: November 2024, § 136 Rn. 36.

wird.[503] Das bedeutet, dass die Zielrichtung des Sanierungsrechts mit einer Miet-obergrenze unvereinbar ist.[504]

b) Fehlende Rechtsgrundlage

Auch bieten, entgegen der Auffassung von *Schmidt-Eichstaedt*, weder die §§ 144, 145 BauGB noch eine Analogie zu § 172 BauGB eine Rechtsgrundlage zur Einführung von Mietobergrenzen.[505] Der betreffende Bezirk hat im Rahmen der Durchführung der Sanierungsmaßnahme auch den Schutz der ansässigen Wohnbevölkerung zu fördern.[506] In der Folge besteht ein Gesetzesauftrag für die Bezirke.[507] Zur Erreichung dessen könne ohne weiteres auch die Einführung von Mietobergrenzen im Rahmen einer sanierungsrechtlichen Genehmigung dienen.[508] Dabei ist nach *Schmidt-Eichstaedt* aber maßgeblich, nach verschiedenen Mietergruppen zu unterscheiden und die Regelungen des privatrechtlichen Mietrechts, die im Bürgerlichen Gesetzbuch und Wohnungseigentumsgesetz geregelt sind, zu beachten.[509] Nach Auffassung von *Schmidt-Eichstaedt* bedeutet dies in der Folge, dass die als „Altmieter"[510] abzugrenzende Mietergruppe zulässigerweise durch Einführung einer Mietobergrenze während der Sanierung geschützt werden könne.[511] Zu dieser Mietergruppe seien diejenigen zu zählen, die bereits vor Beginn der Sanierung in dem Gebiet wohnten und mit der Aufwertung des Gebiets nach § 559 BGB zulässigen Mieterhöhungen ausgesetzt würden, die für sie wirtschaftlich nicht tragbar seien.[512] Ausgenommen seien davon

---

503 Vgl. so auch: Oberverwaltungsgericht Berlin, Beschluss vom 12. Juni 2002 – 2 S 8.02, BeckRS 2002, 14668.

504 Vgl. im Ergebnis auch: Bundesverwaltungsgericht, Urteil vom 24. Mai 2006 – 4 C 9.04, NZM 2006, 903 Rn. 35; a.A. Schmidt-Eichstaedt, NVwZ 2003, 566 (567).

505 Vgl. im Ergebnis auch: Bundesverwaltungsgericht, Urteil vom 24. Mai 2006 – 4 C 9.04, NZM 2006, 903 Rn. 35; a.A. Schmidt-Eichstaedt, NVwZ 2003, 566 (567).

506 Vgl. Schmidt-Eichstaedt, ZfBR 2002, 212 (216 f.).

507 Vgl. Schmidt-Eichstaedt, ZfBR 2002, 212 (216 f.).

508 Vgl. Schmidt-Eichstaedt, ZfBR 2002, 212 (217).

509 Vgl. Schmidt-Eichstaedt, ZfBR 2002, 212 (216 f.).

510 Schmidt-Eichstaedt, ZfBR 2002, 212 (217) Zeile 54.

511 Vgl. Schmidt-Eichstaedt, ZfBR 2002, 212 (216 f.); so wie auch: Krautzberger, ZfBR 1981, 209; Löhr, NVwZ 1982, 19; Peine, DÖV 1992, 85; May, DÖV 1994, 862; Tietsch, NVwZ 1996, 870; Fieseler, NVwZ 1997, 867; Partsch, NVwZ 1997, 139; Schmitz, LKV 2001, 443; Federwisch, NVwZ 2003, 1035.

512 Vgl. Schmidt-Eichstaedt, ZfBR 2002, 212 (216 f.).

also während der andauernden Sanierung in das Gebiet ziehende Mieter und Haushalte, die wirtschaftlich erkennbar in der Lage sind, eine derartige Aufwertung – sowie Mieterhöhung – tragen zu können.[513] Allerdings gibt *Schmidt-Eichstaedt* ausdrücklich zu bedenken, dass hiervon nach seiner Auffassung bereits auch „normalverdienende Haushalte"[514] betroffen seien, insbesondere wenn der Wohnstandard in dem Gebiet deutlich erhöht und die Mieterhöhung entsprechend hoch ausfallen könne.[515] Zu dieser Mietergruppe seien zudem auch Bewohner des Gebietes zu zählen, die zwar aufgrund der Sanierungsmaßnahme umziehen, aber nicht das Sanierungsgebiet verlassen, also diejenigen, die begründet durch die Sanierungsmaßnahmen innerhalb des Gebiets umziehen.[516]

Für diese von den Sanierungsmaßnahmen betroffenen Gruppen könne eine Mietobergrenze öffentlich-rechtlich festgesetzt werden.[517] Das bedeute allerdings mit Blick auf das bestehende Regelwerk des sozialen Mietrechts des Bürgerlichen Gesetzbuches, dass von einer solchen Mietobergrenze nur Sanierungsmaßnahmen rechtmäßig erfasst werden, die die genannten Mietergruppen betreffen und tatsächlich die sozialverträgliche Durchführung der Maßnahme gefährden.[518] In diesen Fällen könne eine sanierungsrechtliche Genehmigung der einzelnen Maßnahme mit der Auflage zur Einhaltung einer Mietobergrenze erteilt werden.[519] Dies sei jedoch auch nur zeitlich begrenzt zulässig, und zwar nur für die Zeit bis zum Abschluss der Sanierung.[520] Insoweit würden sich die Vorschriften der §§ 144, 145 BauGB auch gegenüber der Baufreiheit nach den Regelungen des Zivilrechts durchsetzen, da es sich hierbei schlicht um eine ergänzende Bindung des Eigentums handle.[521]

513 Vgl. Schmidt-Eichstaedt, ZfBR 2002, 212 (216 f.).
514 Schmidt-Eichstaedt, ZfBR 2002, 212 (217, Zeile 58).
515 Vgl. Schmidt-Eichstaedt, ZfBR 2002, 212 (217).
516 Vgl. Schmidt-Eichstaedt, ZfBR 2002, 212 (216 f.).
517 Vgl. Schmidt-Eichstaedt, ZfBR 2002, 212 (216 f.).
518 Vgl. Schmidt-Eichstaedt, ZfBR 2002, 212 (216 f.).
519 Vgl. Schmidt-Eichstaedt, ZfBR 2002, 212 (216 f.).
520 Vgl. Schmidt-Eichstaedt, ZfBR 2002, 212 (218); a.A. Wolf/Rüdiger/von Hase, Das Grundeigentum 2001, 329 (330); ausdrücklich nur zur Unzulässigkeit der Einführung einer dauerhaften Mietobergrenze: Krautzberger: in Ernst/Zinkahn/Bielenberg/Krautzberger, BauGB, Stand: Mai 2021, § 145 Rn. 53a.
521 Vgl. Schmidt-Eichstaedt, ZfBR 2002, 212 (216 f.).

Eine zeitlich begrenzte Einführung von Mietobergrenzen ist nach Auffassung von *Schmidt-Eichstaedt* daher zulässig.[522]

Es handelt sich bei den §§ 144, 145 BauGB um allgemeine Vorschriften zur Sicherung der jeweiligen Sanierungsmaßnahme.[523] Der Zweck des § 144 BauGB besteht darin, eine zügige Durchführung der Sanierung eines Gebiets zu gewährleisten, indem verschiedene Einzelbaumaßnahmen, die nach Auffassung des Gesetzgebers dazu geeignet sind, die städtebauliche Sanierungsmaßnahme zu erschweren, unter Genehmigungsvorbehalt gestellt werden. Damit soll aber nur verhindert werden, dass die Sanierung von Betroffenen der Maßnahmen deren Ablauf aufhalten.[524] Dazu legt § 145 BauGB den Entscheidungsrahmen für sanierungsrechtliche Genehmigungen abschließend fest.[525] Denn § 145 BauGB bestimmt die Versagungsgründe anhand der Ziele und Zwecke der Sanierung. Aus beiden Vorschriften lässt sich keine Rechtsgrundlage für die Festsetzung von Mietobergrenzen in sanierungsrechtlichen Genehmigungen entnehmen.[526] Zum einen ergibt sich eine solche Rechtsgrundlage – anders als von *Schmidt-Eichstaedt* angenommen – nicht aus dem Zweck der Vorschriften.[527] Zum anderen lässt der Wortlaut der Vorschriften eine solche Auslegung nicht zu.[528] Vielmehr begrenzt der Wortlaut der Vorschriften den Anwendungsbereich abschließend auf die dort genannten Fälle.[529] Mithin kann den §§ 144, 145 BauGB für die Einführung von Mietobergrenzen keine Rechtsgrundlage entnommen werden.[530]

Auch kann die Regelung zum Erhaltungsrecht mit Blick auf die Vorschriften der §§ 172 f. BauGB zum Erhalt der Zusammensetzung der Wohnbevölkerung

---

522 Vgl. Schmidt-Eichstaedt, ZfBR 2002, 212 (216 f.).

523 Vgl. unter anderem Krautzberger, in: Ernst/Zinkahn/Bielenberg/Krautzberger, Baugesetzbuch, Stand: November 2024, § 136 Rn. 36.

524 Vgl. so auch Bundesverwaltungsgericht, Urteil vom 7. September 1984 – 4 C 20.81, NJW 1985, 278 (279).

525 Vgl. so etwa Tietzsch, NZM 2001, 887 (889); a.A. Schmidt-Eichstaedt, NVwZ 2003, 566 (567).

526 a.A. Schmidt-Eichstaedt, NVwZ 2003, 566 (567).

527 Vgl. Schmidt-Eichstaedt, NVwZ 2003, 566 (567).

528 Vgl. dazu oben unter II 3. a).

529 Vgl. so etwa Tietzsch, NZM 2001, 887 (889); a.A. Schmidt-Eichstaedt, NVwZ 2003, 566 (567).

530 Vgl. im Ergebnis so auch Bundesverwaltungsgericht, Urteil vom 24. Mai 2006 – 4 C 9.04, NZM 2006, 903 Rn. 35; a.A. Schmidt-Eichstaedt, NVwZ 2003, 566 (567).

nicht – wie von *Schmidt-Eichstaedt* vertreten – analog auf das Sanierungsrecht übertragen werden.[531] Nach herrschender Lehre kommt eine Analogiebildung in Betracht, wenn eine Norm, die für einen bestimmten Tatbestand geschaffen ist, auf einen gesetzlich nicht geregelten Tatbestand entsprechend angewendet wird, weil beide Tatbestände derart vergleichbar sind, dass sie rechtlich gleich zu bewerten sind.[532] Dazu muss als zweite Voraussetzung planwidrig eine gesetzliche Regelungslücke vorliegen.[533] Dabei ist eine Regelungslücke dann planwidrig, wenn die in Rede stehende Regelungssituation vom Gesetzgeber entweder nicht gesehen wurde oder wegen späterer Veränderungen der Umstände nicht gesehen werden konnte.[534] Vorliegend fehlt es bereits an der ersten Voraussetzung, weil es keiner Anwendung des Regelungstatbestandes auf einen gesetzlich nicht geregelten Tatbestand bedarf.[535] Die Erhaltung der ansässigen Wohnbevölkerung ist bereits in § 172 Abs. 1 Satz 1 Nr. 2 BauGB geregelt.[536] Darüber hinaus sind die Tatbestände auch nicht vergleichbar – wie von *Schmidt-Eichstaedt* vertreten – und der Verdrängungsschutz kann im Rahmen der städtebaulichen Gebietsaufwertung Sanierungsziel sein.[537] Damit kann auch nicht angenommen werden, dass die Gefahr der Verdrängung der

---

[531] Vgl. im Ergebnis so auch Bundesverwaltungsgericht, Urteil vom 24. Mai 2006 – 4 C 9.04, NZM 2006, 903 Rn. 35; a.A. Schmidt-Eichstaedt, NVwZ 2003, 566 (567).

[532] Vgl. Bundesverfassungsgericht, Beschluss vom 14. August 1996 – 2 BvR 2088.93, NJW 1996, 3146 (3146); Konzak, NVwZ 1997, 872; Gern, NVwZ 1995, 1145; Häublein, LSK 2010, 290498; Regenfus, JA 2009, 579 (579).

[533] Vgl. Bundesverfassungsgericht, Beschluss vom 14. August 1996 – 2 BvR 2088.93, NJW 1996, 3146 (3146); Konzak, NVwZ 1997, 872; Gern, NVwZ 1995, 1145; Regenfus, JA 2009, 579 (579).

[534] Vgl. unter anderem: Bayerisches Oberlandesgericht, Beschluss vom 9. Februar 2000 – 1Z BR 149.99, JuS 2000, 815 (815); Würdinger/Bergmeister, LSK 2007, 060619; Schmidt, JuS 2003, 649 (651); Regenfus, JA 2009, 579 (579); Meissner/Steinbeiß-Winkelmann, in: Schoch/Schneider, Verwaltungsgerichtsordnung: VwGO, Stand: August 2024, § 173 Rn. 54.

[535] Vgl. Oberverwaltungsgericht Berlin, Urteil vom 30. Januar 2004 – 2 B 18.02, LKV 2004, 415 (416); Verwaltungsgericht Berlin, Urteil vom 18. Juli 2002 – 13 A 424.01, NVwZ 2003, 242 (243).

[536] Vgl. Oberverwaltungsgericht Berlin, Urteil vom 30. Januar 2004 – 2 B 18.02, LKV 2004, 415 (416); Verwaltungsgericht Berlin, Urteil vom 18. Juli 2002 – 13 A 424.01, NVwZ 2003, 242 (243).

[537] Vgl. Oberverwaltungsgericht Berlin, Urteil vom 30. Januar 2004 – 2 B 18.02, LKV 2004, 415 (416); Verwaltungsgericht Berlin, Urteil vom 18. Juli 2002 – 13 A 424.01, NVwZ 2003, 242 (243).

ansässigen Wohnbevölkerung durch den Gesetzgeber nicht gesehen wurde und damit eine Analogiebildung erforderlich wäre.[538]

Zudem verkennt *Schmidt-Eichstaedt*, dass die Einführung von Mietobergrenzen im Rahmen von sanierungsrechtlichen Genehmigungen unvereinbar mit den Regeln des sozialen Mietrechts ist, die bei der Regelung privater Mietverhältnisse gegenüber dem öffentlichen Recht Vorrang genießen.[539]

So steht das Sanierungsrecht nach der gesetzgeberischen Systematik neben dem bürgerlich-rechtlich ausgestalteten Mietvertragsrecht.[540] Das bedeutet zunächst, dass sich die Vorschriften sowohl in ihrer Intention als auch von ihrem Anwendungsbereich her nicht überschneiden.[541] Zudem regeln sie unterschiedliche und voneinander abgegrenzte Bereiche. Dabei verweist das Sanierungsrecht auf das bürgerlich-rechtliche Mietrecht und greift die konkrete Ausgestaltung von Mietverhältnissen unter anderem in § 180 BauGB auf. Das bedeutet, dass die Regelungsbereiche auch nach dem Willen des Gesetzgebers nebeneinander bestehen.[542] Aber auch bei der Festsetzung eines Sanierungsgebiets gilt mit Blick auf die Miethöhe der Grundsatz der Vertragsfreiheit. Daher würde eine Begrenzung der Mietenhöhe aufgrund des Eingriffs in die Vertragsfreiheit eine Rechtsgrundlage erfordern, die es im Sanierungsrecht nicht gibt, so dass eine – auch nur zeitweise – Einführung von Mietobergrenzen mittels sanierungsrechtlichem Genehmigungsbescheid unzulässig ist.[543]

---

[538] Vgl. so im Ergebnis auch: Oberverwaltungsgericht Berlin, Urteil vom 30. Januar 2004 – 2 B 18.02, LKV 2004, 415 (416).

[539] Vgl. so im Ergebnis auch: Bundesverwaltungsgericht, Urteil vom 24. Mai 2006 – 4 C 9.04, NZM 2006, 903 Rn. 35; Oberverwaltungsgericht Berlin, Urteil vom 30. Januar 2004 – 2 B 18.02, LKV 2004, 415 (416).

[540] Vgl. so im Ergebnis auch: Oberverwaltungsgericht Berlin, Urteil vom 30. Januar 2004 – 2 B 18.02, LKV 2004, 415 (416).

[541] Vgl. so im Ergebnis auch: Oberverwaltungsgericht Berlin, Urteil vom 30. Januar 2004 – 2 B 18.02, LKV 2004, 415 (416).

[542] Vgl. Oberverwaltungsgericht Berlin, Urteil vom 30. Januar 2004 – 2 B 18.02, LKV 2004, 415 (416).

[543] Vgl. so auch Bundesverwaltungsgericht, Urteil vom 24. Mai 2006 – 4 C 9.04, NZM 2006, 903 Rn. 35; a.A. Schmidt-Eichstaedt, NVwZ 2003, 566 (567), der eine zeitweise Begrenzung der Höhe der zulässigen Mieten als rechtlich zulässig ansieht.

4.4.3 Ergebnis

Die Bewertung der Einführung von Mietobergrenzen im Sanierungsrecht zeigt erkennbar, dass diese mit Blick auf die geltende Rechtslage unzulässig sind. Auch eine zeitlich begrenzte Einführung von Mietobergrenzen – wie von *Schmidt-Eichstaedt* vertreten – ist damit unzulässig.

Fest steht, dass die Sanierungsziele der §§ 136 f. BauGB den Verdrängungsschutz der ansässigen Wohnbevölkerung nicht ausdrücklich vorsehen.[544] Dennoch lässt sich dem Sanierungsrecht insbesondere aufgrund der anerkannten sozialen Zielsetzung der Durchführung von Sanierungsmaßnahmen neben den baulichen Zielen zur Beseitigung städtebaulicher Missstände auch das (soziale) Ziel der Erhaltung der ansässigen Wohnbevölkerung entnehmen.[545]

Dagegen vertritt die herrschende Auffassung der Verwaltungsgerichte sowie auch der Rechtsliteratur, dass die Einführung von Mietobergrenzen von dem Ziel des Verdrängungsschutzes gerade nicht erfasst wird.[546] Anhand der Auslegung der Vorschriften des Sanierungsrechts lässt sich dieses Ergebnis auch auf den Sinn und Zweck sowie die Systematik des Gesetzes stützen.[547] Es lässt sich gerade deshalb feststellen: Aufgrund der Konzeption des Sanierungsrechts ist zwar der Schutz der ansässigen Wohnbevölkerung als Sanierungsziel rechtmäßig, aber eben nicht die Einführung von Mietobergrenzen, denen die Regelungen des zivilrechtlichen Mietrechts vorgehen.[548]

Es bleibt festzuhalten, dass das Sanierungsrecht von Gesetzes wegen nicht mit der Einführung von Mietobergrenzen vereinbar ist.[549] Für eine sozialverträgliche Durchführung der Sanierungsmaßnahme ist die Festsetzung einer

---

[544] Vgl. so auch: Federwisch, NVwZ 2003, 1055 (1055).

[545] Vgl. so insbesondere auch Bundesverwaltungsgericht, Urteil vom 24. Mai 2006 – 4 C 9.04, NZM 2006, 903 (905).

[546] Vgl. Bundesverwaltungsgericht, Urteil vom 24. Mai 2006 – 4 C 9.04, NZM 2006, 903 (905); Verwaltungsgericht Berlin, Urteil vom 18. Juli 2002 – 13 A 424.01, NVwZ 2003, 242; Oberverwaltungsgericht Berlin, Urteil vom 30. Januar 2004 – 2 B 18.02; unter anderem Tietzsch, NZM 2001, 887 (889).

[547] Vgl. dazu bereits oben unter IV. 1. b).

[548] Vgl. so im Ergebnis auch: Bundesverwaltungsgericht, Urteil vom 24. Mai 2006 – 4 C 9.04, NZM 2006, 903 (905); Oberverwaltungsgericht Berlin, Urteil vom 30. Januar 2004 – 2 B 18.02, LKV 2004, 415 (421).

[549] Vgl. so im Ergebnis auch: Bundesverwaltungsgericht, Urteil vom 24. Mai 2006 – 4 C 9.04, NZM 2006, 903 (905); Oberverwaltungsgericht Berlin, Urteil vom 30. Januar 2004 – 2 B 18.02, LKV 2004, 415 (421).

Mietobergrenze in der Folge unzulässig.[550] Die Gemeinde ist vielmehr auf diejenigen Maßnahmen beschränkt, die das Baugesetzbuch ihr zur Verfügung stellt.[551]

Das Sanierungsrecht zeigt sich mithin als ungeeignet für die Einführung landesrechtlicher Mietobergrenzen mithilfe von Instrumenten des Städtebaurechts. Das bedeutet mit Blick auf die Möglichkeit der Einführung von Mietobergrenzen im Städtebaurecht, dass das Sanierungsrecht kein Instrument zur Festsetzung von Mietobergrenzen gegenüber Bauherren und Vorhabenträgern darstellt.[552]

Zwar ist das Sanierungsrecht geeignet, auch sozial-politische Ziele im Rahmen der Gebietssanierung derart zu berücksichtigen, dass die Erhaltung der ansässigen Wohnbevölkerung als ein konkretes Ziel dem Sanierungskonzept zugrunde gelegt werden kann. Und bei der Abwägung der Sanierungsziele im Einzelfall wäre in der Folge auch der Erhaltung der ansässigen Wohnbevölkerung ein erhebliches Gewicht beizumessen. Aber die Einführung von Mietobergrenzen ist mit der Konzeption des Sanierungsrechts unvereinbar.[553]

Daher ist eine Durchsetzung von Mietobergrenzen durch die handelnden Gemeinden im Rahmen von sanierungsrechtlichen Genehmigungen rechtswidrig.[554]

---

[550] Vgl. so im Ergebnis auch: Bundesverwaltungsgericht, Urteil vom 24. Mai 2006 – 4 C 9.04, NZM 2006, 903 (905); Oberverwaltungsgericht Berlin, Urteil vom 30. Januar 2004 – 2 B 18.02, LKV 2004, 415 (421).

[551] Vgl. so auch Bundesverwaltungsgericht, Urteil vom 24. Mai 2006 – 4 C 9.04, NZM 2006, 903 Rn. 35.

[552] Vgl. so im Ergebnis auch: Bundesverwaltungsgericht, Urteil vom 24. Mai 2006 – 4 C 9.04, NZM 2006, 903 (905); Oberverwaltungsgericht Berlin, Urteil vom 30. Januar 2004 – 2 B 18.02, LKV 2004, 415 (421).

[553] Vgl. so im Ergebnis auch: Bundesverwaltungsgericht, Urteil vom 24. Mai 2006 – 4 C 9.04, NZM 2006, 903 (905); Oberverwaltungsgericht Berlin, Urteil vom 30. Januar 2004 – 2 B 18.02, LKV 2004, 415 (421).

[554] Vgl. so im Ergebnis auch: Bundesverwaltungsgericht, Urteil vom 24. Mai 2006 – 4 C 9.04, NZM 2006, 903 (905); Oberverwaltungsgericht Berlin, Urteil vom 30. Januar 2004 – 2 B 18.02, LKV 2004, 415 (421).

Zweckentfremdungsrecht

Zum Schutz des in der Stadt Berlin bestehenden geringen Wohnraumangebots – wie einleitend dargestellt – ist der Abriss sowie die Nutzungsänderung von Wohnraum nach dem Berliner Zweckentfremdungsrecht genehmigungspflichtig.[555]

Seit dem Jahr 2018 verwies mit § 63 b BauO Bln zeitweise auch das Berliner Bauordnungsrecht für die Beseitigung von Gebäuden mit Wohnraum in Berlin auf diese zweckentfremdungsrechtliche Genehmigungspflicht.[556] Ein ausdrücklicher Verweis ist nach Aufhebung von § 63 b BauO Bln zum 30. Dezember 2023[557] lediglich noch in § 61 Abs. 3 BauO Bln mit Blick auf die Beseitigung von Gebäuden mit Wohnraum zu finden.

Im Genehmigungsverfahren einzelner baulicher Vorhaben sind die Vorgaben des Zweckentfremdungsrechts jeweils zu beachten. Dies umfasst sowohl die Vorschriften des Gesetzes über das Verbot der Zweckentfremdung von Wohnraum (Zweckentfremdungsverbot-Gesetz, im Weiteren: ZwVbG) als auch die der Verordnung über das Verbot der Zweckentfremdung von Wohnraum (Zweckentfremdungsverbot-Verordnung; im Weiteren: ZwVbVO)

---

555 Hellriegel, in: Meyer/Achelis/von Alven-Döring/Hellriegel/Kohl/Rau, Bauordnung für Berlin mit Kommentierung des Berliner Planungsrechts, 7. Auflage 2021, § 63b Rn. 2.

556 Hellriegel, in: Meyer/Achelis/von Alven-Döring/Hellriegel/Kohl/Rau, Bauordnung für Berlin mit Kommentierung des Berliner Planungsrechts, 7. Auflage 2021, § 63b Rn. 2.

557 Vgl. Sechstes Gesetz zur Änderung der Bauordnung für Berlin, Gesetz- und Verordnungsblatt für Berlin, Ausgabe Nr. 35 vom 29. Dezember 2023, Seite 472.

und der Ausführungsvorschriften über das Verbot der Zweckentfremdung von Wohnraum (AV-ZwVbG)[558].

Beantragte ein Bauherr in der Stadt Berlin den Abriss von Wohnraum, haben die Bezirksämter in ihrer täglichen Praxis mit Verweis auf § 3 Abs. 4 ZwVbVO gefordert, dass bei der Vermietung des nach den Anforderungen des Zweckentfremdungsrechts geschaffener Ersatzwohnraum für diesen

> keine höhere Nettokaltmiete verlangt werden darf als EUR 9,12 pro Quadratmeter monatlich.[559]

Im Zuge der zweckentfremdungsrechtlichen Genehmigung wird damit eine Miet-obergrenze mit Blick auf den neu geschaffenen Ersatzwohnraum festgesetzt.[560]

5.1 Instrument

In der Stadt Berlin ist mit Blick auf bestehenden Wohnraum eine Zweckentfremdung – das heißt ein Gebrauch des Raums zu anderen Zwecken als der Wohnnutzung – genehmigungspflichtig.[561]

---

558 Vgl. Hellriegel, in: Meyer/Achelis/von Alven-Döring/Hellriegel/Kohl/Rau, Bauordnung für Berlin mit Kommentierung des Berliner Planungsrechts, 7. Auflage 2021, § 63b Rn. 10; zur Rechtsbindung von Verwaltungsvorschriften einschließlich Ausführungsvorschriften, vgl. Grzeszick, in: Dürig/Herzog/Scholz, Grundgesetz-Kommentar, Stand: Oktober 2024, Art. 20, Rn. 65 f. und Art. 80, Rn. 208 f.; Huster/Rux, in: Epping/Hillgruber, BeckOK Grundgesetz, Stand: 28. Dezember 2024, Art. 20, Rn. 166 f.; Uhle, in: Kluth/Krings, Gesetzgebung – Rechtsetzung durch Parlamente und Verwaltungen sowie ihre gerichtliche Kontrolle, § 24 Rn. 19 f.; Möstl, in: Erichsen/Ehlers/Papier/Rüfner, Allgemeines Verwaltungsrecht, 12. Auflage 2020, § 19 Rn. 7 f.

559 Vgl. so § 3 Abs. 4 ZwVbVO in der Fassung der Änderung der Zweckentfremdungsverbot-Verordnung vom 30. August 2022 im GVBl. 78. Jahrgang Nr. 44, Seite 534, abrufbar unter: https://www.berlin.de/sen/justiz/service/gesetze-und-verordnungen/2022/ (zuletzt abgerufen am 26. April 2025).

560 Hellriegel, in: Meyer/Achelis/von Alven-Döring/Hellriegel/Kohl/Rau, Bauordnung für Berlin mit Kommentierung des Berliner Planungsrechts, 7. Auflage 2021, § 63b Rn. 43 f.

561 Dabei gibt es Zweckentfremdungsverbotsgesetze nicht ausschließlich im Land Berlin. Vielmehr sehen auch andere Bundesländer insbesondere Hamburg – vgl. das Hamburgische Wohnraumschutzgesetz (HmbWoSchG), abrufbar unter: https://www.landesrecht-hamburg.de/bsha/document/jlr-WoPflGHArahmen (zuletzt abgerufen am 26. April 2025) – und Bayern für die Stadt München – vgl. Gesetz über das Verbot der Zweckentfremdung von Wohnraum (Zweckentfremdungsgesetz – ZwEWG) vom

Insbesondere erfasst das Zweckentfremdungsrecht die Beseitigung von Wohnraum.[562] Gemeint ist damit sowohl die nur teilweise als auch die umfassende Entfernung einer baulichen Anlage, in der bisher Wohnraum im Sinne des Zweckentfremdungsrechts vorhanden ist.[563] Eine solche Zweckentfremdung liegt nach § 2 ZwVbG auch vor, wenn Wohnraum zum Zwecke der wiederholten Vermietung als Ferienwohnung oder einer Fremdenbeherbergung genutzt wird oder baulich derart verändert oder in einer Weise genutzt wird, dass er für Wohnzwecke nicht mehr geeignet ist oder auch für länger als drei Monate leer steht oder – wie oben dargelegt – vollständig beseitigt wird.[564]

Dagegen ist nach § 2 Abs. 2 ZwVbG keine Zweckentfremdung gegeben, wenn Wohnraum bereits als Ferienwohnung, zur Fremdenbeherbergung, für gewerbliche oder berufliche sonstige Zwecke genutzt wird (§ 2 Abs. 2 Nr. 2 ZwVbG) oder Wohnraum leer steht, weil er trotz geeigneter Bemühungen über längere Zeit nicht wieder vermietet werden konnte (§ 2 Abs. 2 Nr. 3 ZwVbG).[565] Dies gilt ebenso, wenn Wohnraum zügig umgebaut, instand-

---

10. Dezember 2007 (GVBl. Seite 864)), abrufbar unter: https://www.gesetze-bayern.de/Content/Document/BayZwEWG2008 (zuletzt abgerufen am 26. April 2025) – Regelungen zum Bestandsschutz von Wohnraum vor; vgl. ergänzend dazu auch: Arbeitshilfe des Bayerischen Staatsministerium für Wohnen, Bau und Verkehr zum bayerischen Gesetz über das Verbot von Zweckentfremdung von Wohnraum (ZwEWG), abrufbar unter: https://www.stmb.bayern.de/assets/stmi/wohnen/arbeitshilfe_zweckentfremdung_wohnraum.pdf (zuletzt abgerufen am 26. April 2025).

[562] Vgl. Hellriegel, in: Meyer/Achelis/von Alven-Döring/Hellriegel/Kohl/Rau, Bauordnung für Berlin mit Kommentierung des Berliner Planungsrechts, 7. Auflage 2021, § 63b Rn. 5 f.

[563] Vgl. Hellriegel, in: Meyer/Achelis/von Alven-Döring/Hellriegel/Kohl/Rau, Bauordnung für Berlin mit Kommentierung des Berliner Planungsrechts, 7. Auflage 2021, § 63b Rn. 5 f.

[564] Vgl. Bayerischer Verwaltungsgerichtshof, Beschluss vom 24. März 2021 – 12 ZB 19.369, BeckRS 2021, 6085 Rn. 4 f.; Verwaltungsgericht Berlin, Beschluss vom 22. April 2021 – 6 L 299.20, BeckRS 2021, 9902 Rn. 26 f.; Oberlandesgericht Karlsruhe, Beschluss vom 28. Februar 1996 – 2 Ss 22.95, BeckRS 9998, 3286; Schultz/Bujewski-Crawford, NZM 1998, 385; Hellriegel, in: Meyer/Achelis/von Alven-Döring/Hellriegel/Kohl/Rau, Bauordnung für Berlin mit Kommentierung des Berliner Planungsrechts, 7. Auflage 2021, § 63b Rn. 5 f.

[565] Vgl. unter anderem: Oberlandesgericht Karlsruhe, Beschluss vom 28. Februar 1996 – 2 Ss 22.95, BeckRS 9998, 3286; Verwaltungsgericht Berlin, Beschluss vom 22. April 2021 – 6 L 299.20, BeckRS 2021, 9902 Rn. 26 f.

gesetzt oder modernisiert wird und deshalb bis zu zwölf Monate unbewohnbar ist oder leer steht oder aus anderen objektiven Gründen nicht mehr vermietet werden kann (§ 2 Abs. 2 Nr. 4 ZwVbG)[566]. Hiervon umfasst sind Fälle, in denen eine Klage auf Duldung von Modernisierungs- oder Sanierungsmaßnahmen im Sinne der §§ 555a und 555b BGB erhoben wurde, und zwar bis zur Klärung im rechtskräftigen Urteil und bis zum Abschluss der sich hieran anschließenden zügigen Baumaßnahmen (§ 2 Abs. 2 Nr. 4 ZwVbG).[567] Außerdem liegt eine Zweckentfremdung dann nicht vor, wenn die Berliner Hauptwohnung, in der der tatsächliche Lebensmittelpunkt begründet wird, durch die Berechtigten zu anderen als Wohnzwecken mitbenutzt wird, insgesamt aber die Wohnnutzung überwiegt – das heißt eine Wohnnutzung auf über 50 vom Hundert der Fläche fortbesteht; bei Küche und Bad wird jeweils hälftige Nutzung unterstellt (§ 2 Abs. 2 Nr. 5 ZwVbG).[568]

Anhand dieser Maßstäbe ist daher stets im Einzelfall zu beurteilen, ob es sich bei dem jeweiligen geplanten Vorhaben um eine Zweckentfremdung im Sinne des Berliner Zweckentfremdungsverbot-Gesetzes handelt und das Gesetz hierauf Anwendung findet.[569]

5.1.1 Historischer Überblick

Vorschriften zur Erhaltung von Wohnraum sind in deutschen Großstädten keine Neuheit der jüngeren Vergangenheit.[570] Vielmehr sind diese Regelungen bereits im 19. Jahrhundert eingesetzt worden[571], um Wohnungen für die

[566] Vgl. Oberlandesgericht Karlsruhe, Beschluss vom 28. Februar 1996 – 2 Ss 22.95, BeckRS 9998, 3286.

[567] Vgl. Oberlandesgericht Karlsruhe, Beschluss vom 28. Februar 1996 – 2 Ss 22.95, BeckRS 9998, 3286.

[568] Vgl. Schultz/Bujewski-Crawford, Das Verbot der Zweckentfremdung in Berlin und Brandenburg, 1997, Rn. 7 f.; Böhle, Zweckentfremdung von Wohnraum, 1994, Rn. 1 f.; Hinz, NZM 2013, 209 f.; Fock, LKV 2003, 495 (496); Schultz, Das Grundeigentum 2/2014, Seite 96 f.

[569] Vgl. Oberlandesgericht Karlsruhe, Beschluss vom 28. Februar 1996 – 2 Ss 22.95, BeckRS 9998, 3286; Verwaltungsgericht Berlin, Beschluss vom 22. April 2021 – 6 L 299.20, BeckRS 2021, 9902 Rn. 26 f.

[570] Vgl. Hellriegel, in: Meyer/Achelis/von Alven-Döring/Hellriegel/Kohl/Rau, Bauordnung für Berlin mit Kommentierung des Berliner Planungsrechts, 7. Auflage 2021, § 63b Rn. 2 f.

[571] Mit den heutigen Regelungen zum Zweckentfremdungsverbot nach ihrer Zielkonzeption vergleichbar und bereits Ende der 1920er Jahre eingesetzt: vgl. RGBl. 1918,

gesamte Bevölkerung zu erhalten.[572] Auch in Berlin sind Regelungen zum Verbot der Zweckentfremdung von Wohnraum keine Neuheiten.[573] Aufgrund aktuell fehlender Beachtung in der Praxis hat die Stadt Berlin die Bauordnung für Berlin mit Blick auf den Abriss von Wohnraum vorerst mit Vorschriften zum Zweckentfremdungsrecht aufgeladen[574]:

Erste Regelungen, die sich mit den heutigen Vorschriften zum Zweckentfremdungsverbot vergleichen lassen, gab es bereits im 19. Jahrhundert in Deutschland.[575] Aber eingeführt worden ist Art. 6 des Bundesgesetzes zur Verbesserung des Mietrechts und zur Begrenzung des Mietanstiegs sowie zur Regelung von Bau- und Architektenleistungen (MRVerbG) als Rechtsgrundlage für die Zweckentfremdungsverbot-Verordnungen der Länder am 4. November 1971.[576] Danach werden die Landesregierungen ermächtigt, Gebiete in Gemeinden, in denen die Versorgung der Bevölkerung mit ausreichendem Wohnraum zu angemessenen Bedingungen besonders gefährdet erscheint, durch Rechtsverordnung zu bestimmen.[577] Wohnraum in derart ausgewiesenen Gebieten zu anderen Zwecken als zu Wohnzwecken zu nutzen, war anschließend nur mit Genehmigung der von der Landesregierung bestimmten

1143 in § 2 Ziffer b der Bekanntmachung über Maßnahmen gegen Wohnungsmangel vom 23. September 1918, abrufbar unter: https://www.deutscher-reichsanzeiger.de/rgbl/jahrgang-1918/ (zuletzt abgerufen am 26. April 2025).

572 Vgl. Hellriegel, in: Meyer/Achelis/von Alven-Döring/Hellriegel/Kohl/Rau, Bauordnung für Berlin mit Kommentierung des Berliner Planungsrechts, 7. Auflage 2021, § 63b Rn. 6 f.

573 Vgl. RGBl. 1918, 1143 in § 2 Ziffer b der Bekanntmachung über Maßnahmen gegen Wohnungsmangel vom 23. September 1918.

574 Vgl. Entscheidungshilfen der Obersten Bauaufsicht von Berlin, Seite 45 f., abrufbar unter: https://www.stadtentwicklung.berlin.de/bauen/bauaufsicht/download/ehb/EHB.pdf (zuletzt abgerufen am 26. April 2025); Hellriegel/Zielke, LKV 2020, 393 (393).

575 Vgl. Schultz/Bujewski-Crawford, Das Verbot der Zweckentfremdung in Berlin und Brandenburg, 1997, Rn. 7 f.; Böhle, Zweckentfremdung von Wohnraum, 1994, Rn. 1 f.; Hinz, NZM 2013, 209 f.; Fock, LKV 2003, 495 (496); Schultz, Das Grundeigentum 2/2014, Seite 96 f.

576 Vgl. Bundesgesetzblatt Teil I, ausgegeben am 9. November 1971, Seite 1745 f. abrufbar unter: https://www.bgbl.de/xaver/bgbl/start.xav#__bgbl__%2F%2F*%5B%40attr_id%3D%27bgbl171s1745.pdf%27%5D__1627814147150 (zuletzt abgerufen am 26. April 2025).

577 Vgl. Hellriegel, in: Meyer/Achelis/von Alven-Döring/Hellriegel/Kohl/Rau, Bauordnung für Berlin mit Kommentierung des Berliner Planungsrechts, 7. Auflage 2021, § 63b Rn. 2 f.

Stelle zulässig.[578] Auch wenn Wohnraum zum Zwecke einer dauernden Fremdenbeherbergung – etwa einer gewerblichen Zimmervermietung – verwendet werden soll, ist dies als Aufgabe der Nutzung zu Wohnzwecken in diesem Sinne zu bewerten.[579] Für die Umwandlung eines Wohnraumes in einen Nebenraum – insbesondere einen Baderaum – oder die anderweitige Verwendung von Wohnraum, der nach dem 31. Mai 1990 unter wesentlichem Bauaufwand aus Räumen geschaffen wurde, die anderen als Wohnzwecken dienten, bedarf keiner Genehmigung.[580] Dabei kann diese Genehmigung auch befristet, bedingt oder unter Auflagen erteilt werden; wobei dies in der Folge dann ausschließlich für die Zeit der jeweiligen Genehmigung gilt.[581].

Dabei diente die Einführung des Gesetzes der Erhaltung von bestehendem Wohnraum.[582] So sah es auch bereits das Bundesverwaltungsgericht, das in seiner Entscheidung vom 4. Februar 1975 mit Blick auf die Zielrichtung des Gesetzes feststellte:

> „Der Inhalt der Ermächtigung des Art. 6 § 1 I 1 MRVerbG[583] ist im Gesetz klar bestimmt. Den Landesregierungen wird die Möglichkeit eröffnet, auf einem

[578] Vgl. Bundesgesetzblatt Teil I, ausgegeben am 9. November 1971m Seite 1745 f.

[579] Vgl. zur Wohnraumvermietung an Feriengäste auch heute weiterhin aktuelle: dazu unter anderem Oberverwaltungsgericht Berlin-Brandenburg, Beschluss vom 26. April 2019 – OVG 5 S 24.18m NJW 2019, 1896; so auch: Weber, NZM 2017, 584.

[580] Vgl. Schultz/Bujewski-Crawford, Das Verbot der Zweckentfremdung in Berlin und Brandenburg, 1997, Rn. 7 f.; Böhle, Zweckentfremdung von Wohnraum, 1994, Rn. 1 f.; Hinz, NZM 2013, 209 f.; Fock, LKV 2003, 495 (496); Schultz, Das Grundeigentum 2/2014, Seite 96 f.

[581] Vgl. Hellriegel, in: Meyer/Achelis/von Alven-Döring/Hellriegel/Kohl/Rau, Bauordnung für Berlin mit Kommentierung des Berliner Planungsrechts, 7. Auflage 2021, § 63b Rn. 34 f.; Schultz/Bujewski-Crawford, Das Verbot der Zweckentfremdung in Berlin und Brandenburg, 1997, Rn. 7 f.; Böhle, Zweckentfremdung von Wohnraum, 1994, Rn. 1 f.; Hinz, NZM 2013, 209 f.; Fock, LKV 2003, 495 (496); Schultz, Das Grundeigentum 2/2014, Seite 96 f.

[582] Vgl. so auch: Bundesverwaltungsgericht, Urteil vom 4. Februar 1975 – 2 BvL 5.74, NJW 1975, 727 (727); Fock, LKV 2003, 495; Böhle, Zweckentfremdung von Wohnraum, 1994, Rn. 3 f. und Zweckentfremdung von Wohnraum: Kommentar zu Art. 6 Mietrechtsverbesserungsgesetz und zu den entsprechenden Verordnungen und Verwaltungsvorschriften der Länder, Seite 21 f.

[583] Gesetz zur Verbesserung des Mietrechts und zur Begrenzung des Mietanstiegs sowie zur Regelung von Ingenieur- und Architektenleistungen vom 4. November 1971, beschlossen am 4. November 1971, verkündet im Bundesgesetzblatt am 9. November 1971 auf Seite 1745 f.

vom Gesetz bezeichneten Gebiet, der Nutzung vorhandenen Wohnraums, lenkend einzugreifen und sich dabei eines bestimmten Mittels – und nur dieses Mittels – zu bedienen, nämlich der Einführung eines „Genehmigungsvorbehalts" bei Nutzungsänderungen. Dieser Genehmigungsvorbehalt stellt sich nicht als präventive Erlaubnis mit Verbotsvorbehalt, sondern als repressives Verbot mit Befreiungsvorbehalt dar: die Zweckentfremdung von Wohnraum soll nicht deshalb von einer behördlichen Genehmigung abhängig gemacht werden, um der Verwaltung ein Instrument zur bloßen Kontrolle eines prinzipiell vom Gesetz gebilligten, weil sozial erwünschten oder doch wertneutralen Verhaltens zu geben, sondern die Zweckentfremdung wird für die Gebiete, für welche die Ermächtigung des Art. 6 § 1 I 1 MRVerbG gilt, als sozial unerwünscht mißbilligt; die Zweckentfremdung soll grundsätzlich verhindert werden, um einer Gefährdung der Versorgung entgegenzuwirken."

Bundesverwaltungsgericht, Urteil vom 4. Februar 1975.[584]

5.1.2 Aktuelle Gesetzeslage in Berlin

Auch die Stadt Berlin hat Vorschriften für den Bestandsschutz von Wohnraum erlassen: Hierzu zählen das Zweckentfremdungsverbot-Gesetz (ZwVbG), die Zweckentfremdungsverbot-Verordnung (ZwVbVO) sowie darüber hinaus bis zur Aufhebung am 30. Dezember 2023 auch die Bauordnung für Berlin (BauO Bln).[585] Als Reaktion auf den Wohnungsmangel in Berlin ist im Zuge der Änderung der Bauordnung für das Land Berlin durch Gesetz vom 9. April 2018[586] eine Genehmigungspflicht für den Abriss von Wohnraum eingeführt worden.[587]

Ursprünglich war die Beseitigung von Gebäuden nach den Vorschriften der BauO Bln grundsätzlich genehmigungspflichtig.[588] Diese Pflicht wurde

---

[584] Bundesverwaltungsgericht, Urteil vom 4. Februar 1975 – 2 BvL 5.74, NJW 1975, 727 (727).

[585] Vgl. Hellriegel, in: Meyer/Achelis/von Alven-Döring/Hellriegel/Kohl/Rau, Bauordnung für Berlin mit Kommentierung des Berliner Planungsrechts, 7. Auflage 2021, § 63b Rn. 2 f.; Sechstes Gesetz zur Änderung der Bauordnung für Berlin, Gesetz- und Verordnungsblatt für Berlin, Ausgabe Nr. 35 vom 29. Dezember 2023, Seite 472.

[586] Vgl. Gesetz- und Verordnungsblatt für Berlin vom 19. April 2018, 74. Jahrgang, Nr. 10, Seite 205.

[587] Vgl. Hellriegel, in: Meyer/Achelis/von Alven-Döring/Hellriegel/Kohl/Rau, Bauordnung für Berlin mit Kommentierung des Berliner Planungsrechts, 7. Auflage 2021, § 63b Rn. 2 f.; dazu auch: Fock, LKV 2003, 495 (495); Schultz/ Bujewski-Crawford, NZM 2001, 576 (576).

[588] Vgl. Hellriegel, in: Meyer/Achelis/von Alven-Döring/Hellriegel/Kohl/Rau, Bauordnung für Berlin mit Kommentierung des Berliner Planungsrechts, 7. Auflage 2021, § 63b Rn. 2 f.

allerdings im Rahmen der Änderung der Bauordnung im Jahre 2005 gestrichen und durch ein Anzeigeverfahren gemäß § 61 Abs. 3 Satz 2 BauO Bln ersetzt.[589] Da an die Beseitigung keine Anforderungen zu stellen seien, die im bauaufsichtlichen Genehmigungsverfahren zu prüfen wären, hatte der Gesetzgeber im Jahre 2005 eine Genehmigungspflicht als überflüssig erachtet.[590] Erst mit der Änderung der Bauordnung im Jahre 2018 wurde wieder eine Genehmigungspflicht in § 63 b i.V.m. § 59 Abs. 1 BauO Bln eingeführt[591]; diese gilt allerdings nur für die Beseitigung von Gebäuden mit Wohnraum, deren Genehmigungsverfahren in § 63 b BauO Bln geregelt sind.[592] Für die Beseitigung anderer Gebäude als solche mit Wohnraum besteht daher eine bloße Anzeigepflicht gemäß § 61 Abs. 3 Satz 1, 2 BauO Bln.[593] Dabei stellt § 61 Abs. 3 Satz 3 ergänzend fest, dass die Beseitigung von Gebäuden mit Wohnraum nicht verfahrensfrei ist.[594]

Aber eine solche Genehmigung ist trotz dieser Vorgaben in der Praxis in nur wenigen Fällen tatsächlich beantragt worden,[595] so dass die zuständigen Behörden infolgedessen erst mit Abriss des Wohngebäudes oder gar danach Kenntnis von den jeweiligen Bauvorhaben erlangten.[596] Um dieser Praxis entgegenzuwirken, hatte das Land Berlin die zweckentfremdungsrechtliche Genehmigungspflicht zeitweise in das Bauordnungsrecht

---

589 Vgl. Hellriegel, in: Meyer/Achelis/von Alven-Döring/Hellriegel/Kohl/Rau, Bauordnung für Berlin mit Kommentierung des Berliner Planungsrechts, 7. Auflage 2021, § 63b Rn. 2 f.

590 Vgl. Hellriegel, in: Meyer/Achelis/von Alven-Döring/Hellriegel/Kohl/Rau, Bauordnung für Berlin mit Kommentierung des Berliner Planungsrechts, 7. Auflage 2021, § 63b Rn. 2 f.

591 Vgl. Hellriegel, in: Meyer/Achelis/von Alven-Döring/Hellriegel/Kohl/Rau, Bauordnung für Berlin mit Kommentierung des Berliner Planungsrechts, 7. Auflage 2021, § 63b Rn. 2 f.

592 Vgl. Hellriegel, in: Meyer/Achelis/von Alven-Döring/Hellriegel/Kohl/Rau, Bauordnung für Berlin mit Kommentierung des Berliner Planungsrechts, 7. Auflage 2021, § 63b Rn. 2 f.

593 Vgl. Hellriegel, in: Meyer/Achelis/von Alven-Döring/Hellriegel/Kohl/Rau, Bauordnung für Berlin mit Kommentierung des Berliner Planungsrechts, 7. Auflage 2021, § 63b Rn. 2 f.

594 Vgl. Entscheidungshilfen der Obersten Bauaufsicht von Berlin, Seite 45 f.

595 Vgl. Entscheidungshilfen der Obersten Bauaufsicht von Berlin, Seite 45 f.

596 Vgl. Hellriegel/Zielke, LKV 2020, 393 (393).

eingefügt.[597] Somit hatte das Land Berlin durch die Regelung innerhalb der Bauordnung dem Zweckentfremdungsrecht eine hervorgehobene Stellung eingeräumt.[598]. Vor allem ist für das Zweckentfremdungsrecht nach § 1 ZwVbG das Wohnungsamt und für das Bauordnungsrecht nach § 58 BauO Bln die Bauaufsicht zuständig.[599]

Nach § 1 ZwVbG darf Wohnraum im Land Berlin oder in einzelnen Bezirken nur mit Genehmigung des zuständigen Bezirksamtes zu anderen als Wohnzwecken genutzt werden, wenn die Versorgung der Bevölkerung mit ausreichendem Wohnraum zu angemessenen Bedingungen besonders gefährdet erscheint.[600] Die Feststellung einer solchen Gefährdung trifft der Berliner Senat durch Rechtsverordnung.[601] Diese Voraussetzung hat der Senat von Berlin mit Verordnung vom 4. März 2014 geschaffen.[602] Gemäß der Feststellung des Berliner Landesgesetzgebers in § 1 ZwVbVO ist die Versorgung der Bevölkerung mit ausreichendem Wohnraum zu angemessenen Bedingungen im gesamten Stadtgebiet Berlins besonders gefährdet, so dass die Zweckentfremdung von Wohnraum gemäß § 1 Absatz 1 des Zweckentfremdungsverbot-Gesetzes unter den Vorbehalt einer Genehmigung gestellt ist.[603] Ein entscheidendes Anliegen des Zweckentfremdungsrecht ist dabei die Sicherstellung, dass eine Versorgung der Wohnbevölkerung mit Wohnraum

---

[597] Vgl. Hellriegel, in: Meyer/Achelis/von Alven-Döring/Hellriegel/Kohl/Rau, Bauordnung für Berlin mit Kommentierung des Berliner Planungsrechts, 7. Auflage 2021, § 63b Rn. 5 f.

[598] Vgl. Entscheidungshilfen der Obersten Bauaufsicht von Berlin, Seite 45 f.

[599] Vgl. Hellriegel/Zielke, LKV 2020, 393 (393).

[600] Vgl. § 1 ZwVbG Bln.; dazu auch: Hellriegel, in: Meyer/Achelis/von Alven-Döring/Hellriegel/Kohl/Rau, Bauordnung für Berlin mit Kommentierung des Berliner Planungsrechts, 7. Auflage 2021, § 63b Rn. 5 f.

[601] Vgl. Hellriegel, in: Meyer/Achelis/von Alven-Döring/Hellriegel/Kohl/Rau, Bauordnung für Berlin mit Kommentierung des Berliner Planungsrechts, 7. Auflage 2021, § 63b Rn. 5 f.

[602] Vgl. Verordnung über das Verbot der Zweckentfremdung von Wohnraum (Zweckentfremdungsverbot-Verordnung-ZwVbVO) vom 4. März 2014, verkündet im Gesetz- und Verordnungsblatt vom 27. März 2014, Seite 73.

[603] Vgl. Hellriegel, in: Meyer/Achelis/von Alven-Döring/Hellriegel/Kohl/Rau, Bauordnung für Berlin mit Kommentierung des Berliner Planungsrechts, 7. Auflage 2021, § 63b Rn. 3 f.

zudem zu Bedingungen erreicht wird, die für alle Einkommensschichten als angemessen erachtet wird.[604]

5.1.3 Tatbestandsvoraussetzungen

Eine zweckentfremdungsrechtliche Genehmigungspflicht ist nach der Gesetzeskonzeption ausschließlich auf Wohnraum anwendbar (vgl. aa). Sie kann gemäß § 3 ZwVbG auf Antrag erteilt werden, wenn vorrangige öffentliche Interessen oder schutzwürdige private Interessen das öffentliche Interesse an der Erhaltung des betroffenen Wohnraums überwiegen oder wenn in besonderen Ausnahmefällen durch die Schaffung von angemessenem Ersatzwohnraum der durch die Zweckentfremdung eintretende Wohnraumverlust ausgeglichen wird (vgl. bb).

a) Das Zweckentfremdungsrecht ist nach seiner Konzeption ausschließlich auf „Gebäude mit Wohnraum“[605] anwendbar.[606] Für den Abriss von Bestandsgebäuden besteht eine Genehmigungspflicht im Sinne des § 63 b BauO Bln, soweit Gebäude mit Wohnraum betroffen sind.[607]

Der Begriff „Gebäude mit Wohnraum“ wird in der BauO Bln zwar nicht definiert.[608] Nach dem Wortlaut ist ein Gebäude mit Wohnraum aber nur dann gegeben, wenn das betreffende Gebäude dem Wohnen

---

604 Vgl. Hellriegel, in: Meyer/Achelis/von Alven-Döring/Hellriegel/Kohl/Rau, Bauordnung für Berlin mit Kommentierung des Berliner Planungsrechts, 7. Auflage 2021, § 63b Rn. 5 f.

605 Vgl. unter anderem § 63b BauO Bln; Hellriegel, in: Meyer/Achelis/von Alven-Döring/Hellriegel/Kohl/Rau, Bauordnung für Berlin mit Kommentierung des Berliner Planungsrechts, 7. Auflage 2021, § 63b Rn. 14 f.

606 Vgl. Hellriegel, in: Meyer/Achelis/von Alven-Döring/Hellriegel/Kohl/Rau, Bauordnung für Berlin mit Kommentierung des Berliner Planungsrechts, 7. Auflage 2021, § 63b Rn. 14 f.

607 Vgl. Hellriegel, in: Meyer/Achelis/von Alven-Döring/Hellriegel/Kohl/Rau, Bauordnung für Berlin mit Kommentierung des Berliner Planungsrechts, 7. Auflage 2021, § 63b Rn. 14 f.

608 Vgl. Hellriegel, in: Meyer/Achelis/von Alven-Döring/Hellriegel/Kohl/Rau, Bauordnung für Berlin mit Kommentierung des Berliner Planungsrechts, 7. Auflage 2021, § 63b Rn. 14 f.

dient; es muss daher eine Wohnnutzung vorhanden sein.[609] Nach dem Bundesverwaltungsgericht ist der Begriff des Wohnens im bauplanungsrechtlichen Sinne durch eine auf Dauer angelegte Häuslichkeit verbunden mit der Eigengestaltung der Haushaltsführung und des häuslichen Wirkungskreises sowie der Freiwilligkeit des Aufenthalts.[610] Allerdings fallen unter die Definition des Zweckentfremdungsverbot-Gesetzes alle Räumlichkeiten, die zur dauernden Wohnnutzung tatsächlich und rechtlich geeignet sind.[611] Die Definition von Wohnraum im Sinne des Zweckentfremdungsrechts umfasst dabei weniger Räumlichkeiten als die Begriffsverwendung nach dem Bauordnungsrecht: Nicht zu Wohnraum nach dem Zweckentfremdungsrecht zählen Wohnungen, die unbewohnbar sind, auch wenn sie durch bauliche Instandsetzung bewohnbar gemacht werden könnten.[612] Es fehlt diesen Wohnungen aufgrund der Unbewohnbarkeit an der Schutzwürdigkeit nach dem Zweckentfremdungsrecht, weil sie schon gar nicht Teil des Wohnungsmarktes sind.[613] Daher können solche unbewohnbaren Wohnungen auch nicht zugunsten des Wohnungsangebots erhaltenswert im zweckentfremdungsrechtlichen Sinne sein.[614] Denn Sinn und Zweck

---

[609] Vgl. Hellriegel, in: Meyer/Achelis/von Alven-Döring/Hellriegel/Kohl/Rau, Bauordnung für Berlin mit Kommentierung des Berliner Planungsrechts, 7. Auflage 2021, § 63b Rn. 14 f.

[610] Vgl. Bundesverwaltungsgericht, Beschluss vom 25. März 1996 – 4 B 302.95, NVwZ 1996, 893 (894); Urteil vom 18. Oktober 2017 – 4 CN 6.17, ZfbR 2018, 158 (159); Oberverwaltungsgericht Berlin-Brandenburg, Beschluss vom 6. Juli 2006 – 2 S 2.06, LKV 2007, 39; Verwaltungsgericht Berlin, Beschluss vom 23. Januar 2018 – VG 6 L 756.17, BeckRS 2018, 5205, Rn. 23.

[611] Vgl. § 1 Abs. 3 des ZwVbG; dazu auch: Weber, NZM 2018, 70 (70).

[612] Vgl. Bundesverfassungsgericht, Urteil vom 4. Februar 1975 – 2 BvL 5.74, NJW 1975, 727 (728); Bundesverwaltungsgericht, Urteil vom 2. Dezember 1983 – 8 C 155.81, NJW 1984, 2901 (2901); Verwaltungsgericht Berlin, Urteil vom 12. April 2019 – 6 K 604.17, BeckRS 2019, 20076 Rn. 24; Beschluss vom 12. Juni 2017 – 6 L 319.17, BeckRS 2017, 115303.

[613] Vgl. Bundesverwaltungsgericht, Urteil vom 25. Juni 1982 – 8 C 15.80, NJW 1983, 640 (641); Urteil vom 2. Dezember 1983 – 8 C 155.81, NJW 1984, 2901 (2901); Urteil vom 7. November 1986 – 8 C 20.86, NJW 1987, 970 (970); Verwaltungsgericht Berlin, Urteil vom 30. Oktober 2019 – 6 K 126.18, BeckRS 2019, 33038.

[614] Vgl. Hellriegel, in: Meyer/Achelis/von Alven-Döring/Hellriegel/Kohl/Rau, Bauordnung für Berlin mit Kommentierung des Berliner Planungsrechts, 7. Auflage 2021, § 63b Rn. 14.

des Schutzcharakters des Zweckentfremdungsrechts ist die Erhaltung von Wohnungen zur Bereithaltung für die Nachfrage der Bevölkerung.[615]

Der Schutzzweck des Zweckentfremdungsrechts liegt in der Versorgung der Wohnbevölkerung mit ausreichendem und angemessenem Wohnraum.[616] Gemäß § 1 Abs. 1 ZwVbG Bln darf, soweit die Versorgung der Bevölkerung mit ausreichendem Wohnraum zu angemessenen Bedingungen besonders gefährdet ist, Wohnraum im Land Berlin oder in dessen einzelnen Bezirken nur mit Genehmigung des zuständigen Bezirksamts zu anderen als Wohnzwecken genutzt werden.[617] Nach § 1 Abs. 1 ZwVbVO umfasst der Geltungsbereich dieser Genehmigungspflicht das gesamte Stadtgebiet Berlin, weil die Versorgung der Bevölkerung mit ausreichendem Wohnraum zu angemessenen Bedingungen insgesamt besonders gefährdet angesehen wird.[618]

b) Die Genehmigung des Abrisses von Wohnraum kann hingegen auf Antrag erteilt werden: Dies kommt nach § 3 ZwVbG in Betracht, wenn vorrangige öffentliche Interessen oder schutzwürdige private Interessen das öffentliche Interesse an der Erhaltung des betroffenen Wohnraums überwiegen oder wenn in besonderen Ausnahmefällen durch die Schaffung von angemessenem Ersatzwohnraum der durch die Zweckentfremdung eintretende Wohnraumverlust ausgeglichen wird.[619]

---

615 Bundesverfassungsgericht, Urteil vom 4. Februar 1975 – 2 BvL 5.74, NJW 1975, 727 (728); Verwaltungsgericht Berlin, Urteil vom 3. März 2017 – 6 K 136.16, BeckRS 2017, 197065 Rn. 26 f.

616 Vgl. so auch: Bayerischer Verwaltungsgerichtshof, Beschluss vom 20. Januar 2021 – 12 N 20.1706, NVwZ-RR 2021, 482 Rn. 35 f.; Hellriegel, in: Meyer/Achelis/von Alven-Döring/Hellriegel/Kohl/Rau, Bauordnung für Berlin mit Kommentierung des Berliner Planungsrechts, 7. Auflage 2021, § 63b Rn. 14 f.

617 Vgl. Abgeordnetenhaus Berlin, Zweites Gesetz zur Änderung des Zweckentfremdungsverbot-Gesetz, Drucksache 18/0815, Seite 2, abrufbar unter: https://www.parlament-berlin.de/ados/18/IIIPlen/vorgang/d18-0815.pdf (zuletzt abgerufen am 26. April 2025).

618 Vgl. Hellriegel, in: Meyer/Achelis/von Alven-Döring/Hellriegel/Kohl/Rau, Bauordnung für Berlin mit Kommentierung des Berliner Planungsrechts, 7. Auflage 2021, § 63b Rn. 14 f.

619 Vgl. Hellriegel, in: Meyer/Achelis/von Alven-Döring/Hellriegel/Kohl/Rau, Bauordnung für Berlin mit Kommentierung des Berliner Planungsrechts, 7. Auflage 2021, § 63b Rn. 37 f.

Mit Blick auf den Abriss von Bestandswohnraum und die Schaffung von Ersatzwohnraum im zweckentfremdungsrechtlichen Sinne hat das Bundesverwaltungsgericht bereits mit Urteil vom 17. Oktober 1997 sechs Kriterien für die Beurteilung, ob eine bauliche Maßnahme zulässig ist, aufgestellt.[620] Danach muss der Ersatzwohnraum räumlich innerhalb derselben Gemeinde entstehen,[621] zeitlich ein Zusammenhang zwischen Neubau und Ersatzwohnraum bestehen,[622] durch denselben Verfügungsberechtigten geschaffen werden, der auch für den Abriss des Bestandgebäudes verfügungsberechtigt war,[623] vollwertig mit Blick auf die Größe und den baulichen Standard dem abgerissenen Wohnraum entsprechen,[624] über den Standard des abgerissenen Bestandsgebäudes höchstens bis zu einer Obergrenze hinausreichen[625] und auf dem Wohnungsmarkt denjenigen, die Wohnraum nachfragen, gleichwertig zur Verfügung stehen.[626] Dabei sollen insbesondere die letzten beiden Anforderungen sicherstellen, dass tatsächlich ein vollwertiger Ersatz für den abgerissenen Wohnraum geschaffen wird. Das Bundesverwaltungsgericht setzt dabei voraus, dass der Ersatzwohnraum

---

620 Vgl. Bundesverwaltungsgericht, Urteil vom 17. Oktober 1997 – 8 C 18.96, NJW 1998, 94; dazu auch: Verwaltungsgericht Berlin, Urteil vom 27. August 2019 – 19 K 517.18, juris Rn. 45.

621 Dazu in Berlin auf die Schaffung innerhalb des selben Bezirks abstellend: § 3 Abs. 2 Satz 4 ZwVbG; diese Anforderung als verfassungswidrig erachtend, vgl. Hellriege/Zielke, LKV 2020, 393 (397); dahingehend auch: Bayerischer Verwaltungsgerichtshof, Beschluss vom 20. Januar 2021 – 12 N 20.1706, BeckRS 2021, 963 Rn. 31 f.

622 Vgl. Hellriegel, in: Meyer/Achelis/von Alven-Döring/Hellriegel/Kohl/Rau, Bauordnung für Berlin mit Kommentierung des Berliner Planungsrechts, 7. Auflage 2021, § 63b Rn. 37 f.

623 Vgl. Hellriegel, in: Meyer/Achelis/von Alven-Döring/Hellriegel/Kohl/Rau, Bauordnung für Berlin mit Kommentierung des Berliner Planungsrechts, 7. Auflage 2021, § 63b Rn. 37 f.

624 Vgl. Hellriegel, in: Meyer/Achelis/von Alven-Döring/Hellriegel/Kohl/Rau, Bauordnung für Berlin mit Kommentierung des Berliner Planungsrechts, 7. Auflage 2021, § 63b Rn. 37 f.

625 Vgl. Hellriegel, in: Meyer/Achelis/von Alven-Döring/Hellriegel/Kohl/Rau, Bauordnung für Berlin mit Kommentierung des Berliner Planungsrechts, 7. Auflage 2021, § 63b Rn. 37 f.

626 Vgl. Verwaltungsgericht Berlin, Urteil vom 27. August 2019 – 19 K 517.18, juris Rn. 45; Hellriegel, in: Meyer/Achelis/von Alven-Döring/Hellriegel/Kohl/Rau, Bauordnung für Berlin mit Kommentierung des Berliner Planungsrechts, 7. Auflage 2021, § 63b Rn. 37 f.

für die Einhaltung dieser Kriterien nicht „ausgesprochen luxuriöser Wohnraum“[627] ist.[628]

Im Zuge der Entscheidung hat das Gericht sich insbesondere mit der Frage auseinandergesetzt, ob eine Auflage, nach der für den neu geschaffenen Wohnraum höchstens die ortsübliche Vergleichsmiete verlangt werden könne, rechtmäßig ist.[629] Nach der Rechtsprechung des Bundesverwaltungsgerichts sind also die Voraussetzungen zum einen für die Erteilung einer zweckentfremdungsrechtlichen Genehmigung maßgebend.[630] Ebenso sind sie zum anderen heranzuziehen bei der Beurteilung, ob die Genehmigung im Sinne des § 36 VwVfG rechtmäßig mit Nebenbestimmungen versehen werden kann.[631] Dabei hat sich das Bundesverwaltungsgericht zunächst im Rahmen seiner Entscheidung vom 17. Oktober 1997 mit der zweckentfremdungsrechtlichen Genehmigung eines Abrisses von Wohnraum zur Errichtung eines Neubaus auseinandergesetzt: Das Bundesverwaltungsgericht hält zunächst fest, dass der Abriss von (Bestands-)Wohngebäuden zweckentfremdungsrechtlich zu genehmigen sei, wenn gleichwertiger Ersatzwohnraum geschaffen werde.[632] Hierbei sei es auch nicht zulässig, die zweckentfremdungsrechtliche Genehmigung mit einer Nebenbestimmung nach § 36 VwVfG zu versehen, solange durch den genehmigten Neubau tatsächlich gleichwertiger Wohnraum im Sinne eines vollwertigen Ersatzes geschaffen werde.[633]

---

[627] Bundesverwaltungsgericht, Urteil vom 17. Oktober 1997 – 8 C 18.96, NJW 1998, 94 (95 Zeile 42); so auch: Bundesverfassungsgericht, Beschluss vom 2. Dezember 1980 – 1 BvR 436.78, 1 BvR 437.78, juris; Bundesverwaltungsgericht, Urteil vom 12. März 1982 – 8 C 23.80, NJW 1982, 2269 (2269).

[628] Bundesverwaltungsgericht, Urteil vom 17. Oktober 1997 – 8 C 18.96, NJW 1998, 94 (95); Beschluss vom 2. Dezember 1980 – 1 BvR 436.78, BeckRS 1980, 3380 Rn. 42.

[629] Vgl. Bundesverwaltungsgericht, Urteil vom 17. Oktober 1997 – 8 C 18.96, NJW 1998, 94 (96).

[630] Vgl. Verwaltungsgericht Berlin, Urteil vom 27. August 2019 – 19 K 517.18, juris Rn. 23 f.

[631] Bundesverwaltungsgericht, Urteil vom 17. Oktober 1997 – 8 C 18.96, NJW 1998, 94; dazu auch bereits zuvor: Bundesverwaltungsgericht, Urteil vom 12. Dezember 1979 – 8 C 2.79, NJW 1980, 1970; Urteil vom 25. Juni 1982 – 8 C 15.80, NJW 1983, 640; Urteil vom 22. April 1994 – 8 C 29.92, NJW 1995, 542.

[632] Vgl. Verwaltungsgericht Berlin, Urteil vom 27. August 2019 – 19 K 517.18, juris Rn. 23 f.

[633] Vgl. Bundesverwaltungsgericht, Urteil vom 17. Oktober 1997 – 8 C 18.96, NJW 1998, 94 (95); so bereits zuvor auch: Bundesverwaltungsgericht, Urteil vom 12. März 1982 – 8 C 23.80, NJW 1982, 2269 (2269); Urteil vom 20. August 1986 – 8 C 16.84, NJW-RR 1987, 586 (588).

Auch der Abriss von Wohnraum könne dem Grunde nach zweckentfremdungsrechtlich ausgeglichen werden.[634] Denn Sinn und Zweck der Konzeption des Zweckentfremdungsrechts sei es zwar, „eine Verschlechterung oder zusätzliche Gefährdung der ohnehin unzureichenden Versorgungslage für die Bevölkerung"[635] abzuwehren, aber damit solle gerade nicht der Neubau von Wohnraum verhindert werden.[636] Vielmehr sei es nicht Sinn und Zweck des Gesetzes, Bestandswohnraum nur deshalb zu erhalten, weil es Wohnraum sei.[637]

Das Gericht hält außerdem fest, dass das Zweckentfremdungsrecht kein Mieterschutzrecht darstellt, sondern ausschließlich des Erhalts von Gebäuden mit Wohnraum zugunsten des Wohnraumangebots in Städten dient.[638] Dazu führt das Gericht wie folgt aus:

> „Das Zweckentfremdungsverbot dient insoweit allein dem öffentlichen Interesse an der Erhaltung des verbotsgeschützten Wohnraums für den örtlichen Markt. Darauf ist bei der Entscheidung über die Erteilung einer beantragten Zweckentfremdungsgenehmigung abzustellen. Wird das öffentliche Interesse nicht berührt, weil der Eigentümer gleichwertigen Ersatzraum geschaffen hat oder verläßlich anbietet, muß die Zweckentfremdungsgenehmigung von Rechts wegen uneingeschränkt erteilt werden (vgl. BVerwGE 54, 54 [62] = NJW 1977, 2280; BVerwGE 65, 139 = NJW 1982, 2269; NJW-RR 1987, 586 = Buchholz 454.51 MRVerbG Nr. 13, S. 46 [51f.]). **Auf die Belange der betroffenen Mieter kommt es nicht an.** Mieter können eine dem Vermieter für den Abbruch des vermieteten Wohnraums erteilte Zweckentfremdungsgenehmigung mangels Klagebefugnis nicht anfechten (vgl. BVerwG, Buchholz 454.51 M RVerbG Nr. 22, S. 24f.). Die Behörde darf die Wirksamkeit der Zweckentfremdungsgenehmigung auch nicht davon abhängig machen, daß der Verfügungsberechtigte die von der

[634] Vgl. Hellriegel, in: Meyer/Achelis/von Alven-Döring/Hellriegel/Kohl/Rau, Bauordnung für Berlin mit Kommentierung des Berliner Planungsrechts, 7. Auflage 2021, § 63b Rn. 37 f.

[635] Bundesverwaltungsgericht, Urteil vom 17. Oktober 1997 – 8 C 18.96, NJW 1998, 94 (95).

[636] Vgl. Hellriegel, in: Meyer/Achelis/von Alven-Döring/Hellriegel/Kohl/Rau, Bauordnung für Berlin mit Kommentierung des Berliner Planungsrechts, 7. Auflage 2021, § 63b Rn. 37 f.

[637] Vgl. Bundesverwaltungsgericht, Urteil vom 17. Oktober 1997 – 8 C 18.96, NJW 1998, 94 (95).

[638] Vgl. Bundesverwaltungsgericht, Urteil vom 17. Oktober 1997 – 8 C 18.96, NJW 1998, 94 (95); so auch: Hellriegel, in: Meyer/Achelis/von Alven-Döring/Hellriegel/Kohl/Rau, Bauordnung für Berlin mit Kommentierung des Berliner Planungsrechts, 7. Auflage 2021, § 63b Rn. 37 f.

> beabsichtigten Zweckentfremdung betroffenen Mieter zuvor anderweitig angemessen unterbringt. Die Aufnahme einer derartigen "Mieterschutzklausel" in eine Zweckentfremdungsgenehmigung ist – wie der Senat im Urteil vom 22. 4. 1994 (BVerwGE 95, 341 = NJW 1995, 542) klargestellt hat – unzulässig."
>
> Bundesverwaltungsgericht, Urteil vom 17. Oktober 1997 (Hervorhebung nur hier).[639]

Im Ergebnis hat das Bundesverwaltungsgericht festgehalten, dass das öffentliche Interesse gewahrt ist, wenn die sechs Voraussetzungen beim Abriss von Wohnraum erfüllt sind, so dass in der Folge eine zweckentfremdungsrechtliche Genehmigung zu erteilen ist – und auch nicht mit Nebenbestimmungen im Sinne des § 36 VwVfG zu versehen ist.[640]

5.1.4 Zwischenergebnis

Es bleibt mithin festzuhalten, dass der Abriss sowie im Übrigen die Nutzungsänderung von Wohnraum in Berlin unter einem zweckentfremdungsrechtlichen Genehmigungsvorbehalt steht.[641] Dabei dient das Zweckentfremdungsverbotsrecht nach Rechtsprechung des Bundesverwaltungsgerichts der Erhaltung eines funktionierenden Wohnungsmarktes mit einem ausreichenden Angebot an Wohnraum.[642] Dagegen ist der Sinn und Zweck des Gesetzes nicht dahingehend auszulegen, dass auf diese Weise Bestandsmieten zum Schutz der Mieter erhalten werden können.[643] Zunächst sind daher bei Vorliegen der sechs Kriterien des Bundesverwaltungsgerichts für die Schaffung von Ersatzwohnraum auch die baulichen Maßnahmen zweckentfremdungsrechtlich zu genehmigen.[644]

---

639 Bundesverwaltungsgericht, Urteil vom 17. Oktober 1997 – 8 C 18.96, NJW 1998, 94 (96).

640 Vgl. Bundesverwaltungsgericht, Urteil vom 17. Oktober 1997 – 8 C 18.96, NJW 1998, 94 (95).

641 Vgl. Bundesverwaltungsgericht, Urteil vom 17. Oktober 1997 – 8 C 18.96, NJW 1998, 94 (95).

642 Vgl. Hellriegel, in: Meyer/Achelis/von Alven-Döring/Hellriegel/Kohl/Rau, Bauordnung für Berlin mit Kommentierung des Berliner Planungsrechts, 7. Auflage 2021, § 63b Rn. 37 f.

643 Vgl. Hellriegel, in: Meyer/Achelis/von Alven-Döring/Hellriegel/Kohl/Rau, Bauordnung für Berlin mit Kommentierung des Berliner Planungsrechts, 7. Auflage 2021, § 63b Rn. 37 f.

644 Vgl. Hellriegel, in: Meyer/Achelis/von Alven-Döring/Hellriegel/Kohl/Rau, Bauordnung für Berlin mit Kommentierung des Berliner Planungsrechts, 7. Auflage 2021, § 63b Rn. 37 f.

5.2 Rezeption

Die juristische Auseinandersetzung sowohl durch Gerichte wie seitens der Fachliteratur über die Zulässigkeit der Regelungen zum Zweckentfremdungsrecht besitzt bereits eine lange Tradition.[645] Ebenso kommt diesem Regelungsinstrument, insbesondere aufgrund neuer Formen der Vermietung von Ferienwohnungen (Airbnb), weiterhin eine besondere Aktualität zu.[646] Aufgrund der bestehenden Aktualität des Themas soll sich im Folgenden nicht mit der historischen Bedeutung des Zweckentfremdungsverbots auseinandergesetzt werden, sondern primär Rechtsprechung und Literaturstimmen aus der näheren Vergangenheit aufgegriffen werden. Dabei reichen die Auffassungen von der radikalen Position, das Zweckentfremdungsrecht der Bundesländer sei bereits dem Grunde nach verfassungswidrig, bis dahin, dass sich das Zweckentfremdungsverbotsrecht bei verfassungskonformer Auslegung nicht für die aufgezeigte Praxis zur Festsetzung von Mietobergrenzen eigne.[647] Dieses Meinungsspektrum soll im Folgenden näher dargestellt werden:

5.2.1 Heinemann

Die radikalste Position nimmt hierzu *Heinemann* ein: Seiner Auffassung nach sind die Zweckentfremdungsverbotsgesetze der Länder sowohl formell als auch materiell verfassungswidrig. Die Gemeinden schränkten dabei die bodenrechtlich zulässige Wohnnutzung ein, die ausschließlich der verfassungsrechtlichen Kompetenz des Bundes zuzuordnen sei, so dass es bereits

---

[645] Vgl. dazu unter anderem: Bundesverfassungsgericht, Urteil vom 4. Februar 1975 – 2 BvL 5.74, NJW 1975, 727; Bayerischer Verwaltungsgerichtshof, Beschluss vom 20. Januar 2021 – 12 N 20.1706, BeckRS 2021, 963; Ludwigs, NVwZ 2017, 1646; Windoffer, LKV 2016, 337; Schröer/Kullick, NZBau 2013, 624; Henke/Singbartl/Zintl, NZM 2018, 1 (3).

[646] Dies zeigt sich vor allem mit Blick auf die jüngste Rechtsprechung: vgl. unter anderem Oberverwaltungsgericht Berlin-Brandenburg, Beschluss vom 26. April 2019 – 5 S 24.18, juris; Hamburgisches Oberverwaltungsgericht, Beschluss vom 7. Mai 2019 – 4 Bf 139.16.Z, NJW 2019, 2488; dazu auch: Weber, NZM 2017, 584; Schröer/Kullick, NZBau 2013, 624.

[647] Vgl. Bayerischer Verwaltungsgerichtshof, Beschluss vom 20. Januar 2021 – 12 N 20.1706, BeckRS 2021, 963; Verwaltungsgericht Berlin, Urteil vom 27. August 2019 – 19 K 517.18, juris Rn. 23 f.; Heinemann, NVwZ 2019, 1070 (1070); Siegel, LKV 2019, 399 (401 f.); dazu auch: Hellriegel, in: Meyer/Achelis/von Alven-Döring/Hellriegel/Kohl/Rau, Bauordnung für Berlin mit Kommentierung des Berliner Planungsrechts, 7. Auflage 2021, § 63b Rn. 2 f.

an der formellen Verfassungsmäßigkeit fehle. Dazu seien diese auch materiell verfassungswidrig, weil der Eingriff in das Eigentumsgrundrecht gleich aus mehreren Gründen unverhältnismäßig sei[648]:

Historisch sei das Zweckentfremdungsrecht stets Bundesrecht gewesen, da dem Bund nach Art. 74 Abs. 1 Nr. 18 in der Fassung vor der Föderalismusreform im Jahre 2006[649] hierbei die Gesetzgebungskompetenz für das Bodenrecht und Wohnungswesen zugestanden habe.[650] Mit der Föderalismusreform sei jedoch die Kompetenz für das „Wohnungswesen ohne das Wohngeldrecht, das Altschuldenhilferecht, das Wohnungsbauprämienrecht, das Bergarbeiterwohnungsbaurecht sowie das Bergmannssiedlungsrecht“[651] in die Allgemeinzuständigkeit der Länder gemäß Art. 70 Abs. 1 GG gefallen.[652] Daraus ließe sich allerdings keine Gesetzgebungskompetenz für den Erlass der Zweckentfremdungsverbotsgesetze der Länder herleiten, weil dieses dem Bodenrecht zuzuordnen sei und daher auch weiterhin in die Gesetzgebungskompetenz des Bundes falle.[653] Denn die Regelungen der Zweckentfremdungsverbotsgesetze seien mit den bauplanungsrechtlichen Instrumenten der §§ 1 Abs. 5, 9 Abs. 1 BauGB zu vergleichen, die – wie auch das Zweckentfremdungsrecht – konkrete Festsetzungen zur baulichen Nutzung von Grund und Boden treffen würden.[654] Diese

---

648 Vgl. Heinemann, NVwZ 2019, 1070 (1070).

649 Vgl. sogenannte Föderalismusreform I zur Reform der Bund-Länder-Beziehungen vom 28. August 2006 und 5. September 2006 mit Veröffentlichung am 31. August 2006 und 11. September 2006 im Bundesgesetzblatt: siehe BGBl. 2006, Teil I, Nr. 41, Seite 2034 und BGBl. 2006, Teil I, Nr. 42, Seite 2098, abrufbar unter: https://www.bundesrat.de/DE/plenum/themen/foekoI/foekoI-node.html (zuletzt abgerufen am 26. April 2025).

650 Vgl. sogenannte Föderalismusreform I zur Reform der Bund-Länder-Beziehungen vom 28. August 2006 und 5. September 2006 mit Veröffentlichung am 31. August 2006 und 11. September 2006 im Bundesgesetzblatt: siehe BGBl. 2006, Teil I, Nr. 41, Seite 2034 und BGBl. 2006, Teil I, Nr. 42, Seite 2098.

651 Heinemann, NVwZ 2019, 1070 (1070).

652 Vgl. Heinemann, NVwZ 2019, 1070 (1070).

653 Vgl. Heinemann, NVwZ 2019, 1070 (1071); a.A.: Bundesverwaltungsgericht, Beschluss vom 13. Februar 2015 – 1 BvR 3332.14, BeckRS 2015, 43003 Rn. 12 f.; Oberverwaltungsgericht Berlin-Brandenburg, Beschluss vom 6. April 2017 – 5 B 14.16, BeckRS 2017, 106491 Rn. 50; Hamburgisches Oberverwaltungsgericht, Beschluss vom 3. November 2011 – 2 Bs 174.11, BeckRS 2011, 56113; Verwaltungsgerichtshof Baden-Württemberg, Urteil vom 8. Dezember 2015 – 3 S 248.15, BeckRS 2015, 55861.

654 Vgl. Heinemann, NVwZ 2019, 1070 (1072).

Übereinstimmung der Regelungsinstrumente spreche dafür, dass – da es sich beim Bauplanungsrecht um Bodenrecht im Sinne der verfassungsrechtlichen Kompetenzordnung nach Art. 70 Abs. 1 ff. GG handle[655] – in der Folge auch das Zweckentfremdungsrecht dem Bodenrecht in diesem Sinne zuzuordnen sei.[656] Vor allem aber regele Zweckentfremdungsrecht direkt das Rechtsverhältnis von Menschen zum Boden – namentlich zur Bodennutzung. Daher sei das Zweckentfremdungsrecht Teil der konkurrierenden Bundeskompetenz.[657] Diese habe der Bund durch die Regelungen im BauGB sowie der BauNVO abschließend geregelt, so dass es keine verbleibende Gesetzgebungskompetenz der Länder gebe.[658] Daraus ergibt sich nach *Heinemann* die formelle Verfassungswidrigkeit der Zweckentfremdungsverbotsgesetze der Länder.[659]

Überdies seien die Zweckentfremdungsgesetze der Länder insbesondere auch materiell verfassungswidrig, da sie einen unverhältnismäßigen Eingriff in das Eigentumsgrundrecht darstellten.[660] Dies liege darin begründet, dass der Eingriff nicht durch einen sachlichen Grund hinreichend gerechtfertigt sei.[661] So wird nach Auffassung von *Heinemann* bereits durch die zweckentfremdungsrechtliche Genehmigungspflicht massiv in die Verfügungsbefugnis von Wohnungseigentümern eingegriffen.[662]

Gleichzeitig werde dieser Eingriff keinesfalls durch den geringen Gegeneffekt sachlich gerechtfertigt: Das Gesetz habe in der Praxis nicht die angedachte Wirkung, und zwar die Verhinderung einer großen Zahl von Umwandlungen von Wohnraum in Ferienwohnungen, die damit dem betroffenen Wohnungsmarkt entzogen würden.[663] Dies zeige sich durch statistische Erhebungen in den Städten Freiburg, Heidelberg und Stuttgart.[664] In diesen Städten gäbe es kaum einen belegbaren Beitrag des Gesetzes zu seinem eigentlichen Ziel.[665] Der Eingriff in die Verfügungsberechtigung der betroffe-

---

[655] Vgl. Heinemann, NVwZ 2019, 1070 (1072).
[656] Vgl. Heinemann, NVwZ 2019, 1070 (1072).
[657] Vgl. Heinemann, NVwZ 2019, 1070 (1072).
[658] Vgl. Heinemann, NVwZ 2019, 1070 (1072).
[659] Vgl. Heinemann, NVwZ 2019, 1070 (1073).
[660] Vgl. Heinemann, NVwZ 2019, 1070 (1074).
[661] Vgl. Heinemann, NVwZ 2019, 1070 (1073).
[662] Vgl. Heinemann, NVwZ 2019, 1070 (1073).
[663] Vgl. Heinemann, NVwZ 2019, 1070 (1073).
[664] Vgl. Heinemann, NVwZ 2019, 1070 (1073).
[665] Vgl. Heinemann, NVwZ 2019, 1070 (1073).

nen Wohnungseigentümer stehe somit im Sinne der Zweck-Mittel- Relation außer Verhältnis zu der tatsächlichen Wirkung auf den Wohnungsmarkt.[666]

Nach *Heinemann* ist also festzuhalten, dass die Zweckentfremdungsgesetze der Bundesländer zunächst formell verfassungswidrig, insbesondere aber unverhältnismäßig und damit materiell verfassungswidrig sind.[667]

5.2.2 Siegel

Hingegen beurteilt *Siegel* die Regelungen mit Blick auf das Berliner Zweckentfremdungsrecht als verfassungsmäßig.[668] Die Regelungen sind nach seiner Auffassung sowohl formell als auch materiell verfassungsgemäß.[669]

Zunächst setzt sich *Siegel* dabei mit der Integration des Zweckentfremdungsverbotsrechts in der Bauordnung für Berlin auseinander.[670] Die formelle Verfassungsmäßigkeit der Integration der Regelungen zum Zweckentfremdungsverbotsrechts in der Bauordnung für Berlin sei vorwiegend durch den Berliner Ausschuss für Stadtentwicklung und Wohnen[671] in das Gesetzgebungsverfahren eingebracht und erst nach Abschluss des Gesetzgebungsverfahrens durch die Oberste Bauaufsicht[672] begründet worden.[673] Dies sei jedenfalls für die formelle Verfassungsmäßigkeit des Zweckentfremdungsrechts unschädlich: Dem Ausschuss für Stadtentwicklung und Wohnen stünde zum einen zwar kein Gesetzesinitiativrecht nach Art. 59 Abs. 2 der Verfassung von Berlin (im Weiteren: VvB) zu, wonach Gesetzesvorlagen

---

666 Vgl. Heinemann, NVwZ 2019, 1070 (1075).

667 Vgl. Heinemann, NVwZ 2019, 1070 (1076).

668 Siegel, LKV 2019, 399 (401 f.).

669 Siegel, LKV 2019, 399 (401 f.).

670 Siegel, LKV 2019, 399 (401 f.).

671 Bei dem Ausschuss für Stadtentwicklung und Wohnen handelt es sich Ausschuss des Berliner Parlaments dessen Aufgaben von der Landes- und Regionalplanung, der Stadt- und Freiraumplanung, der Stadterneuerung bis hin zur Stadtentwicklung reichen. Zudem ist der Ausschuss für alle Politikbereiche, die das Bauen und Wohnen in der Stadt zum Gegenstand haben, zuständig, vgl. Aufgabengebiet des Ausschusses für Stadtentwicklung und Wohnen, abrufbar unter https://www.parlament-berlin.de/de/Das-Parlament/Ausschuesse/Ausschuss-fuer-Stadtentwicklung-und-Wohnen (zuletzt abgerufen am 26. April 2025).

672 Die Oberste Bauaufsicht im Land Berlin ist nach den §§ 57 f., 88 der Bauordnung für Berlin die Senatsverwaltung für Stadtentwicklung und Wohnen.

673 Siegel, LKV 2019, 399 (401 f.).

ausschließlich aus der Mitte des Abgeordnetenhauses, durch den Senat oder im Wege des Volksbegehrens eingebracht werden können.[674] Und damit seien die Gesetzesinitativ-Rechte abschließend geregelt.[675] Zudem habe das Parlament von Berlin diesen Entwurf des Ausschusses mit dessen Erörterung übernommen, so dass bereits deshalb nicht von der formellen Verfassungswidrigkeit des Gesetzes ausgegangen werden könne.[676] Denn nach Auffassung von *Siegel* hat das Parlament sich den Entwurf damit zu eigen gemacht.[677] Zum anderen regele Art. 59 Abs. 4 VvB, dass jedes Gesetz in mindestens zwei Lesungen im Abgeordnetenhaus beraten werden müsse und zwischen den beiden Lesungen eine Vorberatung in dem zuständigen Ausschuss erfolgen solle.[678] Aber die fehlende zweite Lesung habe nicht die Arbeitsfähigkeit des Parlaments beeinträchtigt, so dass dies keinen klaren Verstoß begründe und damit aufgrund des Evidenzmaßstabs des Bundesverwaltungsgerichts auch nicht nichtig sei.[679] Auch die Begründung im Nachgang zum Gesetzgebungsverfahren durch die Oberste Bauaufsicht führe nicht zur Nichtigkeit des Gesetzes.[680] Denn eine Begründung sei nach der Rechtsprechung des Bundesverwaltungsgerichts verfassungsrechtlich schon nicht geboten, so dass eine fehlende Begründung auch nicht zur formellen Verfassungswidrigkeit des Gesetzes führe.[681] Anders als *Heinemann*[682] sieht *Siegel* auch eine Gesetzgebungskompetenz der Länder zum Erlass der Zweckentfremdungsverbotsgesetze gegeben.[683] Die Föderalismusreform hat nach seiner Auffassung den Art. 74 Abs. 1 Nr. 18

---

[674] Vgl. Siegel, LKV 2019, 399 (401 f.); Verfassungsgerichtshof des Landes Berlin, Urteil vom 10. Februar 2016 – VerfGH 21.15, NVwZ-RR 2016, 481 Rn. 26 f.; Beschluss vom 21. Oktober 1999 – 71.99, BeckRS 1999, 17895 Rn. 24 f.; Oberverwaltungsgericht Berlin-Brandenburg, Beschluss vom 3. Juni 2010 – 2 S 32.10, BeckRS 2010, 49759;

[675] Vgl. Siegel, LKV 2019, 399 (401 f.).

[676] Vgl. Siegel, LKV 2019, 399 (403); dazu auch: Kersten, in: Dürig/Herzog/Scholz, Grundgesetz Kommentar, Stand: Januar 2021, Art. 77 Rn. 24 f.

[677] Vgl. Siegel, LKV 2019, 399 (403).

[678] Vgl. Siegel, LKV 2019, 399 (403).

[679] Vgl. Siegel, LKV 2019, 399 (403) mit Verweis auf Bundesverwaltungsgericht, Urteil vom 22. März 2018 – 7 C 30.15, NVwZ 2018, 1401 Rn. 22 f.

[680] Vgl. Siegel, LKV 2019, 399 (403).

[681] Vgl. Siegel, LKV 2019, 399 (403 f.).

[682] Heinemann NVwZ 2019, 1070 (1073 f.).

[683] Siegel, LKV 2019, 399 (401 f.).

GG derart erheblich eingeschränkt, dass sich aus diesem in der Folge ein Kompetenztitel der Bundesländer entnehmen lasse.[684]

Auch materiell sei das Zweckentfremdungsverbotsrecht verfassungsgemäß.[685] Insbesondere werde mit der Regelung der Verhältnismäßigkeitsgrundsatz gewahrt, solange Befreiungen vom Zweckentfremdungsverbotsrecht für Grundstückseigentümer möglich blieben:[686] Für die pflichtgemäße Ermessensausübung der Bezirksämter bedeute dies, dass die Erteilung von Befreiungen der Regelfall und die Versagung eine zu begründende Ausnahme darstellen müsse.[687] Daher könnten ausschließlich städtebauliche Gründe mit Blick auf die Versorgung der Bevölkerung mit Wohnraum die Versagung einer zweckentfremdungsrechtlichen Genehmigung rechtmäßig stützen.[688] Die Konzeption des Zweckentfremdungsverbotsrechts sowie der darin zum Ausdruck kommende Wille des Gesetzgebers führe unter Berücksichtigung der verfassungsrechtlich garantierten Eigentumsfreiheit der betroffenen Wohnungseigentümer dazu, dass zweckentfremdungsrechtliche Genehmigungen zu erteilen seien, wenn keine städtebaulichen Gründe – und dabei ausschließlich solche mit Blick auf die Versorgung der Bevölkerung mit Wohnraum – entgegenstehen.[689] Da die Regelungen des Zweckentfremdungsverbotsgesetzes jedoch anhand dieser Maßstäbe verfassungskonform angewendet werden könnten, seien diese auch verfassungsrechtlich nicht zu beanstanden.[690]

5.2.3 Verwaltungsgericht Berlin

Das Verwaltungsgericht Berlin hat in seiner Entscheidung vom 27. August 2019 die Zulässigkeit einer Auflage, die für den geschaffenen Ersatzwohnraum eine Miethöhe von EUR 9,12 pro qm als Obergrenze festsetzt, abgelehnt.[691]

---

[684] Siegel, LKV 2019, 399 (400).
[685] Vgl. Siegel, LKV 2019, 399 (403 f.).
[686] Vgl. Siegel, LKV 2019, 399 (401); so auch: Oberverwaltungsgericht Berlin-Brandenburg, Beschluss vom 6. April 2017 – OVG 5 B 14.16 Rn. 122 Rn. 53; Verwaltungsgericht Berlin, Urteil vom 17. Oktober 2018 – 6 K 666.17, Rn. 38 f.; Windoffer, LKV 2016, 337 (341).
[687] Siegel, LKV 2019, 399 (401 f.).
[688] Vgl. Siegel, LKV 2019, 399 (401 f.).
[689] Vgl. Siegel, LKV 2019, 399 (401).
[690] Siegel, LKV 2019, 399 (401 f.).
[691] Vgl. Verwaltungsgericht Berlin, Urteil vom 27. August 2019 – 19 K 517.18, juris Rn. 28.

Dabei hatte der zuständige Berliner Bezirk, der spätere Beklagte, den Antrag auf zweckentfremdungsrechtliche Genehmigung für den Abriss eines Bestandsgebäudes mit der Begründung abgelehnt, dass zwar die Kriterien des Bundesverwaltungsgerichts für die Beurteilung, ob beachtlicher Ersatzwohnraum geschaffen werde, erfüllt, aber die geplante Miete von EUR 18,55 pro qm sei für einen Durchschnitthaushalt nicht tragbar. Vielmehr dürfte nach § 3 Abs. 4 Zweckentfremdungsverbot-Verordnung lediglich eine Höchstmiete von EUR 9,12 pro qm verlangt werden.[692] Dem ist das Verwaltungsgericht Berlin in seiner Entscheidung nicht gefolgt.[693] Vielmehr argumentiert das Gericht, dass es für die Einführung einer Mietobergrenze an der erforderlichen Rechtsgrundlage fehle.[694] Das Gericht stützt seine Entscheidung in erster Linie darauf, dass es die sechs Kriterien des Bundesverwaltungsgerichts für die Erteilung einer zweckentfremdungsrechtlichen Genehmigung als abschließenden Katalog ansehe.[695] Im Schwerpunkt setzt sich das Verwaltungsgericht mit dem fünften und sechsten Kriterium auseinander – also der Frage, wie weit der Standard des Ersatzwohnraums über den des abgerissenen Bestandsgebäudes höchstens hinausreichen darf und in welchem konkreten Maße der Ersatzwohnraum dem Wohnungsmarkt gleichwertig zur Verfügung stehen muss.[696]

Nach Auffassung des Verwaltungsgerichts Berlin müsste der Ersatzwohnraum zwar dem Wohnungsmarkt zu angemessenen Bedingungen zur Verfügung stehen.[697] Es sei erforderlich, dass auch die Miete derart angemessen sei, dass sie durch einen durchschnittlich verdienenden Arbeitnehmerhaushalt bezahlt werden könne.[698] In der Folge seien aber die durch das Bundesverwaltungsgericht in seiner Entscheidung vom 17. Oktober 1997 entwickelten Kriterien maßgeblich; unabhängig davon, dass das Bundesverwaltungsgericht diese Kriterien anhand der vor Inkrafttreten sowohl des

692 Vgl. Verwaltungsgericht Berlin, Urteil vom 27. August 2019 – 19 K 517.18, juris Rn. 28.
693 Vgl. Verwaltungsgericht Berlin, Urteil vom 27. August 2019 – 19 K 517.18, juris Rn. 28.
694 Vgl. Verwaltungsgericht Berlin, Urteil vom 27. August 2019 – 19 K 517.18, juris Rn. 28.
695 Verwaltungsgericht Berlin, Urteil vom 27. August 2019 – 19 K 517.18, juris Rn. 28; so auch ausdrücklich das Bundesverwaltungsgericht, in seiner Grundsatzentscheidung vom 17. Oktober 1997 – 8 C 18.96, NJW 1998, 94 (94).
696 Vgl. Verwaltungsgericht Berlin, Urteil vom 27. August 2019 – 19 K 517.18, juris Rn. 28.
697 Vgl. Verwaltungsgericht Berlin, Urteil vom 27. August 2019 – 19 K 517.18, juris Rn. 28.
698 Vgl. Verwaltungsgericht Berlin, Urteil vom 27. August 2019 – 19 K 517.18, juris Rn. 21.

Zweckentfremdungsverbotsgesetzes als auch der Zweckentfremdungsverbot-Verordnung und damit auf Grundlage einer alten Rechtslage aufgestellt habe.[699] Die Kriterien seien zuallererst verfassungsrechtlich geprägt und beanspruchten deshalb auch nach der (Landes-)Gesetzesänderung weiterhin Geltung.[700] Dazu hat das Verwaltungsgericht ausgeführt, dass die Kriterien gerade

> „den grundrechtlichen Rechtfertigungszusammenhang [konkretisieren], dass das Zweckentfremdungsverbot die Eigentümerbefugnisse nur zum Zwecke der Wohnraumversorgung der Bevölkerung verhältnismäßig einschränken darf."
> Verwaltungsgericht Berlin, Urteil vom 27. August 2019.[701]

Aber daraus könne nicht geschlussfolgert werden, dass nur eine besonders geringe Miete in dem Ersatzwohnraum zulässig sei. Stattdessen bedeute dies, dass die (ersatzweise) geschaffenen Wohnungen gemessen an ihrer Art für einen durchschnittlichen Arbeitnehmerhaushalt – auch mit Blick auf die verlangte Wohnungsmiete – zur Verfügung stehen müssten.[702] Vor allem aber sei es mit Blick auf den zweckentfremdungsrechtlich geschützten Wohnraum nicht verfassungsgemäß, eine Miet-obergrenze im Rahmen einer zweckentfremdungsrechtlichen Genehmigung für den Abriss von Bestandswohnraum vorzugeben.[703]

Denn das Zweckentfremdungsrecht diene seiner Konzeption nach dem Schutz des öffentlichen Interesses an der Erhaltung eines funktionierenden Wohnungsmarktes, nicht hingegen dem Mieterschutz.[704] Dazu führt das Verwaltungsgericht wörtlich wie folgt aus:

> „Das Zweckentfremdungsverbot soll weder vermietete Wohnungen zugunsten der jeweiligen Mieter erhalten noch den Mietpreis zugunsten des allgemeinen

---

699 Vgl. Verwaltungsgericht Berlin, Urteil vom 27. August 2019 – 19 K 517.18, juris Rn. 28.

700 Vgl. Verwaltungsgericht Berlin, Urteil vom 27. August 2019 – 19 K 517.18, juris Rn. 26-28.

701 Verwaltungsgericht Berlin, Urteil vom 27. August 2019 – 19 K 517.18, juris Rn. 28 Zeile 6-10.

702 Verwaltungsgericht Berlin, Urteil vom 27. August 2019 – 19 K 517.18, juris Rn. 31; so auch: Bundesverfassungsgericht, Beschluss vom 4. Februar 1975 – 2 BvL 5.74, NJW 1975, 727.

703 Vgl. Verwaltungsgericht Berlin, Urteil vom 27. August 2019 – 19 K 517.18, juris Rn. 31.

704 Vgl. Verwaltungsgericht Berlin, Urteil vom 27. August 2019 – 19 K 517.18, juris Rn. 28 f.

Wohnungsmarktes festschreiben. Bezogen auf den spezifischen Regelungszweck des Zweckentfremdungsverbots ist es weder geeignet noch erforderlich, Ersatzwohnraum bei einer Vermietung nur bezüglich angemessener Miethöhen anzuerkennen bzw. im Wege einer Auflage die Mietforderung für den Ersatzwohnraum auf die ortsübliche Vergleichsmiete zu beschränken."

Verwaltungsgericht, Urteil vom 27. August 2019.[705]

Das Verwaltungsgericht Berlin hat die streitgegenständliche Auflage einer Mietobergrenze von EUR 9,12 pro qm aufgehoben, da es einen Anspruch des Grundstückseigentümers auf Erteilung einer auflagenfreien zweckentfremdungsrechtlichen Genehmigung für gegeben erachtet hat.[706] Das Zweckentfremdungsverbotsgesetz sei dabei verfassungskonform auszulegen, soweit darin die Genehmigung mit Blick auf den geschaffenen Ersatzwohnraum an eine Miethöhe geknüpft wird, die von einem durchschnittlich verdienenden Arbeitnehmerhaushalt aufgebracht werden könne.[707] Demgegenüber sei die Genehmigungsvoraussetzung des § 3 Abs. 4 ZwVbVO nichtig, da sie mit höherrangigem Recht unvereinbar sei, so dass es an einer gesetzlichen Grundlage fehle, eine konkrete Mietobergrenze im Rahmen der zweckentfremdungsrechtlichen Genehmigung festzuschreiben.[708]

Überdies sei die Einführung der Mietobergrenze bereits aus weiteren Gründen unverhältnismäßig: Die Begrenzung der Miete auf EUR 9,12 pro qm schließe die Wirtschaftlichkeit eines Neubaus in Berlin von vornherein aus; zumindest würden Neubauten wirtschaftlich wesentlich unattraktiver.[709] In der Folge einer solchen Regelung würden die Neubauaktivitäten abnehmen, so dass die Zielrichtung des Zweckentfremdungsverbotsgese tzes – die Bekämpfung von Wohnungsmangel für die breiten Schichten der Bevölkerung – dadurch verfehlt werde.[710] Diese Regelung sei daher im Sinne des Verhältnismäßigkeitsgrundsatzes mit Blick auf staatliche

---

705 Verwaltungsgericht, Urteil vom 27. August 2019 – 6 K 452.18, juris Rn. 37; so auch: Bundesverwaltungsgericht, Urteil vom 17. Oktober 1997 – 8 C 18.96, NJW 1998, 94 (95); Oberverwaltungsgericht Berlin, Urteil vom 13. Dezember 1990 – OVG 5 B 53.89, BeckRS 1991, 8199 Rn. 25 f.; Hessischer Verwaltungsgerichtshof, Beschluss vom 19. Januar 2000 – 4 TZ 2239.99, NZM 2000, 722.

706 Vgl. Verwaltungsgericht Berlin, Urteil vom 27. August 2019 – 19 K 517.18, juris Rn. 21 f.

707 Vgl. Verwaltungsgericht, Urteil vom 27. August 2019 – 6 K 452.18, juris Rn. 31 f.

708 Vgl. Verwaltungsgericht, Urteil vom 27. August 2019 – 6 K 452.18, juris Rn. 43.

709 Vgl. Verwaltungsgericht Berlin, Urteil vom 27. August 2019 – 19 K 517.18, juris Rn. 21 f.

710 Vgl. Verwaltungsgericht Berlin, Urteil vom 27. August 2019 – 19 K 517.18, juris Rn. 21 f.

Eingriffe in verfassungsrechtlich garantierte Rechtspositionen schon nicht erforderlich.[711] Zudem sei die Regelung auch nicht angemessen im engeren Sinne.[712] Durch die Festsetzung einer Miethöhe, unabhängig von Art und Lage des Wohnraums, starr und zeitlich unbegrenzt, ohne einen Ausgleich der Inflation, werde die Dispositionsmöglichkeit der Mietvertragsparteien ohne sachlich hinreichende Gründe praktisch aufgehoben.[713]

5.2.4 Oberverwaltungsgericht Berlin-Brandenburg

Die Berufung der Stadt Berlin hatte vor dem Oberverwaltungsgericht Berlin-Brandenburg Erfolg, so dass der Antrag auf zweckentfremdungsrechtliche Genehmigung für den Abriss eines Bestandsgebäudes doch nicht positiv beschieden werden musste bzw. die Stadt den Antrag abgelehnen durfte.[714]

Das Oberverwaltungsgericht begründet seine Entscheidung damit, dass im Zeitpunkt des Antrags auf Abriss der Gebäude mit Wohnraum nicht verlässlich Ersatzwohnraum bereitgestellt worden wäre. Das Verwaltungsgericht hatte diese Verlässlichkeit noch angenommen – nach Einschätzung des Oberverwaltungsgerichts ist die Verlässlichkeit im Zeitpunkt der Berufungsentscheidung nicht gegeben.[715]

Zudem ist das Oberverwaltungsgericht Berlin-Brandenburg der Auffassung, dass die Klägerin keine Abrissgenehmigung nach dem Zweckentfremdungsrecht beanspruchen kann, weil der Ersatzwohnraum nicht zu angemessenen Mietbedingungen bereitgestellt wird. Nach § 3 Abs. 2 ZwVbG nF müssen diese Mieten so gestaltet sein, dass ein durchschnittlich verdienender Arbeitnehmerhaushalt sie für vergleichbare Wohnungen tragen kann. Der Berliner Gesetzgeber greift dabei eine Formulierung des Bundesverfassungsgerichts (BVerfGE 38, 348) auf, wonach das Zweckentfremdungsverbot den Schutz des Wohnraumbestands und eine

---

711 Vgl. Verwaltungsgericht Berlin, Urteil vom 27. August 2019 – 19 K 517.18, juris Rn. 43 f.

712 Vgl. Verwaltungsgericht Berlin, Urteil vom 27. August 2019 – 19 K 517.18, juris Rn. 21 f.

713 Vgl. Verwaltungsgericht Berlin, Urteil vom 27. August 2019 – 19 K 517.18, juris Rn. 21 f.

714 Vgl. Oberverwaltungsgericht Berlin-Brandenburg, Urteil vom 23. Mai 2023 – OVG 5 B 29.29, NVwZ 2023, 1769 Rn. 21.

715 Vgl. Oberverwaltungsgericht Berlin-Brandenburg, Urteil vom 23. Mai 2023 – OVG 5 B 29.29, NVwZ 2023, 1769 Rn. 26.

ausreichende Versorgung der Bevölkerung mit bezahlbarem Wohnraum sicherstellen soll.[716]

Das Gericht bestätigt die Gesetzgebungskompetenz des Berliner Landesgesetzgebers im Wohnungswesen, an höchstrichterliche Rechtsprechung anzuknüpfen. Zwar hatte das Bundesverfassungsgericht (BVerfG) früher den „Sickereffekt" anerkannt – wonach teurere Neubauten durch Umzugsketten auch günstigeren Wohnraum freimachen könnten –, doch der Berliner Gesetzgeber lehnt dies für die aktuelle Marktsituation ab. Begründet wird dies mit dem hohen Standard des vorhandenen Wohnraums und dem starken Zuzug nach Berlin, der den Effekt neutralisiere. Neue höherwertige Wohnungen entlasteten den Markt nicht mehr, da sie keine bezahlbaren Alternativen für einkommensschwächere Haushalte schafften.[717]

Dazu erklärt das Oberverwaltungsgericht ausdrücklich:

> „Anders als das VG meint, ist dagegen angesichts der weiten Einschätzungsprärogative des Gesetzgebers nichts zuerinnern." (Oberverwaltungsgericht Berlin-Brandenburg, Urteil vom 23. Mai 2023 – OVG 5 B 29.29, NVwZ 2023, 1769 Rn. 31 Satz 2).

Mit Blick auf § 3 Abs. 4 ZwVbVO folgt das Oberverwaltungsgericht dem Verwaltungsgericht hingegen:

Das Oberverwaltungsgericht bewertet die in § 3 Abs. 4 ZwVbVO nF festgelegte Mietobergrenze für Ersatzwohnraum (9,17 EUR/m^2 Nettokaltmiete) als nichtig. Die Regelung greife in privatrechtliche Mietverhältnisse ein und beschränke Mieterhöhungen auf Grundlage der Verordnung, obwohl das Mietpreisrecht gemäß Art. 74 Abs. 1 Nr. 1 GG in die konkurrierende Gesetzgebungszuständigkeit des Bundes falle. Der Bundesgesetzgeber hat mit den §§ 556–561 BGB bereits abschließend Gebrauch von dieser Kompetenz gemacht, sodass dem Berliner Landesgesetzgeber die Zuständigkeit fehlt. Die Berufung auf die Gesetzgebungskompetenz für das „Wohnungswesen" reicht nicht aus, da die Mietobergrenze direkt das bürgerliche Recht betrifft und damit unter die Bundeskompetenz fällt. Laut höchstrichterlicher Rechtsprechung ist entscheidend, ob eine Regelung unmittelbar oder

---

716 Vgl. Oberverwaltungsgericht Berlin-Brandenburg, Urteil vom 23. Mai 2023 – OVG 5 B 29.29, NVwZ 2023, 1769 Rn. 29.

717 Vgl. Oberverwaltungsgericht Berlin-Brandenburg, Urteil vom 23. Mai 2023 – OVG 5 B 29.29, NVwZ 2023, 1769 Rn. 30.

lediglich mittelbar den Sachbereich eines Kompetenztitels betrifft. Hier handelt es sich um eine unzulässige Annexregelung, da die Mietpreisregulierung ein eigenständiger Sachbereich des Bundesrechts ist.[718] Dazu ergänzt das Oberverwaltungsgericht:

> „Zudem dürfte die Mietobergrenze in § 3 IV ZwVbVO nF, die der Verordnungsgeber aus dem durchschnittlichenHaushaltseinkommen und der durchschnittlichen Wohnungsgröße in Berlin ermittelt hat, weder das Merkmal eines „durchschnittlich verdienenden Arbeitnehmerhaushaltes" noch das Merkmal „Wohnungen der entsprechenden Art" in §3 II 2 ZwVbG nF in einer den gesetzlichen Vorgaben genügenden Weise abbilden, und jedenfalls aus diesem Grund unwirksam sein." (Oberverwaltungsgericht Berlin-Brandenburg, Urteil vom 23. Mai 2023 – OVG 5 B 29.29, NVwZ 2023, 1769 Rn. 36)

5.2.5 Bayerischer Verwaltungsgerichtshof

Wie bereits das Berliner Verwaltungsgericht und das Oberverwaltungsgericht Berlin-Brandenburg hält auch der Bayerische Verwaltungsgerichtshof die Festsetzung einer Mietobergrenze im Zweckentfremdungsrecht für rechtswidrig.[719] In seiner Entscheidung vom 20. Januar 2021 erteilte dieser Verwaltungsgerichtshof Regelungen, die über die Kriterien des Bundesverwaltungsgerichts zur Genehmigung baulicher Maßnahmen im Zweckentfremdungsrecht mit Blick auf den Abriss von Bestandswohnraum[720] hinausgehen, eine klare Absage.[721] So gelte:

- Das Zweckentfremdungsrecht biete keine Rechtsgrundlage für die Einführung einer Mietpreisobergrenze.[722] Vielmehr belasse das Zweckentfremdungsrecht „dem Eigentümer in den allein durch die Widmung des Wohnraums zu Wohnzwecken gezogenen Grenzen sowohl die

---

[718] Vgl. Oberverwaltungsgericht Berlin-Brandenburg, Urteil vom 23. Mai 2023 – OVG 5 B 29.29, NVwZ 2023, 1769 Rn. 32-34.

[719] Vgl. Bayerischer Verwaltungsgerichtshof, Beschluss vom 20. Januar 2021 – 12 N 20.1706, BeckRS 2021, 963 Rn. 27 f.

[720] Vgl. Bundesverwaltungsgericht, Urteil vom 17. Oktober 1997 – 8 C 18.96, NJW 1998, 94.

[721] Vgl. Bayerischer Verwaltungsgerichtshof, Beschluss vom 20. Januar 2021 – 12 N 20.1706, BeckRS 2021, 963 Rn. 27 f.

[722] Vgl. Bayerischer Verwaltungsgerichtshof, Beschluss vom 20. Januar 2021 – 12 N 20.1706, BeckRS 2021, 963 Rn. 27 f.

Verfügungsbefugnis als auch die Privatautonomie"[723]. Der Eigentümer könne zulässigerweise auch eine Miete fordern, die die ortsübliche Vergleichsmiete übersteige, ohne dass das Zweckentfremdungsrecht diesen Forderungen entgegenstehen würde.[724]

- Auch müsse der Eigentümer für einen gleichwertigen Ausgleich der abgerissenen Bestandswohnungen nicht Mietwohnraum durch Mietwohnraum ersetzen.[725] Es stehe dem Eigentümer frei, ersatzweise Eigentumswohnungen zu schaffen, soweit er diese ebenfalls auf dem Wohnungsmarkt anbiete.[726]
- Der Landesgesetzgeber könne auch nicht verlangen, dass der Ersatzwohnraum innerhalb desselben Stadtbezirks geschaffen werde.[727] Zwar könne dieser innerhalb derselben Gemeinde verlangt werden, aber nicht zulässig sei eine darüber hinausgehende Forderung, Wohnraum innerhalb desselben Stadtbezirks zu schaffen.[728]

Dies begründet der Bayerische Verwaltungsgerichtshof damit, dass einerseits das Zweckentfremdungsgesetz des Freistaates Bayern[729] mit Blick auf den Wortlaut eine solche Auslegung nicht zulasse und andererseits der Sinn und Zweck des Zweckentfremdungsrechts einer Mietobergrenze ebenfalls entgegenstehe.[730] Die Kriterien des Bundesverwaltungsgerichts seien abschließend: Der Abriss von Mietwohnraum könne durch die Schaffung

---

[723] Vgl. Bayerischer Verwaltungsgerichtshof, Beschluss vom 20. Januar 2021 – 12 N 20.1706, BeckRS 2021, 963 Rn. 27 f. Zeile 16-18.

[724] Vgl. Bayerischer Verwaltungsgerichtshof, Beschluss vom 20. Januar 2021 – 12 N 20.1706, BeckRS 2021, 963 Rn. 27 f.

[725] Vgl. Bayerischer Verwaltungsgerichtshof, Beschluss vom 20. Januar 2021 – 12 N 20.1706, BeckRS 2021, 963 Rn. 27 f.

[726] Vgl. Bayerischer Verwaltungsgerichtshof, Beschluss vom 20. Januar 2021 – 12 N 20.1706, BeckRS 2021, 963 Rn. 27 f.

[727] Vgl. Bayerischer Verwaltungsgerichtshof, Beschluss vom 20. Januar 2021 – 12 N 20.1706, BeckRS 2021, 963 Rn. 31 f.

[728] Vgl. Bayerischer Verwaltungsgerichtshof, Beschluss vom 20. Januar 2021 – 12 N 20.1706, BeckRS 2021, 963 Rn. 31 f.

[729] Vgl. Gesetz über das Verbot der Zweckentfremdung von Wohnraum (Zweckentfremdungsgesetz – ZwEWG) vom 10. Dezember 2007 (GVBl. Seite 864), BayRS 2330-11-B, abrufbar unter: https://www.gesetze-bayern.de/Content/Document/BayZwEWG2008 (zuletzt abgerufen am 26. April 2025).

[730] Vgl. Bayerischer Verwaltungsgerichtshof, Beschluss vom 20. Januar 2021 – 12 N 20.1706, BeckRS 2021, 963 Rn. 31.

von Eigentumswohnungen gleichwertig ersetzt werden – da diese dem Wohnungsmarkt qualitativ gleichwertig zur Verfügung stehen würden – und der neu geschaffene Wohnraum müsse lediglich innerhalb derselben Gemeinde – nicht in demselben Stadtbezirk – liegen.[731] Denn eine Auslegung der Kriterien des Bundesverwaltungsgerichts – wonach der geschaffene Ersatzwohnraum innerhalb desselben Stadtgebiets liegen müsse – widerspreche dem Sinn und Zweck des Zweckentfremdungsverbots.[732]

Das Gericht hält abschließend fest, dass es für die Festsetzung einer Mietobergrenze und der „Lokalisierung des Ersatzwohnraums"[733] nicht ausreicht, wenn der Landesgesetzgeber diese Maßnahmen auf Grundlage seiner eigenen Bewertung der Wohnungsmarktsituation für erforderlich hält.[734] Dies reiche gerade nicht aus, um

> „das in der Rechtsprechung sowohl des Bundesverfassungsgerichts als auch des Bundesverwaltungsgerichts sorgsam austarierte System des Zweckentfremdungsrechts zwischen Eigentumsschutz einerseits und Sozialbindung andererseits nicht einseitig in eine bestimmte Richtung verschieben",
> Bayerischer Verwaltungsgerichtshof, Beschluss vom 20. Januar 2021.[735]

5.3 Bewertung

Unter Berücksichtigung der Rechtsprechung des Verwaltungsgerichts Berlin und des Bayerischen Verwaltungsgerichtshofs sowie der verschiedenen Auffassungen in der Literatur insbesondere zu den bestehenden Regelungen des Berliner Zweckentfremdungsverbotsgesetzes soll im Anschluss an deren Darstellung im Folgenden eine eigene Bewertung verfasst werden:

Im Ergebnis verstoßen die Regelungen des Berliner Zweckentfremdungsverbotsrechts zunächst nicht derart gegen die formellen verfassungsrechtlichen

---

731 Vgl. Bayerischer Verwaltungsgerichtshof, Beschluss vom 20. Januar 2021 – 12 N 20.1706, BeckRS 2021, 963 Rn. 33 f.

732 Vgl. Bayerischer Verwaltungsgerichtshof, Beschluss vom 20. Januar 2021 – 12 N 20.1706, BeckRS 2021, 963 Rn. 33 f., 36.

733 Bayerischer Verwaltungsgerichtshof, Beschluss vom 20. Januar 2021 – 12 N 20.1706, BeckRS 2021, 963 Rn. 36 Zeile 8-10.

734 Vgl. Bayerischer Verwaltungsgerichtshof, Beschluss vom 20. Januar 2021 – 12 N 20.1706, BeckRS 2021, 963 Rn. 33 f.

735 Bayerischer Verwaltungsgerichtshof, Beschluss vom 20. Januar 2021 – 12 N 20.1706, BeckRS 2021, 963 Rn. 33.

Anforderungen, dass diese in der Folge als nichtig anzusehen sind (vgl. 1.).[736] Die materielle Verfassungsmäßigkeit ist dagegen nur insoweit zu bejahen (vgl. 2.)[737], wie die Verpflichtung zur Einhaltung einer Mietobergrenze nach § 3 Abs. 4 ZwVbVO hiervon ausgenommen wird und die Schaffung von Ersatzwohnraum innerhalb des gesamten Stadtgebiets – nicht ausschließlich innerhalb des selben Bezirks wie in § 3 Abs. 2 Satz 4 ZwVbG – genehmigt wird.[738] Denn diese Regelungen sind verfassungswidrig, weil das Zweckentfremdungsrecht weder eine Rechtsgrundlage für den landesrechtlichen Gesetzgeber zur Einführung einer derart ausgestalteten starren Mietobergrenze noch zur Forderung nach der Schaffung von Ersatzwohnraum innerhalb desselben Bezirks wie der abzureißende Bestand bietet und die Regelungen – anders als die übrigen Vorschriften des Zweckentfremdungsverbotsrechts – einer verfassungskonformen Auslegung nicht zugänglich sind (vgl. 3.).[739]

5.3.1 Formelle Verfassungsmäßigkeit

Das Gesetzgebungsverfahren zur Integration des Zweckentfremdungsverbotsrechts in die Bauordnung für Berlin ist formell verfassungsgemäß.[740] Weder die maßgebliche Beteiligung des Ausschusses für Stadtentwicklung und Wohnen am Gesetzesentwurf noch das Auslassen einer zweiten Lesung oder die Begründung des Gesetzes durch die Oberste Bauaufsicht führen zur Nichtigkeit der Integration des Zweckentfremdungsrechts in die Bauordnung für Berlin:

Soweit *Heinemann* vertritt, dass das Gesetz im Sinne eines Denaturierungsverbots[741] formell verfassungswidrig sei, weil der Ausschuss für

[736] Vgl. so auch: Siegel, LKV 2019, 399 (401 f.).
[737] Vgl. Verwaltungsgericht Berlin, Urteil vom 27. August 2019 – 19 K 517.18, juris Rn. 21 f.
[738] Vgl. Verwaltungsgericht Berlin, Urteil vom 27. August 2019 – 19 K 517.18, juris Rn. 21 f.
[739] Vgl. Verwaltungsgericht Berlin, Urteil vom 27. August 2019 – 19 K 517.18, juris Rn. 21 f.
[740] Vgl. so auch Vgl. Bayerischer Verwaltungsgerichtshof, Beschluss vom 20. Januar 2021 – 12 N 20.1706, BeckRS 2021, 963 Rn. 33 f.; Oberverwaltungsgericht Berlin-Brandenburg, Beschluss vom 6. April 2017 – OVG 5 B 14.16 Rn. 122 Rn. 53; Verwaltungsgericht Berlin, Urteil vom 17. Oktober 2018 – 6 K 666.17, Rn. 38 f.; Windoffer, LKV 2016, 337 (341); ebenso: Hellriegel/Zielke, LKV 2020, 393 (393); a.A.: Heinemann, NVwZ 2019, 1070 (1075).
[741] Vgl. Kersten, in: Dürig/Herzog/Scholz, Grundgesetz Kommentar, Stand: Januar 2021, Art. 77 Rn. 19; Brosius-Gersdorf, in: Dreier, Grundgesetz Kommentar, 3. Auflage 2013, Art. 77 Rn. 20 f.; Schulze-Fielitz, NVwZ 1983, 709 (714); a.A.: Schmidt-Jortzig/

Stadtentwicklung und Wohnen maßgeblich auf das Einfügen des Zweckentfremdungsverbotsgesetzes in der Bauordnung für Berlin hingewirkt habe, kann dem im Ergebnis nicht gefolgt werden; vielmehr ist der Auffassung von *Siegel* zu folgen:[742]

Nach dem Denaturierungsverbot dürfen Änderungsvorschläge zu Gesetzesentwürfen nur zwischen Regelungsentwürfen vermitteln, die schon vorher in den Gesetzgebungsorganen Teil der Beratung waren oder jedenfalls dazu gemacht werden können.[743] Diese Änderungsvorschläge müssen dabei bereits in so bestimmter Form in das Gesetzgebungsverfahren eingeführt worden sein, dass ihre sachliche Reichweite auch tatsächlich im Zuge dessen erkennbar war.[744] Die Annahme eines solchen Denaturierungsverbots ist hierbei jedoch abzulehnen: Die Kompetenz der Ausschüsse auf Landesebene lässt gerade auch grundlegende Änderungen eines Gesetzesentwurfs durch diese zu.[745] Dafür spricht bereits, dass die Beteiligung von Ausschüssen andernfalls Gefahr läuft, zur reinen Förmlichkeit zu werden. Dies entspricht nicht dem Sinn und Zweck der Beteiligung von Ausschüssen am verfassungsrechtlichen Gesetzgebungsverfahren.[746] Zudem ist nach den Maßstäben der Rechtsprechung des Bundesverwaltungsgerichts die Nichtigkeit aufgrund von formellen Fehlern im Gesetzgebungsverfahrens auf evidente – also besonders offensichtliche – Verstöße zu beschränken.[747] Für die Annahme einer formellen Verfassungsmäßigkeit ist die Evidenz eines Verstoßes aufgrund der einschneidenden Rechtsfolge – konkret der Nichtigkeit eines Gesetzes – nach ständiger Rechtsprechung des Bundesverfassungsgerichts die

---

Schürmann, in: Kahl/Waldhoff/Walter, Bonner Kommentar zum Grundgesetz, Stand: Dezember 2021, Art. 76 Rn. 99 f.

742 So etwa: Heinemann, NVwZ 2019, 1070 (1075); a.A.: Siegel, LKV 2019, 399 (403).

743 Vgl. Pernice-Warnke, JuS 2018, 666 (668).

744 Vgl. Bundesverfassungsgericht, Beschluss vom 24. Juli 2017 – 2 BvR 1487.17, NVwZ 2017, 1526; Pernice-Warnke, JuS 2018, 666 (668).

745 Vgl. so etwa Siegel, LKV 2019, 399 (403).

746 Vgl. im Ergebnis so auch: Bundesverwaltungsgericht, Urteil vom 22. März 2018 – 7 C 30.15, NVwZ 2018, 1401 (1404); Kersten, in: Dürig/Herzog/Scholz, Grundgesetz Kommentar, Stand: Januar 2021, Art. 77 Rn. 25 f.

747 Vgl. Bundesverfassungsgericht, Urteil vom 26. Juli 1972 – 2 BvF 1.71, VerwRspr 1973, 391 (395); Beschluss vom 15. Januar 2019 – 2 BvL 1.09, NVwZ 2019, 870 Rn. 76 f.; Bundesverwaltungsgericht, Urteil vom 22. März 2018 – 7 C 30.15, NVwZ 2018, 1401 (1403).

(Mindest-)Anforderung.[748] Daran fehlt es, da eine Kompetenzüberschreitung des Ausschusses nicht evident gegeben ist.[749]

Auch ist die Einführung des Zweckentfremdungsverbotsrechts in die Berliner Bauordnung – wie *Siegel* richtig anmerkt[750] – nicht formell verfassungswidrig, nur weil nicht die gesetzlich vorgegebene Anzahl von zwei Lesungen im Parlament dahingehend durchgeführt worden sind.[751] Maßgeblich führt *Heinemann* an, dass durch die Einbringung des Gesetzesentwurfs durch den Ausschuss für Stadtentwicklung und Wohnen diese Gesetzesmaterie erst in der zweiten Lesung Gegenstand der Auseinandersetzung des Parlaments geworden und damit zugleich eine Lesung ausgelassen worden sei.[752] Diese Kritik übersieht jedoch, dass nach dieser Lesart des Art. 59 Abs. 4 VvB Gesetzesentwürfe im Rahmen des Gesetzgebungsverfahrens nicht – oder zumindest nur sehr begrenzt – fortentwickelt werden könnten.[753] Vielmehr bedürfte jede zumindest wesentliche Neufassung des Gesetzesentwurfs erneut der Durchführung von zwei Lesungen im Parlament.[754] Das Gesetzgebungsverfahren würde damit jedoch um Erfordernisse ergänzt, die sich dem Gesetz und insbesondere dem Art. 59 VvB nicht entnehmen lassen.[755] Insbesondere stellt die Durchführung mehrerer Lesungen kein verfassungsrechtliches Gebot im Sinne eines unabdingbaren Grundsatzes der demokratischen Ordnung dar.[756]

Daher gilt, dass das Gesetzgebungsverfahren zur Integration des Zweckentfremdungsverbotsrechts in die Bauordnung für Berlin die gesetzlichen Maßstäbe mit Blick auf die formelle Verfassungsmäßigkeit gewahrt hat.

---

[748] Vgl. Bundesverfassungsgericht, Urteil vom 26. Juli 1972 – 2 BvF 1.71, VerwRspr 1973, 391 (395); Beschluss vom 15. Januar 2019 – 2 BvL 1.09, NVwZ 2019, 870 Rn. 76 f.; Bundesverwaltungsgericht, Urteil vom 22. März 2018 – 7 C 30.15, NVwZ 2018, 1401 (1403); Dederer, in: Dürig/Herzog/Scholz, Grundgesetz-Kommentar, Stand: Oktober 2024, Art. 100 Rn. 128 f.

[749] Vgl. so auch: Siegel, LKV 2019, 399 (403).

[750] Vgl. Siegel, LKV 2019, 399 (403).

[751] Vgl. so etwa Siegel, LKV 2019, 399 (402 f.).

[752] Vgl. Heinemann, NVwZ 2019, 1070 (1075).

[753] Vgl. so auch: Siegel, LKV 2019, 399 (403).

[754] Vgl. so etwa Siegel, LKV 2019, 399 (402 f.).

[755] Im Ergebnis so auch: Siegel, LKV 2019, 399 (403).

[756] Vgl. Bundesverwaltungsgericht, Urteil vom 6. März 1952 – 2 Bundesverfassungsgericht, 1.51, NJW 1952, 537 (537); Degenhardt, Staatsrecht I, 33. Auflage 2017, § 3 IV 2 Rn. 224; Brosius-Gersdorf, in: Dreier, Grundgesetz Kommentar, 3. Auflage 2013, Art. 77 Rn. 23.

5.3.2 Materielle Verfassungsmäßigkeit

Auch materiell ist das Gesetz mit Ausnahme der Vorgabe in § 3 Abs. 2 Satz 4 ZwVbG verfassungsgemäß.[757] Dies gilt insbesondere, da die Bestimmung der Bereiche, in denen eine zweckentfremdungsrechtliche Genehmigungspflicht besteht, entsprechend den Anforderungen an die Wesentlichkeitstheorie durch den Gesetzgeber festgelegt[758] und die Voraussetzungen an die Verhältnismäßigkeit des Gesetzes gewahrt worden sind:

a) Die Anforderungen an die Wesentlichkeitstheorie hat das Bundesverfassungsgericht mit Blick auf die konkrete Ausgestaltung von Gesetzen durch Rechtsverordnung wie folgt festgehalten:

> „Wenn auch Art. 80 I 2 GG für Rechtsverordnungen festlegt, daß ihre gesetzliche Ermächtigung nach Inhalt, Zweck und Ausmaß bestimmt sein muß, ein Gesetz also nicht bloß allgemein zur Ausführung durch Rechtsverordnung ermächtigen darf, sondern spezielle Angaben dessen enthalten muß, was in der Rechtsverordnung geregelt werden soll, wenn die gesetzgeberische Tendenz ersichtlich sein muß und wenn die Grenzen der dem Verordnungsgeber übertragenen Rechtsetzungsbefugnis umschrieben sein sollen, so verlangt Art. 80 I 2 GG doch nicht, daß die Ermächtigung in ihrem Wortlaut so genau wie nur irgend möglich formuliert und gefaßt sein muß. Sie hat von Verfassungs wegen nur hinreichend bestimmt zu sein."
>
> Bundesverfassungsgericht, Beschluss vom 25. November 1980.[759]

---

[757] Vgl. so im Ergebnis auch: Verwaltungsgericht, Urteil vom 27. August 2019 – 6 K 452.18, juris Rn. 37 f.; Siegel, LKV 2019, 399 (403).

[758] Vgl. Bundesverfassungsgericht, Urteil vom 3. März 2009 – 2 BvC 3, 4.07, NVwZ 2009, 708; Beschluss vom 28. November 2018 – 2 BvL 3.15, NVwZ 2019, 223; Beschluss vom 1. April 2014 – 2 BvF 1.12, 2 BvF 3.12, NVwZ 2014, 1219; Di Fabio, in: Dürig/Herzog/Scholz, Grundgesetz-Kommentar, Stand: Oktober 2024, Art. 2 Abs. 1 GG Rn. 39 f.; dazu auch: P. Kirchhof, in: Dürig/Herzog/Scholz, Grundgesetz-Kommentar, Stand: Oktober 2024, Art. 3 Abs. 1 GG, Rn. 229 f.; Uhle, in: Epping/Hillgruber, BeckOK Grundgesetz, Stand: 28. Dezember 2024, Art. 80 Rn. 17 f.; im Ergebnis so auch: Siegel, LKV 2019, 399 (403).

[759] Bundesverfassungsgericht, Beschluss vom 25. November 1980 – 2 BvL 7, 8, 9.76, NJW 1981, 971 (972) Zeile 36 – 45; so auch: Bundesverfassungsgericht, Beschluss vom 28. November 2018 – 2 BvL 3.15, NVwZ 2019, 223; Beschluss vom 1. April 2014 – 2 BvF 1.12, 2 BvF 3.12, NVwZ 2014, 1219; Di Fabio, in: Dürig/Herzog/Scholz, Grundgesetz-Kommentar, Stand: Oktober 2024, Art. 2 Abs. 1 GG Rn. 39 f.; dazu auch: P. Kirchhof, in: Dürig/Herzog/Scholz, Grundgesetz-Kommentar, Stand: Oktober 2024, Art. 3

Die Übertragung der Aufgaben der Legislative darf diese gemessen an diesen Anforderungen daher nur insoweit an die Verwaltung abgeben, als dass Zielrichtung und Vorgaben der genauen Ausnutzung der Gesetzesregeln bereits festgelegt sind.[760] Damit ist dem Gesetzgeber eine übermäßige Abtretung originärer Aufgaben an die Exekutive schlicht versagt.[761] Lässt sich hingegen durch die allgemeinen Auslegungsgrundsätze der konkrete Normzweck einer Regelung bestimmen, sind auch die Anforderungen der Wesentlichkeitstheorie gewahrt.[762] Daher gilt: § 3 Abs. 2 Satz 4 ZwVbG sieht vor, dass der Ersatzwohnraum in räumlicher Nähe zu dem zweckentfremdeten Wohnraum oder zumindest in demselben Bezirk, in dem die Zweckentfremdung erfolgt beziehungsweise erfolgen soll, geschaffen wird.[763]

Die gesetzliche Vorgabe in § 3 Abs. 2 Satz 4 ZwVbG, Ersatzwohnraum „zumindest in demselben Bezirk“ zu schaffen, ist verfassungswidrig.[764] Das Zweckentfremdungsverbot dient dem Schutz des Wohnraums und der Sicherung einer ausreichenden Versorgung der Bevölkerung mit Wohnraum zu angemessenen Bedingungen. Eine bezirksbezogene Beschränkung des Ersatzwohnraums überschreitet jedoch diesen Zweck und verfolgt städtebauliche oder sozialpolitische Ziele, wie die Erhaltung geschlossener Wohnviertel, die verfassungsrechtlich unzulässig sind.[765] Das Gesetz gilt berlinweit, weshalb es ausreichend sein muss, Ersatzwohnraum innerhalb des Stadtgebiets zu schaffen. Die Forderung nach bezirksgebundenem Ersatzwohnraum stellt

---

Abs. 1 GG, Rn. 229 f.; Uhle, in: Epping/Hillgruber, BeckOK Grundgesetz, Stand: 28. Dezember 2024, Art. 80 Rn. 17 f.; im Ergebnis so auch: Siegel, LKV 2019, 399 (403).

760 Vgl. Bundesverfassungsgericht, Beschluss vom 25. November 1980 – 2 BvL 7, 8, 9.76, NJW 1981, 971 (972).

761 Vgl. Bundesverfassungsgericht, Beschluss vom 12. November 1958 – 2 BvL 4, 26, 40.56, 1, 7.57, NJW 1959, 475; Beschluss vom 24. Juni 1969 – 2 BvR 446.64, NJW 1969, 1843 (1844); Hellermann, in: Epping/Hillgruber, BeckOK Grundgesetz, Stand: 15. Mai 2021, Art. 28 Rn. 43 f.; Mehde, in: Dürig/Herzog/Scholz, Grundgesetz-Kommentar, Stand: Oktober 2024, Art. 28 Rn. 113 f.

762 Vgl. Bundesverfassungsgericht, Beschluss vom 26. September 2016 – 1 BvR 1326.15, NZS 2016, 942; Oberverwaltungsgericht Berlin-Brandenburg, Beschluss vom 6. April 2017 – OVG 5 B 14.16, BeckRS 2017, 106491 Rn. 61 f.

763 Vgl. dazu § 3 Abs. 2 Satz 4 ZwVbG Bln.

764 Vgl. dahingehend auch Hellriegel/Zielke, LKV 2020, 393 (397); anhand der Maßstäbe wie bereits unter II.5. dargestellt im Ergebnis so auch: Bayerischer Verwaltungsgerichtshof, Beschluss vom 20. Januar 2021 – 12 N 20.1706, BeckRS 2021, 963 Rn. 33.

765 Vgl. dahingehend auch Hellriegel/Zielke, LKV 2020, 393 (397).

eine Einschränkung der Eigentumsgarantie dar und verletzt die Grundrechte der Betroffenen.[766]

Dem Landesgesetzgeber ist es vor diesem Hintergrund gerade nicht gestattet, im Rahmen gesetzlicher Regelungen verbindlich vorzuschreiben, dass Ersatzwohnraum ausschließlich innerhalb desselben Stadtbezirks geschaffen werden muss, in dem der ursprünglich bestehende Wohnraum beseitigt wurde. Eine derart spezifische Lokalisierungspflicht würde einen unzulässigen Eingriff in die kommunale Planungshoheit und die Eigentumsrechte potenzieller Bauherren darstellen.[767] Zwar ist es grundsätzlich rechtlich zulässig, eine Verpflichtung zur Schaffung von Ersatzwohnraum innerhalb derjenigen Gemeinde vorzusehen, in der der bisherige Wohnraum entfallen ist. Dies lässt sich mit dem Ziel rechtfertigen, soziale und räumliche Ausgewogenheit innerhalb der betroffenen Kommune zu erhalten und städtebauliche Fehlentwicklungen zu vermeiden.[768] Eine weitergehende Einschränkung, wonach der Ersatzwohnraum zwingend im selben Stadtbezirk zu errichten sei, überschreitet jedoch die zulässigen Grenzen gesetzgeberischer Steuerung. Die Bindung an einen bestimmten Stadtbezirk wäre daher unverhältnismäßig und nicht durch ein hinreichendes öffentliches Interesse gedeckt, zumal die Bindung die Flexibilität der Wohnraumschaffung erheblich einschränkt und die Realisierbarkeit entsprechender Vorhaben erschwert.[769]

Zudem widerspricht sie der bisherigen Rechtsprechung, die die Wohnungsnachfrage auf das gesamte Stadtgebiet bezieht und nicht auf einzelne Bezirke begrenzt.[770] Insoweit entspricht das ZwVbG nicht den soeben dargelegten Anforderungen und ist damit rechtswidrig.[771]

Etwas anderes gilt hingegen mit Blick auf die übrigen Regelungen des ZwVbG: Nach dem § 3 Abs. 1 Satz 3 ZwVbG setzen angemessene Bedingungen

---

766 Vgl. dahingehend auch Hellriegel/Zielke, LKV 2020, 393 (397).

767 Bayerischer Verwaltungsgerichtshof, Beschluss vom 20. Januar 2021 – 12 N 20.1706, BeckRS 2021, 963 Rn. 33.

768 Bayerischer Verwaltungsgerichtshof, Beschluss vom 20. Januar 2021 – 12 N 20.1706, BeckRS 2021, 963 Rn. 33.

769 Bayerischer Verwaltungsgerichtshof, Beschluss vom 20. Januar 2021 – 12 N 20.1706, BeckRS 2021, 963 Rn. 33.

770 Vgl. dahingehend auch Hellriegel/Zielke, LKV 2020, 393 (397).

771 Vgl. so auch: Vgl. Bayerischer Verwaltungsgerichtshof, Beschluss vom 20. Januar 2021 – 12 N 20.1706, BeckRS 2021, 963 Rn. 35 f.; Hellriegel/Zielke, LKV 2020, 393 (393).

Mieten voraus, die für Wohnungen der entsprechenden Art von einem durchschnittlich verdienenden Arbeitnehmerhaushalt allgemein aufgebracht werden können.[772] Dies entspricht den gerade dargestellten Anforderungen des Grundsatzes der Wesentlichkeit.[773] Insbesondere die Beurteilung, wann die „Versorgung der Bevölkerung mit ausreichendem Wohnraum zu angemessenen Bedingungen besonders gefährdet"[774] ist, kann aufgrund der einschlägigen Rechtsprechung des Bundesverfassungsgerichts[775] anhand der gesetzlich festgelegten Regelungen bestimmt werden.[776] Vor allem besitzt auch die genaue Ausgestaltung hinreichende Normenklarheit.[777] Es lässt sich daher im Ergebnis festhalten, dass das Zweckentfremdungsverbotsgesetz die Anforderungen an die Wesentlichkeitstheorie wahrt.[778]

b) Auch entspricht das Gesetz den Anforderungen des verfassungsrechtlichen Verhältnismäßigkeitsgrundsatzes, einschließlich der Voraussetzungen an dessen Angemessenheit: Nach § 3 Abs. 1 Satz 3 ZwVbG ist Ersatzwohnraum

---

772 Vgl. Bundesverfassungsgericht, Beschluss vom 26. September 2016 – 1 BvR 1326.15, NZS 2016, 942; Oberverwaltungsgericht Berlin-Brandenburg, Beschluss vom 6. April 2017 – OVG 5 B 14.16, BeckRS 2017, 106491 Rn. 61 f.

773 Vgl. dazu: Bundesverfassungsgericht, Beschluss vom 25. November 1980 – 2 BvL 7, 8, 9.76, NJW 1981, 971 (972) Zeile 36 – 45; so auch: Bundesverfassungsgericht, Beschluss vom 28. November 2018 – 2 BvL 3.15, NVwZ 2019, 223; Beschluss vom 1. April 2014 – 2 BvF 1.12, 2 BvF 3.12, NVwZ 2014, 1219; P. Kirchhof, in: Dürig/Herzog/Scholz, Grundgesetz-Kommentar, Stand: Oktober 2024, Art. 3 Abs. 1 GG, Rn. 229 f.; Appel, DVBl. 2005, Seite 340 f.; Uhle, in: Epping/Hillgruber, BeckOK Grundgesetz, Stand: 28. Dezember 2024, Art. 80 Rn. 17 f.; im Ergebnis so auch: Siegel, LKV 2019, 399 (403).

774 Bundesverfassungsgericht, Beschluss vom 26. September 2016 – 1 BvR 1326.15, NZS 2016, 942 (944).

775 Vgl. Bundesverfassungsgericht, Urteil vom 4. Februar 1975 – 2 BvL 5.74, NJW 1975, 727 (728).

776 Vgl. so auch Oberverwaltungsgericht Berlin-Brandenburg, Beschluss vom 6. April 2017 – OVG 5 B 14.16, BeckRS 2017, 106491 Rn. 66 f.

777 Vgl. so auch Oberverwaltungsgericht Berlin-Brandenburg, Beschluss vom 6. April 2017 – OVG 5 B 14.16, BeckRS 2017, 106491 Rn. 68.

778 Vgl. darin eine Ausweisungsmöglichkeit mit Blick auf eine stadtweite zweckentfremdungsrechtliche Genehmigungspflicht: Bundesgerichtshof, Urteil vom 4. November 2015 – VIII ZR 217.14, NJW 2016, 476; im Ergebnis so auch Oberverwaltungsgericht Berlin-Brandenburg, Beschluss vom 6. April 2017 – OVG 5 B 14.16, BeckRS 2017, 106491 Rn. 66 f.

zu angemessenen Bedingungen zu schaffen.[779] Angemessene Bedingungen setzen Mieten voraus, die für Wohnungen der entsprechenden Art von einem durchschnittlich verdienenden Arbeitnehmerhaushalt allgemein aufgebracht werden können.[780] Zwar argumentiert *Heinemann*, der im Ergebnis von einer materiellen Verfassungswidrigkeit des Gesetzes ausgeht, dass durch die zweckentfremdungsrechtliche Genehmigungspflicht massiv in die Verfügungsbefugnis von Wohnungseigentümern eingegriffen werde und es diesem Eingriff an einem hinreichenden sachlichen Grund fehle.[781] Dagegen spricht allerdings, dass die Regelung zunächst nach ihrem Wortlaut jedenfalls verfassungskonform ausgelegt werden kann, so dass sie dahingehend auch verfassungsgemäß ist.[782] Angemessene Bedingungen im Sinne des § 3 Abs. 1 Satz 3 ZwVbG umfasst nicht allein niedrige Mieten, sondern – wie von der Regelung ausdrücklich festgehalten – gerade solche, die nach ihrer Höhe von einem durchschnittlich verdienenden Arbeitnehmerhaushalt gezahlt werden könnten.[783] Zudem ist die Regelung eingeschränkt anwendbar nur in dem Bereich, in dem die Versorgung der Bevölkerung mit ausreichendem Wohnraum zu angemessenen Bedingungen besonders gefährdet ist.[784] Damit dient die Regelung der Deckung des tatsächlichen Bedarfs an angemessenem Wohnraum unter Voranstellung durchschnittlicher Standards zur Erhaltung der Funktionsfähigkeit des Wohnungsmarktes.[785]

---

779 Vgl. Hellriegel, in: Meyer/Achelis/von Alven-Döring/Hellriegel/Kohl/Rau, Bauordnung für Berlin mit Kommentierung des Berliner Planungsrechts, 7. Auflage 2021, § 63b Rn. 37 f.

780 Vgl. Bundesverfassungsgericht, Beschluss vom 25. November 1980 – 2 BvL 7, 8, 9.76, NJW 1981, 971 (972).

781 Vgl. Heinemann, NVwZ 2019, 1070 (1073).

782 Vgl. Verwaltungsgericht, Urteil vom 27. August 2019 – 6 K 452.18, juris Rn. 37 f.

783 Vgl. so auch Bundesverfassungsgericht, Beschluss vom 4. Februar 1975 – 2 BvL 5.74, NJW 1975, 727; Verwaltungsgericht Berlin, Urteil vom 27. August 2019 – 19 K 517.18, juris Rn. 31.

784 Vgl. darin eine Ausweisungsmöglichkeit mit Blick auf eine stadtweite zweckentfremdungsrechtliche Genehmigungspflicht: Bundesgerichtshof, Urteil vom 4. November 2015 – VIII ZR 217.14, NJW 2016, 476; im Ergebnis so auch Oberverwaltungsgericht Berlin-Brandenburg, Beschluss vom 6. April 2017 – OVG 5 B 14.16, BeckRS 2017, 106491 Rn. 66 f.; so auch im Ergebnis: Verwaltungsgericht Berlin, Urteil vom 27. August 2019 – 19 K 517.18, juris Rn. 36 f.

785 Vgl. Entscheidungshilfen der Obersten Bauaufsicht von Berlin, Seite 45 f.; Hellriegel/Zielke, LKV 2020, 393 (393).

Soweit § 3 Abs. 2 Satz 4 ZwVbG allerdings die Schaffung von Ersatzwohnraum in demselben Bezirk vorsieht, steht dies dem Sinn und Zweck des Zweckentfremdungsverbots entgegen.[786] Dieses dient allein der Erhaltung des betreffenden Wohnraums zugunsten des städtischen Wohnungsmarktes und lässt eine Eingrenzung auf einen einzelnen Stadtteil oder Bezirk nicht zu.[787]

Im Übrigen deckt sich die Ausgestaltung des ZwVbG mit den Kriterien, die das Bundesverwaltungsgericht in seiner Grundsatzentscheidung aufgestellt hat, und entspricht der Zielrichtung der Erhaltung eines funktionierenden Wohnungsmarktes.[788]

5.3.3 Nichtigkeit der Zweckentfremdungsverbotsverordnung

Etwas anderes gilt jedoch mit Blick auf § 3 Abs. 4 der Verordnung über das Verbot der Zweckentfremdung von Wohnraum.[789] Danach darf für Ersatzwohnraum gemäß § 3 Absatz 1 Satz 2 und Satz 3 des Zweckentfremdungsverbot-Gesetzes keine höhere Nettokaltmiete verlangt werden als 9,12 Euro pro Quadratmeter monatlich. Diese Regelung ist aufgrund ihrer konkreten Ausgestaltung als verfassungswidrig anzusehen.[790] Insbesondere ist die Einführung einer Mietobergrenze mit Blick auf den erforderlichen Ersatzwohnraum schon nicht von der Zielsetzung des ZwVbG umfasst.[791] Außerdem fehlt es der Regelung sowohl an der Erforderlichkeit als auch an der Angemessenheit im Sinne des verfassungsrechtlichen Verhältnismäßigkeitsgrundsatzes:

---

[786] Vgl. Bayerischer Verwaltungsgerichtshof, Beschluss vom 20. Januar 2021 – 12 N 20.1706, BeckRS 2021, 963 Rn. 35 f.; Hellriegel/Zielke, LKV 2020, 393 (393).

[787] Vgl. Bayerischer Verwaltungsgerichtshof, Beschluss vom 20. Januar 2021 – 12 N 20.1706, BeckRS 2021, 963 Rn. 35 f.; dahingehend auch: Bundesverwaltungsgericht, Urteil vom 17. Oktober 1997 – 8 C 18.96, NJW 1998, 94 (96).

[788] Vgl. Oberverwaltungsgericht Berlin-Brandenburg, Beschluss vom 6. April 2017 – OVG 5 B 14.16, juris Rn. 71 f.; Verwaltungsgericht Berlin, Urteil vom 27. August 2019 – 19 K 517.18, juris Rn. 32.

[789] Vgl. so auch: Verwaltungsgericht Berlin, Urteil vom 27. August 2019 – 19 K 517.18, juris Rn. 45 f.

[790] Vgl. so auch: Verwaltungsgericht Berlin, Urteil vom 27. August 2019 – 19 K 517.18, juris Rn. 45 f.

[791] Vgl. Verwaltungsgericht Berlin, Urteil vom 27. August 2019 – 19 K 517.18, juris Rn. 45 f.; im Ergebnis auch: Bayerischer Verwaltungsgerichtshof, Beschluss vom 20. Januar 2021 – 12 N 20.1706, NVwZ-RR 2021, 482 Rn. 35 f.

Bereits die Einführung einer Mietobergrenze ist nicht von der Zielsetzung des Zweckentfremdungsrechts umfasst.[792] Das Zweckentfremdungsrecht dient der Erhaltung eines funktionstüchtigen Wohnungsmarktes,[793] also dem öffentlichen Interesse an der Erhaltung des betroffenen Wohnraums und dessen Erhaltung für den jeweiligen Wohnungsmarkt.[794] Nach Rechtsprechung des Bundesverwaltungsgerichts sind die Belange der betroffenen Mieter im Rahmen der Genehmigung nicht zu berücksichtigen.[795] Stattdessen kommt es dabei einzig und allein auf die durch das Gericht aufgestellten sechs Kriterien an.[796] Danach ist die Genehmigung zu erteilen, wenn der jeweilige Ersatzwohnraum räumlich innerhalb derselben Gemeinde entsteht,[797] zeitlich ein Zusammenhang zwischen Neubau und Ersatzwohnraum besteht,[798] dieser durch denselben Verfügungsberechtigten geschaffen wird, der auch für den Abriss des Bestandgebäudes verfügungsberechtigt war [799] und er vollwertig mit Blick auf die Größe und den baulichen Standard dem abgerissenen Wohnraum entspricht oder jedenfalls über den Standard des abgerissenen Bestandsgebäudes höchstens bis zu einer Obergrenze hinausreicht sowie auf dem Wohnungsmarkt denjenigen, die Wohnraum nachfragen, gleichwertig zur Verfügung steht.[800]

---

[792] Vgl. so auch: Verwaltungsgericht Berlin, Urteil vom 27. August 2019 – 19 K 517.18, juris Rn. 45 f.

[793] Vgl. so ausdrücklich: Bundesverwaltungsgericht, Urteil vom 17. Oktober 1997 – 8 C 18.96, NJW 1998, 94 (96).

[794] Vgl. Verwaltungsgericht Berlin, Urteil vom 27. August 2019 – 19 K 517.18, juris Rn. 45 f.; im Ergebnis auch: Bayerischer Verwaltungsgerichtshof, Beschluss vom 20. Januar 2021 – 12 N 20.1706, NVwZ-RR 2021, 482 Rn. 35 f.

[795] Vgl. so ausdrücklich: Bundesverwaltungsgericht, Urteil vom 17. Oktober 1997 – 8 C 18.96, NJW 1998, 94 (96); so auch: Verwaltungsgericht Berlin, Urteil vom 27. August 2019 – 19 K 517.18 Rn. 42 f.; ebenso: Bayerischer Verwaltungsgerichtshof, Beschluss vom 20. Januar 2021 – 12 N 20.1706, BeckRS 2021, 963 Rn. 26 f.

[796] Vgl. Bundesverwaltungsgericht, Urteil vom 17. Oktober 1997 – 8 C 18.96, NJW 1998, 94.

[797] Vgl. Bundesverwaltungsgericht, Urteil vom 17. Oktober 1997 – 8 C 18.96, NJW 1998, 94 (94).

[798] Vgl. Bundesverwaltungsgericht, Urteil vom 17. Oktober 1997 – 8 C 18.96, NJW 1998, 94 (94).

[799] Vgl. Bundesverwaltungsgericht, Urteil vom 17. Oktober 1997 – 8 C 18.96, NJW 1998, 94 (94).

[800] Vgl. Bundesverwaltungsgericht, Urteil vom 17. Oktober 1997 – 8 C 18.96, NJW 1998, 94 (94).

Die Einführung einer Mietobergrenze dient dem so ausgestalteten Gesetzeszweck gerade nicht.[801] Vielmehr birgt sie die Gefahr, die Erneuerung des Wohnungsbestandes und vor allem die Schaffung neuen Wohnraums zu beeinträchtigen.[802] Dabei hat sich das Bundesverfassungsgericht in seiner bisherigen Rechtsprechung auf den Standpunkt gestellt, dass eine Regulierung der Miethöhe zur Senkung der Neubautätigkeit führen könne[803], ein angespannter Wohnungsmarkt sei dauerhaft lediglich durch Neubau von Wohnraum aufzulösen.[804] Hiernach kann also nicht davon ausgegangen werden, dass mit der Einführung einer Mietobergrenze die Wohnraumversorgung der Bevölkerung angemessen gesichert wird.[805] Dagegen birgt eine solche sogar die Gefahr, Neubauten unattraktiver zu gestalten und damit dem Ziel des Zweckentfremdungsrecht entgegenzuwirken.[806]

Es fehlt der durch § 3 Abs. 4 ZwVbVO starr festgesetzten Mietobergrenze an der Erforderlichkeit.[807] Im Sinne der verfassungsrechtlichen Erforderlichkeit muss das gewählte Mittel zur Zweckerreichung das mildeste sein, das den vorgesehenen Zweck erreicht. Daran fehlt es bei der Festsetzung einer starren Mietobergrenze von monatlich EUR 9,12 pro qm.[808] Dies gilt insbeson-

---

801 Vgl. Bundesverfassungsgericht, Beschluss vom 18. Juli 2019 – 1 BvL 1.18, 1 BvL 4.18, 1 BvR 1595.18, NJW 2019, 3054 Rn. 106, 117 f.; Bayerischer Verwaltungsgerichtshof, Beschluss vom 20. Januar 2021 – 12 N 20.1706, BeckRS 2021, 963 Rn. 27 f.

802 Vgl. so auch Oberverwaltungsgericht Berlin-Brandenburg, Beschluss vom 6. April 2017 – OVG 5 B 14.16, BeckRS 2017, 106491; Bayerischer Verwaltungsgerichtshof, Beschluss vom 19. Juli 2021 – 12 CS 21.507, BeckRS 2021, 20913;

803 Vgl. dazu Bayerischer Verwaltungsgerichtshof, Beschluss vom 20. Januar 2021 – 12 N 20.1706, BeckRS 2021, 963 Rn. 28 f.

804 Vgl. Bundesverfassungsgericht, Beschluss vom 18. Juli 2019 – 1 BvL 1.18, 1 BvL 4.18, 1 BvR 1595.18, NJW 2019, 3054 Rn. 106, 117 f.

805 Vgl. Bayerischer Verwaltungsgerichtshof, Beschluss vom 20. Januar 2021 – 12 N 20.1706, BeckRS 2021, 963 Rn. 28 f.; Verwaltungsgericht Berlin, Urteil vom 27. August 2019 – 19 K 517.18, juris Rn. 45 f.

806 Vgl. Bayerischer Verwaltungsgerichtshof, Beschluss vom 20. Januar 2021 – 12 N 20.1706, BeckRS 2021, 963 Rn. 28 f.; Verwaltungsgericht Berlin, Urteil vom 27. August 2019 – 19 K 517.18, juris Rn. 45 f.

807 Vgl. Bayerischer Verwaltungsgerichtshof, Beschluss vom 20. Januar 2021 – 12 N 20.1706, BeckRS 2021, 963 Rn. 28 f.; Verwaltungsgericht Berlin, Urteil vom 27. August 2019 – 19 K 517.18, juris Rn. 45 f.

808 Vgl. Bundesverfassungsgericht, Beschluss vom 18. Juli 2019 – 1 BvL 1.18, 1 BvL 4.18, 1 BvR 1595.18, NJW 2019, 3054 Rn. 106, 117 f.; so auch: Verwaltungsgericht Berlin, Urteil vom 11. November 2020 – VG 6 K 373.19, BeckRS 2020, 41905 Rn. 37.

dere, da eine derartige Regelung die Einzelfallbetrachtung und damit die Unterschiede mit Blick auf den jeweiligen (Einzelfall-)Ersatzwohnraum außen vor lässt.[809] Vor allem das wesentliche Unterscheidungskriterium der Lage von Wohnraum wird durch die Regelung nicht in die Betrachtung mit einbezogen. Daher kann die Ausgestaltung der Regelung dem Erfordernis der mildesten Norm zur wirksamen Zweckerreiche nicht genügen.[810]

Im Übrigen ist die Regelung aufgrund der starren Festlegung einer Mietobergrenze mit Blick auf den Verhältnismäßigkeitsgrundsatz ebenfalls nicht angemessen.[811] Zum einen handelt es sich dabei nicht um eine sachgerechte und - mit Blick auf den verfassungsrechtlich garantierten Schutz sowohl der Mieter als auch der Eigentümer - hinreichend abgewogene Regelung, da der Grundsatz der Vertragsfreiheit, wonach es den Mietparteien obliegt, die Miethöhe nach ihrer eigenen Vorstellung festzusetzen, nahezu aufgehoben wird.[812] Zum anderen fehlt es zur Wahrung der verfassungsrechtlich garantierten Eigentumsfreiheit nach Art. 14 Abs. 1 GG an einer zeitlichen Beschränkung der Einhaltung der Mietobergrenze von EUR 9,12 und einem wirksamen Inflationsausgleich zur wirtschaftlichen Erhaltung des betroffenen Ersatzwohnraums.[813]

Es bleibt festzuhalten, dass die Regelungen des § 3 ZwVbG zwar verfassungskonform ausgelegt werden können und damit nicht zu beanstanden sind, aber die Einführung einer Mietobergrenze, wie sie § 3 Abs 4 ZwVbVO vorsieht, verfassungswidrig und daher nichtig ist.[814]

---

809 Vgl. so etwa: Bayerischer Verwaltungsgerichtshof, Beschluss vom 20. Januar 2021 – 12 N 20.1706, BeckRS 2021, 963 Rn. 26 f.

810 Vgl. Bundesverfassungsgericht, Beschluss vom 18. Juli 2019 – 1 BvL 1.18, 1 BvL 4.18, 1 BvR 1595.18, NJW 2019, 3054 Rn. 106, 117 f.; ebenso: Verwaltungsgericht Berlin, Urteil vom 11. November 2020 – VG 6 K 373.19, BeckRS 2020, 41905 Rn. 37.

811 Vgl. Verwaltungsgericht Berlin, Urteil vom 27. August 2019 – 19 K 517.18, juris Rn. 45 f.; im Ergebnis auch: Bayerischer Verwaltungsgerichtshof, Beschluss vom 20. Januar 2021 – 12 N 20.1706, NVwZ-RR 2021, 482 Rn. 35 f.

812 Vgl. Verwaltungsgericht Berlin, Urteil vom 27. August 2019 – 19 K 517.18, juris Rn. 45 f.; im Ergebnis auch: Bayerischer Verwaltungsgerichtshof, Beschluss vom 20. Januar 2021 – 12 N 20.1706, NVwZ-RR 2021, 482 Rn. 35 f.

813 Vgl. Verwaltungsgericht Berlin, Urteil vom 27. August 2019 – 19 K 517.18, juris Rn. 45 f.; im Ergebnis auch: Bayerischer Verwaltungsgerichtshof, Beschluss vom 20. Januar 2021 – 12 N 20.1706, NVwZ-RR 2021, 482 Rn. 35 f.

814 Vgl. Verwaltungsgericht Berlin, Urteil vom 27. August 2019 – 19 K 517.18, juris Rn. 45 f.; im Ergebnis auch: Bayerischer Verwaltungsgerichtshof, Beschluss vom 20. Januar 2021 – 12 N 20.1706, NVwZ-RR 2021, 482 Rn. 35 f.

5.4 Resümee

Es gilt daher: Das Berliner Zweckentfremdungsverbotsrecht ist mit Ausnahme der Regelungen in § 3 Abs. 2 Satz 4 ZwVbG sowie § 3 Abs 4 ZwVbVO verfassungsgemäß.[815] Es ist daher geeignet, einen Beitrag zur Bekämpfung der Wohnraumknappheit durch die effektive Verhinderung des Entzugs von Wohnraum aus dem bereits knappen Wohnungsraumangebot zu leisten. Die Stimmen, die sich darüber hinaus in ihrer Argumentation für eine Verfassungswidrigkeit des Zweckentfremdungsverbot-Gesetzes aussprechen – sei es mit Blick auf alle Bundesländer oder begrenzt auf Berlin – vermögen mit ihren Begründungen nicht zu überzeugen. Soweit die Zweckentfremdungsverordnung in § 3 Abs. 4 jedoch festlegt, dass für Ersatzwohnraum nach dem Zweckentfremdungsverbot-Gesetzes keine höhere Miete als EUR 9,12 pro qm verlangt werden dürfe, ist diese Regelung aufgrund ihrer Verfassungswidrigkeit nichtig.[816] Mit Blick auf die im Rahmen dieser Ausarbeitung untersuchte Frage nach der Mietensteuerung im Städtebaurecht gilt: Es besteht nicht die Möglichkeit, auf der Grundlage des Zweckentfremdungsverbotsrechts eine Mietobergrenze einzuführen.[817]

Eine Anfangsmiete, die die wirtschaftliche Leistungsfähigkeit potenzieller Mieter zu Grunde legt, wäre hingegen zulässig und deren Bestimmung durch Rechtsverordnung zulässig. Als Orientierung für die Miethöhe könne – so das Oberverwaltungsgericht – der Mietspiegel herangezogen werden. Dabei müsste aber auch eine Erhöhung der Anfangsmieten möglich bleiben; eine starre Mietobergrenze komme aufgrund des Verstoßes gegen die Kompetenzordnung und die abschließenden Regelungen des Mietrechts der §§ 556 f. BGB nicht in Betracht. D.h. die Anfangsmieten müssten nach den Regelungen des bürgerlichen Mietpreisrechts erhöht werden können.[818]Daraus folgt für das Zweckentfremdungsverbotsrecht: Es kann nur ein Regelungsinstrument von vielen zur Lösung der Frage nach der Schaffung

---

[815] Vgl. Verwaltungsgericht Berlin, Urteil vom 27. August 2019 – 19 K 517.18, juris Rn. 45 f.; im Ergebnis auch: Bayerischer Verwaltungsgerichtshof, Beschluss vom 20. Januar 2021 – 12 N 20.1706, NVwZ-RR 2021, 482 Rn. 35 f.

[816] Vgl. Heinemann, NVwZ 2019, 1070 (1070).

[817] Vgl. Verwaltungsgericht Berlin, Urteil vom 27. August 2019 – 19 K 517.18, juris Rn. 45 f.; im Ergebnis auch: Bayerischer Verwaltungsgerichtshof, Beschluss vom 20. Januar 2021 – 12 N 20.1706, NVwZ-RR 2021, 482 Rn. 35 f.

[818] Vgl. Oberverwaltungsgericht Berlin-Brandenburg, Urteil vom 23. Mai 2023 – OVG 5 B 29.29, NVwZ 2023, 1769 Rn. 44.

von ausreichendem Wohnraum für alle Bevölkerungsgruppen sein. Denn es lässt sich so zwar auf der Grundlage des Zweckentfremdungsverbotsrechts ein wichtiger Beitrag zur Bekämpfung der Wohnraumknappheit – namentlich dem Entzug von Wohnraum aus dem bereits angespannten Wohnungsmarkt – erzielen[819]. Aber die Wohnungsknappheit oder auch die Schaffung von Wohnraum für alle Bevölkerungsschichten wird dadurch nicht erreicht, weil mit dem Zweckentfremdungsverbotsrecht gerade nur der status quo erhalten werden kann.[820] Denn geschützt ist darin stets der Bestand; die Schaffung von zusätzlichem Wohnraum wird von der Zielrichtung der Regelung bereits nicht erfasst.[821] Mit den Instrumenten des Zweckentfremdungsverbotsgesetzes lässt sich kein neuer Wohnraum zugunsten breiter Schichten der Bevölkerung schaffen.

---

[819] Vgl. so auch mit Verweis auf Angebote von Ferienwohnungen im Berliner Bezirk Prenzlauer Berg: Weber, NZM 2018, 374 (377).

[820] Vgl. so auch: Verwaltungsgericht Berlin, Urteil vom 27. August 2019 – 19 K 517.18, juris Rn. 45 f.; im Ergebnis auch: Bayerischer Verwaltungsgerichtshof, Beschluss vom 20. Januar 2021 – 12 N 20.1706, NVwZ-RR 2021, 482 Rn. 35 f.

[821] Vgl. so auch: Verwaltungsgericht Berlin, Urteil vom 27. August 2019 – 19 K 517.18, juris Rn. 45 f.; im Ergebnis auch: Bayerischer Verwaltungsgerichtshof, Beschluss vom 20. Januar 2021 – 12 N 20.1706, NVwZ-RR 2021, 482 Rn. 35 f.

Mietobergrenzen im Erhaltungsrecht

Anders als in der Literatur bisweilen vorgetragen,[822] – gilt selbst mit Blick auf das städtebauliche Erhaltungsrecht nach § 172 Abs. 1 Nr. 2 BauGB, einem Regelungsinstrument, das insbesondere der Erhaltung der angestammten Wohnbevölkerung eines Gebiets dienen soll Folgendes:[823] Zum einen lässt sich die Einführung von Mietobergrenzen nicht unter Vorhalt der Ausübung eines gemeindlichen Vorkaufsrechts zwecks Abschlusses von sogenannten Abwendungsvereinbarungen – wie es etwa in Berlin bisher Teil der Behördenpraxis gewesen ist – erreichen.[824] Denn für diese Praxis fehlt es, wie das Bundesverwaltungsgericht mit Urteil vom 9. November 2021 festgestellt hat, an einem Vorkaufsrecht (vgl. I.).[825] Zum anderen sprechen die besseren Argumente zudem dafür, dass – auch unabhängig von Abwendungsvereinbarungen – die Festsetzung von Mietobergrenzen auf Grundlage des städtebaulichen Erhaltungsrechts nach § 172 Abs. 1 Nr. 2 BauGB nicht zulässig ist (vgl. II.).[826]

---

[822] Vgl. so etwa Jankowski, LKV 2003, 217 (219); Tietzsch, NVwZ 1998, 590 (590); wohl auch Weber, JZ 2018, 1022 (1026).

[823] Vgl. Jankowski, LKV 2003, 217 (219); Tietzsch, NVwZ 1998, 590 (590); wohl auch Weber, JZ 2018, 1022 (1026).

[824] Vgl. Anmerkungen von Schröer/Kümmel zu Bundesverwaltungsgericht, Urteil vom 9. November 2021 – 4 C 1.20, NVwZ 2022, 75 (78).

[825] Vgl. Bundesverwaltungsgericht, Urteil vom 9. November 2021 – 4 C 1.20, NVwZ 2022, 75 (76).

[826] Vgl. dazu unter anderem: Verwaltungsgericht Berlin, Beschluss vom 28. Oktober 2002 – 19 A 393.02, BeckRS 2002, 30920316.

Es zeigt sich damit, dass die Erhaltungssatzung[827] als Instrument des Mieterschutzes ungeeignet ist.[828] Es handelt sich dabei allein um ein Instrument des Städtebaus, so dass die nach dem Zivilrecht zulässigen Mieterhöhungen nach den §§ 557 f. BauGB nicht ausgeschlossen werden können.[829]

6.1 Kein Vorkaufsrecht nach § 24 Abs. 1 Nr. 4 BauGB

Mit der Absicht Bestandsmieter vor der Verdrängung aus einem Erhaltungsgebiet im Sinne des § 172 BauGB zu schützen, haben die Berliner Senatsverwaltung für Stadtentwicklung und Wohnen mit der Senatsverwaltung für Finanzen im Juli 2017 ein „Konzept für die Nutzung von Vorkaufsrechten nach dem Baugesetzbuch in Berlin“[830] mit folgenden Grundsätzen aufgestellt: Schließt ein Käufer mit dem Eigentümer eines Grundstücks, das innerhalb eines Erhaltungsgebiets nach § 172 BauGB liegt, einen Kaufvertrag soll der zuständige Bezirk von dem gemeindlichen Vorkaufsrecht gemäß § 24 Abs. 1 Satz 1 Nr. 4 BauGB Gebrauch machen.[831] Ein solches Vorkaufrecht sei – nach Einschätzung der Senatsverwaltung – in sozialen Erhaltungsgebieten von vornherein gegeben.[832] Wenn sich der jeweilige Käufer des Grundstücks allerdings vor dem Eintritt des Bezirks in den Kaufvertrag dazu bereit erklärt, eine Abwendungsvereinbarung

[827] Diese wird in Berlin gemäß § 172 Abs. 1 BauGB i.V.m. § 30 des Gesetzes zur Ausführung des Baugesetzbuchs (AGBauGB) als Verordnung erlassen.

[828] Vgl. Mitschang, in: Battis/Krautzberger/Löhr, Baugesetzbuch, 15. Auflage 2022, § 172 Rn. 109; wohl noch weitgehender: Köster, ZRP 2022, 79 (80).

[829] Vgl. Mitschang, in: Battis/Krautzberger/Löhr, Baugesetzbuch, 15. Auflage 2022, § 172 Rn. 109; wohl noch weitgehender: Köster, ZRP 2022, 79 (80).

[830] Senatsverwaltung für Stadtentwicklung und Wohnen/Senatsverwaltung für Finanzen, Konzept für die Nutzung von Vorkaufsrechten nach dem Baugesetzbuch in Berlin, Stand: Juli 2017, abrufbar unter: https://www.stadtentwicklung.berlin.de/staedtebau/foerderprogramme/stadterneuerung/soziale_erhaltungsgebiete/download/VZK-Konzept_Vorkaufsrechte.pdf (zuletzt abgerufen am 15. November 2022).

[831] Vgl. Senatsverwaltung für Stadtentwicklung und Wohnen/Senatsverwaltung für Finanzen, Konzept für die Nutzung von Vorkaufsrechten nach dem Baugesetzbuch in Berlin, Stand: Juli 2017, Seite 3 f.

[832] Vgl. Senatsverwaltung für Stadtentwicklung und Wohnen/Senatsverwaltung für Finanzen, Konzept für die Nutzung von Vorkaufsrechten nach dem Baugesetzbuch in Berlin, Stand: Juli 2017, Seite 3 f.

abzuschließen, könne von der Gebrauchmachung abgesehen werden.[833] So könne „ohne Eigentumserwerb durch Berlin sichergestellt werden, dass die Veräußerung der Immobilie den Zielen der sozialen Erhaltungssatzung nicht zuwider läuft."[834] Maßgebliches Ziel dieser Praxis ist demnach der Abschluss von Abwendungsvereinbarungen, in denen die Käufer insbesondere verpflichtet werden, auf potentiell mietsteigernde bauliche Maßnahmen verzichten.[835] Hingegen sei die tatsächliche Ausübung des Vorkaufsrechts nicht primäres Ziel der Berliner Bezirke.[836]

Diese Praxis ist durch das Urteil des Bundesverwaltungsgerichts vom 9. November 2021 erheblich eingeschränkt worden. Denn nach Auffassung des Gerichts sei ein Vorkaufsrecht ausgeschlossen, solange das Grundstück im Sinne des § 26 Nr. 4 BauGB im Zeitpunkt der Ausübung des Vorkaufsrechts entsprechend den Zielen und Zwecken der Erhaltungssatzung bebaut ist und genutzt wird.[837] Die Anforderungen an die Zulässigkeit der Ausübung eines Vorkaufsrechts sind damit für die Berliner Bezirke angewachsen und damit stest einzelfallabhängig zu bestimmen; die Annahme, dass innerhalb eines Erhaltungsgebiets bei jeder Grundstückstransaktion ein Vorkaufsrecht bestehe, hat sich hingegen als rechtswidrig herausgestellt.[838]

---

[833] Vgl. Senatsverwaltung für Stadtentwicklung und Wohnen/Senatsverwaltung für Finanzen, Konzept für die Nutzung von Vorkaufsrechten nach dem Baugesetzbuch in Berlin, Stand: Juli 2017, Seite 4.

[834] Senatsverwaltung für Stadtentwicklung und Wohnen/Senatsverwaltung für Finanzen, Konzept für die Nutzung von Vorkaufsrechten nach dem Baugesetzbuch in Berlin, Stand: Juli 2017, Seite 4 Zeile 18-20.

[835] Vgl. Senatsverwaltung für Stadtentwicklung und Wohnen/Senatsverwaltung für Finanzen, Konzept für die Nutzung von Vorkaufsrechten nach dem Baugesetzbuch in Berlin, Stand: Juli 2017, Seite 4; so auch ausdrücklich: Senatsverwaltung für Finanzen, Vorkaufsrecht, Zeile 48 f., abrufbar unter: https://www.berlin.de/sen/finanzen/vermoegen/liegenschaften/vorkaufsrecht/artikel.1058562.php (zuletzt abgerufen am 15. November 2022); wohl in diesem Sinne auch: Verwaltungsgericht Berlin, Urteil vom 17. Mai 2018 – VG 13 K 724.17, BeckRS 2018, 23813 Rn. 20 f.

[836] Vgl. Senatsverwaltung für Finanzen, Vorkaufsrecht, Zeile 48 f.

[837] Vgl. Bundesverwaltungsgericht, Urteil vom 9. November 2021 – 4 C 1.20, NVwZ 2022, 75 (Ls.).

[838] Vgl. Bundesverwaltungsgericht, Urteil vom 9. November 2021 – 4 C 1.20, NVwZ 2022, 75 (76).

6.1.1 Streitpunkt: Anknüpfung an zukünftige Entwicklungen oder nicht

Mit seiner Entscheidung vom 9. November 2021 ist das Bundesverwaltungsgericht sowohl der Rechtsauffassung des Verwaltungsgerichts Berlin als auch des Oberverwaltungsgerichts Berlin-Brandenburg entgegengetreten.[839] Beide Gerichte waren zu dem Ergebnis gekommen, dass die dargestellte Vorkaufspraxis der Berliner Bezirke rechtmäßig sei.[840] Dabei war das Bestehen eines gemeindlichen Vorkaufsrechts gemäß § 24 Abs. 1 Nr. 4 BauGB für das Bundesverwaltungsgericht kein wesentlicher Streitpunkt.[841] Ebenso hat es in der darauffolgend maßgeblich Betrachtung die Anwendung des Vorkaufsrechts-Ausschlusses nach § 26 Nr. 4 BauGB mit Blick auf Erhaltungssatzungen bejaht.[842] Der in der Vorschrift genannte Begriff der „städtebaulichen Maßnahmen“[843] sei sei weit auszulegen, so dass davon auch Erhaltungssatzungen im Sinne des § 172 BauGB erfasst sei.[844]

Anders als noch die vorhergehenden Instanzgerichte, hat das Bundesverwaltungsgericht aber auch dessen Tatbestandsvoraussetzungen als erfüllt

[839] Vgl. Bundesverwaltungsgericht, Urteil vom 9. November 2021 – 4 C 1.20, NVwZ 2022, 75 (76); a.A. auch: Putzer, NVwZ 2022, 222 (223).

[840] Vgl. Oberverwaltungsgericht Berlin-Brandenburg, Urteil vom 22. Oktober 2019 – OVG 10 B 9.18, ZfBR 2020, 269 (273); Verwaltungsgericht Berlin, Urteil vom 17. Juli 2018 – VG 13 K 724.17, BeckRS 2018, 23813 Rn. 22.

[841] Vgl. Bundesverwaltungsgericht, Urteil vom 9. November 2021 – 4 C 1.20, NVwZ 2022, 75 (75); so auch: Köster, ZRP 2022, 79 (80).

[842] Vgl. Bundesverwaltungsgericht, Urteil vom 9. November 2021 – 4 C 1.20, NVwZ 2022, 75 (76).

[843] Vgl. § 26 Nr. 4 BauGB; mit Verweis darauf insbesondere auch: Anmerkungen von Schröer/Kümmel zu Bundesverwaltungsgericht, Urteil vom 9. November 2021 – 4 C 1.20, NVwZ 2022, 75 (79).

[844] Vgl. Bundesverwaltungsgericht, Urteil vom 9. November 2021 – 4 C 1.20, NVwZ 2022, 75 (76); so auch: Abgeordnetenhaus von Berlin – Wissenschaftlicher Parlementsdienst –, Gutachten zu den Voraussetzungen eines Vorkaufsrechts des Bezirks Mitte von Berlin in Bezug auf das Grundstück Karl-Marx-Allee 3, 10178 Berlin-Mitte (Haus der Gesundheit) vom 19. Juli 2016, Seite 10, abrufbar unter: https://www.parlament-berlin.de/das-parlament/verwaltung/wissenschaftlicher-dienst/gutachten (zuletzt abgerufen am 15. November 2022); wohl a.A.: Anmerkungen von Schröer/Kümmel zu Bundesverwaltungsgericht, Urteil vom 9. November 2021 – 4 C 1.20, NVwZ 2022, 75 (79); ebenso: Oberverwaltungsgericht Berlin-Brandenburg, Urteil vom 22. Oktober 2018 – OVG 10 B 9.18, ZfBR 2020, 269 (274).

angesehen.[845] Kritisch betrachtet wurde die Berliner Praxis der Ausübung des Vorkaufsrechts nach § 26 Nr. 4 BauGB bereits vor der Entscheidung des Bundesverwaltungsgerichts mit Blick darauf, dass damit an zukünftige Entwicklung angeknüpft wird – konkret an die Annahme, dasss der Kaufinteressent das Grundstück entgegen der Ziele der Erhaltungssatzung nutzen werde.[846] Für eine Einbeziehung der potentiellen Entwicklung des Grundstücks durch den Kaufinteressenten hatten sich das Verwaltungsgericht Berlin und das Oberverwaltungsgericht Berlin-Brandenburg ausgesprochen.[847] Dabei hat das Gericht vertreten, dass die Ziele der Erhaltungssatzung durch den Kaufinteressenten gefährdet seien, da die Bestandsmieten auf dem Grundstück bisher insbesondere die durchschnittliche Nettokaltmiete im Erhaltungsgebiet unterschreiten würden.[848] Auch trage die Lage an einer Grünfläche und der Kaufpreis in Höhe des 25-fachen der marktüblichen Jahresnettokaltmiete dazu bei, hier auf eine Absicht des Kaufinteressenten die bestehenden Mieten erheblich zu steigern bei.[849] Eine solche zukünftige Mietpreissteigerung entspreche aber nicht den Erhaltungszielen, so dass der Ausschluss nach § 26 Nr. 4 BauGB nicht eingreifen könne.[850] Denn mit Blick auf den Wortlaut des § 26 Nr. 4 BauGB liege eine planwidrige Gesetzeslücke vor.[851] Sie sei im Rahmen der teleologischen Auslegung zu schließen, indem die Vorschrift auch im Falle zukünftiger erhaltungsrechtswidriger Entwicklungen auf dem Grundstück Anwendung finde.[852]

---

845 Vgl. Bundesverwaltungsgericht, Urteil vom 9. November 2021 – 4 C 1.20, NVwZ 2022, 75 (75); a.A.: Oberverwaltungsgericht Berlin-Brandenburg, Urteil vom 22. Oktober 2019 – OVG 10 B 9.18, ZfBR 2020, 269 (274); Verwaltungsgericht Berlin, Urteil vom 17. Juli 2018 – VG 13 K 724.17, BeckRS 2018, 23813 Rn. 24 f.

846 Vgl. etwa Kühling/Winkler, DVBl 2019, 1376 (1377).

847 Vgl. Verwaltungsgericht Berlin, Urteil vom 17. Juli 2018 – VG 13 K 724.17, BeckRS 2018, 23813 Rn. 20; Oberverwaltungsgericht Berlin-Brandenburg, Urteil vom 22. Oktober 2019 – OVG 10 B 9.18, ZfBR 2020, 269 (274).

848 Vgl. Verwaltungsgericht Berlin, Urteil vom 17. Juli 2018 – VG 13 K 724.17, BeckRS 2018, 23813 Rn. 20.

849 Vgl. Verwaltungsgericht Berlin, Urteil vom 17. Juli 2018 – VG 13 K 724.17, BeckRS 2018, 23813 Rn. 20.

850 Vgl. Verwaltungsgericht Berlin, Urteil vom 17. Juli 2018 – VG 13 K 724.17, BeckRS 2018, 23813 Rn. 19 f.

851 Vgl. Verwaltungsgericht Berlin, Urteil vom 17. Juli 2018 – VG 13 K 724.17, BeckRS 2018, 23813 Rn. 24.

852 Vgl. Verwaltungsgericht Berlin, Urteil vom 17. Juli 2018 – VG 13 K 724.17, BeckRS 2018, 23813 Rn. 24.

Dagegen hat das Bundesverwaltungsgericht angenommen, dass der Wortlaut des § 26 Nr. 4 BauGB einer teleologischen Auslegung, wie sie das Verwaltungsgericht angestellt hat,[853] nicht zugänglich sei.[854] Vielmehr sei jede Form der Auslegung bereits von vornherein ausgeschlossen, weil die Vorschrift mit Blick auf ihren Wortlaut eindeutig sei.[855]

6.1.2 Bewertung

Die Ausübung eines gemeindlichen Vorkaufsrechts ist innerhalb eines Erhaltungsgebiets ausgeschlossen, soweit das Grundstück im Zeitpunkt der Ausübung des Vorkaufsrechts entsprechend den Zielen und Zwecken der Erhaltungssatzung genutzt wird.[856] Die Anknüpfung an die (mögliche) zukünftig erhaltungsrechtswidrige Entwicklung eines Grundstücks kann dem nicht entgegengehalten werden, weil § 26 Nr. 4 BauGB eine solche Betrachtung nicht mit umfasst.[857]

a) Denn der Wortlaut des § 26 Nr. 4 BauGB knüpft dahingehend abschließend an die bestehenden Verhältnisse an: Zwar hat das Oberverwaltungsgericht Berlin-Brandenburg hierzu die Auffassung vertreten, dass nach dem Sinn und Zweck der Vorschrift eine Anknüpfung an die zukünftige Entwicklung eines Grundstücks geboten sei.[858] Denn andernfalls werde ein wesentlicher Anwendungsfall des § 24 Abs. 1 Satz 1 Nr. 4 BauGB – die Erhaltung der Bestandsbewohner innerhalb eines Erhaltungsgebiets – verfehlt.[859] Der Gesetzgeber habe nämlich – so die Auffassung des

---

[853] Vgl. Verwaltungsgericht Berlin, Urteil vom 17. Juli 2018 – VG 13 K 724.17, BeckRS 2018, 23813 Rn. 24 f.

[854] Vgl. Bundesverwaltungsgericht, Urteil vom 9. November 2021 – 4 C 1.20, NVwZ 2022, 75 (76); so auch: Kühling/Winkler, DVBl 2019, 1376 (1377).

[855] Vgl. Bundesverwaltungsgericht, Urteil vom 9. November 2021 – 4 C 1.20, NVwZ 2022, 75 (77).

[856] Vgl. Bundesverwaltungsgericht, Urteil vom 9. November 2021 – 4 C 1.20, NVwZ 2022, 75 (76).

[857] Vgl. so auch: Kühling/Winkler, DVBl 2019, 1376 (1381).

[858] Vgl. Oberverwaltungsgericht Berlin-Brandenburg, Urteil vom 22. Oktober 2019 – OVG 10 B 9.18, ZfBR 2020, 269 (274).

[859] Vgl. Oberverwaltungsgericht Berlin-Brandenburg, Urteil vom 22. Oktober 2019 – OVG 10 B 9.18, ZfBR 2020, 269 (274).

Oberverwaltungsgerichts Berlin-Brandenburg – mit § 24 Abs. 1 Satz 1 Nr. 4 BauGB ein allgemeines gemeindliches Vorkaufsrecht für die Wahrung der Ziele der Erhaltungssatzung schaffen wollen.[860]

Dieser Argumentation lässt sich aber die historische Betrachtung der §§ 24, 24a BauGB entgegenhalten: Nach § 24a BBauGB in der Fassung vom 18. August 1976.[861] Danach standen der Gemeinde zur Wahrung der Erhaltungsziele ein Vorkaufsrecht zu, wenn Tatsachen die Annahme rechtfertigen, dass durch den Erwerb des Grundstücks und die damit verfolgten Zwecke die Belange des Erhaltungsrechts beeinträchtigt werden.[862] Der Gesetzgeber kannte daher mit Blick auf die Erhaltungsziele auch eine Einbeziehung zukünftiger Entwicklungen eines Grundstücks, wie sie das Verwaltungsgericht Berlin und Oberverwaltungsgericht Berlin-Brandenburg in ihrer Auslegung des § 26 Nr. 4 BauGB vorsehen.[863] Infolgedessen ist davon auszugehen, dass auch die Zeitform des Präsens durch den Gesetzgeber bewusst geschaffen worden ist.[864] Dies gilt insbesondere, weil der Gesetzgeber von früheren Fassungen – die zukünftige Entwicklung einbeziehen – abrückt.[865] Eine darüberhinausgehende Unklarheit der Vorschrift oder eine abweichender Gesetzgeberwille verfangen daher nicht.[866] Es bleibt vielmehr festzuhalten, dass es mit Blick auf die Regelung des § 26 Nr. 4 BauGB an Anhaltspunkte dafür fehlt, dass die Zeitform nicht bewusst gewählt worden sein könnte.[867]

b) Der Wortlaut der Vorschrift spricht davon, dass das von der Vorkaufsrechtsausübung betroffene Grundstück „bebaut ist und genutzt wird“[868] – der Gesetzgeber hat sich hierbei mit Blick auf die Zeitform für die

---

[860] Vgl. Oberverwaltungsgericht Berlin-Brandenburg, Urteil vom 22. Oktober 2019 – OVG 10 B 9.18, ZfBR 2020, 269 (274).
[861] Vgl. dazu: Kühling/Winkler, DVBl 2019, 1376 (1377); Stock, ZfBR 1987, 10 (15).
[862] Vgl. Kühling/Winkler, DVBl 2019, 1376 (1377); Stock, ZfBR 1987, 10 (15).
[863] Vgl. Kühling/Winkler, DVBl 2019, 1376 (1377); Stock, ZfBR 1987, 10 (15).
[864] Vgl. Kühling/Winkler, DVBl 2019, 1376 (1377); wohl a.A.: Stock, ZfBR 1987, 10 (15).
[865] Vgl. Kühling/Winkler, DVBl 2019, 1376 (1377); wohl a.A.: Stock, ZfBR 1987, 10 (15).
[866] Vgl. Kühling/Winkler, DVBl 2019, 1376 (1377); wohl a.A.: Stock, ZfBR 1987, 10 (15).
[867] Vgl. Kühling/Winkler, DVBl 2019, 1376 (1377); wohl a.A.: Stock, ZfBR 1987, 10 (15).
[868] Vgl. ebenso: Bundesverwaltungsgericht, Urteil vom 9. November 2021 – 4 C 1.20, NVwZ 2022, 75 (76).

Verwendung des Präsens entschieden.[869] Für die Bewertung des Rechtsgehalts einer Gesetzesnorm stehen den Gerichten die juristischen Auslegungsmethoden zur Verfügung.[870] Ziel der Auslegung des Gestzes ist es, den Willen des historischen Gesetzgebers herauszuarbeiten.[871] Allerdings stellen dabei der Wortlaut sowie die Systematik der betreffenden Norm Grenzen einer solchen Auslegung dar.[872] Anhand dieser Maßstäbe lässt sich also festhalten, dass die Auslegung des Wortlauts einer Norm zwingend durch ihren Sinnzusammenhang (Telos) vorbestimmt wird; sie kann nicht abstrahiert und damit losgelöst von dem übrigen Regelungskomplex beurteilt werden.[873] Eine solche Interpretation des Sinns einer Vorschrift darf aber nicht zum Selbstzweck verkommen.[874] Ergibt sich der Wille des Gesetzgeber also hinreichend deutlich aus dem Wortlaut einer Vorschrift, darf die Inbezugnahme des Sinnzusammenhangs des jeweiligen Regelungskomplexes nicht ihrerseits den Anwendungsbereich der Vorschrift dennoch erweitern.[875] Eine Rechtsfortbildung anhand der Auslegung von § 26 Nr. 4 BauGB – wie sie sowohl das Verwaltungsgericht Berlin als auch das Oberverwaltungsgericht Berlin-Brandenburg vorgenommen haben – begegnet vor diesem Hintergrund durchzugreifenden Bedenken.[876] Hat doch das Bundesverfassungsgericht in seiner Entschei-

869 Vgl. Bundesverwaltungsgericht, Urteil vom 9. November 2021 – 4 C 1.20, NVwZ 2022, 75 (76); die Wortlautauslegung des Bundesverwaltungsgerichts als „bloße Vermutzung" bezeichnend: Weiss, ZRP 2022, 227 (228).

870 Siehe entsprechend auch: Bundesverwaltungsgericht, Urteil vom 9. November 2021 – 4 C 1.20, NVwZ 2022, 75 (76); Oberverwaltungsgericht Berlin-Brandenburg, Urteil vom 22. Oktober 2019 – OVG 10 B 9.18, ZfBR 2020, 269 (274); Verwaltungsgericht Berlin, Beschluss vom 28. Oktober 2002 – 19 A 393.02, BeckRS 2002, 30920316.

871 Vgl. Hillgruber, in Dürig/Herzog/Scholz, Grundgesetz-Kommentar, Stand: März 2022, Art. 97 Rn. 57 f.; Würdinger, JuS 2016, 1 (4).

872 Vgl. Bundesverfassungsgericht, Beschluss vom 14. März 1967 – 1 BvR 334.61BFH vom 26. Mai 1961 – III 275.59 S, BeckRS 1967, 30421825; Hillgruber, in Dürig/Herzog/Scholz, Grundgesetz-Kommentar, Stand: März 2022, Art. 97 Rn. 57 f.; Schäfers, JuS 2015, 875 (876).

873 Vgl. Bundesverfassungsgericht, Beschluss vom 17. Mai 1960 – 2 BvL 11.59 u. 11.60, NJW 1960, 1563 (1563); Würdinger, JuS 2016, 1 (4).

874 Vgl. Bundesverfassungsgericht, Beschluss vom 4. November 1965 – 2 BvR 91, 271.64, NJW 1966, 587 (588); Schäfers, JuS 2015, 875 (876).

875 Vgl. Bundesverwaltungsgericht, Urteil vom 9. November 2021 – 4 C 1.20, NVwZ 2022, 75 (76)

876 Vgl. so auch: Bundesverwaltungsgericht, Urteil vom 9. November 2021 – 4 C 1.20, NVwZ 2022, 75 (76); Kühling/Winkler, DVBl 2019, 1376 (1381).

dung vom 11. Juni 1980 ausdrücklich festgehalten, dass die Auslegung über die sich aus einer Norm ergebende Regelungsabsicht gerade nicht hinausgehen darf.[877] Vorzugswürdig erscheint es daher, den Wortlaut der Vorschrift aufgrund der verwandten Zeitform als abschließend zu bewerten, so dass eine Auslegung bereits grundsätzlich ausscheidet.[878]

6.1.3. Ergebnis

Im Ergebnis sprechen die besseren Argumente dafür, dass die Berliner Vorkaufsrechtspraxis den Rahmen des § 26 Nr. 4 BauGB überspannt.[879] Denn eine (mögliche) Entwicklung des Grundstücks entgegen der Ziele der Erhaltungssatzung erfasst der darin geregelte Vorkaufsrechts-Ausschluss nicht.[880] Es ist daher der Auffassung des Bundesverwaltungsgericht zu folgen – für eine Anpassung der geltenden Rechtslage ist der Gesetzgeber gefordert.[881]

6.2 Unzulässigkeit von Mietobergrenzen im Erhaltungsrecht

Die Regulierung von Mietpreisen lässt sich auch darüberhinausgehend im Erhaltungsrecht – speziell in sozialen Erhaltungsgebieten nach § 172 Abs. 1 Nr. 2 BauGB – nicht umsetzen: Es sprechen die besseren Argumente dafür, dass die Festsetzung von Mietobergrenzen auch im Erhaltungsrecht unzulässig wäre. Denn soweit damit das private Rechtsverhältnis zwischen Mieter und Vermieter ausgestaltet werden würde, fehlt es dem Bezirk hierfür an einer Rechtsgrundlage:[882] Die Erhaltungssatzung dient als städtebauliches

---

[877] Vgl. Bundesverfassungsgericht, Beschluss vom 11. Juni 1980 – 1 PBvU 1.79, NJW 1981, 39 (40); dazu auch: Bleckmann, JuS 2002, 942 (943).

[878] Vgl. Bleckmann, JuS 2002, 942 (943); Muthorst, JA 2013, 721 (723).

[879] Vgl. Bundesverwaltungsgericht, Urteil vom 9. November 2021 – 4 C 1.20, NVwZ 2022, 75 (76); dem folgen auch: Kühling/Winkler, DVBl 2019, 1376 (1377).

[880] Vgl. Bundesverwaltungsgericht, Urteil vom 9. November 2021 – 4 C 1.20, NVwZ 2022, 75 (76); so auch: Kühling/Winkler, DVBl 2019, 1376 (1377).

[881] Vgl. Bundesverwaltungsgericht, Urteil vom 9. November 2021 – 4 C 1.20, NVwZ 2022, 75 (76); so auch: Kühling/Winkler, DVBl 2019, 1376 (1377).

[882] Vgl. so auch: Verwaltungsgericht Berlin, Beschluss vom 28. Oktober 2002 – 19 A 393.02, BeckRS 2002, 30920316; Urteil vom 17. Oktober 2001 – 19 A 234.00, BeckRS 2001, 31346248; Beschluss vom 11. Februar 2000 – 19 A 18.00, BeckRS 31345802.

Instrument nach dem Bundesverwaltungsgericht nicht dem Schutz einzelner konkreter Mieter, sondern dem

> „allgemeineren und längerfristigen Ziel, die Struktur der Wohnbevölkerung zu erhalten".
>
> Bundesverwaltungsgericht, Urteil vom 18. Juni 1997 – 4 C 2.97.[883]

Denn da

> „eine einzelne Baumaßnahme innerhalb eines größeren Satzungsgebiets kaum jemals zu einer städtebaulich ins Gewicht fallenden Änderung der Zusammensetzung der Wohnbevölkerung führen, darf eine solche Maßnahme auch nicht isoliert gesehen werden".[884]
>
> Bundesverwaltungsgericht, Urteil vom 18. Juni 1997 – 4 C 2.97.[885]

Stattdessen ist maßgeblich, ob die beantragte Baumaßnahme geeignet ist, eine Entwicklung anzustoßen, die zur Veränderung der Zusammensetzung der vorhandenen Wohnbevölkerung führt.[886]

Im Übrigen darf der Bezirk die erhaltungsrechtlichen Ziele nur mit solchen Instrumenten verfolgen, die im Baugesetzbuch dafür auch vorgesehen sind.[887] Regelungen, die der Bezirk nach dem Baugesetzbuch nicht treffen darf, können deshalb kein zulässiges Instrument im Erhaltungsrecht sein.[888] Dabei darf in einem Milieuschutzgebiet die Miethöhe als Maßstab für die Verdrängungsgefahr der ansässigen Wohnbevölkerung herangezogen werden und die Genehmigung bei deren Überschreitung

---

883 Bundesverwaltungsgericht, Urteil vom 18. Juni 1997 – 4 C 2.97, NVwZ 1998, 503 (503 Zeile 63-65); Vgl. so im Ergebnis auch: Jankowski, LKV 2003, 217.

884 Vgl. so auch: Verwaltungsgericht Berlin, Beschluss vom 28. Oktober 2002 – 19 A 393.02, BeckRS 2002, 30920316; Urteil vom 17. Oktober 2001 – 19 A 234.00, BeckRS 2001, 31346248;

885 Bundesverwaltungsgericht, Urteil vom 18. Juni 1997 – 4 C 2.97, NVwZ 1998, 503 (503 Zeile 52 und 53).

886 Vgl. Bundesverwaltungsgericht, Urteil vom 18. Juni 1997 – 4 C 2.97, NVwZ 1998, 503 (503).

887 Vgl. Augustin, BauR 2021, 888 (896); Schmidt-Eichstaedt, NVwZ 2003, 566 (567); Federwisch, NVwZ 2003, 1035 (1040).

888 Vgl. Augustin, BauR 2021, 888 (896); Schmidt-Eichstaedt, NVwZ 2003, 566 (567); Federwisch, NVwZ 2003, 1035 (1040).

versagt werden.[889] Dies gilt allerdings ausschließlich als Indikator für eine Verdrängungsgefahr durch – zivilrechtlich zulässige – Mieterhöhungen infolge einer Baumaßnahme.[890] Die Begrenzung der Mieten in einem Milieuschutzgebiet ist kein zulässiges, gesetzlich vorgesehenes Ausgleichsmittel.[891] Das Baugesetzbuch ermächtigt den Bezirk nicht, für Wohnungen im Milieuschutzgebiet zu regeln, inwieweit der Vermieter nach Abschluss der Baumaßnahmen die vom Mieter zu zahlende Miete erhöhen darf.[892] Führen Modernisierungen zu einer die durchschnittliche Belastungsgrenze der Gebietsbevölkerung überschreitenden Miete und damit zu einer Verdrängungsgefahr, können allenfalls Art und Umfang der zulässigen Modernisierung begrenzt werden.[893] Das Mietpreisrecht der §§ 557 f. BGB ist jedoch auch in Erhaltungsgebieten gültig.[894] Im Rahmen des zivilrechtlich Zulässigen sind Mieterhöhungen daher auch nicht städtebaulich – und damit erhaltungsrechtlich – relevant.[895] In welchem Umfang der Vermieter etwa die für die Modernisierung aufgewendeten Kosten auf die Mieter umlegen darf, regelt ausschließlich das bürgerliche Recht.[896] Diese Regelungen beanspruchen unabhängig davon Geltung,

---

889 Vgl. Bundesverwaltungsgericht, Urteil vom 18. Juni 1997 – 4 C 2.97, NVwZ 1998, 503 (503) so ausdrücklich auch Oberverwaltungsgericht Berlin-Brandenburg, Urteil vom 30. Januar 2004 – 2 B 18.02, LKV 2004, 415 (418); Stock, in: Ernst/Zinkahn/Bielenberg/Krautzberger, Baugesetzbuch, Stand: November 2024, § 172 Rn. 178 f.

890 Vgl. dazu auch: Stüer, Bau- und Fachplanungsrecht, 5. Auflage 2015, Rn. 2157 f.; Pernice-Warnke, ZfBR 2018, 753; Brunn, NJOZ 2014, 361; Schmidt-Eichstaedt, ZfBR 2001, 13; Mitschang, ZfBR 2000, 379; Tietzsch, NVwZ 1998, 590.

891 Vgl. Oberverwaltungsgericht Berlin, Urteil vom 10. Juni 2004 – 2 B 3.02, BauR 2004, 1755.

892 Vgl. so auch: Verwaltungsgericht Berlin, Beschluss vom 28. Oktober 2002 – 19 A 393.02, BeckRS 2002, 30920316; Urteil vom 17. Oktober 2001 – 19 A 234.00, BeckRS 2001, 31346248.

893 Vgl. Mitschang, in: Battis/Krautzberger/Löhr, Baugesetzbuch, 15. Auflage 2022, § 172 Rn. 109.

894 Vgl. Mitschang, in: Battis/Krautzberger/Löhr, Baugesetzbuch, 15. Auflage 2022, § 172 Rn. 109.

895 Vgl. Oberverwaltungsgericht Berlin, Urteil vom 10. Juni 2004 – 2 B 3.02, ZfBR 2004, 697 (698); Stock, in: Ernst/Zinkahn/Bielenberg/Krautzberger, BauGB, Stand: Mai 2021, § 172 Rn. 178 f.

896 Vgl. Verwaltungsgericht Berlin, Beschluss vom 28. Oktober 2002 – 19 A 393.02, BeckRS 2002, 30920316; Urteil vom 17. Oktober 2001 – 19 A 234.00, BeckRS 2001, 31346248;

ob die Mietwohnung in einem Erhaltungsgebiet liegt oder nicht.[897] Das besondere Städtebaurecht des Baugesetzbuches ist nicht geeignet, die Regelungen des privaten Mietrechts zu modifizieren, sondern setzt diese vielmehr voraus.[898]

Es bleibt damit festzuhalten, dass die besseren Argumente dafür sprechen, dass – unabhängig der Betrachtung zum Abschluss von Abwendungsvereinbarung mit Blick auf die Ausübung eines Vorkaufsrechts – die Festsetzung von Mietobergrenzen im Erhaltungsrecht unzulässig wäre.[899]

6.3. Fazit

Die Erhaltungssatzung stellt kein Instrument des Mieterschutzes dar, sondern ist ein Instrument des Städtebaus.[900] Das bedeutet, dass der Hoheitsträger mit der Erhaltungssatzung zwar erreichen kann, dass in einem bestimmten Gebiet eine Verdrängungswirkung durch modernisierungsbedingte Mieterhöhungen auf Zeit verhindert wird.[901] Aber die nach dem Zivilrecht zulässige Mieterhöhung nach den §§ 557 f. BauGB kann nicht ausgeschlossen werden, da dies von den Zielen des Erhaltungsrechts nicht modifiziert wird – und nicht rechtmäßig modifiziert werden kann.[902] Insoweit ist die Einführung einer Mietobergrenze innerhalb eines Erhaltungsgebiets unzulässig.[903] In der

[897] Vgl. Stock, in: Ernst/Zinkahn/Bielenberg/Krautzberger, Baugesetzbuch, Stand: November 2024, § 172 Rn. 178 f.

[898] Vgl. zum Sanierungsrecht so etwa: Bundesverwaltungsgericht, Urteil vom 24. Mai 2006 – 4 C 9.04, NZM 2006, 903.

[899] Vgl. zum Sanierungsrecht so etwa: Bundesverwaltungsgericht, Urteil vom 24. Mai 2006 – 4 C 9.04, NZM 2006, 903.

[900] Vgl. Mitschang, in: Battis/Krautzberger/Löhr, Baugesetzbuch, 15. Auflage 2022, § 172 Rn. 109; wohl noch weitgehender: Köster, ZRP 2022, 79 (80).

[901] Vgl. Mitschang, in: Battis/Krautzberger/Löhr, Baugesetzbuch, 15. Auflage 2022, § 172 Rn. 109.

[902] Vgl. Mitschang, in: Battis/Krautzberger/Löhr, Baugesetzbuch, 15. Auflage 2022, § 172 Rn. 109.

[903] Vgl. so ausdrücklich: Verwaltungsgericht Berlin, Beschluss vom 28. Oktober 2002 – 19 A 393.02, BeckRS 2002, 30920316; Urteil vom 17. Oktober 2001 – 19 A 234.00, BeckRS 2001, 31346248; so wohl auch: Bundesverwaltungsgericht, Urteil vom 18. Juni 1997 – 4 C 2.97, NVwZ 1998, 503; Jankowski, LKV 2003, 217; so auch mit Blick auf das Sanierungsrecht: Bundesverwaltungsgericht, Urteil vom 24. Mai 2006 – 4 C 9.04,

Folge ist das gemeindliche Vorkaufsrecht in seiner aktuellen Fassung nicht dazu geeignet einen Beitrag für die Schaffung bezahlbaren Wohnraums für breite Bevölkerungsschichten zu erreichen – hier ist vielmehr der Gesetzgeber gefragt.[904]

NZM 2006, 903; Oberverwaltungsgericht Berlin, Urteil vom 30. Januar 2004 – 2 B 18.02, LKV 2004, 415 (417).

[904] Vgl. ebenso Kment, NJW-Beil 2022, 48 (51); so wohl auch: Köster, ZRP 2022, 79 (80).

Städtebauliche Verträge

Nach der Gesetzeskonzeption ist es Aufgabe der Gemeinden, die im Baugesetzbuch vorgesehenen Bebauungsplanverfahren – einschließlich bereits frühzeitig erforderlicher Untersuchungen wie etwa Altlastenuntersuchungen – auf eigene Kosten durchzuführen.[905] Diese Kostenlast können Gemeinden tatsächlich aber in vielen Fällen nicht tragen, so dass ihrerseits ein Interesse besteht, diese auf einen etwaigen Vertragspartner zu übertragen.[906] Nach § 11 Abs. 1 Satz 1 BauGB kann die Gemeinde städtebauliche Verträge mit privaten Dritten schließen.[907] Von dieser Möglichkeit haben die Berliner Senatsverwaltung mit dem Berliner Modell der kooperativen Baulandentwicklung (im Weiteren: Berliner Modell) sowie der Bezirk Neukölln von Berlin mit dem Neuköllner Modell für kiezverträglichen Wohnungsbau (im Weiteren: Neuköllner Modell) Gebrauch gemacht:

---

905 Vgl. Krautzberger, in: Ernst/Zinkahn/Bielenberg/Krautzberger, Baugesetzbuch, Stand: November 2024, § 11 Rn. 106, 111 f.

906 Vgl. Berliner Modell, Leitlinien für den Abschluss städtebaulicher Verträge im Land Berlin, Stand: 1. August 2018, Seite 7 f., abrufbar unter: https://www.stadtentwicklung.berlin.de/wohnen/wohnungsbau/de/vertraege/ (zuletzt abgerufen am 26. April 2025).

907 Vgl. Krautzberger, in: Ernst/Zinkahn/Bielenberg/Krautzberger, Baugesetzbuch, Stand: November 2024, § 11 Rn. 106, 111 f.; Bunzel, in: Bunzel/Coulmas/Schmidt-Eichstaedt, Städtebauliche Verträge – ein Handbuch: mit Berücksichtigung der BauGB-Novelle 2013, 4. Auflage 2013, Seite 23 f.

7.1 Instrument: Berliner Modell

Das Berliner Modell ist am 28. August 2014 von der Berliner Senatsverwaltung eingeführt worden.[908] Zwar war es auch vorher in den Berliner Bezirken eine alltägliche Praxis, mit Vorhabenträgern städtebauliche Verträge zur Entwicklung von Bauprojekten zu schließen.[909] Aber dabei haben die Bezirke stets einzelfallabhängig ihre eigene praktische Handhabe mit Blick auf den Abschluss städtebaulicher Verträge angewendet.[910] Durch die Einführung des Berliner Modells soll eine transparentere und einheitliche Praxis der Bezirke von Berlin erreicht werden, die zu einer gesteigerten Gleichbehandlung der Vorhabenträger durch ein einheitliches Verwaltungshandeln führt.[911] Dadurch sollen die Kosten, Lasten und weitere Verpflichtungen für die Vorhabenträger kalkulierbarer und gleichzeitig insgesamt die Rechtssicherheit erhöht werden.[912] Die Angemessenheitsprüfung – nach § 11 Abs. 2 Satz 1 BauGB eine wesentliche Weichenstellung städtebaulicher Verträge – soll zudem einfacher nachvollziehbar und der Infrastrukturbedarf im Einzelfall nachgewiesen werden.[913]

Bei dem Berliner Modell handelt es sich um Leitlinien für den Abschluss städtebaulicher Verträge, nach denen sich die Berliner Bezirke richten sollen.[914]

---

[908] Vgl. Berliner Modell, Leitlinien für den Abschluss städtebaulicher Verträge im Land Berlin, Stand: 1. August 2018, Seite 7 f.; Senatsverwaltung für Stadtentwicklung und Wohnen, Berliner Modell – eine Zwischenbilanz vom 5. Juni 2019, Seite 2, abrufbar unter: https://www.parlament-berlin.de/ados/18/StadtWohn/vorgang/sw18-0152-Präsentation-SenStadtWohn.pdf (zuletzt abgerufen am 26. April 2025).

[909] Vgl. Senatsverwaltung für Stadtentwicklung und Wohnen, Berliner Modell – eine Zwischenbilanz vom 5. Juni 2019, Seite 3.

[910] Vgl. Senatsverwaltung für Stadtentwicklung und Wohnen, Berliner Modell – eine Zwischenbilanz vom 5. Juni 2019, Seite 3.

[911] Vgl. Senatsverwaltung für Stadtentwicklung und Wohnen, Berliner Modell – eine Zwischenbilanz vom 5. Juni 2019, Seite 4; Berliner Modell, Leitlinien für den Abschluss städtebaulicher Verträge im Land Berlin, Stand: 1. August 2018, Seite 7 f.

[912] Vgl. Senatsverwaltung für Stadtentwicklung und Wohnen, Berliner Modell – eine Zwischenbilanz vom 5. Juni 2019, Seite 3 f.; Berliner Modell, Leitlinien für den Abschluss städtebaulicher Verträge im Land Berlin, Stand: 1. August 2018, Seite 7 f.

[913] Vgl. Senatsverwaltung für Stadtentwicklung und Wohnen, Berliner Modell – eine Zwischenbilanz vom 5. Juni 2019, Seite 3 f.; Berliner Modell, Leitlinien für den Abschluss städtebaulicher Verträge im Land Berlin, Stand: 1. August 2018, Seite 7 f.

[914] Vgl. Berliner Modell, Leitlinien für den Abschluss städtebaulicher Verträge im Land Berlin, Stand: 1. August 2018, Seite 7 f.

Voraussetzung für die Anwendung des Berliner Modell ist, dass die Berliner Bezirke in Kooperation mit privaten Vorhabenträgern Bauvorhaben umsetzen, deren Grundlage für die Herbeiführung der Genehmigungsfähigkeit zunächst die Aufstellung eines Bebauungsplans durch den Bezirk ist.[915] Aufgrund der Schaffung von Planungsrecht sind durch den Vorhabenträger im Gegenzug diejenigen Kosten zu tragen, die als Folge des Vorhabens entstehen.[916] Dies umfasst im Wesentlichen die soziale und technische Infrastruktur sowie die Einwilligung in eine Mietpreis- und Belegungsbindung mit Blick auf 30 % der Wohngeschossfläche.[917]

Das Berliner Modell hat sich in der Berliner Baurechtspraxis seit seiner Einführung innerhalb sehr kurzer Zeit etabliert.[918] Es leistet dabei nach Ansicht der Senatsverwaltung für Stadtentwicklung und Wohnen einen erheblichen Beitrag zur Erhaltung und für die Neuschaffung von dringend benötigten Wohnungen, die zugleich gemischte Bevölkerungsstrukturen erlauben.[919] Zwischen der Einführung am 28. August 2014 und dem 31. Juli 2018 haben die Berliner Bezirke 49 städtebauliche Verträge abgeschlossen, die mit Blick auf den geschaffenen Wohnraum eine Quote von bis zu 25 % an Mietpreis- und Belegungsbindung vorsehen.[920] Aufgrund dieser Verträge sind ca. 20.000 Wohneinheiten und davon ca. 4.000 mietpreis- und belegungsgebundene Wohneinheiten entstanden.[921] Es folgten außerdem Kostenbeteiligungen in die soziale Infrastruktur: für ca. 1.500 Grundschul- und Kitaplätzen.[922]

---

[915] Vgl. Senatsverwaltung für Stadtentwicklung und Wohnen, Berliner Modell – eine Zwischenbilanz vom 5. Juni 2019, Seite 4.

[916] Vgl. Berliner Modell, Leitlinien für den Abschluss städtebaulicher Verträge im Land Berlin, Stand: 1. August 2018, Seite 7 f.

[917] Vgl. Berliner Modell, Leitlinien für den Abschluss städtebaulicher Verträge im Land Berlin, Stand: 1. August 2018, Seite 7 f.

[918] Vgl. Senatsverwaltung für Stadtentwicklung und Wohnen, Berliner Modell – eine Zwischenbilanz vom 5. Juni 2019, Seite 4 f.; Berliner Modell, Leitlinien für den Abschluss städtebaulicher Verträge im Land Berlin, Stand: 1. August 2018, Seite 7 f.

[919] Vgl. Senatsverwaltung für Stadtentwicklung und Wohnen, Berliner Modell – eine Zwischenbilanz vom 5. Juni 2019, Seite 8 f.

[920] Vgl. Senatsverwaltung für Stadtentwicklung und Wohnen, Berliner Modell – eine Zwischenbilanz vom 5. Juni 2019, Seite 4 f.

[921] Vgl. Senatsverwaltung für Stadtentwicklung und Wohnen, Berliner Modell – eine Zwischenbilanz vom 5. Juni 2019, Seite 4 f.

[922] Vgl. Senatsverwaltung für Stadtentwicklung und Wohnen, Berliner Modell – eine Zwischenbilanz vom 5. Juni 2019, Seite 4 f.

7.1.1 Rechtsnatur

Die Rechtsnatur städtebaulicher Verträge wird nicht gesetzlich bestimmt.[923] Zwar ist die Verortung im Baugesetzbuch als Materie des Öffentlichen Rechts ein erster Anknüpfungspunkt, aber eine Vorwegnahme der rechtlichen Einordnung ist bei der Gesetzesfassung ausdrücklich unterblieben.[924] In § 11 BauGB hält sich der Gesetzgeber kurz, indem hierbei schlicht bestimmt wird, dass die Gemeinde städtebauliche Verträge schließen kann.[925] Die Zuordnung städtebaulicher Verträge als öffentlich-rechtlicher oder zivilrechtlicher Vertrag bestimmt sich nach der Rechtswegzuordnung im Einzelfall.[926] Dieses nach der Rechtsprechung des Bundesverwaltungsgerichts maßgebend anhand der „Natur des Rechtsverhältnisses“[927] bestimmt.[928] Daher ist im Schwerpunkt auf den Gegenstand und den Zweck des jeweiligen städtebaulichen Vertrages abzustellen.[929] Im Regelfall sind Verträge, die Sachverhalte aus dem Bereich des Öffentlichen Rechts regeln, auch dem Öffentlichen Recht zuzuordnen.[930]

---

923 Vgl. Brohm, JZ 2000, 321 (321); Walker, Handbuch städtebaulicher Verträge, Seite 85 f.

924 Vgl. Novellierung des Baugesetzbuchs, Bericht der Unabhängigen Expertenkommission, Berlin 2002 Rn. 190 f., abrufbar unter: http://www.stueer.business.t-online.de/gesetze/eagbau/gaentz.pdf (zuletzt abgerufen am 1. November 2022); Reidt, NordÖR 2003, 177; Quaas, in: Schrödter, BauGB, 9. Auflage 2019, § 11 Rn. 6; Bunzel, in: Bunzel/Coulmas/Schmidt-Eichstaedt, Städtebauliche Verträge – ein Handbuch: mit Berücksichtigung der BauGB-Novelle 2013, 4. Auflage 2013, Seite 19 f.

925 Vgl. § 11 Abs. 1 Satz 1 BauGB.

926 Vgl. Brohm, JZ 2000, 321; Burmeister, Der Städtebauliche Vertrag als rechtliches Instrument der Kooperation mit Privaten bei der Baulandentwicklung und -erschließung, Seite 35 f.

927 Bundesverwaltungsgericht, Urteil vom 5. Oktober 1965 – IV 26.65, NJW 1956, 219 (220); Burmeister, Praxishandbuch städtebauliche Verträge, Seite 14 f.

928 Vgl. Bundesverwaltungsgericht, Urteil vom 5. Oktober 1965 – IV 26.65, NJW 1956, 219.

929 Vgl. so auch: Bundesverwaltungsgericht, Urteil vom 1. Februar 1980 – 4 C 40.77, NJW 1980, 2538; Beschluss vom 24. Februar 1994 – 4 B 40.04, NVwZ 1994, 1012; Urteil vom 18. Juli 2012 – 8 C 4.11, NVwZ 2013, 209; Lange NVwZ 1983, 313 (314); Bunzel, in: Bunzel/Coulmas/Schmidt-Eichstaedt, Städtebauliche Verträge – ein Handbuch: mit Berücksichtigung der BauGB-Novelle 2013, 4. Auflage 2013, Seite 19 f.; Beckmann, in Stüer/Beckmann, Handbuch des Bau- und Fachplanungsrechts, 6. Auflage 2025, Rn. 3150.

930 Vgl. Bundesverwaltungsgericht, Urteil vom 1. Februar 1980 – 4 C 40.77, NJW 1980, 2538; Beschluss vom 24. Februar 1994 – 4 B 40.04, NVwZ 1994, 1012; Urteil vom 18. Juli 2012 – 8 C 4.11, NVwZ 2013, 209; Urteil vom 6. Juli 1973 – IV C 22.72, NJW 1973, 1895 (1896); Urteil vom 10. August 2011 – 9 C 6.10, NVwZ 2012, 108; Lange

Damit ist eine vertragliche Regelung im Rahmen des Bauplanungsrecht im Sinne des § 11 Abs. 1 BauGB bereits dem Grunde nach dem öffentlichen Recht zuzuordnen.[931]

7.1.2 Koppelungsverbot

Das Koppelungsverbot beschreibt einen Rechtsgrundsatz des Allgemeinen Verwaltungsrechts.[932] Dieser ist für städtebauliche Verträge deklaratorisch in § 11 Abs. 2 Satz 2 BauGB aufgenommen und besagt, dass durch einen städtebaulichen Vertrag ein Vorhabenträger nicht zu einer Leistung verpflichtet werden darf, auf die ein Anspruch besteht.[933] Es darf in diesem Sinne keine hoheitliche Aufgabe an eine wirtschaftliche Gegenleistung gekoppelt werden.[934] Das Koppelungsverbot leitet sich dabei grundlegend aus dem

---

NVwZ 1983, 313 (314); Brohm, JZ 2000, 321; Burmeister, Der Städtebauliche Vertrag als rechtliches Instrument der Kooperation mit Privaten bei der Baulandentwicklung und -erschließung, Seite 35 f.; Burmeister, Praxishandbuch städtebauliche Verträge, Seite 16 f.

931 Vgl. so auch: Bundesverwaltungsgericht, Urteil vom 1. Februar 1980 – 4 C 40.77, NJW 1980, 2538; Beschluss vom 24. Februar 1994 – 4 B 40.04, NVwZ 1994, 1012; Urteil vom 18. Juli 2012 – 8 C 4.11, NVwZ 2013, 209; Lange NVwZ 1983, 313 (314).

932 Vgl. Bundesverwaltungsgericht, Urteil vom 16. Mai 2000 – 4 C 4.99, NVwZ 2000, 1285 (1286); Bundesgerichtshof, Urteil vom 27. April 2006 – VII ZR 291.04, ZfBR 2006, 558 (558); Bayerischer Verwaltungsgerichtshof, Beschluss vom 11. Juni 2018 – 4 ZB 16.1515, BeckRS 2018, 11391; Reidt, in: Battis/Krautzberger/Löhr, Baugesetzbuch, 15. Auflage 2022, § 11 Rn. 73 f.; Breuer, NVwZ 2017, 112; Bonk/Neumann/Siegel, in: Stelkens/Bonk/Sachs, Verwaltungsverfahrensgesetz, 10. Auflage 2023, § 56 Rn. 31 f.; Bunzel, ZfBR 2018, 638 (641 f.); Vierling, Die Abschöpfung des Planungsgewinns durch städtebauliche Verträge, Seite 97 f.

933 Vgl. Bayerischer Verwaltungsgerichtshof, Beschluss vom 11. Juni 2018 – 4 ZB 16.1515, BeckRS 2018, 11391; Reidt, in: Battis/Krautzberger/Löhr, Baugesetzbuch, 15. Auflage 2022, § 11 Rn. 73 f.; Breuer, NVwZ 2017, 112; Bonk/Neumann/Siegel, in Stelkens/Bonk/Sachs, Verwaltungsverfahrensgesetz, 10. Auflage 2023, § 56 Rn. 31 f.

934 Vgl. Bundesverwaltungsgericht, Urteil vom 6. Juli 1973 – IV C 22.72, NJW 1973, 1895; Urteil vom 16. Mai 2000 – 4 C 4.99, DÖV, 1050; Verwaltungsgerichtshof Baden-Württemberg, Urteil vom 20. Juli 2000 – 8 S 177.00, NVwZ 2001, 694; Oberverwaltungsgericht für das Land Nordrhein-Westfalen, Urteil vom 7. Dezember 2000 – 7a D 60.99.NE, NVwZ-RR 2001, 635; Krautzberger, in: Ernst/Zinkahn/Bielenberg/Krautzberger, BauGB, Stand: Oktober 2020, § 11 Rn. 168; vergleichbar zu zivilrechtlichen Folgekostenvereinbarungen, siehe Bundesgerichtshof, Urteil vom 2. Oktober 1998 – V ZR 45.98, NJW 1999, 208.

verfassungsrechtlich garantierten Rechtstaatsprinzip ab.[935] Denn es dient insbesondere dem Schutz vor einem Ausverkauf von Hoheitsrechten und der Unbefangenheit behördlicher Entscheidungen.[936]

Damit zieht das Gesetz mit Blick auf die grundsätzlich bestehende Vertragsfreiheit für den Abschluss städtebaulicher Verträge insofern maßgebende Grenzen.[937]

7.1.3 Wahrung des Koppelungsverbots – Bewertung in der Rechtsliteratur

Baulandmodelle sorgen nach Auffassung von *Bunzel* für eine „nachhaltige und sozial gerechte Baulandentwicklung",[938] mit deren Hilfe sich die Gemeinden eigene Vorgaben für den rechtssicheren Abschluss städtebaulicher Verträge geben.[939] Entscheidend für die rechtliche Zulässigkeit von Baulandmodellen sei, dass die von der Rechtsprechung aufgestellten maßgeblichen Anforderungen – die Angemessenheit und Kausalität der Übernahme einzelner in den Baulandmodellen vorgesehenen Verpflichtungen für Vorhabenträger – eingehalten werden.[940] Die Kritik anderer Autoren insbesondere mit Blick auf die Übernahme von Planungs- und Folgekosten sowie die Mietpreis- und Belegungsbindungen hält *Bunzel* für generalisierend und dabei nicht zutreffend:[941] Die Vorschrift des § 11 Abs. 1 Nr. 1 BauGB ermögliche den Gemeinden eine „sehr weitgehende Entlastung […] von den mit

---

[935] Vgl. unter anderem: Bundesverwaltungsgericht, Urteil vom 16. Mai 2000 – 4 C 4.99, NVwZ 2000, 1285 (1286); Bundesgerichtshof, Urteil vom 27. April 2006 – VII ZR 291.04, ZfBR 2006, 558 (558); Beckmann, in Stüer/Beckmann, Handbuch des Bau- und Fachplanungsrechts, 6. Auflage 2025, Rn. 3150.

[936] Vgl. Bundesverwaltungsgericht, Urteil vom 6. Juli 1973 – IV C 22.72, NJW 1973, 1895 (1898); Bayerischer Verwaltungsgerichtshof, Beschluss vom 11. Juni 2018 – 4 ZB 16.1515, BeckRS 2018, 11391; Reidt, in: Battis/Krautzberger/Löhr, Baugesetzbuch, 15. Auflage 2022, § 11 Rn. 73 f.; Breuer, NVwZ 2017, 112; Bonk/Neumann/Siegel, in: Stelkens/Bonk/Sachs, Verwaltungsverfahrensgesetz, 10. Auflage 2023, § 56 Rn. 31 f.

[937] Vgl. Bundesverwaltungsgericht, Urteil vom 6. Juli 1973 – IV C 22.72, NJW 1973, 1895 (1898 Zeile 2-13); Vierling, Die Abschöpfung des Planungsgewinns durch städtebauliche Verträge, Seite 97 f.

[938] Vgl. Bunzel, ZfBR 2018, 638 (645).

[939] Vgl. Bunzel, ZfBR 2018, 638 (645).

[940] Vgl. Bunzel, ZfBR 2018, 638 (645).

[941] Vgl. Bunzel, ZfBR 2018, 638.

der Entwicklung neuer Baugebiete verbundenen Aufwendungen“[942]. Dies schließe „Anlagen der verkehrlichen Erschließung, dem geplanten Baugebiet dienende Grün- und Freiflächen, den Ausgleich von Eingriffen in Natur und Landschaft, alle für den Bebauungsplan erforderlichen Planungen und Gutachten sowie Kindertagesstätten und Grundschulen, soweit diese für die Versorgung der Bevölkerung in dem geplanten Gebiet erforderliche werden“,[943] mit ein.[944] Zunächst beschränke der Gesetzgeber die rechtlich zulässigen Regelungen im Rahmen von städtebaulichen Verträgen kaum.[945] Allerdings sei von den Gemeinden das Kausalitätserfordernis sowie der Grundsatz der Angemessenheit und das Koppelungsverbot mit Blick auf die übernommenen Maßnahmen zu beachten.[946] Gerade eben diesen Anforderungen werde das Berliner Modell – so *Bunzel* – aufgrund seiner Ausgestaltung ausreichend gerecht.[947] Denn der vorgesehene Regelungskomplex des Berliner Modells verhindere, dass der Vorhabenträger pauschalen und damit unzulässigen Verpflichtungen ausgesetzt werde.[948] Vielmehr würden ausschließlich Bedarf und Aufwendungen Teil der Verpflichtungen nach dem Berliner Modell, die nachweislich und damit tatsächlich anfallen.[949]

Die Mietpreis- und Belegungsbindung ist nach *Bunzel* zulässig.[950] Zum einen besteht nach Auffassung von *Bunzel* eine dahingehende Regelungskompetenz der Bezirke.[951] Darüber hinaus sei allein schon für die Bekämpfung der Wohnraumknappheit eine Regelung innerhalb städtebaulicher Verträge rechtmäßig.[952] Denn die Bekämpfung der Wohnraumknappheit könne als ein mögliches Ziel der Bauleitplanung auch zum Gegenstand städtebaulicher Verträge gemacht werden.[953]

---

942 Bunzel, ZfBR 2018, 638 (640 Zeile 58; Auslassung nur hier).
943 Bunzel, ZfBR 2018, 638 (640 Zeile 60).
944 Vgl. Bunzel, ZfBR 2018, 638 (640).
945 Vgl. Bunzel, ZfBR 2018, 638 (644 f.).
946 Vgl. Bunzel, ZfBR 2018, 638 (644 f.).
947 Vgl. Bunzel, ZfBR 2018, 638 (641).
948 Vgl. Bunzel, ZfBR 2018, 638 (644 f.).
949 Vgl. Bunzel, ZfBR 2018, 638 (641).
950 Vgl. Bunzel, ZfBR 2018, 638 (644 f.).
951 Vgl. Bunzel, ZfBR 2018, 638 (641).
952 Vgl. Bunzel, ZfBR 2018, 638 (644 f.).
953 Vgl. Bunzel, ZfBR 2018, 638 (641).

Hellriegel/Teichmann betrachten die Möglichkeit sozialgerechter Bodennutzung durch städtebauliche Verträge – wie sie das Berliner Modell vorsieht – kritisch.[954] Denn nach Auffassung von *Hellriegel/Teichmann* sind den Plangebern dabei rechtlich, insbesondere mit Blick auf die Abschöpfung der durch das geschaffene Planungsrecht erzeugten Wertsteigerung, enge Grenzen gesetzt:[955] Zunächst einmal werde der Plangeber stets dadurch beschränkt, dass er nur in der Lage sei, städtebauliche Ziele zu verfolgen.[956] Denn diese gebe § 11 Abs. 1 Nr. 2 BauGB ausdrücklich vor.[957] Dabei sei aber darauf zu achten, dass sich aus der Norm nicht etwa „die Aufgabe der Wohnraumförderung“[958] oder eine „allgemeinpolitische und soziale Aufgabe (…) unter dem Deckmantel eines städtebaulichen Vertrags auf private Bauherren“[959] übertragen lasse.[960] Dabei unzulässig sei schon die bloße Erwägung, dass das Angebot an Wohnraum generell zu gering sei, oder auch nur, dass die Mietpreise aus sozialen Gründen abzusenken wären.[961] Jedoch sei der Katalog an Zielen, die der Plangeber von Gesetzes wegen verfolgen könne, breit gefächert.[962] Denn ausreichend sei es, wenn das Ziel verfolgt werde, die Verdrängung von Bevölkerungsschichten aus einem Gebiet zu verhindern, der Bildung von sozialen Brennpunkten entgegen zu wirken oder auch die schädlichen Folgen singulärer Bevölkerungsstrukturen zu unterbinden und damit auch über das Plangebiet hinausgehende negative Effekte auszuschließen.[963] Bei der Beurteilung sei dafür auf einen größeren Teil des Stadtgebiets abzustellen, für den Einzelfall eine bloße

---

[954] Vgl. Hellriegel/Teichmann, BauR 2/2014, Seite 189 (190 f.).
[955] Vgl. Hellriegel/Teichmann, BauR 2/2014, Seite 189 (190).
[956] Vgl. Hellriegel/Teichmann, BauR 2/2014, Seite 189 (190 f.).
[957] Vgl. Hellriegel/Teichmann, BauR 2/2014, Seite 189 (190).
[958] Hellriegel/Teichmann, BauR 2/2014, Seite 189 (190).
[959] Hellriegel/Teichmann, BauR 2/2014, Seite 189 (190).
[960] Vgl. Hellriegel/Teichmann, BauR 2/2014, Seite 189 (190 f.).
[961] Vgl. Hellriegel/Teichmann, BauR 2/2014, Seite 189 (190); so auch: Krautzberger, in: Ernst/Zinkahn/Bielenberg/Krautzberger, BauGB, Stand: Oktober 2020, § 11 Rn. 147 f.; entsprechend auch der Beschluss der Bezirksverordnetenversammlung Tempelhof-Schöneberg von Berlin vom 24. Oktober 2010, Drucksache 0435/XIX; dazu allgemein: Bundesverwaltungsgericht, Urteil vom 16. Mai 2000 – 4 C 4.99, NVwZ 2000, 1285 (1287).
[962] Vgl. Hellriegel/Teichmann, BauR 2/2014, Seite 189 (190 f.).
[963] Vgl. Hellriegel/Teichmann, BauR 2/2014, Seite 189 (190 f.); so auch: Krautzberger, in: Ernst/Zinkahn/Bielenberg/Krautzberger, BauGB, Stand: Oktober 2020, § 11 Rn. 144 f.

Betrachtung des einzelnen Stadtquartiers nicht ausreichend.[964] Dies gelte im Besonderen mit Blick auf Verdrängungstendenzen von einzelnen Bevölkerungsschichten.[965] Dies berücksichtigten Baulandmodelle hingegen nicht ausreichend.[966]

Eine weitere Hürde bestehe für den Plangeber in der Begründungspflicht seiner Abwägungsentscheidungen im Rahmen des Bebauungsplanverfahrens, und dabei vor allem der Pflicht, Prognosen zur Entwicklung des betreffenden Baugebiets plausibel darzulegen.[967] Diesem „Rechtfertigungsdruck"[968] sei regelmäßig nur durch die Erstellung von entsprechenden Fachgutachten zu genügen.[969] Ergänzend sei durch den Plangeber auch zwingend zu beachten, dass das Koppelungsverbot und der Angemessenheits- und der Verhältnismäßigkeitsgrundsatz gewahrt würden.[970] Daraus ergebe sich, dass weder eine ausschließliche Abschöpfung des gesteigerten Bodenwerts noch eine Ungleichbehandlung von Vorhabenträgern in gleichgelagerten Fällen zulässig seien.[971] Allerdings würden durch Baulandmodelle und die dadurch geschaffene einheitliche Verwaltungspraxis diese Hürden regelmäßig genommen.[972]

Nach Auffassung von *Hellriegel/Teichmann* wird in der politischen Diskussion aufgrund der sozialen Sprengkraft und der daher hochemotional geführten Diskussion vergessen, dass Baulandmodelle eine staatliche Wohnraumförderung nicht ersetzen könnten, vor allem auch Vorhabenträger nicht verpflichtet werden könnten, Wohnraum zu schaffen, der sich wirtschaftlich nicht rentiert.[973] Darin liege anderenfalls ein Verstoß gegen den Grundsatz der Angemessenheit.[974] Daher könnten im Rahmen von städtebaulichen Verträgen insbesondere Vorhabenträger verpflichtet werden, auch für breite Schichten der Bevölkerung akzeptablen Wohnraum zu

964 Vgl. Hellriegel/Teichmann, BauR 2/2014, Seite 189 (190 f.).
965 Vgl. Hellriegel/Teichmann, BauR 2/2014, Seite 189 (190).
966 Vgl. Hellriegel/Teichmann, BauR 2/2014, Seite 189 (190 f.).
967 Vgl. Hellriegel/Teichmann, BauR 2/2014, Seite 189 (191).
968 Hellriegel/Teichmann, BauR 2/2014, Seite 189 (190).
969 Vgl. Hellriegel/Teichmann, BauR 2/2014, Seite 189 (190).
970 Vgl. Hellriegel/Teichmann, BauR 2/2014, Seite 189 (190 f.).
971 Vgl. Hellriegel/Teichmann, BauR 2/2014, Seite 189 (191).
972 Vgl. Hellriegel/Teichmann, BauR 2/2014, Seite 189 (191).
973 Vgl. Hellriegel/Teichmann, BauR 2/2014, Seite 189.
974 Vgl. Hellriegel/Teichmann, BauR 2/2014, Seite 189 (190 f.).

schaffen.[975] Nur so kann nach Ansicht von *Hellriegel/Teichmann* tatsächlich der Wohnraumknappheit entgegengewirkt werden.[976]

Zepf/Neubrandt bewerten das Berliner Baulandmodell zwar als zulässig,[977] aber *sie* halten die Praxis auf Grundlage der Leitlinien des Berliner Baulandmodells, städtebauliche Verträge abzuschließen, für im Ergebnis nicht ausreichend zur Lösung der hohen Nachfrage nach Wohnraum sowie anderer bestehender sozialer Problempunkte.[978] Bezirke besäßen gerade nicht die Möglichkeit, die Leitlinien des Baulandmodells gegenüber Vorhabenträgern durchzusetzen, die nicht freiwillig zu deren Anwendung bereit seien.[979] Dabei hätten die Vorhabenträger zu beachten, dass es gerade kein „Recht des Grundstückseigentümers auf den ungeschmälerten Erhalt der planungsbedingten Bodenwertsteigerung“[980] gebe.[981] Ein entscheidender Fortschritt lasse sich den Leitlinien zum Berliner Baulandmodell allerdings abgewinnen: Durch die Vereinheitlichung der Verwaltungspraxis mithilfe dieser Leitlinie werde den Bezirken eine große Sicherheit dahingehend verschafft, dass abgeschlossene Verträge regelmäßig den Anforderungen der Angemessenheit entsprechen und nicht gegen das Koppelungsverbot verstoßen würden.[982] Außerdem gestalte die Leitlinie die Verwaltungspraxis der Bezirke für Vorhabenträger transparenter; auch damit würden zusätzlich Rechtsstreitigkeiten vermieden.[983]

Für diese Vorteile würden die Bezirke nach Auffassung von *Zepf/Neubrandt* aber eine Vielzahl an Nachteilen in Kauf nehmen: Zum einen verlören die Bezirke ihre bis dahin bestehende Flexibilität im Umgang mit den Vorhabenträgern beim Abschluss städtebaulicher Verträge.[984] Auch reduziere sich die Beteiligung der Vorhabenträger nun auf diejenigen Kosten, die in den Leitlinien ausdrücklich aufgezählt seien, obwohl

---

975 Vgl. Hellriegel/Teichmann, BauR 2/2014, Seite 189 (190 f.).
976 Vgl. Hellriegel/Teichmann, BauR 2/2014, Seite 189 (197).
977 Vgl. Zepf/Neubrandt, LKV 2019, 207 (208 f.).
978 Vgl. Zepf/Neubrandt, LKV 2019, 207 (208 f.).
979 Vgl. Zepf/Neubrandt, LKV 2019, 207 (208).
980 Vgl. Zepf/Neubrandt, LKV 2019, 207 (208).
981 Vgl. Zepf/Neubrandt, LKV 2019, 207 (208 f.).
982 Vgl. Zepf/Neubrandt, LKV 2019, 207 (209).
983 Vgl. Zepf/Neubrandt, LKV 2019, 207 (209).
984 Vgl. Zepf/Neubrandt, LKV 2019, 207 (209).

darüberhinausgehende Kostenbeteiligungen in vielen Einzelfällen rechtlich zulässig und auch wünschenswert seien.[985] Dies gelte insbesondere mit Blick auf Feuerwehren, Kläranlagen, Jugendfreizeiteinrichtungen, Altenheime, Senioreneinrichtungen, Klettergerüste auf Spielplätzen oder auch sogar Brücken.[986] Ebenso zu kritisieren sei, dass sich die Leitlinie aufgrund ihrer starren Ausrichtung im Besonderen mit Blick auf die Mietpreis- und Belegungsbindung für Wohnraum nicht für Bauvorhaben in Stadtteilen, die bereits zu großen Teilen von einkommensschwachen Bevölkerungsgruppen bewohnt werden, eigne.[987] Das Ziel der Leitlinie zur Schaffung sozial ausgewogener und stabiler Bevölkerungsstrukturen werde dann gerade nicht erreicht.[988] Nicht geregelt seien auch Fälle, in denen die Angemessenheitsberechnung aufgrund der wirtschaftlichen Belastung des Vorhabenträgers negativ ausfalle und derselbe Vorhabenträger dennoch an dem städtebaulichen Vertrag und dem Bauvorhaben festhalten wolle.[989] Nach *Zepf/Neubrandt* fehlt es dem Berliner Modell in solchen Fällen an der Möglichkeit, die wirtschaftliche Belastung des Vorhabenträgers zur Einhaltung der Angemessenheit zu deckeln.[990] Abschließend fehle es dem Berliner Modell auch an der Möglichkeit, von der Beteiligung des Vorhabenträgers an den Folgekosten abzusehen.[991] Dies ist nach der Auffassung von *Zepf/Neubrandt* allerdings unbedingt erforderlich.[992] Denn handele es sich bei dem Vorhabenträger nicht um einen finanziell starken privaten Vorhabenträger, der eine hohe Rendite erwirtschaften wolle, sondern um einen in einem weiteren Sinne gemeinnützigen Vorhabenträger – wie bespielweise eine Wohnungsbaugenossenschaft[993] –, könne das Vertragsmodell regelmäßig selbst einer wünschenswerten Entwicklung nicht angepasst werden.[994]

[985] Vgl. Zepf/Neubrandt, LKV 2019, 207 (209).
[986] Vgl. Zepf/Neubrandt, LKV 2019, 207 (209).
[987] Vgl. Zepf/Neubrandt, LKV 2019, 207 (209).
[988] Vgl. Zepf/Neubrandt, LKV 2019, 207 (210).
[989] Vgl. Zepf/Neubrandt, LKV 2019, 207 (210).
[990] Vgl. Zepf/Neubrandt, LKV 2019, 207 (210).
[991] Vgl. Zepf/Neubrandt, LKV 2019, 207 (208 f.).
[992] Vgl. Zepf/Neubrandt, LKV 2019, 207 (208 f.).
[993] Vgl. Zepf/Neubrandt, LKV 2019, 249 (25) und LKV 2019, 207 (210).
[994] Vgl. Zepf/Neubrandt, LKV 2019, 207 (210).

7.1.4 Angemessenheit als „Weichenstellung"

Gemäß § 11 Abs. 2 Satz 1 BauGB[995] müssen die vereinbarten Leistungen nach den gesamten Umständen angemessen sein.[996] Dieser Grundsatz städtebaulicher Vertragsregelungen stellt eine maßgebende Weichenstellung dar.[997] Im konkreten Einzelfall muss die Leistung der Gemeinde also in einem angemessenen Verhältnis zur vom Vorhabenträger zu erbringenden Gegenleistung stehen: ein wirtschaftliches Gleichgewicht von Leistung und Gegenleistung.[998] Dies ist anhand objektiver Merkmale zu beurteilen, so dass für die Betrachtung nicht die Vorstellungen der Beteiligten entscheidend sind.[999] Stattdessen ist eine rein objektive Betrachtung vorzunehmen.[1000] Städtebauliche Verträge, die keine Einzelfallbetrachtung der durch Schaffung von Baurecht begründeten Bodenwertsteigerung vornehmen, sondern diesen Wert pauschal von dem Vorhabenträger versuchen abzuschöpfen, sind bereits deshalb unzulässig.[1001]

In der Praxis knüpfen die verschiedenen bestehenden Baulandmodelle an unterschiedliche Betrachtungswerte zur Beurteilung der Angemessenheit an.[1002] Dabei knüpft das Münchener Konzept der „Sozialgerechten

---

995 So auch bereits in § 56 Abs. 1 Satz 2, Halbsatz 1 VwVfG ausdrücklich geregelt.

996 Vgl. Reidt, in: Battis/Krautzberger/Löhr, Baugesetzbuch, 15. Auflage 2022, § 11 Rn. 1 f., 11 f.; Looman, NJW 1996, 1439 (1440); Mehde, LSK 2002, 311309.

997 Vgl. Reidt, in: Battis/Krautzberger/Löhr, Baugesetzbuch, 15. Auflage 2022, § 11 Rn. 18; Krautzberger, in: Ernst/Zinkahn/Bielenberg/Krautzberger, BauGB, Stand: Oktober 2020, § 11 Rn. 167; Bunzel, ZfBR 2015, 11.

998 Vgl. Bundesverwaltungsgericht, Urteil vom 6. Juli1973 – IV C 22.72, NJW 1973, 1895 (1896); Wilke/Düwel, NVwZ 2012, 1449.

999 Vgl. Bundesverwaltungsgericht, Urteil vom 6. Juli 1973 – IV C 22.72, NJW 1973, 1895 (1896); Verwaltungsgericht München, Urteil vom 10. Juli 2007 – M 2 K 06 4914, BeckRS 2007, 36501; Krautzberger, in: Ernst/Zinkahn/Bielenberg/Krautzberger, Baugesetzbuch, Stand: November 2024, § 11 Rn. 167 f.

1000 Vgl. Bundesverwaltungsgericht, Urteil vom 29. Januar 2009 – 4 C 15.07, NVwZ 2009, 1109 (1109); Bayerischer Verwaltungsgerichtshof, Urteil vom 18. Dezember 2008 – 4 Bundesverwaltungsgericht, 07.3067, MittBayNot 2009, 406 (406); Verwaltungsgericht München, Urteil vom 15. Juli 2008 – M 2 K 07.1039, BeckRS 2008, 45749; Wilke/Düwel, NVwZ 2012, 1449 (1450).

1001 Bundesverwaltungsgericht, Urteil vom 29. Januar 2009 – 4 C 15.07, NVwZ 2009, 1109; Beschluss vom 20. November 2012 – 4 B 7.12; Verwaltungsgerichtshof München, Urteil vom 18. Dezember 2008 – 4 BV 07.3067, BeckRS 2009, 39331; Hellriegel/Teichmann, BauR 2014, 189.

1002 Vgl. dazu unter anderem: Landeshauptstadt München, Referat für Stadtplanung und Bauordnung – Die Sozialgerechte Bodennutzung, Verfahrensgrundsätze

Bodennutzung" (SoBon) an die planungsbedingte Bodenwertsteigerung mit Blick auf die Bodenwerte an, bevor und nachdem das Bauvorhaben durch den Vorhabenträger umgesetzt worden ist.[1003] Der Differenzbetrag beschreibt in einem ersten Schritt den Wertgewinn des Vorhabenträgers.[1004] Danach sind die im Einzelfall entstandenen Belastungen des Vorhabenträgers von dem errechneten Wertgewinn in Abzug zu bringen.[1005] Davon im Besonderen umfasst werden die erforderlichen Folgemaßnahmen, wie die Erschließung, die Errichtung öffentlicher sowie auch sozialer Infrastruktur – vor allem zielt dies auf Kindertagesstätten und Schulen.[1006] Da es nach den Maßstäben des Bundesverwaltungsgerichts auf die Gesamtbelastung des Vorhabenträgers ankommt, sind auch diese Einzelmaßnahmen in die Angemessenheitsberechnung mit einzuberechnen.[1007] Das heißt, dass die Angemessenheit immer anhand der Gegenüberstellung von Leistung und Gegenleistung zu ermitteln ist, wobei im Besonderen die Bodenrichtwerte des Einzelfalls ausschlaggebend sind.[1008]

---

zur Sozialgerechten Bodennutzung in der Fassung vom 26. Juli 2006, Seite 8, abrufbar unter: https://www.muenchen.de/rathaus/Stadtverwaltung/Referat-fuer-Stadtplanung-und-Bauordnung/Stadt-und-Bebauungsplanung/SoBoN.html (zuletzt abgerufen am 26. April 2025); Stadt Köln, Das Kooperative Baulandmodell Köln, Rechtlinie und Umsetzungsanweisung in der Fassung der Bekanntmachung vom 10. Mai 2017, abrufbar unter: https://www.stadt-koeln.de/mediaasset/content/pdf61/koopblm_stand_2017.pdf (zuletzt abgerufen am 26. April 2025).

1003 Vgl. Landeshauptstadt München, Referat für Stadtplanung und Bauordnung – Die Sozialgerechte Bodennutzung, Verfahrensgrundsätze zur Sozialgerechten Bodennutzung in der Fassung vom 26. Juli 2006, Seite 3 f.

1004 Vgl. Landeshauptstadt München, Referat für Stadtplanung und Bauordnung – Die Sozialgerechte Bodennutzung, Verfahrensgrundsätze zur Sozialgerechten Bodennutzung in der Fassung vom 26. Juli 2006, Seite 3 f.; Hoffmann, in: Spannowsky/Uechtritz, BeckOK BauGB, Stand: 1. Februar 2021, § 11 Rn. 46.1.; Hellriegel/Teichmann, BauR 2014, 189 (194).

1005 Vgl. Hoffmann, in: Spannowsky/Uechtritz, BeckOK BauGB, Stand: 1. Februar 2021, § 11 Rn. 46.1.; Hellriegel/Teichmann, BauR 2014, 189 (194).

1006 Vgl. Hellriegel/Teichmann, BauR 2014, 189 (194).

1007 Vgl. Landeshauptstadt München, Referat für Stadtplanung und Bauordnung – Die Sozialgerechte Bodennutzung, Verfahrensgrundsätze zur Sozialgerechten Bodennutzung in der Fassung vom 26. Juli 2006, Seite 3 f.

1008 Vgl. Hoffmann, in: Spannowsky/Uechtritz, BeckOK BauGB, Stand: 1. Februar 2021, § 11 Rn. 46.1; Hellriegel/Teichmann, BauR 2014, 189 (194).

Neben den unterschiedlichen Wirtschaftlichkeitsberechnungen sind aber auch weitere Faktoren in den Angemessenheitsabgleich mit aufzunehmen: Es ist zu berechnen, ob es dem Bauherrn möglich ist, durch die Mieteinnahmen die sogenannte Kostenmiete[1009] zu decken.[1010] Das bedeutet, dass erst einmal für die Kostenmiete der Erwerbspreis für das Vorhabengrundstück sowie die Planungs- und Baukosten inklusive einer Rendite auf das eingesetzte Kapital zu errechnen sind.[1011] Denn unangemessen wäre etwa eine Mietpreisbindung, infolge derer das Vorhaben wirtschaftlich untragbar würde.[1012] Daher ist der Hoheitsträger in dieser Konstellation aufgrund des Angemessenheitsgrundsatzes gehalten, den Wohnungsbau nach dem Wohnraumförderungsgesetz zu fördern oder alternative Mietwohnangebote zu schaffen.[1013]

7.1.5 Ausgestaltung des Berliner Modells

Mit Blick auf den von § 11 BauGB vorgesehenen Rahmen zum Abschluss städtebaulicher Verträge, der – wie sich aus der Formulierung „insbesondere" in § 11 Abs. 1 Satz 2 BauGB ergibt – nicht abschließend ist, hat der Berliner Senat mit dem Berliner Modell Leitlinien zum Abschluss städtebaulicher Verträge entworfen.[1014]

Anwendbar ist das Berliner Modell, wenn durch die erstmalige Schaffung von Bauplanungsrecht die Zulässigkeit eines Bauvorhabens mit Wohnnutzung erreicht werden soll.[1015] Dabei kommt das Berliner Modell jedoch dann nicht

---

[1009] Die Kostenmiete definiert sich dabei als einen Mietzins, der die laufenden Aufwendungen für ein Bauvorhaben einschließlich der tatsächlichen Finanzierungskosten abdeckt, vgl. so unter anderem Börstinghaus, NZM 2004, 801 (810).

[1010] Vgl. Hellriegel/Teichmann, BauR 2014, 189 (194); so auch Quaas/Kukk, in: Schrödter, BauGB, 9. Auflage 2019, § 11 Rn. 45.

[1011] Vgl. Hellriegel/Teichmann, BauR 2014, 189 (194); so auch Quaas/Kukk, in: Schrödter, BauGB, 9. Auflage 2019, § 11 Rn. 45.

[1012] Vgl. Hellriegel/Teichmann, BauR 2014, 189 (194); so auch Quaas/Kukk, in: Schrödter, BauGB, 9. Auflage 2019, § 11 Rn. 45.

[1013] Vgl. Hellriegel/Teichmann, BauR 2014, 189 (194); so auch Quaas/Kukk, in: Schrödter, BauGB, 9. Auflage 2019, § 11 Rn. 45.

[1014] Vgl. Senatsverwaltung für Stadtentwicklung und Wohnen, Berliner Modell – eine Zwischenbilanz vom 5. Juni 2019, Seite 2; Berliner Modell, Leitlinien für den Abschluss städtebaulicher Verträge im Land Berlin, Stand: 1. August 2018, Seite 8 f.

[1015] Vgl. Berliner Modell, Leitlinien für den Abschluss städtebaulicher Verträge im Land Berlin, Stand: 1. August 2018, Seite 7 f.

zwingend zur Anwendung, wenn im Rahmen des Bauvorhabens weniger als 5.000 qm Geschossfläche mit einer Wohnnutzung vorgesehen ist.[1016] Vielmehr verbleibt die Entscheidung, einen städtebaulichen Vertrag unter Zugrundelegung der im Berliner Modell vorgesehenen Regelungen zu schließen, in diesen Fällen beim jeweiligen Bezirk.[1017]

Im Einzelnen sehen die Leitlinien des Berliner Modells der kooperative Baulandentwicklung die folgenden Regelungen zur Verpflichtung von Vorhabenträgern vor:

- Übernahme der Planungskosten und der Bauleitplanung, den erforderlichen Ausgleich nach dem einschlägigen Naturschutzrecht, Artenschutz, Baumschutz sowie für die Gutachten hinsichtlich der Freiheit von Altlasten und Kampfstoffen und die Einbindung in die Verkehrsinfrastruktur.[1018]
- Übernahme der sich ergebenden Folgekosten (Straßenbaumaßnahmen im Gebiet und außerhalb des Gebiets), insbesondere für die Schaffung sozialer Infrastruktur wie Plätze in Kindertagesstätten, Grundschulplätze, aber auch Grünanlagen sowie Maßnahmen zum Ausgleich von Eingriffen in den Naturhaushalt, inklusive der Übereignung von Flächen an die Stadt Berlin, die für öffentliche Straßen und Wege benötigt werden.[1019]
- Regelmäßig die Verpflichtung, einen bestimmten Anteil (bis 30. Juni 2018: mindestens 25 % der Wohnungen, danach 30 % der Geschossfläche[1020]) der Wohnungen dergestalt zu bauen, dass der Bau der Wohnungen mit Mitteln des sozialen Wohnungsbaus aus Landesmitteln gefördert werden könnte.[1021]

1016 Vgl. Berliner Modell, Leitlinien für den Abschluss städtebaulicher Verträge im Land Berlin, Stand: 1. August 2018, Seite 7 f.
1017 Vgl. Berliner Modell, Leitlinien für den Abschluss städtebaulicher Verträge im Land Berlin, Stand: 1. August 2018, Seite 7 f.
1018 Vgl. Berliner Modell, Leitlinien für den Abschluss städtebaulicher Verträge im Land Berlin, Stand: 1. August 2018, Seite 7 f.
1019 Vgl. Berliner Modell, Leitlinien für den Abschluss städtebaulicher Verträge im Land Berlin, Stand: 1. August 2018, Seite 7 f.; so auch: Haaß, LKV 2018, 156.
1020 Stand: 5. Juni 2022.
1021 Vgl. Berliner Modell, Leitlinien für den Abschluss städtebaulicher Verträge im Land Berlin, Stand: 1. August 2018, Seite 7 f.

- Verbindliche Zusage, den mietpreisgebundenen Wohnraum im Standard des sozialen Wohnungsbaus während der nächsten 30 Jahre nur an Inhaber eines Wohnberechtigungsscheins zu vermieten.[1022]
- Verbindliche Zusage, dabei bestimmte Mietobergrenzen sowohl bei Abschluss des Mietvertrags als auch bei Mieterhöhungen einzuhalten.[1023]
- Absicherung von Vertragspflichten durch Bürgschaften. Etwaige vereinbarte Grundstücksübertragungen und Dienstbarkeiten müssen vor dem endgültigen Beschluss über den Bebauungsplan abgesichert sein, weshalb teilweise zusätzlich noch Baulasten einzutragen sind.[1024]
- Zudem werden Vertragsstrafen für den Fall der Nichteinhaltung der Vertragspflichten festgesetzt.[1025]

c) Die Leitlinien für das Berliner Modell halten zur Angemessenheit fest, dass die

> „vertraglich vereinbarten Leistungspflichten […] unter dem Gesichtspunkt der Gesamtbelastung des Vorhabenträgers angemessen sein [müssen]. Dabei sind alle in einem städtebaulichen Vertrag enthaltenen Verpflichtungen im Zusammenhang und damit in ihrer wirtschaftlichen Gesamtwirkung zu würdigen (wirtschaftliche Gesamtbetrachtung)."
>
> Berliner Modell, Leitlinien für den Abschluss städtebaulicher Verträge im Land Berlin (Ergänzung nur hier).[1026]

Die Leitlinien sind dabei zur Vereinheitlichung und für die Schaffung eines rechtssicheren Beurteilungsrahmens mit Blick auf die Angemessenheit städtebaulicher Verträge vorgesehen.[1027] Dazu wird vordringlich auf die

---

[1022] Vgl. Berliner Modell, Leitlinien für den Abschluss städtebaulicher Verträge im Land Berlin, Stand: 1. August 2018, Seite 7 f.

[1023] Vgl. Berliner Modell, Leitlinien für den Abschluss städtebaulicher Verträge im Land Berlin, Stand: 1. August 2018, Seite 7 f.

[1024] Vgl. Berliner Modell, Leitlinien für den Abschluss städtebaulicher Verträge im Land Berlin, Stand: 1. August 2018, Seite 7 f.

[1025] Vgl. Berliner Modell, Leitlinien für den Abschluss städtebaulicher Verträge im Land Berlin, Stand: 1. August 2018, Seite 7 f.; Schmidt-Eichstaedt, ZfBR 2018, 537 (538).

[1026] Vgl. Berliner Modell, Leitlinien für den Abschluss städtebaulicher Verträge im Land Berlin, Stand: 1. August 2018, Seite 13.

[1027] Vgl. Berliner Modell, Leitlinien für den Abschluss städtebaulicher Verträge im Land Berlin, Stand: 1. August 2018, Seite 7 f.

Wertsteigerung durch die Schaffung von Bauplanungsrecht seitens der Stadt Berlin abgestellt.[1028] Dieses erfolgt anhand eines Schätzverfahrens mit Blick auf die Bodenrichtwerte, in dem auch die einzelfallabhängigen Besonderheiten Berücksichtigung finden.[1029] Dabei bilden nach Ziffer 1.7 Abs. 2 der Leitlinien[1030] die Bodenwerte, die vom Gutachterausschuss für Grundstückswerte des Landes Berlin[1031] veröffentlicht werden, den Ausgangspunkt der Berechnungen.[1032] Basierend darauf wird ein Höchst- (Eingangswert) sowie ein Mindestbodenwert (Zielwert) für das Baugebiet bestimmt.[1033]Der Zielwert ist mit dem Bodenwert gleichzusetzen, den das betreffende Baugrundstück mit Blick auf das Planungsrecht, das im Zeitpunkt der öffentlichen Auslage vorgesehen ist, tatsächlich hat.[1034] Dagegen wird der Eingangswert nach Ziffer 1.7 Abs. 3 der Leitlinien im Residualwertverfahren[1035] aus dem Bodenwert vor einer konkreten Planungsabstimmung abzüglich der geschätzten Kosten für Planung und Herstellung der Erschließungsanlagen sowie der sozialen Infrastruktur berechnet.[1036]

Maßgeblich legt das Berliner Modell der Angemessenheitsberechnung die planbedingte Bodenwertentwicklung des Baugrundstücks zugrunde – also den Differenzbetrag zwischen „Zielwert“[1037] und „Eingangswert“[1038]

[1028] Vgl. Berliner Modell, Leitlinien für den Abschluss städtebaulicher Verträge im Land Berlin, Stand: 1. August 2018, Seite 7 f.

[1029] Vgl. Vgl. Berliner Modell, Leitlinien für den Abschluss städtebaulicher Verträge im Land Berlin, Stand: 1. August 2018, Seite 7 f.; Bunzel, ZfBR 2018, 638 (644).

[1030] Vgl. Berliner Modell, Leitlinien für den Abschluss städtebaulicher Verträge im Land Berlin, Stand: 1. August 2018, Seite 13.

[1031] Vgl. Berliner Modell, Leitlinien für den Abschluss städtebaulicher Verträge im Land Berlin, Stand: 1. August 2018, Seite 21 f.

[1032] Vgl. Berliner Modell, Leitlinien für den Abschluss städtebaulicher Verträge im Land Berlin, Stand: 1. August 2018, Seite 21 f.

[1033] Vgl. Berliner Modell, Leitlinien für den Abschluss städtebaulicher Verträge im Land Berlin, Stand: 1. August 2018, Seite 21 f.

[1034] Vgl. Ziffer 1.7 Abs. 2 Satz 2 f. der Leitlinien des Berliner Modell.

[1035] Vgl. Berliner Modell, Leitlinien für den Abschluss städtebaulicher Verträge im Land Berlin, Stand: 1. August 2018, Seite 13, 14.

[1036] Vgl. Berliner Modell, Leitlinien für den Abschluss städtebaulicher Verträge im Land Berlin, Stand: 1. August 2018, Seite 21 f.

[1037] Vgl. Berliner Modell, Leitlinien für den Abschluss städtebaulicher Verträge im Land Berlin, Stand: 1. August 2018, Seite 21 f.

[1038] Vgl. Berliner Modell, Leitlinien für den Abschluss städtebaulicher Verträge im Land Berlin, Stand: 1. August 2018, Seite 21.

des Baugrundstücks.[1039] Als Eingangswert wird im Rahmen des Berliner Modells die Hälfte des prognostizierten Zielwertes unterstellt und unabhängig vom Verkehrswert – sowie auch unabhängig von einem Kaufpreis für das Bauvorhaben – festgelegt.[1040] Der Zielwert, den das Baugrundstück nach Aufstellung des Bebauungsplans und den erforderlichen Begleitmaßnahmen, wie etwa die Herstellung der Erschließung, aufweist, wird anhand vergleichbarer Bodenrichtwerte bestimmt.[1041] Die Beteiligung des Vorhabenträgers an den durch das Bauvorhaben unmittelbar ausgelösten Folgekosten bemisst sich anschließend mit Blick auf den so zu bestimmenden Differenzbetrag.[1042] Grundsätzlich wird davon ausgegangen, dass die im städtebaulichen Vertrag getroffenen Vereinbarungen insgesamt angemessen sind, wenn die danach bestehenden Leistungspflichten in der Summe den geschätzten planungsbedingten Bodenwertzuwachs nicht überschreiten.[1043] Der Vorhabenträger hat die Möglichkeit, eigene Berechnungen vorzulegen, um die wirtschaftliche Unzumutbarkeit der vertraglichen Bindungen nachzuweisen, so dass trotz des generalisierenden Ansatzes Korrekturen für atypische Fälle möglich bleiben.[1044] Nur in Sonderfällen sehen die Leitlinien vor, dass „auch eine von den planungsbedingten Bodenwertsteigerungen unabhängige Bewertung der Angemessenheit sachgerecht“[1045] sein kann. [1046]

1039 Vgl. Berliner Modell, Leitlinien für den Abschluss städtebaulicher Verträge im Land Berlin, Stand: 1. August 2018, Seite 21.

1040 Vgl. Berliner Modell, Leitlinien für den Abschluss städtebaulicher Verträge im Land Berlin, Stand: 1. August 2018, Seite 21 f.

1041 Vgl. Berliner Modell, Leitlinien für den Abschluss städtebaulicher Verträge im Land Berlin, Stand: 1. August 2018, Seite 21 f.

1042 Vgl. Berliner Modell, Leitlinien für den Abschluss städtebaulicher Verträge im Land Berlin, Stand: 1. August 2018, Seite 21 f.

1043 Vgl. Berliner Modell, Leitlinien für den Abschluss städtebaulicher Verträge im Land Berlin, Stand: 1. August 2018, Seite 21 f.

1044 Vgl. Berliner Modell, Leitlinien für den Abschluss städtebaulicher Verträge im Land Berlin, Stand: 1. August 2018, Seite 21 f.; dazu auch: Bundesverwaltungsgericht, Urteil vom 29. Januar 2009 – 4 C 15.07, NVwZ 2009, 1109 (1113); Bunzel, ZfBR 2018, 638 (644); anders dagegen das Münchener Modell, bei dem die Ermittlung der angemessenen Wertabschöpfung allein anhand des konkreten Einzelfalls bestimmt wird, vgl. dazu Hellriegel/Teichmann, BauR 2/2014, Seite 189 (194).

1045 Vgl. Berliner Modell, Leitlinien für den Abschluss städtebaulicher Verträge im Land Berlin, Stand: 1. August 2018, Seite 15 Zeile 14-16.

1046 Vgl. Berliner Modell, Leitlinien für den Abschluss städtebaulicher Verträge im Land Berlin, Stand: 1. August 2018, Seite 21 f.

Dabei ist die Angemessenheit städtebaulicher Verträge zu verschiedenen Zeitpunkten und damit im Verfahren bis zum Abschluss des städtebaulichen Vertrages mehrfach zu überprüfen: Es ist während des Verfahrensablaufs eine Grundzustimmung und eine abschließende Angemessenheit vorgesehen.[1047] Die Grundzustimmung erfolgt durch vorläufige Prüfung der Angemessenheit zu Beginn des Verfahrens, welche durch weitere vorläufige Überprüfungen während des Verfahrens ergänzt werden.[1048] Dagegen ausdrücklich maßgeblich ist die Prüfung der Angemessenheit des jeweiligen städtebaulichen Vertrags bei dessen Abschluss.[1049]

7.1.6 Zusammenfassung

Es bleibt festzuhalten, dass das Berliner Modell Leitlinien für den Abschluss städtebaulicher Verträge aufstellt. Vorgesehen ist dabei die Schaffung von 30 % an mietpreis- und belegungsgebundenem Wohnraum sowie die Übernahme von Kosten für soziale Infrastruktur und weiterer Folgekosten durch den Vorhabenträger.[1050] Die Vertragsgestaltung im Einzelfall bemisst sich danach auch mit Blick auf das Koppelungsverbot, da das Berliner Modell nur Anwendung finden soll, soweit kein Baurecht auf dem betreffenden Grundstück besteht.[1051] Zudem sehen die Leitlinien zur Einhaltung des Angemessenheitsgrundsatzes aus § 11 Abs. 2 Satz 1 BauGB vor, dass die Beteiligung des Vorhabenträgers an den durch das Bauvorhaben unmittelbar ausgelösten Folgekosten anhand des Differenzbetrages des (Grundstücks-)Eingangswertes – nach den Leitlinien des Berliner Modell die Hälfte des prognostizierten Zielwertes, unabhängig vom tatsächlichen Verkehrswert[1052] – und des Zielwertes – dem Bodenwert nach Festsetzung

---

[1047] Vgl. Berliner Modell, Leitlinien für den Abschluss städtebaulicher Verträge im Land Berlin, Stand: 1. August 2018, Seite 21 f.

[1048] Vgl. Berliner Modell, Leitlinien für den Abschluss städtebaulicher Verträge im Land Berlin, Stand: 1. August 2018, Seite 21 f.

[1049] Vgl. Berliner Modell, Leitlinien für den Abschluss städtebaulicher Verträge im Land Berlin, Stand: 1. August 2018, Seite 21 f.

[1050] Vgl. Berliner Modell, Leitlinien für den Abschluss städtebaulicher Verträge im Land Berlin, Stand: 1. August 2018, Seite 7 f.

[1051] Vgl. Berliner Modell, Leitlinien für den Abschluss städtebaulicher Verträge im Land Berlin, Stand: 1. August 2018, Seite 21 f.

[1052] Vgl. Berliner Modell, Leitlinien für den Abschluss städtebaulicher Verträge im Land Berlin, Stand: 1. August 2018, Seite 21 f.

des Bebauungsplans – berechnet werden.[1053] Dabei unterstellt das Berliner Modell die Angemessenheit der vertraglichen Regelung, soweit der so zu bestimmende Differenzbetrag von der summierten Kostenverpflichtung des Vorhabenträgers nicht überschritten wird.[1054]

7.1.7 Bewertung

Das Berliner Modell ist rechtlich zulässig.[1055] Dies lässt sich anhand der Betrachtung der einzelnen Bestimmungen des Berliner Modells wie folgt feststellen:

a) Übernahme der Planungskosten

Zunächst gilt es zu begutachten, ob die im Berliner Modell vorgesehene Übernahme aller Planungskosten und der dazu notwendigen Gutachten rechtlich zulässig ist. Denn hierbei handelt es sich um einen der maßgebenden Punkte, die die Leitlinie zum Berliner Modell für den Abschluss eines städtebaulichen Vertrags vorsieht.[1056] Danach soll sich der Vorhabenträger an sämtlichen dem Land Berlin entstehenden Kosten, die Folge des Bauvorhabens sind, beteiligen.[1057] Davon werden nach den Leitlinien für den Abschluss städtebaulicher Verträge im Land Berlin die unter 5. in diesem Kapitel dargestellten Aufwendungen umfasst.[1058] Aufgrund dieses umfassenden Katalogs zur Kostenbeteiligung von Vorhabenträgern drängt sich die Frage nach der Einhaltung des Angemessenheitsgrundsatzes, wie ihn § 11 Abs. 2 Satz 1 BauGB vorsieht, förmlich auf. Dabei ist die Frage nach der rechtlichen Zulässigkeit eines derart umfassenden Verlangens zu bejahen.[1059] Denn der Gesetzgeber hat hierfür in § 11 Abs. 1 Nr. 1 BauGB eine taugliche

---

[1053] Vgl. Berliner Modell, Leitlinien für den Abschluss städtebaulicher Verträge im Land Berlin, Stand: 1. August 2018, Seite 21 f.

[1054] Vgl. Berliner Modell, Leitlinien für den Abschluss städtebaulicher Verträge im Land Berlin, Stand: 1. August 2018, Seite 21 f.

[1055] Vgl. so auch: Vgl. Bunzel, ZfBR 2018, 638 (641 f.).

[1056] Vgl. Berliner Modell, Leitlinien für den Abschluss städtebaulicher Verträge im Land Berlin, Stand: 1. August 2018, Seite 8 f.

[1057] Vgl. Berliner Modell, Leitlinien für den Abschluss städtebaulicher Verträge im Land Berlin, Stand: 1. August 2018, Seite 8 f.

[1058] Siehe dazu Kapitel G. unter I.5.

[1059] Vgl. Bunzel, LKV 2018, 156 (157); Schmidt-Eichstaedt, ZfBR 2018, 537.

Rechtsgrundlage geschaffen.[1060] Nach dem Wortlaut des § 11 Abs. 1 Nr. 1 BauGB können insbesondere die Vorbereitung oder Durchführung städtebaulicher Maßnahmen – einschließlich der Ausarbeitung der städtebaulichen Planung sowie erforderlichenfalls des Umweltberichts – vom Vorhabenträger auf dessen Kosten übernommen werden.[1061] Dabei war es im Rahmen der Einführung des § 11 BauGB die Absicht des Gesetzgebers, gerade für „die prekäre Frage, wie weit vorhandene gesetzliche Regelungen einer ergänzenden oder abweichenden vertraglichen Übereinkunft entgegenstehen, durch eine bereichsspezifische, über die §§ 54 ff. des Verwaltungsverfahrensgesetzes hinausgehende Konkretisierung zum Teil entschärft werden."[1062] Hierzu diene „insbesondere die Nennung von Gegenständen, die einer vertraglichen Regelung zugänglich seien"[1063].

Mithin sind Gemeinden auf Grundlage des § 11 Abs. 1 Nr. 1 BauGB zunächst einmal in der Lage, die Bezahlung aller Planungskosten und der dazu notwendigen Gutachten im Rahmen eines städtebaulichen Vertrages zu regeln.[1064]

b) Übernahme der notwendigen Folgekosten

Bei der Übernahme der notwendigen Folgekosten ist im Einzelfall eine sowohl teilweise als auch eine umfassende Kostenbelastung des Vorhabenträgers zulässig.[1065] Denn Folgekosten können sowohl Straßenbaumaßnah-

---

[1060] So ausdrücklich Gesetzesentwurf zur Änderung des Baugesetzbuchs und zur Neuregelung des Rechts der Raumordnung (Bau- und Raumordnungsgesetz 1998 – BauROG) vom 4. Dezember 1996, Drucksache 13/6392 Seite 50; vgl. dazu auch: Bunzel, LKV 2018, 156 (157); Schmidt-Eichstaedt, ZfBR 2018, 537 (539).

[1061] Siehe § 11 Abs. 1 Nr. 1 BauGB; vgl. Berliner Modell, Leitlinien für den Abschluss städtebaulicher Verträge im Land Berlin, Stand: 1. August 2018, Seite 9 f.

[1062] Gesetzesentwurf zur Änderung des Baugesetzbuchs und zur Neuregelung des Rechts der Raumordnung (Bau- und Raumordnungsgesetz 1998 – BauROG) vom 4. Dezember 1996, Drucksache 13/6392 Seite 50.

[1063] Vgl. Gesetzesentwurf zur Änderung des Baugesetzbuchs und zur Neuregelung des Rechts der Raumordnung (Bau- und Raumordnungsgesetz 1998 – BauROG) vom 4. Dezember 1996, Drucksache 13/6392 Seite 50.

[1064] Vgl. dies ebenso bejahend: Bunzel, LKV 2018, 156 (157); Schmidt-Eichstaedt, ZfBR 2018, 537.

[1065] Vgl. Schmidt-Eichstaedt, ZfBR 2018, 537 (538 f.); a.A.: Stüer, Bau- und Fachplanungsrecht, 5. Auflage 2015, Rn. 2455; so auch im Ergebnis: Bayerischer Verwaltungsgerichtshof, Urteil vom 12. Mai 2004 – 20 N 04.329 und 20 NE 04.336, NVwZ-RR 2005, 781 (783).

men innerhalb als auch außerhalb des Bebauungsplangebiets umfassen, aber auch die Errichtung einer Kindertagesstätte oder die Kostenbeteiligung bei der Schaffung von Plätzen in Kindertagesstätten durch die Gemeinde.[1066] Ebenso können die Errichtung einer Grundschule oder die Kostenbeteiligung bei der Schaffung von Grundschulplätzen, die Entwicklung von Grünanlagen, Baumpflanzungen oder Ausgleichsmaßnahmen für Eingriffe in den Naturhaushalt, speziell die im Plangebiet vorhandene Artenvielfalt und auch die Übereignung von Grundstücken an die Gemeinde umfasst sein. [1067]

Auch für die Übernahme der notwendigen Folgekosten bietet § 11 BauGB in Absatz 1 Nr. 3 eine Rechtsgrundlage.[1068] Wichtig für eine tatsächlich rechtmäßige Übernahme der Folgekosten durch den Vorhabenträger ist daher, dass diese auch im Einzelfall notwendig sind.[1069] Dazu müssen die Folgekosten zwingend kausal durch das Bauvorhaben verursacht werden.[1070] Dies umfasst aber gerade nur diejenigen Kosten, die als unmittelbare Folge des Bauvorhabens entstehen.[1071] Dazu ist nach dem Bundesverwaltungsgericht der anzuwendende Maßstab der folgende:

> „Städtebauliche Maßnahmen sind daher als Voraussetzung oder Folge eines Vorhabens anzusehen, wenn eine Gemeinde nachvollziehbar davon ausgehen darf, dass durch die weitere Überplanung von bisher nicht bebauten Grundstücken Investitionskosten für öffentliche Einrichtungen entstehen, die sie zu tragen hätte, und sie im Hinblick auf diese Kosten abwägungsfehlerfrei von einer derartigen Überplanung absehen dürfte (wie Urt. v. 29.1.2009, BVerwGE 133, 85 = NVwZ 2009, 1109).“
>
> Bundesverwaltungsgericht, Urteil vom 24. März 2011.[1072]

[1066] Vgl. Berliner Modell, Leitlinien für den Abschluss städtebaulicher Verträge im Land Berlin, Stand: 1. August 2018, Seite 9 f.

[1067] Vgl. Berliner Modell, Leitlinien für den Abschluss städtebaulicher Verträge im Land Berlin, Stand: 1. August 2018, Seite 9 f.

[1068] Vgl. Schmidt-Eichstaedt, ZfBR 2018, 537 (538).

[1069] Vgl. Schmidt-Eichstaedt, ZfBR 2018, 537 (538 f.).

[1070] Vgl. Bundesverwaltungsgericht, Urteil vom 24. März 2011 – 4 C 11.10, NVwZ 2011, 1132; Urteil vom 29. Januar 2009 – 4 C 15.07, NVwZ 2009, 1109, 1112; Hellriegel/ Wild, Das Grundeigentum Nr. 20/2014, Seite 1316.

[1071] Vgl. Schmidt-Eichstaedt, ZfBR 2018, 537 (538 f.).

[1072] Bundesverwaltungsgericht, Urteil vom 24. März 2011 – 4 C 11.10, NVwZ 2011, 1132 (Leitsatz).

Zum einen bedarf es also für die Übernahme der notwendigen Folgekosten, dass diese anhand von Erfahrungswerten – im Einzelfall regelmäßig auf Grundlage von Prognosen mit Blick auf die Bevölkerungsentwicklung innerhalb einer Schulregion – als unmittelbare Folge des Bauvorhabens ermittelt werden.[1073] Zum anderen bedarf es auch einer begründeten und fundierten Kostenschätzung, insbesondere wenn der Vorhabenträger sich lediglich an den Kosten für notwendige Einrichtungen beteiligt.[1074]

Eben diese Voraussetzungen der Rechtsprechung werden durch das Berliner Modell erfüllt[1075]: Eine Prognose für die durch das jeweilige Bauvorhaben benötigten Plätze in Grundschulen sowie Kindertagesstätten wird transparent auf der Basis durchschnittlicher Belegungsdichten errechnet.[1076] Für die Plätze in Grundschulen und Kindertagesstätten berücksichtigt das Berliner Modell die bereits im räumlichen Umfeld vorhandene Auslastung der jeweiligen Einrichtungen.[1077] Damit wird abgesichert, dass der Vorhabenträger nur diejenigen Kosten trägt, die durch sein Bauvorhaben unmittelbar verursacht werden.[1078]

Damit bleibt festzuhalten, dass für die Verpflichtung in § 11 Abs. 1 Nr. 3 BauGB eine Rechtsgrundlage geschaffen worden ist, deren Ausübung im Einzelfall einer genauen Betrachtung der Kausalität der Folgekosten durch das Bauvorhaben bedarf.[1079] Allerdings ist die Übernahme dann – wenn sie im Einzelfall eben diese Voraussetzungen einhält – rechtmäßig.[1080]

c) Verpflichtung zur Errichtung von Wohnraum nach WoFG

Für eine Verpflichtung zur Errichtung von Wohnraum nach WoFG im Rahmen eines städtebaulichen Vertrages lässt sich die Rechtsgrundlage

---

1073 Vgl. Berliner Modell, Leitlinien für den Abschluss städtebaulicher Verträge im Land Berlin, Stand: 1. August 2018, Seite 9 f.; Bayerischer Verwaltungsgerichtshof, Urteil vom 12. Mai 2004 – 20 N 04.329 und 20 NE 04.336, NVwZ-RR 2005, 781.

1074 Vgl. Schmidt-Eichstaedt, ZfBR 2018, 537 (539).

1075 So auch Bunzel, ZfBR 2018, 638 (641); Schmidt-Eichstaedt, ZfBR 2018, 537 (538 f.).

1076 Vgl. Berliner Modell, Leitlinien für den Abschluss städtebaulicher Verträge im Land Berlin, Stand: 1. August 2018, Seite 10 f.

1077 Vgl. Berliner Modell, Leitlinien für den Abschluss städtebaulicher Verträge im Land Berlin, Stand: 1. August 2018, Seite 10 f.

1078 Vgl. Berliner Modell, Leitlinien für den Abschluss städtebaulicher Verträge im Land Berlin, Stand: 1. August 2018, Seite 10 f.; Bunzel, ZfBR 2018, 638 (641).

1079 Vgl. Schmidt-Eichstaedt, ZfBR 2018, 537 (538 f.).

1080 Vgl. Schmidt-Eichstaedt, ZfBR 2018, 537 (538 f.).

bereits aus § 9 Abs. 1 Nr. 7 BauGB entnehmen.[1081] Danach können in einem Bebauungsplan aus städtebaulichen Gründen Flächen festgesetzt werden, auf denen ganz oder teilweise nur Wohngebäude, die mit Mitteln der sozialen Wohnraumförderung gefördert werden könnten, errichtet werden.[1082] Damit ist es für diese Forderung aus dem Berliner Modell bereits zulässig, sie in einem Bebauungsplan festzusetzen.[1083] Daher ist die Forderung auch bereits mit einer Rechtsgrundlage ausgestattet.[1084]

Im Einzelfall kann dagegen problematisch sein, dass das Berliner Modell bei der Errichtung von Belegungs- und Mietpreisbindungen zusätzlich immer auch eine Vereinbarung von Belegungs- und Mietpreisbindungen unabhängig von der Inanspruchnahme der Förderung durch den Vorhabenträger vorsieht.[1085] Dies wäre aber teilweise mit Blick auf die Zielrichtung des Berliner Modell, also die Schaffung von Wohnvierteln mit gemischten Bevölkerungsstrukturen und die Verhinderung der Trennung von unterschiedlichen Bevölkerungs- sowie Einkommensschichten in unterschiedliche Wohngebiet, nicht vereinbar.[1086]Im Besonderen gilt dies, wenn ein Gebiet bereits sozialempirisch als sozialer Brennpunkt eingestuft werden muss.[1087] Denn um in einem solchen Gebiet die politisch wünschenswerte Mischung zu erreichen, bedarf es gerade nicht weiteren sozialen Wohnraums, sondern der Gegensteuerung, indem attraktive Angebote an unterschiedliche Bevölkerungsschichten ermöglicht werden.[1088] Die weitere Betrachtung mit Blick auf die Anwendung im Einzelfall stellt sich dagegen sehr viel komplexer dar: Die Verweisung auf die Förderfähigkeit

---

[1081] Vgl. so auch: Schmidt-Eichstaedt, ZfBR 2018, 537 (538 f.).

[1082] Siehe § 9 Abs. 1 Nr. 7 BauGB; Schmidt-Eichstaedt, ZfBR 2018, 537 (538 f.); Berliner Modell, Leitlinien für den Abschluss städtebaulicher Verträge im Land Berlin, Stand: 1. August 2018, Seite 10 f.

[1083] Vgl. Schmidt-Eichstaedt, ZfBR 2018, 537 (538 f.).

[1084] So auch Schmidt-Eichstaedt, ZfBR 2018, 537 (539), der das Bestehen einer Rechtsgrundlage gar als „zweifellos" ansieht.

[1085] Vgl. Berliner Modell, Leitlinien für den Abschluss städtebaulicher Verträge im Land Berlin, Stand: 1. August 2018, Seite 10 f.; Schmidt-Eichstaedt, ZfBR 2018, 537 (538 f.).

[1086] Vgl. Berliner Modell, Leitlinien für den Abschluss städtebaulicher Verträge im Land Berlin, Stand: 1. August 2018, Seite 10 f.; Schmidt-Eichstaedt, ZfBR 2018, 537 (538 f.).

[1087] Vgl. Schmidt-Eichstaedt, ZfBR 2018, 537 (538 f.).

[1088] Vgl. wohl in: Berliner Modell, Leitlinien für den Abschluss städtebaulicher Verträge im Land Berlin, Stand: 1. August 2018, Seite 10 f.

richtet sich stets nach den Förderbedingungen des WoFG nach der im Zeitpunkt der Antragsstellung aktuellen Fassung der Förderbedingungen für Wohnraum.[1089]

Es bleibt dennoch abschließend festzuhalten, dass eine Verpflichtung, einen Teil von Wohnungen im Bebauungsplangebiet derart zu errichten, dass diese mit Mitteln des sozialen Wohnungsbaus förderfähig sind, wie sie auch das Berliner Modell vorsieht, rechtlich zulässig ist.[1090]

d) Verpflichtung zur Mietpreis- und Belegungsbindung

Die Verpflichtung zur Mietpreis- und Belegungsbindung, die das Berliner Modell vorsieht, kann ebenso rechtmäßig im Rahmen eines städtebaulichen Vertrags vereinbart werden. Zunächst besteht mit § 11 Abs. 1 Satz 2 Nr. 2 BauGB eine Rechtsgrundlage für Vereinbarungen, die bestimmt sind, die gesamte Bevölkerung mit angemessenem Wohnraum zu versorgen.[1091] Danach kann Gegenstand eines städtebaulichen Vertrags auch die Deckung des Wohnbedarfs von Bevölkerungsgruppen mit besonderen Wohnraumversorgungsproblemen sein.[1092]

Für die Erreichung dieses Ziel kommt nach übereinstimmender Auffassung der überwiegenden Kommentarliteratur auch eine Mietpreis- und Belegungsbindung mit Blick auf den zu errichtenden Wohnraum in Betracht.[1093] Dafür spricht, dass die Leitlinien die Pflicht zur Errichtung von förderfähigem Wohnraum mit dem Angebot der bevorzugten Wohnraumförderung derart verknüpfen, dass Vorhaben, die nach dem Berliner Modell umgesetzt werden, vorrangig bei der Vergabe von Wohnraumfördermitteln berücksichtigt werden.[1094] Dabei wird nach dem Berliner Modell die Pflicht zur Errichtung von förderfähigem Wohnraum insoweit aufgehoben, wie dem Vorhabenträger unverschuldet keine oder nur eine teilweise Wohnraumförderung bewilligt

---

1089 Vgl. Schmidt-Eichstaedt, ZfBR 2018, 537 (539).

1090 Vgl. so im Ergebnis auch: Schmidt-Eichstaedt, ZfBR 2018, 537 (538 f.).

1091 Bunzel, ZfBR 2018, 638 (641).

1092 Vgl. § 11 Abs. 1 Satz 2 Nr. 2 BauGB.

1093 Löhr, in: Battis/Krautzberger/Löhr, Baugesetzbuch, 15. Auflage 2022, § 11 Rn. 11 f.; Krautzberger, in: Ernst/Zinkahn/Bielenberg/Krautzberger, BauGB, Stand: Oktober 2020, § 11 Rn. 148 f.; Bunzel, ZfBR 2018, 638 (641); Quaas/Kukk, in: Schrödter, BauGB, 9. Auflage 2019, § 11 Rn. 22 f.; *kritisch*: Schmidt-Eichstaedt, ZfBR 2018, 537 (539).

1094 Vgl. Berliner Modell, Leitlinien für den Abschluss städtebaulicher Verträge im Land Berlin, Stand: 1. August 2018, Ziffer 1.6 Abs. 6, Seite 13; Bunzel, ZfBR 2018, 638 (641).

wird.[1095] Bestehen bleibt diese Pflicht dagegen, wenn die Bewilligung aus Gründen versagt wird, die der Vorhabenträger alleine zu vertreten hat.[1096] Damit wird die Mietpreis- und Belegungsbindung im Rahmen des Berliner Modells allerdings angemessen an eine Wohnraumförderung durch das Land Berlin gekoppelt.[1097] Mit Blick auf die Angemessenheit des städtebaulichen Vertrages wird daher bereits durch die Möglichkeit zur Inanspruchnahme einer Wohnraumförderung ein Ausgleich zur vorgesehenen Mietpreis- und Belegungsbindung geschaffen.[1098]

Auch ist die Dauer der Bindungen von 30 Jahren rechtlich zulässig.[1099] Denn die Bindungen nach dem Berliner Modell führen lediglich in Einzelfällen zu einer Zurückstellung von Gewinnerwartungen des Vorhabenträgers für die Dauer der jeweiligen Mietpreis- und Belegungsbindungen.[1100] Eine dagegen nach Rechtsprechung des Bundesgerichtshofs zu den Einheimischenmodellen unzulässige Verhinderung der Gewinnerzielung wird mit dem Berliner Modell gerade nicht erreicht.[1101] Vielmehr ist die Gewinnerwartung durch die Dauer der Bindungswirkung nicht unangemessen eingeschränkt.[1102] Mithin ist auch eine 30-jährige Mietpreis- und Belegungsbindung zulässig.

e) Ergebnis

Es bleibt festzuhalten, dass die von dem Berliner Modell vorgesehenen Vertragsbestimmungen einer rechtlichen Betrachtung Stand halten und

---

[1095] Vgl. Berliner Modell, Leitlinien für den Abschluss städtebaulicher Verträge im Land Berlin, Stand: 1. August 2018, Seite 13 f.

[1096] Vgl. Berliner Modell, Leitlinien für den Abschluss städtebaulicher Verträge im Land Berlin, Stand: 1. August 2018, Ziffer 1.6 Abs. 6, Seite 13; dazu auch Bunzel, ZfBR 2018, 638 (641).

[1097] Vgl. so auch Bunzel, ZfBR 2018, 638 (641).

[1098] Vgl. Bunzel, ZfBR 2018, 638 (641).

[1099] *a.A.*: Schmidt-Eichstaedt, ZfBR 2018, 537 (539).

[1100] Vgl. so im Ergebnis auch: Bunzel, ZfBR 2018, 638 (641).

[1101] Anders mit Blick auf Einheimischenmodelle Bundesgerichtshof, Urteil vom 29. November 2002 – V ZR 105.02, NJW 2003, 888 (888); Urteil vom 13. Oktober 2006 – V ZR 33.06, NJW-RR 2007, 962 (963); Urteil vom 16. April 2010 – V ZR 175.09, MittBayNot 2010, 501 (502); Brohm, JZ 2000, 321 (332); Grziwotz, KommJur 2009, 376 (377).

[1102] Vgl. so auch Bunzel, ZfBR 2018, 638 (641); a.A.: Schmidt-Eichstaedt, ZfBR 2018, 537 (539).

diese Ansicht von der überwiegenden Mehrheit der Literaturstimmen vertreten wird.

7.2 Instrument: Neuköllner Modell

Der Bezirk Neukölln hat aufgrund des eingeschränkten Anwendungsbereichs des Berliner Modells für die Schaffung von Planungsrecht durch Aufstellung von Bebauungsplänen das sogenannte Neuköllner Modell für kiezverträglichen Wohnungsbau entworfen.[1103] Dabei werden die Leitlinien des Berliner Modells mit dem Neuköllner Modell in seinem Anwendungsbereich erweitert: Ist für ein Baugrundstück bereits Baurecht vorhanden, sind aber für die Umsetzung des geplanten Bauvorhabens Befreiungen vom geltenden Planungsrecht für die Schaffung von über 1.000 qm zusätzlicher Geschossfläche erforderlich, kommt in der Praxis des Bezirks Neukölln von Berlin der Abschluss eines städtebaulichen Vertrags nach dem Neuköllner Modell in Betracht.[1104]

Dabei ist nur diejenige Geschossfläche als zusätzliche Geschossfläche im Sinne des Neuköllner Modells zu verstehen, die über die planungsrechtlich zulässige Geschossfläche hinausgeht.[1105] Unberücksichtigt bleibt allerdings eine im Bestand vorhandene Geschossfläche, die über das geltende Planungsrecht hinausgeht.[1106] Dies kommt insbesondere in Betracht, wenn

---

1103 Vgl. Pressemitteilung des Bezirksamtes Neukölln von Berlin vom 5. März 2020, abrufbar unter: https://www.berlin.de/ba-neukoelln/aktuelles/pressemitteilungen/2020/pressemitteilung.903449.php#:~:text=Das%20Bezirksamt%20Neuk%C3%B6lln%20geht%20mit,auch%20auf%20sol%2Dche%20Vorhaben (zuletzt abgerufen am 26. April 2025).

1104 Vgl. Pressemitteilung des Bezirksamtes Neukölln von Berlin vom 5. März 2020; so auch: Bezirksamt Neukölln von Berlin, Arbeitsanweisung, Vorgehen bei Anträgen, mit denen die Zulassung von Wohnungsbauvorhaben gem. § 31 Abs. 2 BauGB erreicht werden soll, „Neuköllner Modell", Seite 4, abrufbar unter: https://www.berlin.de/ba-neukoelln/politik-und-verwaltung/aemter/stadtentwicklungsamt/ausschussunterlagen/2020/maerz/neukoellner_modell_fuer_kiezvertraeglichen_wohnungsbau.pdf (zuletzt abgerufen am 26. April 2025).

1105 Vgl. Pressemitteilung des Bezirksamtes Neukölln von Berlin vom 5. März 2020; so auch: Bezirksamt Neukölln von Berlin, Arbeitsanweisung, Vorgehen bei Anträgen, mit denen die Zulassung von Wohnungsbauvorhaben gem. § 31 Abs. 2 BauGB erreicht werden soll, „Neuköllner Modell", Seite 5.

1106 Vgl. Pressemitteilung des Bezirksamtes Neukölln von Berlin vom 5. März 2020; so auch: Bezirksamt Neukölln von Berlin, Arbeitsanweisung, Vorgehen bei Anträgen,

Bauvorhaben im Bereich alter Bebauungspläne umgesetzt werden sollen.[1107] So etwa im Bereich des Baunutzungsplans, einem im Jahre 1958/1960 für das damalige West-Berlin als vorbereitendem Bauleitplan aufgestellter und nach § 173 Abs. 3 Bundesbaugesetzbuch (BBauGB) in heutiges Recht übergeleitetem Bebauungsplan.[1108] Dieser findet in Verbindung mit der Bauordnung für Berlin aus dem Jahre 1958 (BO 58) weiterhin für große Teile der westlichen Bezirke Berlins Anwendung.[1109] Befreiungen von dem Baunutzungsplan sind für die Umsetzung von Bauvorhaben besonders häufig erforderlich, weil der Bebauungsplan aufgrund seines Alters mit den modernen städtebaulichen Vorstellungen zur Stadtplanung nicht mehr übereinstimmt.[1110] Dies schlägt sich vor allem in den darin getroffenen Maßfestsetzungen nieder: Die Flächen innerhalb des Baunutzungsplans sind überwiegend als Baustufe V/3 ausgewiesen, so dass darin im Höchstmaß fünf Geschosse mit einer Grundflächenzahl von 0,3 und einer Geschossflächenzahl von 1,5 zulässig ist.[1111] Bei vielen Bauvorhaben zur Schließung von Baulücken oder auch bei Aufstockungen im Bestand wird dies deutlich überschritten, so dass eine planungsrechtliche Genehmigung eine Befreiung nach § 31 BauGB voraussetzt.[1112] Hierbei soll allerdings das Neuköllner Modell nur in Fällen angewendet werden, in denen eine Befreiung vom geltenden Planungsrecht nach § 31 Abs. 2 BauGB – also

---

mit denen die Zulassung von Wohnungsbauvorhaben gem. § 31 Abs. 2 BauGB erreicht werden soll, „Neuköllner Modell“, Seite 5.

1107 Vgl. Pressemitteilung des Bezirksamtes Neukölln von Berlin vom 5. März 2020; so auch: Bezirksamt Neukölln von Berlin, Arbeitsanweisung, Vorgehen bei Anträgen, mit denen die Zulassung von Wohnungsbauvorhaben gem. § 31 Abs. 2 BauGB erreicht werden soll, „Neuköllner Modell“, Seite 4.

1108 Vgl. Feldmann/Möller, Berliner Planungsrecht, 4. Auflage 2021, Rn. 12 f., 23 f., Rn. 34 f.

1109 Vgl. Feldmann/Möller, Berliner Planungsrecht, 4. Auflage 2021, Rn. 25 f.

1110 Vgl. Feldmann/Möller, Berliner Planungsrecht, 4. Auflage 2021, Rn. 140 f., 203, 209 f., 214 f.; dies unterstellt ebenso: Pressemitteilung des Bezirksamtes Neukölln von Berlin vom 5. März 2020; so auch: Bezirksamt Neukölln von Berlin, Arbeitsanweisung, Vorgehen bei Anträgen, mit denen die Zulassung von Wohnungsbauvorhaben gem. § 31 Abs. 2 BauGB erreicht werden soll, „Neuköllner Modell“, Seite 4.

1111 Vgl. Feldmann/Möller, Berliner Planungsrecht, 4. Auflage 2021, Rn. 218 f.

1112 Vgl. Pressemitteilung des Bezirksamtes Neukölln von Berlin vom 5. März 2020; so auch: Bezirksamt Neukölln von Berlin, Arbeitsanweisung, Vorgehen bei Anträgen, mit denen die Zulassung von Wohnungsbauvorhaben gem. § 31 Abs. 2 BauGB erreicht werden soll, „Neuköllner Modell“, Seite 4.

aufgrund städtebaulicher Vertretbarkeit des Bauvorhabens[1113] – in Betracht gezogen wird.[1114]

Zunächst sieht das Neuköllner Modell vor, dass der betreffende Vorhabenträger seine Planung mit dem Stadtplanungsamt abstimmt, bevor er einen Antrag auf Erteilung einer Befreiung nach § 31 Abs. 2 BauGB stellt.[1115] Wird zwischen dem Vorhabenträger und dem Stadtplanungsamt eine Einigung erreicht und der städtebauliche Vertrag auf Grundlage des Neuköllner Modells geschlossen, gibt das Stadtplanungsamt in der Folge bei der Ämterbeteiligung zur Erteilung der betreffenden Befreiung eine positive Stellungnahme ab.[1116] Für die Vertragsverhandlungen in diesem Sinne sieht das Neuköllner Modell nur einen sehr geringen Spielraum für das Stadtplanungsamt vor.[1117] Das heißt zunächst einmal, dass von den vorgesehenen Regelungen der Arbeitsanweisung des Neuköllner Modells eine Abweichung „nicht in Betracht“[1118] kommt.[1119] Eine Ausnahme sei nur

---

1113 Vgl. Pressemitteilung des Bezirksamtes Neukölln von Berlin vom 5. März 2020; so auch: Bezirksamt Neukölln von Berlin, Arbeitsanweisung, Vorgehen bei Anträgen, mit denen die Zulassung von Wohnungsbauvorhaben gem. § 31 Abs. 2 BauGB erreicht werden soll, „Neuköllner Modell“, Seite 4 f.

1114 Vgl. Pressemitteilung des Bezirksamtes Neukölln von Berlin vom 5. März 2020; so auch: Bezirksamt Neukölln von Berlin, Arbeitsanweisung, Vorgehen bei Anträgen, mit denen die Zulassung von Wohnungsbauvorhaben gem. § 31 Abs. 2 BauGB erreicht werden soll, „Neuköllner Modell“, Seite 12.

1115 Vgl. Pressemitteilung des Bezirksamtes Neukölln von Berlin vom 5. März 2020; so auch: Bezirksamt Neukölln von Berlin, Arbeitsanweisung, Vorgehen bei Anträgen, mit denen die Zulassung von Wohnungsbauvorhaben gem. § 31 Abs. 2 BauGB erreicht werden soll, „Neuköllner Modell“, Seite 8, 9.

1116 Vgl. Pressemitteilung des Bezirksamtes Neukölln von Berlin vom 5. März 2020; so auch: Bezirksamt Neukölln von Berlin, Arbeitsanweisung, Vorgehen bei Anträgen, mit denen die Zulassung von Wohnungsbauvorhaben gem. § 31 Abs. 2 BauGB erreicht werden soll, „Neuköllner Modell“, Seite 8, 9.

1117 Vgl. Pressemitteilung des Bezirksamtes Neukölln von Berlin vom 5. März 2020; so auch: Bezirksamt Neukölln von Berlin, Arbeitsanweisung, Vorgehen bei Anträgen, mit denen die Zulassung von Wohnungsbauvorhaben gem. § 31 Abs. 2 BauGB erreicht werden soll, „Neuköllner Modell“, Seite 8, 9.

1118 Pressemitteilung des Bezirksamtes Neukölln von Berlin vom 5. März 2020; so auch: Bezirksamt Neukölln von Berlin, Arbeitsanweisung, Vorgehen bei Anträgen, mit denen die Zulassung von Wohnungsbauvorhaben gem. § 31 Abs. 2 BauGB erreicht werden soll, „Neuköllner Modell“, Seite 9 Zeile 41.

1119 Vgl. Pressemitteilung des Bezirksamtes Neukölln von Berlin vom 5. März 2020; so auch: Bezirksamt Neukölln von Berlin, Arbeitsanweisung, Vorgehen bei Anträgen,

im Gleichschritt mit den Regeln des Berliner Modells zur kooperativen Baulandentwicklung möglich.[1120] Nur wenn das Berliner Modell zur kooperativen Baulandentwicklung eine Abweichung von den darin vorgesehenen Regelungen in Aussicht stelle, könne dies auch für das Neuköllner Modell geeignet sein.[1121] Andernfalls soll das Ermessen strikt nach den Regelungen, die die Arbeitsanweisung für das Neuköllner Modell vorsieht, ausgeübt werden.[1122]

Insbesondere soll die vertragliche Regelung des betreffenden Bauvorhabens sicherstellen, dass sich der Vorhabenträger zur teilweisen Errichtung von mietpreis- und belegungsgebundenem Wohnraum verpflichtet.[1123] Dazu soll nach dem Neuköllner Modell zur Schaffung und Erhaltung „sozial stabiler Bewohnerstrukturen“[1124] im Sinne des § 1 Abs. 6 Nr. 2 BauGB der Vorhabenträger mietpreis- und belegungsgebundenen Wohnraum derart schaffen, dass die neuen Wohnflächen den Anforderungen des Berliner

---

mit denen die Zulassung von Wohnungsbauvorhaben gem. § 31 Abs. 2 BauGB erreicht werden soll, „Neuköllner Modell“, Seite 8, 9.

1120 Vgl. Pressemitteilung des Bezirksamtes Neukölln von Berlin vom 5. März 2020; so auch: Bezirksamt Neukölln von Berlin, Arbeitsanweisung, Vorgehen bei Anträgen, mit denen die Zulassung von Wohnungsbauvorhaben gem. § 31 Abs. 2 BauGB erreicht werden soll, „Neuköllner Modell“, Seite 8, 9.

1121 Vgl. Pressemitteilung des Bezirksamtes Neukölln von Berlin vom 5. März 2020; so auch: Bezirksamt Neukölln von Berlin, Arbeitsanweisung, Vorgehen bei Anträgen, mit denen die Zulassung von Wohnungsbauvorhaben gem. § 31 Abs. 2 BauGB erreicht werden soll, „Neuköllner Modell“, Seite 8, 9 mit Verweis auf: Berliner Modell, Leitlinien für den Abschluss städtebaulicher Verträge im Land Berlin, Stand: 1. August 2018, Seite 24 f.

1122 Vgl. Pressemitteilung des Bezirksamtes Neukölln von Berlin vom 5. März 2020; so auch: Bezirksamt Neukölln von Berlin, Arbeitsanweisung, Vorgehen bei Anträgen, mit denen die Zulassung von Wohnungsbauvorhaben gem. § 31 Abs. 2 BauGB erreicht werden soll, „Neuköllner Modell“, Seite 8, 9.

1123 Vgl. Pressemitteilung des Bezirksamtes Neukölln von Berlin vom 5. März 2020; so auch: Bezirksamt Neukölln von Berlin, Arbeitsanweisung, Vorgehen bei Anträgen, mit denen die Zulassung von Wohnungsbauvorhaben gem. § 31 Abs. 2 BauGB erreicht werden soll, „Neuköllner Modell“, Seite 5.

1124 Vgl. Pressemitteilung des Bezirksamtes Neukölln von Berlin vom 5. März 2020; so auch: Bezirksamt Neukölln von Berlin, Arbeitsanweisung, Vorgehen bei Anträgen, mit denen die Zulassung von Wohnungsbauvorhaben gem. § 31 Abs. 2 BauGB erreicht werden soll, „Neuköllner Modell“, Seite 5 Zeile 15.

Wohnungsbauförderprogramms[1125] entsprechen.[1126] Eine positive Ermessensentscheidung kann der Bezirk nach dem Neuköllner Modell von der Übernahme von durch das Bauvorhaben entstehenden zusätzlichen Kosten abhängig machen: Dies umfasst gegebenenfalls Plätze in Kindertagesstätten.[1127] Zur Absicherung, dass mit dem neu geschaffenen Wohnraum auch die zugehörige soziale Infrastruktur bereitsteht, prüft des Stadtplanungsamt in Abstimmung mit dem zuständigen Fachbereich des Bezirksamtes Neukölln den Bedarf an Plätzen in Kindertagesstätten.[1128] Das Gleiche gilt, soweit durch das Bauvorhaben der Bedarf an Grundschulplätzen zunimmt. Dies wird nach der Arbeitsanweisung zum Neuköllner Modell im Gleichschritt mit dem Berliner Model der kooperativen Baulandentwicklung unterstellt, sobald zumindest eine Wohngeschossfläche von 926 qm neu geschaffen wird.[1129]

Wenn Bedarf an den dargestellten Infrastrukturmaßnahmen durch das geplante Bauvorhaben in relevanter Weise ausgelöst wird, soll der Vorhabenträger im Rahmen des Neuköllner Modells zur Kostentragung verpflichtet werden.[1130] Werden durch das Bauvorhaben die in § 17 BauNVO

[1125] Vgl. dazu die Verwaltungsvorschriften für die soziale Wohnraumförderung des Miet- und Genossenschaftswohnungsbaus in Berlin 2019 (Wohnungsbauförderungsbestimmungen 2019 – WFB 2019), abrufbar unter: https://www.stadtentwicklung.berlin.de/wohnen/wohnungsbau/download/foerderung/wfb_2019_amtsblattveroeffentlichung.pdf (zuletzt abgerufen am 26. April 2025).

[1126] Vgl. Pressemitteilung des Bezirksamtes Neukölln von Berlin vom 5. März 2020; so auch: Bezirksamt Neukölln von Berlin, Arbeitsanweisung, Vorgehen bei Anträgen, mit denen die Zulassung von Wohnungsbauvorhaben gem. § 31 Abs. 2 BauGB erreicht werden soll, „Neuköllner Modell", Seite 5.

[1127] Vgl. Pressemitteilung des Bezirksamtes Neukölln von Berlin vom 5. März 2020; so auch: Bezirksamt Neukölln von Berlin, Arbeitsanweisung, Vorgehen bei Anträgen, mit denen die Zulassung von Wohnungsbauvorhaben gem. § 31 Abs. 2 BauGB erreicht werden soll, „Neuköllner Modell", Seite 6.

[1128] Vgl. Pressemitteilung des Bezirksamtes Neukölln von Berlin vom 5. März 2020; so auch: Bezirksamt Neukölln von Berlin, Arbeitsanweisung, Vorgehen bei Anträgen, mit denen die Zulassung von Wohnungsbauvorhaben gem. § 31 Abs. 2 BauGB erreicht werden soll, „Neuköllner Modell", Seite 6.

[1129] Vgl. Pressemitteilung des Bezirksamtes Neukölln von Berlin vom 5. März 2020; so auch: Bezirksamt Neukölln von Berlin, Arbeitsanweisung, Vorgehen bei Anträgen, mit denen die Zulassung von Wohnungsbauvorhaben gem. § 31 Abs. 2 BauGB erreicht werden soll, „Neuköllner Modell", Seite 7, 8.

[1130] Vgl. Pressemitteilung des Bezirksamtes Neukölln von Berlin vom 5. März 2020; so auch: Bezirksamt Neukölln von Berlin, Arbeitsanweisung, Vorgehen bei Anträgen,

vorgesehenen Obergrenzen nicht eingehalten, ist der Vorhabenträger überdies zu Ausgleichsmaßnahmen zu verpflichten, um die Wohnverhältnisse in der näheren Umgebung nicht in städtebaulich relevanter Weise zu verschlechtern und gegebenenfalls verursachte Beeinträchtigungen der Umwelt auszugleichen.[1131]

Mit Blick auf die Anforderungen an die Angemessenheit der dargestellten Kostentragungsverpflichtungen – sowohl die Schaffung von mietpreis- und belegungsgebundenem Wohnraum und sozialer Infrastruktur als auch die Durchführung von Ausgleichsmaßnahmen – nach § 11 Abs. 2 Satz 1 BauGB sieht die Arbeitsanweisung des Neuköllner Modells vor, dass die Leistung des Vorhabenträgers und die Gegenleistung des Bezirks in Ausgleich zu stellen sind.[1132]

Dabei verweist die Arbeitsanweisung des Neuköllner Modells ausdrücklich darauf, dass die fehlende wirtschaftliche Tragbarkeit der Wohnungen im Rahmen der Angemessenheitsbetrachtung „keine Bedeutung“ habe. Denn die vorgesehene Errichtung von mietpreis- und belegungsgebundenem Wohnraum betreffe ausschließlich diejenigen Flächen, die nur im Zuge der Erteilung einer Befreiung zugelassen werden könnten.[1133]

7.2.1 Einhaltung des Koppelungsverbots

Nach Auffassung des *Bezirks Neukölln* ist die Zulässigkeit städtebaulicher Verträge mit Blick auf die positive Ausübung des Ermessens im Rahmen

---

mit denen die Zulassung von Wohnungsbauvorhaben gem. § 31 Abs. 2 BauGB erreicht werden soll, „Neuköllner Modell“, Seite 6.

[1131] Vgl. Pressemitteilung des Bezirksamtes Neukölln von Berlin vom 5. März 2020; so auch: Bezirksamt Neukölln von Berlin, Arbeitsanweisung, Vorgehen bei Anträgen, mit denen die Zulassung von Wohnungsbauvorhaben gem. § 31 Abs. 2 BauGB erreicht werden soll, „Neuköllner Modell“, Seite 7.

[1132] Vgl. Pressemitteilung des Bezirksamtes Neukölln von Berlin vom 5. März 2020; so auch: Bezirksamt Neukölln von Berlin, Arbeitsanweisung, Vorgehen bei Anträgen, mit denen die Zulassung von Wohnungsbauvorhaben gem. § 31 Abs. 2 BauGB erreicht werden soll, „Neuköllner Modell“, Seite 7.

[1133] Vgl. Pressemitteilung des Bezirksamtes Neukölln von Berlin vom 5. März 2020; so auch: Bezirksamt Neukölln von Berlin, Arbeitsanweisung, Vorgehen bei Anträgen, mit denen die Zulassung von Wohnungsbauvorhaben gem. § 31 Abs. 2 BauGB erreicht werden soll, „Neuköllner Modell“, Seite 7, 8.

einer Befreiungsentscheidung vom geltenden Planungsrecht anerkanntermaßen zulässig.[1134]

Dies gelte auch mit Blick auf die einzelnen Regelungen des Neuköllner Modells: Die Mietpreis- und Belegungsbindung für 30% der im Zuge der Befreiung neu geschaffenen Wohnfläche sei aufgrund der angespannten Wohnungsmarktsituation im gesamten Berliner Stadtgebiet dringend geboten. Dabei könne – anders als mit Blick auf das Berliner Model der kooperativen Baulandentwicklung – keine generelle Sozialbindung der betroffenen Wohnflächen[1135] unterstellt werden.[1136] Soweit der Vorhabenträger bereits Baurecht nach dem geltenden Planungsrecht besitze, das heißt einen Anspruch auf die Genehmigung eines Bauvorhabens mit einer bestimmten Geschossfläche geltend machen könne, sei eine mietpreis- und Belegungsbindung dieses Teilabschnitts rechtlich unzulässig.[1137] Etwas anderes

---

1134 Vgl. Pressemitteilung des Bezirksamtes Neukölln von Berlin vom 5. März 2020; so auch: Bezirksamt Neukölln von Berlin, Arbeitsanweisung, Vorgehen bei Anträgen, mit denen die Zulassung von Wohnungsbauvorhaben gem. § 31 Abs. 2 BauGB erreicht werden soll, „Neuköllner Modell“, Seite 8, 9 mit Verweis auf die Rechtsprechung zu sogenannten Baudispensverträgen: Bundesgerichtshof, Urteil vom 4. Juli 1966 – III ZR 190.64, VerwRspr 1967, 409; Bundesverwaltungsgericht, Beschluss vom 14. Mai 1980 – 7 B 75.80, BeckRS 1980, 31249462; Söfker, in: Ernst/Zinkahn/Bielenberg/Krautzberger, Baugesetzbuch, Stand: November 2024, § 31 Rn. 61 f.; Reidt, in: Battis/Krautzberger/Löhr, Baugesetzbuch, 15. Auflage 2022, § 31 Rn. 46 f.; Dhom, in: Busse/Kraus, Bayerische Bauordnung, Stand: Mai 2021, Art. 63 Rn. 40 f.

1135 Bei dem Berliner Model der kooperativen Baulandentwicklung erklärt sich das Land Berlin bereit einen neuen Bebauungsplan zur Umsetzung des geplanten Bauvorhabens des Vorhabenträgers aufzustellen. Dabei wäre es zunächst einmal gemäß § 9 Abs. 1 Nr. 7 BauGB nicht ausgeschlossen, innerhalb des Plangebiets Flächen festzusetzen, auf denen ausschließlich Wohngebäude zulässig errichtet werden können, die mit sozialen Wohnraumfördermitteln subventioniert werden können, vgl. dazu: Söfker, in: Ernst/Zinkahn/Bielenberg/Krautzberger, Baugesetzbuch, Stand: November 2024, § 9 Rn. 75, 77 f.; Mitschang/Reidt, in: Battis/Krautzberger/Löhr, Baugesetzbuch, 15. Auflage 2022, § 9 Rn. 46.

1136 Vgl. Pressemitteilung des Bezirksamtes Neukölln von Berlin vom 5. März 2020; so auch: Bezirksamt Neukölln von Berlin, Arbeitsanweisung, Vorgehen bei Anträgen, mit denen die Zulassung von Wohnungsbauvorhaben gem. § 31 Abs. 2 BauGB erreicht werden soll, „Neuköllner Modell“, Seite 15.

1137 Vgl. Pressemitteilung des Bezirksamtes Neukölln von Berlin vom 5. März 2020; so auch: Bezirksamt Neukölln von Berlin, Arbeitsanweisung, Vorgehen bei Anträgen, mit denen die Zulassung von Wohnungsbauvorhaben gem. § 31 Abs. 2 BauGB erreicht werden soll, „Neuköllner Modell“, Seite 15.

gelte hingegen für die Geschossfläche, die nur im Rahmen der Erteilung einer Befreiung genehmigungsfähig sei.[1138] Die im Zuge einer Befreiungserteilung genehmigten Geschossflächen könnten ohne weiteres mit einer solchen Sozialbindung versehen werden.[1139]

Die Notwendigkeit der Schaffung von Plätzen in Kindertageseinrichtungen ist nach Auffassung des Bezirks Neukölln bei der Ausübung des Ermessens gemäß § 31 Abs. 2 BauGB „unzweifelhaft"[1140] zu berücksichtigen.[1141] Aufgrund des Rechtsanspruchs auf einen Platz in einer Kindertageseinrichtung für Kinder bis zu 6 Jahren – nach § 4 des Gesetzes zur Förderung von Kindern in Tageseinrichtungen und Kindertagespflege (Kindertagesförderungsgesetz – KitaFöG)[1142] – sei die Schaffung zusätzlicher Wohnfläche unmittelbar mit einem erhöhten Bedarf an Plätzen in Kindertageseinrichtungen verknüpft.[1143] Insbesondere Anforderungen des Koppelungsverbots gemäß § 11 Abs. 2 Satz 1 BauGB würden daher gewahrt, so dass eine Verpflichtung

1138 Vgl. Pressemitteilung des Bezirksamtes Neukölln von Berlin vom 5. März 2020; so auch: Bezirksamt Neukölln von Berlin, Arbeitsanweisung, Vorgehen bei Anträgen, mit denen die Zulassung von Wohnungsbauvorhaben gem. § 31 Abs. 2 BauGB erreicht werden soll, „Neuköllner Modell", Seite 15, 16.

1139 Vgl. Pressemitteilung des Bezirksamtes Neukölln von Berlin vom 5. März 2020; so auch: Bezirksamt Neukölln von Berlin, Arbeitsanweisung, Vorgehen bei Anträgen, mit denen die Zulassung von Wohnungsbauvorhaben gem. § 31 Abs. 2 BauGB erreicht werden soll, „Neuköllner Modell", Seite 16.

1140 Vgl. Pressemitteilung des Bezirksamtes Neukölln von Berlin vom 5. März 2020; so auch: Bezirksamt Neukölln von Berlin, Arbeitsanweisung, Vorgehen bei Anträgen, mit denen die Zulassung von Wohnungsbauvorhaben gem. § 31 Abs. 2 BauGB erreicht werden soll, „Neuköllner Modell", Seite 15 Zeile 32.

1141 Vgl. Pressemitteilung des Bezirksamtes Neukölln von Berlin vom 5. März 2020; so auch: Bezirksamt Neukölln von Berlin, Arbeitsanweisung, Vorgehen bei Anträgen, mit denen die Zulassung von Wohnungsbauvorhaben gem. § 31 Abs. 2 BauGB erreicht werden soll, „Neuköllner Modell", Seite 16.

1142 Vgl. dazu ergänzend § 7 des Gesetzes zur Förderung von Kindern in Tageseinrichtungen und Kindertagespflege (Kindertagesförderungsgesetz – KitaFöG), abrufbar unter: https://gesetze.berlin.de/bsbe/document/jlr-KitaRefGBErahmen (zuletzt abgerufen am 26. April 2025). Zudem verweist der Bezirk Neukölln im Zuge dessen auf den Anspruch auf frühkindliche Förderung nach § 24 Abs. 2 Satz 1 SGB VIII.

1143 Vgl. Pressemitteilung des Bezirksamtes Neukölln von Berlin vom 5. März 2020; so auch: Bezirksamt Neukölln von Berlin, Arbeitsanweisung, Vorgehen bei Anträgen, mit denen die Zulassung von Wohnungsbauvorhaben gem. § 31 Abs. 2 BauGB erreicht werden soll, „Neuköllner Modell", Seite 16.

des Vorhabenträgers dahingehend zulässig sei.[1144] Es besteht nach Ansicht des Bezirks Neukölln nicht bloß die rechtlich zulässige Möglichkeit, den Vorhabenträger zumindest zur Kostenerstattung für die Schaffung von Plätzen in einer Kindertagesstätte im Rahmen eines städtebaulichen Vertrages zu verpflichten. Vielmehr könne sich diese Möglichkeit ab einer Geschossfläche von mehr als 5.000 qm zusätzlich zum geltenden Planungsrecht mit Blick auf den Gleichbehandlungsgrundsatz zu einer Rechtspflicht verdichten.[1145] Dies entspreche einer Gleichsetzung mit den Regelungen, die das Berliner Model zur kooperativen Baulandentwicklung vorsehe und begründe in der Folge gar die Pflicht, das Ermessen bei der Erteilung einer Befreiung nach dem Neuköllner Modell ebenfalls dahingehend auszuüben.[1146]

Es bleibt festzuhalten, dass nach Auffassung des Bezirks Neukölln mit den Regelungen, die die Arbeitsanweisung zum Neuköllner Modell vorsieht, sowohl die Anforderungen an die Angemessenheit städtebaulicher Verträge als auch das Koppelungsverbot im Sinne des § 11 BauGB eingehalten werden sollen.[1147] Daher seien die Regelungen auch zulässig.[1148]

Nach Auffassung von *Fleckenstein* ist das Neuköllner Modell weder rechtlich zulässig noch geeignet – vor dem Hintergrund des Koppelungsverbots – der

---

[1144] Vgl. Pressemitteilung des Bezirksamtes Neukölln von Berlin vom 5. März 2020; so auch: Bezirksamt Neukölln von Berlin, Arbeitsanweisung, Vorgehen bei Anträgen, mit denen die Zulassung von Wohnungsbauvorhaben gem. § 31 Abs. 2 BauGB erreicht werden soll, „Neuköllner Modell“, Seite 16.

[1145] Vgl. Pressemitteilung des Bezirksamtes Neukölln von Berlin vom 5. März 2020; so auch: Bezirksamt Neukölln von Berlin, Arbeitsanweisung, Vorgehen bei Anträgen, mit denen die Zulassung von Wohnungsbauvorhaben gem. § 31 Abs. 2 BauGB erreicht werden soll, „Neuköllner Modell“, Seite 17.

[1146] Vgl. Pressemitteilung des Bezirksamtes Neukölln von Berlin vom 5. März 2020; so auch: Bezirksamt Neukölln von Berlin, Arbeitsanweisung, Vorgehen bei Anträgen, mit denen die Zulassung von Wohnungsbauvorhaben gem. § 31 Abs. 2 BauGB erreicht werden soll, „Neuköllner Modell“, Seite 17.

[1147] Vgl. Pressemitteilung des Bezirksamtes Neukölln von Berlin vom 5. März 2020; so auch: Bezirksamt Neukölln von Berlin, Arbeitsanweisung, Vorgehen bei Anträgen, mit denen die Zulassung von Wohnungsbauvorhaben gem. § 31 Abs. 2 BauGB erreicht werden soll, „Neuköllner Modell“, Seite 18, 19.

[1148] Vgl. Pressemitteilung des Bezirksamtes Neukölln von Berlin vom 5. März 2020; so auch: Bezirksamt Neukölln von Berlin, Arbeitsanweisung, Vorgehen bei Anträgen, mit denen die Zulassung von Wohnungsbauvorhaben gem. § 31 Abs. 2 BauGB erreicht werden soll, „Neuköllner Modell“, Seite 18, 19.

bestehenden Wohnraumknappheit in Berlin entgegenzuwirken. Zunächst sei das Neuköllner Modell nur mit Blick auf den Befreiungstatbestand nach § 31 Abs. 2 Nr. 2 BauGB anwendbar.[1149] Nur im Rahmen des § 31 Abs. 2 Nr. 2 BauGB sei der Bezirk aufgrund des bestehenden Ermessensspielraums auf Seiten des Bezirks in der Lage, die Erteilung der Befreiung durch einen städtebaulichen Vertrag zu regeln.[1150] Daraus ergebe sich praktisch bereits nur ein minimaler Regelungsbereich für das Neuköllner Modell.[1151] Mit Blick auf die Wohnraumknappheit in Berlin könne demzufolge bei der Schaffung von Wohnraum für Überschreitungen des Planungsrechts regelmäßig eine Befreiung von den Festsetzungen des jeweiligen Bebauungsplans aufgrund der Erfordernisse des Allgemeinwohls gewährt werden.[1152] Dazu sei unzweifelhaft die Befriedigung der Wohnraumnachfrage – insbesondere auch die Nachfrage nach preisgünstigem Wohnraum – zu zählen.[1153] Sobald allerdings die Tatbestandsvoraussetzungen für eine Befreiung nach § 31 Abs. 2 Nr. 1 BauGB erfüllt seien, gäbe es im Regelfall keine sachliche Rechtfertigung, eine Genehmigung dennoch zu versagen.[1154] Vielmehr sei in einem solchen Fall der Erlass von Nebenbestimmungen ermessensfehlerhaft, so dass auch für vertragliche Vereinbarungen kein Raum verbleibe.[1155] In der Folge sei eine Befreiung aufgrund städtebaulicher Vertretbarkeit gemäß § 31 Abs. 2 Nr. 2 BauGB „mit Blick auf die bestehende Wohnungsnot eigentlich nicht mehr relevant."[1156]

1149 Vgl. Fleckenstein, Das Grundeigentum 2020, 451 (453).

1150 Vgl. Fleckenstein, Das Grundeigentum 2020, 451 (453); So auch: Bezirksamt Neukölln von Berlin, Arbeitsanweisung, Vorgehen bei Anträgen, mit denen die Zulassung von Wohnungsbauvorhaben gem. § 31 Abs. 2 BauGB erreicht werden soll, „Neuköllner Modell", Seite 8 f.; Bundesverwaltungsgericht, Urteil vom 24. März 2011 – 4 C 11.10, NVwZ 2011, 1132 (1133); Oberverwaltungsgericht Rheinland-Pfalz, Urteil vom 2. Juli 2015 – 1 A 10031.15.OVG, BeckRS 2015, 48617; Oberverwaltungsgericht für das Land Nordrhein-Westfalen, Beschluss vom 2. April 2004 – 10 A 3502.02, BeckRS 2004, 25863; Söfker, in: Ernst/Zinkahn/Bielenberg/Krautzberger, Baugesetzbuch, Stand: November 2024, § 31 Rn. 61 f.; Reidt, in: Battis/Krautzberger/Löhr, Baugesetzbuch, 15. Auflage 2022, § 31 Rn. 20.

1151 Vgl. Fleckenstein, Das Grundeigentum 2020, 451 (452).

1152 Vgl. Fleckenstein, Das Grundeigentum 2020, 451 (451 f.).

1153 Vgl. Fleckenstein, Das Grundeigentum 2020, 451 (453).; Reidt, in: Battis/Krautzberger/Löhr, Baugesetzbuch, 15. Auflage 2022, § 31 Rn. 33 f.

1154 Vgl. Fleckenstein, Das Grundeigentum 2020, 451 (452 f.).

1155 Vgl. Fleckenstein, Das Grundeigentum 2020, 451 (452).

1156 Vgl. Fleckenstein, Das Grundeigentum 2020, 451 (453 Zeile 146-149).

Neben einem in der praktischen Anwendung für die Stadt Berlin stark beschränkten Ausübungsbereich sei das Neuköllner Modell mit Blick auf die Verpflichtung zur Errichtung von sozialem Wohnungsbau zudem rechtswidrig:[1157]

Zwar sei die Verknüpfung von Ausgleichsmaßnahmen, wie sie das Neuköllner Modell vorsehe, zulässig.[1158] Hierbei handle es sich um Folgekosten, die unmittelbar durch das Bauvorhaben verursacht werden und daher auch Gegenstand eines städtebaulichen Vertrags sein könnten.[1159] Aber für die Verpflichtung zur Übernahme von Mietpreis- und Belegungsbindungen sei ein derartiger unmittelbarer Verursachungszusammenhang nicht gegeben.[1160] Dabei handle es sich lediglich um eine in Berlin aufgrund der Wohnraumknappheit grundsätzlich wünschenswerte Maßnahme.[1161] Durch ein Mehr an Wohnraum werde nicht unmittelbar auch mehr mietpreis- und belegungsgebundener Wohnraum nachgefragt.[1162] Die Nachfrage nach einem derartigen sozialen Wohnraum bestehe unabhängig von dem durch die Befreiung gewährten zusätzlichen Wohnraum.[1163] Aufgrund des fehlenden Verursachungszusammenhangs könne eine Mietpreis- und Belegungsbindung nur zum Gegenstand eines städtebaulichen Vertrags gemacht werden, der – wie es das Berliner Modell und der Gesetzeswortlaut des § 11 BauGB vorsähen – die (Neu-)Aufstellung eines Bebauungsplans vorbereite.[1164] Das habe zur Folge, dass eine vertragliche Regelung dahingehend ausscheide.[1165]

Diese Auffassung vertritt auch *Gustorff*, der in dem Abschluss eines städtebaulichen Vertrages zur Vereinbarung einer Quote für die Errichtung sozialen Wohnraums eine „sachfremde Erwägung" sieht.[1166] Denn mit Blick auf die Erteilung einer Befreiung habe der Gesetzgeber den Hoheitsträgern die Möglichkeit eingeräumt, bei der Ermessensentscheidung im Sinne des § 31 Abs. 2 BauGB auf die Umstände des jeweiligen Bauvorhabens

---

[1157] Vgl. Fleckenstein, Das Grundeigentum 2020, 451 (454).
[1158] Vgl. Fleckenstein, Das Grundeigentum 2020, 451 (454).
[1159] Vgl. Fleckenstein, Das Grundeigentum 2020, 451 (454).
[1160] Vgl. Fleckenstein, Das Grundeigentum 2020, 451 (454).
[1161] Vgl. Fleckenstein, Das Grundeigentum 2020, 451 (454 f.).
[1162] Vgl. Fleckenstein, Das Grundeigentum 2020, 451 (454 f.).
[1163] Vgl. Fleckenstein, Das Grundeigentum 2020, 451 (454 f.).
[1164] Vgl. Fleckenstein, Das Grundeigentum 2020, 451 (454 f.).
[1165] Vgl. Fleckenstein, Das Grundeigentum 2020, 451 (454).
[1166] Vgl Gustorff, BauR 2022, 853 (857).

abzustellen – darunter sei allerdings eine Verpflichtung im Rahmen eines städtebaulichen Vertrages nicht zu fassen.[1167] Bei der Errichtung von sozialem Wohnraum handle es sich um ein stadtplanerischen Ziel, dessen Berücksichtigung bei der Ausübung des Ermessens unzulässig sei.[1168]

Nach Auffassung von *Fleckenstein* und *Gustorff* sind die Regelungen nach dem Neuköllner Modell daher unzulässig.[1169]

7.2.2 Bewertung

Die Befreiungspraxis des Bezirks Neukölln von Berlin anhand der Maßstäbe des Neuköllner Modells setzt voraus, dass die gesetzlichen Voraussetzungen des § 31 Abs. 2 BauGB gewahrt werden. Zudem sind städtebauliche Verträge im Sinne des § 11 Abs. 1 BauGB mit Blick auf die Anforderungen nach dem Neuköllner Modell an drei wesentlichen Voraussetzungen – dem Kopplungsverbot, dem Angemessenheits- und dem Gleichbehandlungsgrundsatz – zu messen, wobei im Ergebnis gilt:

Die vom Vorhabenträger erbrachte Leistungen – einschließlich der Vereinbarung einer Mietpreis- und Belegungsbindung – stehen im Sinne des Kopplungsverbots in einem sachlichen Zusammenhang mit der Leistung der Behörde, und in der Arbeitsanweisung des Bezirks Neukölln von Berlin ist angelegt, dass die Leistung und Gegenleistung des städtebaulichen Vertrags im Einzelfall ein angemessenes Gesamtverhältnis aufweist sowie der Gleichbehandlungsgrundsatz gewahrt bleibt. Es handelt sich bei der Errichtung der erforderlichen sozialen Infrastruktur in Folge des vertragsgegenständlichen Bauvorhabens um einen städtebaulichen Gesichtspunkt, der im Rahmen der Erteilung in Betracht gezogen werden kann – diesem Aspekt wird das Neuköllner Modell gerecht (vgl. a). Auch der Angemessenheits- und Gleichheitsgrundsatz wird von der Arbeitsanweisung aufgegriffen, wobei allerdings die Einhaltung dieser Anforderungen – also daran anschließend eine hinreichende Kostenermittlung (vgl. b) und eine Betrachtung umliegender Bauvorhaben vor dem Hintergrund der Gleichbehandlung betroffener Vorhabenträger (vgl. c) – dem Einzelfall vorbehalten bleibt.

[1167] Vgl Gustorff, BauR 2022, 853 (857).

[1168] Vgl Gustorff, BauR 2022, 853 (857).

[1169] Vgl. Fleckenstein, Das Grundeigentum 2020, 451 (454 f.).

a) Koppelungsverbot

Im Rahmen eines städtebaulichen Vertrags nach dem Neuköllner Modell ist es das Ziel des Vorhabenträgers, dass der Bezirk für die Überschreitung bestehenden Baurechts eine Befreiung nach § 31 Abs. 2 BauGB erteilt.[1170] Auf eine solche Befreiung hat der Vorhabenträger allerdings grundsätzlich keinen Anspruch.[1171] Sie liegt nach der Konzeption des § 31 Abs. 2 BauGB im Ermessen des Bezirks.[1172] Dieser hat seinerseits die Ausübung seines Ermessens pflichtgemäß auszugestalten, d.h. die Entscheidung darf nicht willkürlich getroffen werden und die Erwägungen des Bezirks sind sachgemäß mit der Zielsetzung der Befreiungsentscheidung zu verknüpfen. Dabei bestimmt sich anhand des Sinn und Zwecks der Befreiungsnorm, ob Belange im Einzelfall bei der Entscheidung berücksichtigt werden können.[1173] Hierbei birgt die Vertragssituation einerseits die Gefahr, dass die öffentliche Leistung in der Praxis an einen Preis gebunden wird und damit in der Sache ein „Kauf" der hoheitlichen Entscheidung stattfindet.[1174] Gleichzeitig kann die Entscheidung des Bezirks zur Erteilung einer Befreiung nach § 31 Abs. 2 BauGB von dem Vorhabenträger nur eingeschränkt gerichtlich überprüft werden.[1175] Gemäß § 114 VwGO prüft das Gericht zwar, ob die gesetzlichen Grenzen des

---

1170 Bezirksamt Neukölln von Berlin, Arbeitsanweisung, Vorgehen bei Anträgen, mit denen die Zulassung von Wohnungsbauvorhaben gem. § 31 Abs. 2 BauGB erreicht werden soll, „Neuköllner Modell", Seite 1 f.

1171 Vgl. Bundesverwaltungsgericht, Urteil vom 14. Juli 1972 – 4 C 69.70, MDR 1973, 164; Urteil vom 9. Juni 1978 – 4 C 54.75, NJW 1979, 939; Urteil vom 19. September 1986 – 4 C 8.84, NVwZ 1987, 409; Bundesgerichtshof, Urteil vom 25. November 1982 – III ZR 55.81, BeckRS 1982, 30377084; Schmidt-Eichstaedt, NVwZ 1998, 571; Hoppe, DVBl. 69, 340; Söfker, in: Ernst/Zinkahn/Bielenberg/Krautzberger, Baugesetzbuch, Stand: November 2024, § 31 Rn. 29 f., 61; Saller, in: Grziwotz/Lüke/Saller, Praxishandbuch Nachbarrecht, 3. Auflage 2020, Rn. 159 f.;

1172 Vgl. Sachs, in: Stelkens/Bonk/Sachs, Verwaltungsverfahrensgesetz, 10. Auflage 2023, § 40 Rn. 12 f.; Geis, in: Schoch/Schneider, Verwaltungsverfahrensgesetz: VwVfG, Stand: Juli 2024, § 40 Rn. 18 f.; Aschke, in: Bader/Ronellenfitsch, BeckOK VwVfG, Stand: 1. April 2023, § 40 Rn. 34 f.

1173 Bundesverwaltungsgericht, Urteil vom 5. April 1984 – 1 C 57.81, NJW 1984, 2053.

1174 Vgl. Bonk/Neumann/Siegel, in: Stelkens/Bonk/Sachs, Verwaltungsverfahrensgesetz, 10. Auflage 2023, § 56 Rn. 31; Tegethoff, in: Kopp/Ramsauer, Verwaltungsverfahrensgesetz: VwVfG, 25. Auflage 2024, § 56 Rn. 1564 f.

1175 Vgl. Decker, in: Posser/Wolff/Decker, BeckOK VwGO, Stand: 1. Januar 2025, § 114 Rn. 13 f.

Ermessens überschritten sind oder von dem Ermessen in einer dem Zweck der Ermächtigung nicht entsprechenden Weise Gebrauch gemacht worden ist.[1176] Aber insbesondere eine Zweckmäßigkeitskontrolle findet im Zuge dessen nicht statt, so dass der Maßstab der Prüfung deutlich eingeschränkt ist.[1177] Dem Grunde nach ist der Vorhabenträger für die Umsetzung seiner Planung insoweit dem Wohlwollen des Bezirks ausgesetzt.[1178] Damit eine Gegenleistung des Vorhabenträgers nach Konzeption des § 56 VwVfG zulässig ist, muss die Leistung der Erfüllung öffentlicher Aufgaben dienen und zeitgleich in einem sachlichen Zusammenhang mit der Erteilung der Befreiung durch den Bezirk stehen.[1179] Das heißt vor allem, dass der Vorhabenträger nicht zur Übernahme von lediglich politisch wünschenswerten Forderungen verpflichtet werden kann.[1180] Daher setzt die Rechtmäßigkeit eines städtebaulichen Vertrags nach dem Neuköllner Modell voraus, dass der Bezirk von dem Vorhabenträger ausschließlich Leistungen verlangt, die sachlich – also insbesondere städtebaulich – mit der Erteilung der jeweiligen Befreiung in Verbindung stehen.[1181] Zulässig ist eine Leistung danach, wie von *Hellriegel/Teichmann* festgehalten,

---

1176 Vgl. Decker, in: Posser/Wolff/Decker, BeckOK VwGO, Stand: 1. Januar 2025, § 114 Rn. 24, 25.

1177 Vgl. Decker, in: Posser/Wolff/Decker, BeckOK VwGO, Stand: 1. Januar 2025, § 114 Rn. 26 f.

1178 Vgl. dazu Bundesverwaltungsgericht, Urteil vom 16. Dezember 1993 – 4 C 27.92, NVwZ 1994, 485; Urteil vom 6. Juli 1973 – IV C 22.72, NJW 1973, 1895 (1896); Hoffmann, in: Spannowsky/Uechtritz, BeckOK BauGB, Stand: 1. November 2024, § 11 Rn. 50 f.; Scharmer, NVwZ 1995, 221; Grziwotz, BauR 2005, 812 (813); Stüer, Bau- und Fachplanungsrecht, 5. Auflage 2015, Rn. 2205 f.

1179 Vgl. dazu auch Bonk/Neumann/Siegel, in: Stelkens/Bonk/Sachs, Verwaltungsverfahrensgesetz, 10. Auflage 2023, § 56 Rn. 25 f.

1180 Vgl. Bundesverwaltungsgericht, Urteil vom 16. Mai 2000 – 4 C 4.99, NVwZ 2000, 1285 (1287); Hellriegel/Teichmann, BauR 2014, 189 (190); Krautzberger, in: Ernst/Zinkahn/Bielenberg/Krautzberger, Baugesetzbuch, Stand: November 2024, § 11 Rn. 145 f.; Möller/Hatz, Das Grundeigentum 2013, 314 (325 f.); Krautzberger, in: Battis/Krautzberger/Löhr, Baugesetzbuch, 15. Auflage 2022, § 172 Rn. 44 f.

1181 Vgl. Bundesverwaltungsgericht, Urteil vom 6. Juli 1973 – IV C 22.72, NJW 1973, 1895 (1897); Urteil vom 16. Mai 2000 – 4 C 4.99, NVwZ 2000, 1285 (1287); Hellriegel/Teichmann, BauR 2014, 189 (192); Kopp/Schenke, Verwaltungsgerichtsordnung, 30. Auflage 2024, § 56 Rn. 16 f.

„wenn die Leistung des Bürgers demselben öffentlichen Interesse dient wie die Leistung der Behörde."[1182]

1. Ein solcher sachlicher Zusammenhang wäre diesbezüglich nicht gegeben, wenn der Vorhabenträger in Folge des Vertrages allgemein zur Förderung des Wohnraumangebots verpflichtet werden würde.[1183] Dies gilt insbesondere, weil die allgemeine Wohnraumförderung schon keinen Belang der städtebaulichen Bauleitplanung darstellt.[1184] Entscheidend ist dabei, dass § 31 Abs. 2 BauGB nach dem Sinn und Zweck der Vorschrift eine Kompromisslösung im Einzelfall zulässt.[1185]

   Nach der Auffassung von *Fleckenstein* fehlt es mit Blick auf das Neuköllner Modell an einem solchen sachlichen Zusammenhang, so dass eine entsprechende vertragliche Verpflichtung zur Schaffung von mietpreis- und belegungsgebundenem Wohnraum einen Verstoß gegen das Kopplungsverbot darstelle.[1186] Er argumentiert, dass eine solche Vertragspflicht bei der Erteilung einer Befreiung als Nebenbestimmung im Sinne des § 36 VwVfG schon nicht rechtmäßig sei.[1187] Damit werde der in dem jeweiligen Bebauungsplan zum Ausdruck kommende Anteil von ungebundenem - im Vergleich zu mietpreis- und belegungsgebundenem – Wohnraum neu ausgerichtet.[1188] In der Folge werde faktisch durch die vertragliche Regelung der Bebauungsplan angepasst.[1189] Dies hält *Fleckenstein* nur dann für zulässig, wenn eine solche Vertragspflicht bereits besteht und lediglich mit Blick auf die durch die Befreiung

---

1182 Vgl. Hellriegel/Teichmann, BauR 2014, 189 (192 Zeile 28-31); so ausdrücklich auch BT-Drucksache 7/910, Seite 80, abrufbar unter: https://dserver.bundestag.de/btd/07/009/0700910.pdf (zuletzt abgerufen am 26. April 2025).

1183 Vgl. Bundesgerichtshof, Urteil vom 21. November 1957 – III ZR 250.55, NJW 1958, 379 (379); Urteil vom 12. Mai 1972 – V ZR 105.70, NJW 1972, 1657 (1657).

1184 Vgl. so auch Hellriegel/Teichmann, BauR 2014, 189 (192).

1185 Bundesverwaltungsgericht, Beschluss vom 20. November 1989 – 4 B 163.89, NVwZ 1990, 556 (556).

1186 Vgl. Fleckenstein, Das Grundeigentum 2020, 451 (454).

1187 Vgl. Fleckenstein, Das Grundeigentum 2020, 451 (454).

1188 Vgl. Fleckenstein, Das Grundeigentum 2020, 451 (454).

1189 Vgl. Fleckenstein, Das Grundeigentum 2020, 451 (454).

zusätzlich zugelassene Geschossfläche auf die neuen tatsächlichen Verhältnisse angepasst werde.[1190]

Dem ist nicht zu folgen. Denn *Fleckenstein* stellt im Ergebnis zu hohe Anforderungen an die Verknüpfung von Sachgrund und Befreiungserteilung – und verkennt dabei die Flexibilität, die § 31 Abs. 2 BauGB den zuständigen Behörden einräumt.[1191] Dazu hat das Bundesverwaltungsgericht seinerseits ausdrücklich wie folgt festgehalten:

> „Der Ortsgesetzgeber hat sich regelmäßig keine oder jedenfalls keine genauen Vorstellungen darüber gemacht, ob trotz der bauplanerischen Festsetzungen zur sachgemäßen Verfolgung der städtebaulichen Ziele i. S. gebotener Einzelfallgerechtigkeit ein Abweichen von den Festsetzungen sachnäher ist. Ein zu starres Festhalten an planerischen Festsetzungen kann zur Verhinderung von solchen Vorhaben führen, für die gute Gründe streiten und die jedenfalls die planerischen Vorstellungen nicht stören. Insoweit verlangt auch das Bauplanungsrecht nach einem Mindestmaß an Flexibilität seiner Anwendung; diesem Ziel dient die Befreiung."
> Bundesverwaltungsgericht, Beschluss vom 20. November 1989 – 4 B 163.89 [1192]

Die besseren Argumente sprechen daher dafür, dass zulässiger Regelungsgegenstand eines städtebaulichen Vertrags nach dem Neuköllner Modell die Schaffung von mietpreis- und belegungsgebundenem Wohnraum im Zuge des Bauvorhabens ist, für den der Bezirk eine Befreiung erteilt. Insbesondere setzt Fleckenstein die Kausalitätsanforderung an einen städtebaulichen Vertrag nach dem Neuköllner Modell mit Blick auf die Verpflichtung zur Errichtung sozialer Infrastruktur zu hoch an.[1193] Dies begründet sich wie folgt:

2. Das Neuköllner Modell orientiert sich zunächst dem Grunde nach an den Anforderungen des Koppelungsverbots: Nur insoweit eine Befreiung gemäß § 31 Abs. 2 BauGB für die Umsetzung des

---

[1190] Vgl. Fleckenstein, Das Grundeigentum 2020, 451 (454).

[1191] Bundesverwaltungsgericht, Beschluss vom 20. November 1989 – 4 B 163.89, NVwZ 1990, 556 (556).

[1192] Bundesverwaltungsgericht, Beschluss vom 20. November 1989 – 4 B 163.89, NVwZ 1990, 556 (556).

[1193] Vgl. so auch: Hellriegel/Teichmann, BauR 2014, 189 (192).

Bauvorhabens erforderlich ist – die Genehmigung also im Ermessen des Bezirks steht[1194] – kommt die Anwendung in Betracht.[1195] Eine vertragliche Vereinbarung zur Ausübung des Befreiungsermessens ist – wie in der Rechtsprechung und juristischen Literatur erkennbar anerkannt – zulässig.[1196] Der Vorhabenträger kann im Rahmen eines städtebaulichen Vertrages zulässig verpflichtet werden, auch Folgekosten – wie beispielsweise die Errichtung sozialer Infrastruktur, deren Erforderlichkeit auf dem geplanten Vorhaben beruht – zu tragen.[1197] Hierbei handelt es sich um einen städtebaulichen Aspekt, den der Bezirk seiner Abwägung im Rahmen der Befreiungsentscheidung zugrunde legen kann.[1198] Soweit das Neuköllner Modell eine Verpflichtung des Vorhabenträgers zur Errichtung oder Kostentragung für die Schaffung der durch das Bauvorhaben unmittelbar verursachten sozialen Infrastruktur voraussetzt, ist dies daher ohne weiteres zulässig.[1199]

1194 Nur in Ausnahmefällen ist der Bezirk zur Erteilung einer Befreiung verpflichtet, Fälle einer sogenannten Ermessensreduzierung auf null, vgl. unter anderem: Oberverwaltungsgericht für das Land Nordrhein-Westfalen, Beschluss vom 2. April 2004 – 10 A 3502.02, BeckRS 2004, 25863; Oberverwaltungsgericht Rheinland-Pfalz, Urteil vom 29. November 2012 – 1 A 10 543.12, NVwZ-RR 2013, 525 (526); Urteil vom 2. Juli 2015 – 1 A 10031.15, NVwZ-RR 2015, 888 (888).

1195 Vgl. Pressemitteilung des Bezirksamtes Neukölln von Berlin vom 5. März 2020; so auch: Bezirksamt Neukölln von Berlin, Arbeitsanweisung, Vorgehen bei Anträgen, mit denen die Zulassung von Wohnungsbauvorhaben gem. § 31 Abs. 2 BauGB erreicht werden soll, „Neuköllner Modell“, Seite 10, 11.

1196 Vgl. so etwa: Bundesverwaltungsgericht, Urteil vom 5. Oktober 1965 – 4 C 26.65, NJW 1966, 219; Urteil vom 4. Februar 1966 – 4 C 64.65, NJW 1966, 1936; Bundesgerichtshof, Urteil vom 4. Juli 1966 – III ZR 190.64, VerwRspr 1967, 409; Söfker, in: Ernst/Zinkahn/Bielenberg/Krautzberger, Baugesetzbuch, Stand: November 2024, § 31 Rn. 62; Reidt, in: Battis/Krautzberger/Löhr, Baugesetzbuch, 15. Auflage 2022, § 31 Rn. 48.

1197 Vgl. so bereits oben unter III. 3. b); auch: Spieß, KommJur 2017, 441 (442); Schmidt-Eichstaedt, ZfBR 2018, 537 (538 f.); Burmeister, Der Städtebauliche Vertrag als rechtliches Instrument der Kooperation mit Privaten bei der Baulandentwicklung und -erschließung, Seite 27 f.; a.A.: Stüer, Bau- und Fachplanungsrecht, 5. Auflage 2015, Rn. 2455; so auch im Ergebnis: Bayerischer Verwaltungsgerichtshof, Urteil vom 12. Mai 2004 – 20 N 04.329 und 20 NE 04.336, NVwZ-RR 2005, 781 (783).

1198 Vgl. Spieß, KommJur 2017, 441 (442).

1199 Vgl. Bundesverwaltungsgericht, Urteil vom 24. März 2011 – 4 C 11.10, NVwZ 2011, 1132; Schmidt-Eichstaedt, ZfBR 2018, 537 (538 f.); Hellriegel/Teichmann, BauR 2014, 189 (192); Bunzel, ZfBR 2018, 638 (641); so auch: Fleckenstein, Das Grundeigentum 2020, 451 (453).

Allerdings ließe sich dennoch vertreten, dass für den Abschluss eines städtebaulichen Vertrages nach dem Neuköllner Modell auch kein Ermessen vorliegt, wenn eine Befreiung aus Allgemeinwohlgründen oder einer nicht beabsichtigten Härte einschlägig ist.[1200] Auch wenn dabei weiterhin ein Ermessen des Bezirks besteht, ist dieses bei Vorliegen der Tatbestandsvoraussetzungen regelmäßig pflichtgemäß einzig derart auszuüben, dass eine Befreiung nach den §§ 31 Abs. 2 Nr. 1 und Nr. 3 BauGB zu erteilen ist.[1201] Nur mit Blick auf eine Befreiung aufgrund städtebaulicher Vertretbarkeit nach § 31 Abs. 2 Nr. 2 BauGB verbleibt für den Bezirk – auch wenn das Bauvorhaben städtebaulich vertretbar ist und damit die Tatbestandsvoraussetzungen vorliegen – auf Rechtsfolgenseite weiterhin Spielraum zur Versagung der Genehmigung.[1202]

Dies wird von der Arbeitsanweisung zum Neuköllner Modell bereits aufgegriffen, indem der Anwendungsbereich auf Fälle, in denen eine Befreiung aufgrund städtebaulicher Vertretbarkeit nach § 31 Abs. 2 Nr. 2 BauGB in Betracht kommt, reduziert ist.[1203] Daher ist die Ausgestaltung des Neuköllner Modells insofern als zulässig zu bewerten.[1204] Dies gilt im

---

1200 Vgl. unter anderem: Fleckenstein, Das Grundeigentum 2020, 451 (453).

1201 Vgl. unter anderem: Niedersächsischer Oberverwaltungsgerichtshof, Beschluss vom 12. Juni 2014 – 1 ME 67.14, BauR 2014, 1746; Bayerischer Verwaltungsgerichtshof, Beschluss vom 31. Mai 2021 – 1 ZB 19.2034, BeckRS 2021, 16268 Rn. 5; Verwaltungsgerichtshof Baden-Württemberg, Urteil vom 16. Mai 2013 – 3 S 1643.12, NVwZ-RR 2013, 912 (912); Siegmund, in: Spannowsky/Uechtritz, BeckOK BauGB, Stand: 1. Februar 2021, § 31 Rn. 51 f.; Fleckenstein, Das Grundeigentum 2020, 451 (453).

1202 Aufgrund der gegenüber den sonstigen Befreiungstatbeständen offenen Formulierung des § 31 Abs. 2 Nr. 2 BauGB so auch: Bundesverwaltungsgericht, Urteil vom 8. Oktober 2003 – 7 A 1397.02, NVwZ-RR 2004, 404 (406 f.); Beschluss vom 5. März 1999 – 4 B 5.99, NVwZ 1999, 1110; Urteil vom 17. Dezember 1998 – 4 C 16.97, NVwZ 1999, 981 (982); Beschluss vom 17. Februar 1997 – 1 BvR 1658.96, NJW 1997, 2509; Verwaltungsgericht Gießen, Beschluss vom 18. Juni 2002 – 1 G 1689.02, NVwZ-RR 2002, 825 (828); Fleckenstein, Das Grundeigentum 2020, 451 (453); Reidt, in: Battis/Krautzberger/Löhr, Baugesetzbuch, 15. Auflage 2022, § 31 Rn. 1 f.; Siegmund, in: Spannowsky/Uechtritz, BeckOK BauGB, Stand: 1. Februar 2021, § 31 Rn. 44 f.; Fleckenstein, Das Grundeigentum 2020, 451 (453).

1203 Vgl. Pressemitteilung des Bezirksamtes Neukölln von Berlin vom 5. März 2020; so auch: Bezirksamt Neukölln von Berlin, Arbeitsanweisung, Vorgehen bei Anträgen, mit denen die Zulassung von Wohnungsbauvorhaben gem. § 31 Abs. 2 BauGB erreicht werden soll, „Neuköllner Modell", Seite 12; dazu auch: Fleckenstein, Das Grundeigentum 2020, 451 (453).

1204 Vgl. so im Ergebnis auch: Krautzberger, in: Ernst/Zinkahn/Bielenberg/Krautzberger, Baugesetzbuch, Stand: November 2024, § 11 Rn. 43 f. und 168b; Fleckenstein, Das Grundeigentum 2020, 451 (453).

Übrigen auch für die Verpflichtung zur Schaffung von mietpreis- und belegungsgebundenem Wohnraum. Zum einen handelt es sich bei der Deckung des Wohnbedarfs von Bevölkerungsgruppen mit besonderen Wohnraumversorgungsproblemen – also für einkommensschwächere und weniger begüterte Personen – um ein zulässiges Ziel der Bauleitplanung und damit im Sinne des § 11 Abs. 1 Nr. 2 BauGB auch um einen legitimen Gegenstand einer städtebaulichen Vereinbarung.[1205] Denn der Wortlaut des § 11 Abs. 1 Nr. 2 spricht dafür, dass der Gesetzgeber seinerseits aus städtebaulichen Gesichtspunkten einen sachlichen Zusammenhang zwischen der Erteilung einer Befreiung und der Schaffung von mietpreis- und belegungsgebundenem Wohnraum angenommen hat.[1206] Dem steht es auch nicht entgegen, wenn sich im Zuge einer vertraglichen Vereinbarung zwischen einem Vorhabenträger und dem jeweiligen Hoheitsträger städtebauliche Ziele mit solchen der Wohnungsbaupolitik überlappen.[1207]

Zum anderen ist es Wesensgehalt des Kopplungsverbots, dass die vertraglich vereinbarten Leistungen in einem kausalen Verhältnis stehen müssen.[1208] So ist für einen städtebaulichen Folgekostenvertrag gemäß § 11 Abs. 1 Nr. 3 BauGB eine strikte Verknüpfung mit Blick auf die Kausalität erforderlich.[1209] Auf städtebauliche Verträge – wie auch das Regelungsinstrument des Neuköllner Modells – lässt sich ein derart hohes Kausalitätserfordernis aber nicht übertragen.[1210] Der städtebauliche Vertrag auf Grundlage des Neuköllner Modells ist als Austauschvertrag im Sinne des § 11 Abs. 1 Nr. 2 BauGB zu qualifizieren.[1211] Denn ein grundlegendes Merkmal städtebaulicher Verträge nach dem Neuköllner Modell ist die Förderung und Sicherung von mit der Bauleitplanung verfolgten Zielen.[1212] In der Folge muss die

---

1205 Vgl. Bunzel, ZfBR 2015, 11 (15).

1206 Vgl. Krautzberger, in: Ernst/Zinkahn/Bielenberg/Krautzberger, Baugesetzbuch, Stand: November 2024, § 11 Rn. 147 f.; Reidt, in: Battis/Krautzberger/Löhr, Baugesetzbuch, 15. Auflage 2022, § 11 R. 49 f.; a.A. Möller/Hatz, Das Grundeigentum 2013, 314 (325 f.); Fleckenstein, Das Grundeigentum 2020, 451 (453).

1207 Vgl. Bunzel, ZfBR 2015, 11 (15).

1208 Vgl. Hellriegel/Teichmann, BauR 2014, 189 (190).

1209 Vgl. Hellriegel/Teichmann, BauR 2014, 189 (190).

1210 Vgl. so auch: Hellriegel/Teichmann, BauR 2014, 189 (190).

1211 Vgl. so auch: Spieß, KommJur 2017, 441 (444); Hellriegel/Teichmann, BauR 2014, 189 (192).

1212 Vgl. so unter anderem auch: Hoffmann, in: Spannowsky/Uechtritz, BeckOK BauGB, Stand: 1. Januar 2022, § 11 Rn. 22; Reidt, in: Battis/Krautzberger/Löhr, Baugesetzbuch, 15. Auflage 2022, § 11 Rn. 50 f.

Gegenleistung des Vorhabenträgers nicht im Sinne einer strikten Kausalität mit der Leistung des Bezirks verknüpft werden; diese strikte Kausalität findet allein auf Folgekostenverträge nach § 11 Abs. 1 Nr. 3 BauGB Anwendung.[1213] Die Leistung und Gegenleistung im Rahmen städtebaulicher Verträge nach dem Neuköllner Modell müssen zwar in einem sachlichen Zusammenhang stehen, um die Anforderungen des Koppelungsverbots im Sinne des § 11 Abs. 1 Nr. 2 BauGB einzuhalten.[1214] Aber eine Verknüpfung derart, dass der Vorhabenträger ausschließlich Kosten übernehmen kann, die unmittelbar durch sein Bauvorhaben verursacht werden (strikte Bindung von Leistung und Gegenleistung), ist keine Voraussetzung.[1215] Ein sachlicher Zusammenhang zwischen neu geschaffenem Wohnraum und zusätzlich erforderlichem sozialen Wohnungsbau ist dabei gegeben: Aufgrund der Wohnraumnachfrage, die in Berlin[1216] – wie bereits dargestellt – das Angebot an Wohnraum deutlich übersteigt, wird insbesondere Wohnraum im niedrigen sowie mittleren Preissegment unzureichend angeboten.[1217] Bei der Schaffung und Erhaltung sozial stabiler Bewohnerstrukturen handelt es sich gemäß § 1 Abs. 6 Nr. 2 BauGB zunächst um einen städtebaulichen Belang, den der Bezirk im Rahmen seines Ermessen bei Erteilung

---

1213 Vgl. Bundesverwaltungsgericht, Urteil vom 16. Mai 2000 – 4 C 4.99, NVwZ 2000, 1285 (1287); Birk, Städtebauliche Verträge, 6. Auflage 2022, Rn. 520 f.; Spieß, KommJur 2017, 441 (443 f.).

1214 Vgl. so im Ergebnis auch: Hellriegel/Teichmann, BauR 2014, 189 (192); Birk, Städtebauliche Verträge, 6. Auflage 2022 Rn. 520 f.; bei der Verpflichtung zur Errichtung eines Sportstadions einen Sachzusammenhang bejahend: Oberverwaltungsgericht für das Land Nordrhein-Westfalen, Urteil vom 7. Dezember 2000 – 7a D 60.99.NE, NVwZ-RR 2001, 635 (636); mit Blick auf die Verpflichtung zur Sanierung eines Schlosses ablehnend: Bayerischer Verwaltungsgerichtshof, Urteil vom 12. Mai 2004 – 20 N 04.329 und 20 NE 04.336, NVwZ-RR 2005, 781; in vergleichbaren Fällen auch: Bundesverwaltungsgericht, Beschluss vom 21. Juni 2005 – 4 B 32.05, ZfBR 2005, 682 (682); Krautzberger, in: Ernst/Zinkahn/Bielenberg/Krautzberger, Baugesetzbuch, Stand: November 2024, § 11 Rn. 163 f.; a.A.: Fleckenstein, Das Grundeigentum 2020, 451 (453).

1215 Vgl. einen sachlich-abstrakten Zusammenhang als ausreichend erachtend: unter anderem Bundesverwaltungsgericht, Urteil vom 16. Mai 2000 – 4 C 4.99, NVwZ 1285 (1287); Hellriegel/Teichmann, BauR 2014, 189 (192); Birk, Städtebauliche Verträge, 5. Auflage 2013 Rn. 520 f.; a.A.: Fleckenstein, Das Grundeigentum 2020, 451 (453).

1216 Vgl. dazu die Darstellung in Kapitel B.

1217 Vgl. dazu die Darstellung in Kapitel B.

einer Befreiung zu berücksichtigen hat.[1218] Im Zuge neu geschaffener Wohnfläche kann daher mit Blick auf diesen städtebaulichen Belang auch die Einhaltung einer Mietpreis- und Belegungsbindung gefordert werden.[1219] Andernfalls besteht dagegen das Risiko, dass mit dem neu geschaffenen Wohnraum das Angebot an bezahlbarem Wohnraum für breite Schichten der Bevölkerung ab- und nicht zunimmt und eine Verdrängung weniger einkommensstarker Bevölkerungsschichten beschleunigt wird.[1220] Dabei handelt es sich nicht um einen lediglich sozial-politisch wünschenswerten Belang; ein solcher wäre kein zulässiger Regelungsgegenstand eines städtebaulichen Vertrags.[1221]

Darüber hinaus maßgeblich ist, dass die Schaffung mietpreis- und belegungsgebundenen Wohnraums entsprechend § 11 Abs. 1 Nr. 2 BauGB einem städtebaulichen Ziel dient. Denn ein Vertrag darf gemäß § 11 Abs. 1 Nr. 2 BauGB nur abgeschlossen werden, wenn der Hoheitsträger aus städtebaulichen Gründen auf die Ansiedlung von bestimmten Bevölkerungsschichten und die Zusammensetzung der Wohnbevölkerung einwirken will. Diese Norm befasst sich nur mit der hoheitlichen Aufgabe der Städteplanung. Hiervon unterscheidet sich die Aufgabe der Wohnraumförderung, die nicht aus dem Baugesetzbuch, sondern aus dem Wohnraumförderungsgesetz (WoFG), mit einer sozialpolitischen Zielsetzung, folgt. Diese allgemeinpolitische und soziale Aufgabe kann nicht unter dem Vorwand eines städtebaulichen Vertrages auf Vorhabenträger übertragen werden.[1222] Der Plangeber muss daher

---

1218 Vgl. Pressemitteilung des Bezirksamtes Neukölln von Berlin vom 5. März 2020; so auch: Bezirksamt Neukölln von Berlin, Arbeitsanweisung, Vorgehen bei Anträgen, mit denen die Zulassung von Wohnungsbauvorhaben gem. § 31 Abs. 2 BauGB erreicht werden soll, „Neuköllner Modell“, Seite 14 f.

1219 Vgl. so auch: Berliner Modell, Leitlinien für den Abschluss städtebaulicher Verträge im Land Berlin, Stand: 1. August 2018, Seite 8 und 12 f.; im Ergebnis mit Blick auf das Münchener Modell der sozialgerechten Bodennutzung ebenso: Hellriegel/Teichmann, BauR 2014, 189 (192).

1220 Vgl. so auch: Berliner Modell, Leitlinien für den Abschluss städtebaulicher Verträge im Land Berlin, Stand: 1. August 2018, Seite 8 und 12 f.

1221 Vgl. dazu Beispiele: Oberverwaltungsgericht für das Land Nordrhein-Westfalen, Urteil vom 7. Dezember 2000 – 7a D 60.99.NE, NVwZ-RR 2001, 635 (636); Bayerischer Verwaltungsgerichtshof, Urteil vom 12. Mai 2004 – 20 N 04.329 und 20 NE 04.336, NVwZ-RR 2005, 781

1222 Bundesverwaltungsgericht, Urteil vom 16. Mai 2000 – 4 C 4.99, NVwZ 2000, 1285 (1287); Krautzberger, in: Ernst/Zinkahn/Bielenberg/Krautzberger, Baugesetzbuch, Stand: November 2024, § 11 Rn. 149; Möller/Hatz, Das Grundeigentum 2013, 314 (326).

ebenso das Ziel verfolgen, die Verdrängung von Wohnbevölkerung zu unterbinden, Ghettobildungen vorzubeugen oder einseitige Bevölkerungsstrukturen zu verhindern, weil dies erwartbar negative Auswirkungen auf das jeweilige Stadtquartier, in dem das vertragsgegenständliche Bauvorhaben liegt, hat.[1223] In diesem Zusammenhang ist der Hoheitsträger verpflichtet, bei der Erteilung der Befreiung nach § 31 Abs. 2 Nr. 2 BauGB einfließen zu lassen, dass negative städtebauliche Folgen eingetreten sind oder drohen und wie die Missstände durch den Abschluss des städtebaulichen Vertrags beseitigt oder verhindert werden können. Vorteilhaft ist, dass der Hoheitsträger bei dieser Bewertung einen Ermessensspielraum hat, so dass er zukünftige Entwicklungen prognostizieren kann. Dabei müssen seine Thesen allerdings plausibel sein. Denn Prognosen sind nur dann rechtmäßig, wenn sie auf realistischen Annahmen beruhen, methodisch einwandfrei erarbeitet sind und das Prognoseergebnis einleuchtend begründet ist.[1224]

Den vorgenannten Vorgaben entsprechen die Leitlinien zum Neuköllner Modell grundsätzlich. Denn die Erteilung einer Befreiung wird danach

> „also daran gekoppelt, dass durch die Auflagen – mietpreis- und belegungsgebundener Wohnraum [...] – städtebauliche Problemlagen gemindert werden."
>
> Pressemitteilung des Bezirksamtes Neukölln von Berlin vom 5. März 2020; so auch: Bezirksamt Neukölln von Berlin, Arbeitsanweisung, Vorgehen bei Anträgen, mit denen die Zulassung von Wohnungsbauvorhaben gem. § 31 Abs. 2 BauGB erreicht werden soll, „Neuköllner Modell", Seite 2 Zeile 39-42 (Auslassung nur hier).[1225]

Damit geht das Neuköllner Modell über allgemeinpolitische Ziele der Wohnraumförderung hinaus. Es stellt auf städtebauliche Ziele im jeweiligen Baugebiet ab und bietet damit die erforderliche städtebauliche Rechtfertigung.[1226]

1223 Vgl. Birk, Städtebauliche Verträge, 6. Auflage 2022, Rn. 520.

1224 Vgl. Bundesverwaltungsgericht, Urteil vom 27. Oktober 1998 – 11 A 1.97, NVwZ 1999, 644 (646); Urteil vom 29. Januar 2009 – 4 C 15.07, NVwZ 2009, 1109 (1112 f.); Krautzberger, in: Battis/Krautzberger/Löhr, Baugesetzbuch, 15. Auflage 2022, § 1 Rn. 55.

1225 Vgl. Pressemitteilung des Bezirksamtes Neukölln von Berlin vom 5. März 2020; so auch: Bezirksamt Neukölln von Berlin, Arbeitsanweisung, Vorgehen bei Anträgen, mit denen die Zulassung von Wohnungsbauvorhaben gem. § 31 Abs. 2 BauGB erreicht werden soll, „Neuköllner Modell", Seite 2.

1226 Vgl. dazu Bundesverwaltungsgericht, Urteil vom 29. Januar 2009 – 4 C 15.07, NVwZ 2009, 1109 (1112 f.); Hellriegel/Teichmann, BauR 2014, 189 (197).

In der Folge kann der Vorhabenträger im Rahmen städtebaulicher Verträge auch zur Übernahme von Kosten für sozialen Wohnungsbau verpflichtet werden.[1227] Hierbei weist die Erteilung der Befreiung durch den Bezirk also einen inhaltlichen Zusammenhang mit der Leistung des Vorhabenträgers – der Schaffung von mietpreis- und belegungsgebundenem Wohnraum zur sozialverträglichen städtebaulichen Entwicklung im Sinne des § 1 Abs. 5, Abs. 6 Nr. 2 BauGB – auf, so dass kein Verstoß gegen das Kopplungsverbot vorliegt.[1228] Bestünde dagegen ein Anspruch auf die Erteilung einer Genehmigung für ein Bauvorhaben, wäre die Verpflichtung des Bezirks zur Leistung der Genehmigungserteilung im Rahmen des Vertrages rechtswidrig (spezielles Koppelungsverbot).[1229] Danach kann sich der Bezirk nicht zu einer Leistung verpflichten und dies zeitgleich von einer Leistung des Vorhabenträgers abhängig machen.[1230] Jenes dient, wie das Bundesverwaltungsgericht in seiner Grundsatzentscheidung vom 6. Juli 1973 ausdrücklich festgehalten hat, zur Verhinderung eines „Verkauf(s) von Hoheitsrechten“ [1231] und damit als Begrenzung der Zulässigkeit städtebaulicher Verträge.[1232]

3. Es bleibt festzuhalten, dass Regelungen im Rahmen eines städtebaulichen Vertrages nach dem Neuköllner Modell zunächst nach § 56 VwVfG in einem sachlichen Zusammenhang zur Gegenleistung des Bezirks stehen (Allgemeines Kopplungsverbot) und der Bezirk sich

---

1227 Vgl. so auch: Schmidt-Eichstaedt, ZfBR 2018, 537 (539); Bunzel, ZfBR 2018, 638 (641).

1228 Vgl. so auch Hellriegel/Teichmann, BauR 2014, 189 (192).

1229 Vgl. Bundesverwaltungsgericht, Urteil vom 11. Februar 1993 – 4 C 18.91, NJW 1993, 2695 (2696).

1230 Vgl. Bundesverwaltungsgericht, Urteil vom 16. Dezember 1993 – 4 C 27.92, NVwZ 1994, 485 (486); Verwaltungsgerichtshof Baden-Württemberg, Urteil vom 5. August 1996 – 8 S 380.96, NVwZ 1997, 1021 (1022); Stüer, Bau- und Fachplanungsrecht, 5. Auflage 2015, Rn. 2266 f.; Mayer/Schorn, KommJur 2015, 86 (86); Stüer/König, ZfBR 2000, 528 (531); Ronellenfitsch, NVwZ 1999, 583 (584).

1231 Bundesverwaltungsgericht, Urteil vom 6. Juli 1973 – IV C 22.72 (Ergänzungen nur hier), NJW 1973, 1895 (1898 Zeile 25).

1232 Bundesverwaltungsgericht, Urteil vom 6. Juli 1973 – IV C 22.72, NJW 1973, 1895; so auch: Hellriegel/Teichmann, BauR 2014, 189 (192); Schmidt-Eichstaedt, ZfBR 2018, 537 (538); Bonk/Neumann/Siegel, in: Stelkens/Bonk/Sachs, Verwaltungsverfahrensgesetz, 10. Auflage 2023, § 54 Rn. 113.

nicht nach § 11 Abs. 2 BauGB zu einer Leistung verpflichtet, auf die der Vorhabenträger folgend einen Rechtsanspruch hat.[1233]

b) Angemessenheit

Der Grundsatz der Angemessenheit städtebaulicher Verträge setzt mit Blick auf die Leistung des Bezirks sowie der Gegenleistung des Vorhabenträgers voraus, dass in jedem Fall eine Kostenermittlung erfolgt.[1234] Eine pauschale Annahme der Angemessenheit einer Vertragsgestaltung – auch im Rahmen des Neuköllner Modells – ist daher von vornherein unzulässig.[1235] Hingegen ist eine Kostenaufstellung mit Blick auf die getroffenen Regelungen in jedem Einzelfall im Sinne einer Wirtschaftlichkeitsberechnung erforderlich.[1236] Dabei wird die Erwirtschaftung der Kostenmiete[1237] regelmäßig als wesentliches Indiz der Angemessenheit eines städtebaulichen Vertrags betrachtet.[1238] Wird diese hingegen nicht erreicht, ist ein städtebaulicher Vertrag in der Folge schon nicht unzulässig.[1239] Aber die Rentabilität des Bauvorhabens ist dem Vorhabenträger durch eine Wohnungsbauförderung nach dem landesrechtlichen Wohnbauförderungsgesetz zumindest zu erhalten.[1240]

1233 Vgl. Bundesverwaltungsgericht, Urteil vom 16. Dezember 1993 – 4 C 27.92, NVwZ 1994, 485 (485); Verwaltungsgericht München, Urteil vom 18. November 1997 – M 1 K 96.5647, MittBayNot 1998, 123; Ehlers/Schneider, in: Schoch/Schneider, Verwaltungsverfahrensgesetz: VwVfG, Stand: Juli 2024, § 40 Rn. 355 f.; Dolde, NJW 1982, 1785; Spieß, KommJur 2017, 441; Gronemeyer, NVwZ 1986, 92.

1234 Vgl. so auch: Bundesverwaltungsgericht, Urteil vom 29. Januar 2009 – 4 C 15.07, NVwZ 2009, 1109 (1113); Hellriegel/Teichmann, BauR 2014, 189 (193).

1235 Vgl. Krautzberger, in: Ernst/Zinkahn/Bielenberg/Krautzberger, Baugesetzbuch, Stand: November 2024, § 11 Rn. 21 f.; Hoffmann, in: Spannowsky/Uechtritz, BeckOK BauGB, Stand: 1. November 2024, § 11 Rn. 46 f.; Bundesverwaltungsgericht, Urteil vom 29. Januar 2009 – 4 C 15.07, NVwZ 2009, 1109 (1113); ebenso: Wagner, GewArch 1995, 231 (234).

1236 So auch: Vgl. Pressemitteilung des Bezirksamtes Neukölln von Berlin vom 5. März 2020; so auch: Bezirksamt Neukölln von Berlin, Arbeitsanweisung, Vorgehen bei Anträgen, mit denen die Zulassung von Wohnungsbauvorhaben gem. § 31 Abs. 2 BauGB erreicht werden soll, „Neuköllner Modell“, Seite 8.

1237 Die Kostenmiete definiert sich dabei als einen Mietzins, der die laufenden Aufwendungen für ein Bauvorhaben einschließlich der tatsächlichen Finanzierungskosten abdeckt, vgl. so unter anderem Börstinghaus, NZM 2004, 801 (810).

1238 Vgl. so etwa Hellriegel/Teichmann, BauR 2014, 189 (192).

1239 Vgl. so etwa Hellriegel/Teichmann, BauR 2014, 189 (194).

1240 Vgl. so etwa Hellriegel/Teichmann, BauR 2014, 189 (194).

Diesen Anforderungen wird das Neuköllner Modell im Grundsatz gerecht, indem die Rahmenvereinbarung vorsieht, dass

> „eine entsprechende Forderung nach der Schaffung mietpreis- und belegungsgebundener Wohnungen allerdings im Rahmen eines die Befreiung begleitenden städtebaulichen Vertrages unangemessen, wenn der Bauherr bzw. Antragssteller nicht auch in diesem Fall zumindest die Möglichkeit hätte, die Errichtung vom Land Berlin fördern zu lassen."
> Pressemitteilung des Bezirksamtes Neukölln von Berlin vom 5. März 2020.[1241]

Damit werden die Anforderungen an die Angemessenheit städtebaulicher Verträge in der Arbeitsanweisung aufgegriffen – die Einhaltung des Grundsatzes der Angemessenheit städtebaulicher Verträge bleibt daran anschließend einer Kostenermittlung im Einzelfall vorbehalten.

c) Gleichbehandlungsgrundsatz

Abschließend gilt zu betrachten, dass staatliches Handeln auch bei städtebaulichen Verträgen dem Gleichbehandlungsgrundsatz unterworfen ist.[1242] Daraus folgt, dass die Erteilung von Befreiungen auch bei Anwendung des Neuköllner Modells dem Grunde nach im Ermessen des Bezirks steht.[1243] Allerdings ist der Bezirk gehalten, im Zuge der Vertragsabschlüsse mit Vorhabenträgern gleiche Sachverhalte auch gleich zu behandeln; eine Unterscheidung erfordert stets eine sachliche Begründung im Einzelfall.[1244]

1241 Vgl. Pressemitteilung des Bezirksamtes Neukölln von Berlin vom 5. März 2020; so auch: Bezirksamt Neukölln von Berlin, Arbeitsanweisung, Vorgehen bei Anträgen, mit denen die Zulassung von Wohnungsbauvorhaben gem. § 31 Abs. 2 BauGB erreicht werden soll, „Neuköllner Modell", Seite 15 Zeile 16-19.

1242 Vgl. Bundesverwaltungsgericht, Urteil vom 24. März 2011 – 4 C 11.10, NVwZ 2011, 1132 (1135).

1243 Vgl. Bundesverwaltungsgericht, Urteil vom 30. Mai 2012 – 9 C 5.11, NVwZ 2013, 218 (225); Bundesgerichtshof, Urteil vom 13. März 2003 – X ZR 106.00, NVwZ 2003, 1015 (1017).

1244 Vgl. Bundesverwaltungsgericht, Urteil vom 30. Mai 2012 – 9 C 5.11, NVwZ 2013, 218 (225); Bundesgerichtshof, Urteil vom 13. März 2003 – X ZR 106.00, NVwZ 2003, 1015 (1017); Ewer, NVwZ 2013, 1318 (1319); Grziwotz, in: Ernst/Zinkahn/Bielenberg/Krautzberger, Baugesetzbuch, Stand: November 2024, § 11 Rn. 376 f.; Stüer, Bau- und Fachplanungsrecht, 5. Auflage 2015, Rn. 2265 f.; Hellriegel/Teichmann, BauR 2014, 189 (195).

Anhand dieser Maßstäbe ist das Neuköllner Modell daher als rechtmäßig zu bewerten. Hingegen ist sein Anwendungsbereich mit Blick auf die Befreiungstatbestände auf § 31 Abs. 2 BauGB beschänkt. Mit Blick auf den erheblich eingeschränkten Anwedungsbereich ist die praktische Wirkung des Modells durchaus zweifelhaft.

7.3 Resümee

Abschließend ist festzuhalten, dass das Berliner Modell einen großen Beitrag für die Bekämpfung der Berliner Wohnungsknappheit liefert.

Das Berliner Modell hat binnen kurzer Zeit seit seiner Einführung erheblich dazu beigetragen, dass 92 städtebauliche Verträge mit einer Quote für den sozialen Wohnungsbau von bis zu 30 % an Mietpreis- und Belegungsbindungen geschlossen wurden.[1245] Infolgedessen sind circa 20.000 Wohneinheiten geschaffen worden, von denen 4.000 Wohneinheiten mietpreis- und belegungsgebunden sind.[1246] Ebenso ist eine Kostenbeteiligung von Vorhabenträgern für circa 1.500 Plätze in Kindertagesstätten und für die gleiche Anzahl an Grundschulplätzen – deren Kostenumfang sich insgesamt auf 54 Mio. Euro beläuft – erreicht worden.[1247]

Damit sind durch die 92 geschlossenen städtebaulichen Verträge circa 36.463 Wohneinheiten geschaffen worden, von denen circa 8.938 Wohneinheiten eine Mietpreisbindung besitzen.[1248] Ein Vorteil des Modells ist dabei, dass es sich innerhalb kurzer Zeit in der Berliner Praxis etabliert hat.[1249] Durch die Erreichung transparenter sowie einheitlicher Verfahren wird ein entscheidender Beitrag – auch zur Beschleunigung der

---

[1245] Vgl. Senatsverwaltung für Stadtentwicklung und Wohnen, Berliner Modell – eine Zwischenbilanz vom 5. Juni 2019, Seite 12-14.

[1246] Vgl. Senatsverwaltung für Stadtentwicklung und Wohnen, Berliner Modell – eine Zwischenbilanz vom 5. Juni 2019, Seite 12-14.

[1247] Vgl. Senatsverwaltung für Stadtentwicklung und Wohnen, Berliner Modell – eine Zwischenbilanz vom 5. Juni 2019, Seite 12.

[1248] Vgl. Senatsverwaltung für Stadtentwicklung und Wohnen, Berliner Modell – eine Zwischenbilanz vom 5. Juni 2019, Seite 12-14.

[1249] So auch Senatsverwaltung für Stadtentwicklung und Wohnen, Berliner Modell – eine Zwischenbilanz vom 5. Juni 2019, Seite 15.

Verfahren – bei hoher Rechtssicherheit für den Abschluss städtebaulicher Verträge im Einzelfall erreicht.[1250]

7.3.1 Beitrag zum sozialen Städtebau

Das Modell ist als städtebauliches Instrument daher gut geeignet auch für die Zukunft einen wertvollen Beitrag zu leisten. Aber die Wohnungsknappheit oder auch die Schaffung von Wohnraum für alle Bevölkerungsschichten wird nicht alleine mittels des Berliner Modells erreicht, weil seine Wirksamkeit dazu im Einzelfall zu sehr vom Zufall abhängt: Da es sich bei dem Berliner Modell um Leitlinien für den Abschluss städtebaulicher Verträge handelt, ist der Erfolg davon abhängig, dass einerseits ein passender Vertragspartner gefunden wird.[1251] Dabei geht es einmal darum, dass der betreffende Vorhabenträger gewillt sein muss, die Forderungen des Berliner Modell auch mitzutragen.[1252] Insbesondere aufgrund der wirtschaftlichen Belastung, aber auch aufgrund der langen und bisweilen nur schwer absehbaren Rechtsfolgen einer Mietpreis- und Belegungsbindung stehen Vorhabenträger dem Modell regelmäßig jedenfalls kritisch gegenüber.[1253] Der Tausch von Baurecht gegen die Übernahme der dargestellten Pflichten ist daher nicht für jeden Vorhabenträger eine gangbare Lösung.[1254] Darüber hinaus ist die Vertragswilligkeit eines Vorhabenträgers nicht die einzige Hürde, die für den Erfolg eines städtebaulichen Vertrages besteht. Denn auch wenn der Vorhabenträger bereit ist, die dargestellten Pflichten zu tragen, ist es für den betreffenden Bezirk wiederum entscheidend, dass dieser auch Eigentümer eines Grundstücks ist das sich städtebaulich sinnvoll einer Bebauung

---

[1250] So auch Senatsverwaltung für Stadtentwicklung und Wohnen, Berliner Modell – eine Zwischenbilanz vom 5. Juni 2019, Seite 15.

[1251] Vgl. Berliner Modell, Leitlinien für den Abschluss städtebaulicher Verträge im Land Berlin, Stand: 1. August 2018, Seite 13 f.

[1252] Vgl. Berliner Modell, Leitlinien für den Abschluss städtebaulicher Verträge im Land Berlin, Stand: 1. August 2018, Seite 13 f.

[1253] Vgl. davon ebenso ausgehend: Bunzel, ZfBR 2018, 638 (639); Berliner Modell, Leitlinien für den Abschluss städtebaulicher Verträge im Land Berlin, Stand: 1. August 2018, Seite 13 f.

[1254] Vgl. Berliner Modell, Leitlinien für den Abschluss städtebaulicher Verträge im Land Berlin, Stand: 1. August 2018, Seite 13 f.

zuführen lässt.[1255] Nicht jedes Baugrundstück ist hierfür auch tatsächlich geeignet oder entspricht den städtebaulichen Planungsvorstellungen des Bezirks.[1256] Das bedeutet zusammengefasst, dass ein städtebaulicher Vertrag zwingend zweierlei voraussetzt: Der Vorhabenträger muss bereit sein, die Forderungen des Bezirks entsprechend des Berliner Modell zu erfüllen, und der Vorhabenträger muss ein Grundstück anbieten können, dass aus Sicht des Bezirks wiederum tatsächlich für eine bauliche Entwicklung in Betracht kommt.[1257] Insbesondere das Vorhandensein attraktiver Bauflächen ist bisweilen von den Parteien nur partiell beeinflussbar, so dass der Beitrag des Berliner Modells zur Bekämpfung der Wohnraumknappheit für breite Schichten der Bevölkerung auch immer dem Zufall überlassen ist.[1258]

Dabei vermag vor allem die wiederholt geäußerte Kritik, dass das Berliner Modell in Sonderfällen mit Blick auf Gebiete, die einen hohen Anteil einkommensschwacher Bevölkerungsteile aufweisen, in seinen Regelungen zu starr sei, nicht überzeugen.[1259] Denn das Berliner Modell sieht für Wohnraum ausdrücklich nur im Grundsatz eine Mietpreis- und Belegungsbindung vor.[1260] Dazu bestimmt die Leitlinie unter Ziffer 2.2.6.3., dass grundsätzlich im Plangebiet 30 % der dem Wohnen zur Verfügung stehenden Geschossfläche der Mietpreis- und Belegungsbindung unterfallen.[1261] Aber in Sonderfällen kann davon zudem eine Ausnahme gemacht werden.[1262] Diese Ausnahme richtet sich dann nach der Ziffer 1.6 Abs. 4 der Leitlinie, wonach auf die Vereinbarung einer Mitpreis- und Belegungsbindung verzichtet werden kann, „wenn andere städtebauliche Ziele dem entgegenstehen und ein Zurückstellen dieser Ziele sich nach der konkreten Planungssituation auch angesichts der großen Bedeutung der Flächenbereitstellung für die soziale

---

1255 Vgl. Berliner Modell, Leitlinien für den Abschluss städtebaulicher Verträge im Land Berlin, Stand: 1. August 2018, Seite 13 f.

1256 Vgl. Berliner Modell, Leitlinien für den Abschluss städtebaulicher Verträge im Land Berlin, Stand: 1. August 2018, Seite 23 f.

1257 Vgl. so im Ergebnis auch: Bunzel, ZfBR 2018, 638 (639).

1258 Vgl. so im Ergebnis auch: Bunzel, ZfBR 2018, 638 (639).

1259 Vgl. so unter anderem auch: Zepf/Neubrandt, LKV 2019, 207 (208 f.).

1260 Vgl. so im Ergebnis auch: Bunzel, ZfBR 2018, 638 (639).

1261 Vgl. Berliner Modell, Leitlinien für den Abschluss städtebaulicher Verträge im Land Berlin, Stand: 1. August 2018, Seite 29.

1262 Vgl. Berliner Modell, Leitlinien für den Abschluss städtebaulicher Verträge im Land Berlin, Stand: 1. August 2018, Seite 29.

Wohnraumversorgung als nicht gerechtfertigt erweist.“[1263] Sollte die bestehende Bevölkerungsstruktur in einem Baugebiet ausnahmsweise bereits durch einkommensschwache Bevölkerungsteile geprägt sein, kommt mithin auch ein Verzicht auf die Vereinbarung einer Mietpreis- und Belegungsbindung in Betracht. Denn nur auf diesem Wege kann dem städtebaulichen Ziel nach § 1 Abs. 6 Nr. 2 BauGB der Schaffung und Erhaltung sozial stabiler Bewohnerstrukturen gedient werden. Die geäußerte Kritik am Berliner Modell kann jedenfalls in diesem Punkt nicht überzeugen.[1264] Vielmehr übersieht dieser Ansatz, dass durch die Vereinbarung der Errichtung von förderfähigem Wohnraum zu einem Anteil von 30 % in dem betreffenden Gebiet auch weiterhin darüber hinaus 70 % frei verfügbare Wohnungen geschaffen werden. Es ist daher nicht überzeugend davon auszugehen, dass die Mietpreis- und Belegungsbindung regelmäßig – auch bei einem hohen Anteil an einkommensschwacher Bevölkerung – eine Verbesserung der Ausgangssituation und keine Extrabelastung der Bevölkerungsstruktur schafft.[1265]

Soweit sich ein städtebaulicher Vertrag – trotz der genannten Unwägbarkeiten und Zufälle – in einem Fall anbietet, sind die Hoheitsträger durch den Artikel 28 der Berliner Verfassung in der Pflicht, diesen auch zu ergreifen. Denn danach hat jeder Mensch das Recht auf angemessenen Wohnraum. Das Land fördert die Schaffung und Erhaltung von angemessenem Wohnraum, insbesondere für Menschen mit geringem Einkommen, sowie die Bildung von Wohnungseigentum. Dabei richtet sich diese Pflicht vornehmlich an den Berliner Senat. Denn im Einzelfall ist es erforderlich, dass eine zielgenaue Entwicklung einzelner Städtebauprojekte unter der Betrachtung der Gesamtheit der Berliner Wohnungssituation durchgeführt wird. Hierzu sind jedoch weder die Vorhabenträger noch die Bezirke angehalten. Vielmehr sieht das Gesetz über die Zuständigkeit in der Allgemeinen Berliner Verwaltung ausdrücklich den Berliner Senat in der Verantwortung. Denn dieser ist allzu häufig in der Lage, eine Beschleunigung von Verfahren zu erreichen, indem er diese kraft Gesetzes an sich zieht. Nach dem Gesetz über die Zuständigkeiten in der Allgemeinen Berliner Verwaltung (AZG)

1263 Vgl. Berliner Modell, Leitlinien für den Abschluss städtebaulicher Verträge im Land Berlin, Stand: 1. August 2018, Seite 12 Zeilen 40-46.

1264 Vgl. so auch Haaß, LKV 2018, 156 (159).

1265 Vgl. so auch Bunzel, ZfBR 2018, 638 (641).

kann durch den Senat nach § 13a AZG ein Vertragsschluss mit durch ihn erwählte Inhalte angeordnet werden. Zwar kann das Übernehmen nicht übergehen zu beachtendem Recht und damit die Erörterung des jeweiligen Einzelvorhabens keinesfalls ersetzt werden. Dennoch vermag der Senat die Verfahren sprichwörtlich „im eigenen Haus" mit den ihm eigenen Kapazitäten schneller abzuschließen und damit einen städtebaulich dringend wünschenswerten – wenn nicht gar verfassungsrechtlich gebotenen – Beitrag zur Bekämpfung der Wohnraumknappheit zu leisten.[1266]

7.3.2 Vorbild Hamburg

Zudem vermag sich der Senat auch des politischen Hebels zu bedienen und durch weitere Bemühungen zur Abstimmung und gemeinsamen Planung mit der Immobilienbranche bereitstehen. Als beispielhaft kann dabei auf das Wohnungsbündnis gelten, das den Rahmen für die Zusammenarbeit zwischen der Freien Hansestadt Hamburg und den wohnungswirtschaftlichen Verbänden Hamburgs über Wohnungsneubau, Klimaschutz und Energieeffizienz, Erhalt der Backsteinfassaden, integrative Wohnungspolitik und Mietrecht in Hamburg[1267] darstellt.[1268] Dabei sind der Senat der Freien Hansestadt Hamburg mit den Wohnungsverbänden – hierbei der Verband norddeutscher Wohnungsunternehmen e.V. Hamburg. Mecklenburg-Vorpommern. Schleswig-Holstein, der Landesverband Hamburg des Verbands norddeutscher Wohnungsunternehmen e.V., der Bundesverband Freier Immobilien- und Wohnungsunternehmen e.V., der Landesverband Nord e.V., der Immobilienverband Deutschland IVD, der Verband der

---

1266 Vgl. allgemein auch: Schmidt-Eichstaedt, ZfBR 2018, 537 (539).

1267 Vgl. Bündnis für das Wohnen in Hamburg – eine Vereinbarung für das Bündnis für das Wohnen zwischen der Freien Hansestadt Hamburg und den wohnungswirtschaftlichen Verbänden Hamburgs über Wohnungsneubau, Klimaschutz und Energieeffizienz, Erhalt der Backsteinfassaden, integrative Wohnungspolitik und Mietrecht in Hamburg für die 22. Legislaturperiode, Stand: 23. Juni 2021, Seite 5 f. (abrufbar unter: https://www.hamburg.de/contentblob/15200132/a2918bb7bfdb9e0f-2b89aab0dedf9375/data/vereinbarung-buendnis-fuer-das-wohnen-in-hamburg-22-legislaturperiode.pdf (zuletzt abgerufen am 26. April 2025).

1268 Vgl. Bündnis für das Wohnen in Hamburg – eine Vereinbarung für das Bündnis für das Wohnen zwischen der Freien Hansestadt Hamburg und den wohnungswirtschaftlichen Verbänden Hamburgs über Wohnungsneubau, Klimaschutz und Energieeffizienz, Erhalt der Backsteinfassaden, integrative Wohnungspolitik und Mietrecht in Hamburg für die 22. Legislaturperiode, Stand: 23. Juni 2021, Seite 5 f.

Immobilienberater, Verwalter und Sachverständiger, Region Nord e.V., die SAGA Siedlungs-Aktiengesellschaft Hamburg und GWG Gesellschaft für Wohnen und Bauen mbH - übereingekommen, dass Wohnungsbaupolitik partnerschaftlich vorangetrieben werden kann.[1269] Nach dem Bündnis wird die Freie Hansestadt Hamburg

- beim Verkauf städtischer Grundstücke die notwendigen finanziellen Mittel für die erforderlichen Erschließungsmaßnahmen und Wohnfolgeeinrichtungen bereitstellen;[1270]
- ihr Portfoliomanagement verbessern und dafür insbesondere das Instrument des Grundstückskaufs regelmäßig in Betracht ziehen, um die eigene Angebotsfähigkeit zu verbessern;[1271]
- auch die historisch gewachsene Nutzung – im Besonderen nicht mehr marktgängige Gewerbeflächen – im Hinblick auf ihre heutige Lagequalität prüfen;[1272]
- jedes Jahr städtische Grundstücke veräußern, um ein Gesamtvolumen von mindestens 2.000 Wohnungen zu ermöglichen;[1273]

1269 Vgl. Bündnis für das Wohnen in Hamburg – eine Vereinbarung für das Bündnis für das Wohnen zwischen der Freien Hansestadt Hamburg und den wohnungswirtschaftlichen Verbänden Hamburgs über Wohnungsneubau, Klimaschutz und Energieeffizienz, Erhalt der Backsteinfassaden, integrative Wohnungspolitik und Mietrecht in Hamburg für die 22. Legislaturperiode, Stand: 23. Juni 2021, Seite 5 f.

1270 Vgl. Bündnis für das Wohnen in Hamburg – eine Vereinbarung für das Bündnis für das Wohnen zwischen der Freien Hansestadt Hamburg und den wohnungswirtschaftlichen Verbänden Hamburgs über Wohnungsneubau, Klimaschutz und Energieeffizienz, Erhalt der Backsteinfassaden, integrative Wohnungspolitik und Mietrecht in Hamburg für die 22. Legislaturperiode, Stand: 23. Juni 2021, Seite 5 f.

1271 Vgl. Bündnis für das Wohnen in Hamburg – eine Vereinbarung für das Bündnis für das Wohnen zwischen der Freien Hansestadt Hamburg und den wohnungswirtschaftlichen Verbänden Hamburgs über Wohnungsneubau, Klimaschutz und Energieeffizienz, Erhalt der Backsteinfassaden, integrative Wohnungspolitik und Mietrecht in Hamburg für die 22. Legislaturperiode, Stand: 23. Juni 2021, Seite 5 f.

1272 Vgl. Bündnis für das Wohnen in Hamburg – eine Vereinbarung für das Bündnis für das Wohnen zwischen der Freien Hansestadt Hamburg und den wohnungswirtschaftlichen Verbänden Hamburgs über Wohnungsneubau, Klimaschutz und Energieeffizienz, Erhalt der Backsteinfassaden, integrative Wohnungspolitik und Mietrecht in Hamburg für die 22. Legislaturperiode, Stand: 23. Juni 2021, Seite 5 f.

1273 Vgl. Bündnis für das Wohnen in Hamburg – eine Vereinbarung für das Bündnis für das Wohnen zwischen der Freien Hansestadt Hamburg und den wohnungswirtschaftlichen

- gemeinsam mit der Wohnungswirtschaft geeignete Flächen für die Stadterweiterung identifizieren und durch beschleunigte Schaffung von Planungsrecht zu mobilisieren;[1274]
- die Stadtentwicklung ganzheitlich und weniger attraktive Stadtbezirke im Besonderen durch Investitionen in die Infrastruktur und den öffentlichen Raum attraktiver machen;[1275]
- mit den einzelnen Stadtbezirken gesondert einen Vertrag zu den konkreten Zielvereinbarungen mit Blick auf das Bündnis für das Wohnen in Hamburg schließen, um auch zügige, transparente und verlässliche Genehmigungsverfahren der Bezirksämter zu versichern;[1276]
- die bestehende Senatskommission für Stadtentwicklung und Wohnungsbau zur Entwicklung konkreter Bebauungsplanverfahren für die Durchsetzung gesamtstädtischer Ziele fortführen;[1277]
- zusammen mit den Bündnispartnern auch kontinuierlich kostensteigernde Faktoren für den Wohnungsbau analysieren und gegebenenfalls Vorschläge zur Kostensenkung erarbeiten.[1278]

Verbänden Hamburgs über Wohnungsneubau, Klimaschutz und Energieeffizienz, Erhalt der Backsteinfassaden, integrative Wohnungspolitik und Mietrecht in Hamburg für die 22. Legislaturperiode, Stand: 23. Juni 2021, Seite 5 f.

1274 Vgl. Bündnis für das Wohnen in Hamburg – eine Vereinbarung für das Bündnis für das Wohnen zwischen der Freien Hansestadt Hamburg und den wohnungswirtschaftlichen Verbänden Hamburgs über Wohnungsneubau, Klimaschutz und Energieeffizienz, Erhalt der Backsteinfassaden, integrative Wohnungspolitik und Mietrecht in Hamburg für die 22. Legislaturperiode, Stand: 23. Juni 2021, Seite 5 f.

1275 Vgl. Bündnis für das Wohnen in Hamburg – eine Vereinbarung für das Bündnis für das Wohnen zwischen der Freien Hansestadt Hamburg und den wohnungswirtschaftlichen Verbänden Hamburgs über Wohnungsneubau, Klimaschutz und Energieeffizienz, Erhalt der Backsteinfassaden, integrative Wohnungspolitik und Mietrecht in Hamburg für die 22. Legislaturperiode, Stand: 23. Juni 2021, Seite 5 f.

1276 Vgl. Bündnis für das Wohnen in Hamburg – eine Vereinbarung für das Bündnis für das Wohnen zwischen der Freien Hansestadt Hamburg und den wohnungswirtschaftlichen Verbänden Hamburgs über Wohnungsneubau, Klimaschutz und Energieeffizienz, Erhalt der Backsteinfassaden, integrative Wohnungspolitik und Mietrecht in Hamburg für die 22. Legislaturperiode, Stand: 23. Juni 2021, Seite 5 f.

1277 Vgl. Bündnis für das Wohnen in Hamburg – eine Vereinbarung für das Bündnis für das Wohnen zwischen der Freien Hansestadt Hamburg und den wohnungswirtschaftlichen Verbänden Hamburgs über Wohnungsneubau, Klimaschutz und Energieeffizienz, Erhalt der Backsteinfassaden, integrative Wohnungspolitik und Mietrecht in Hamburg für die 22. Legislaturperiode, Stand: 23. Juni 2021, Seite 5 f.

1278 Vgl. Bündnis für das Wohnen in Hamburg – eine Vereinbarung für das Bündnis für das Wohnen zwischen der Freien Hansestadt Hamburg und den wohnungswirtschaftlichen

Im Gegenzug werden die Bündnispartner

- pro Jahr mindestens 10.000 bescheidungsfähige Bauanträge für Wohnungen einreichen;[1279]
- auf ihre Mitgliedsunternehmen einwirken, damit diese von ihren Neubauten einen Anteil von 30 % als geförderten Mietwohnungsbau errichten;[1280]
- Verdichtungspotentiale sowie die Mobilisierung von Grundstücken ihrer Mitgliedsunternehmen und auch den ergänzenden Ankauf privater Flächen prüfen;[1281]
- auf ihre Mitgliedsunternehmen einwirken, damit diese sich an der Qualifizierung der bisher weniger nachgefragten Stadtquartiere durch Bestandsaufwertung sowie quartierbezogene Maßnahmen beteiligen.[1282]

Aus diesem Bündnis zieht die Hansestadt Hamburg eine positive Bilanz.[1283] Vor allem sei es vorgesehen gewesen, Verfahren bis zur Baugenehmigung

Verbänden Hamburgs über Wohnungsneubau, Klimaschutz und Energieeffizienz, Erhalt der Backsteinfassaden, integrative Wohnungspolitik und Mietrecht in Hamburg für die 22. Legislaturperiode, Stand: 23. Juni 2021, Seite 5 f.

1279 Vgl. Bündnis für das Wohnen in Hamburg – eine Vereinbarung für das Bündnis für das Wohnen zwischen der Freien Hansestadt Hamburg und den wohnungswirtschaftlichen Verbänden Hamburgs über Wohnungsneubau, Klimaschutz und Energieeffizienz, Erhalt der Backsteinfassaden, integrative Wohnungspolitik und Mietrecht in Hamburg für die 22. Legislaturperiode, Stand: 23. Juni 2021, Seite 5 f.

1280 Vgl. Bündnis für das Wohnen in Hamburg – eine Vereinbarung für das Bündnis für das Wohnen zwischen der Freien Hansestadt Hamburg und den wohnungswirtschaftlichen Verbänden Hamburgs über Wohnungsneubau, Klimaschutz und Energieeffizienz, Erhalt der Backsteinfassaden, integrative Wohnungspolitik und Mietrecht in Hamburg für die 22. Legislaturperiode, Stand: 23. Juni 2021, Seite 5 f.

1281 Vgl. Bündnis für das Wohnen in Hamburg – eine Vereinbarung für das Bündnis für das Wohnen zwischen der Freien Hansestadt Hamburg und den wohnungswirtschaftlichen Verbänden Hamburgs über Wohnungsneubau, Klimaschutz und Energieeffizienz, Erhalt der Backsteinfassaden, integrative Wohnungspolitik und Mietrecht in Hamburg für die 22. Legislaturperiode, Stand: 23. Juni 2021, Seite 5 f.

1282 Vgl. Bündnis für das Wohnen in Hamburg – eine Vereinbarung für das Bündnis für das Wohnen zwischen der Freien Hansestadt Hamburg und den wohnungswirtschaftlichen Verbänden Hamburgs über Wohnungsneubau, Klimaschutz und Energieeffizienz, Erhalt der Backsteinfassaden, integrative Wohnungspolitik und Mietrecht in Hamburg für die 22. Legislaturperiode, Stand: 23. Juni 2021, Seite 5 f.

1283 Vgl. Bündnis für das Wohnen in Hamburg – eine Vereinbarung für das Bündnis für das Wohnen zwischen der Freien Hansestadt Hamburg und den wohnungswirtschaftlichen

in sechs Monaten abzuschließen. Dies sei sogar noch unterboten worden: Durchschnittlich seien Verfahren im Jahr 2017 in nur drei Monaten abgeschlossen worden.[1284] Dies sei im Besonderen durch eine Unterstützung der Fachkräfte der einzelnen Bezirke durch den Senat sowie eine Aufstockung der Mittel und Abordnungen von Mitarbeiterinnen und Mitarbeitern der Behörde für Stadtentwicklung und Wohnen in die Fachabteilungen der Bezirke gelungen.[1285]

Auch daran zeigt sich also, dass kooperative Baulandmodelle für beide Vertragsparteien zielführend ausgestaltet werden und unter Voranstellung maßgebender Rahmenbedingungen auch rechtssicher umgesetzt werden können.

7.3.3 Fazit Berliner Modell

Abschließend ist festzuhalten, dass das Berliner Modell nur ein Instrument von vielen zur Lösung der Baulandfrage sein kann. Denn es lässt sich zwar nach der Bilanz der Senatsverwaltung für Berlin durch städtebauliche Verträge auf Grundlage des Berliner Modell ein wichtiger Beitrag zur Bekämpfung der Wohnraumknappheit erzielen.[1286] Aber die Wohnungsknappheit oder auch die Schaffung von Wohnraum für alle Bevölkerungsschichten wird nicht allein mittels des Berliner Modells erreicht, weil seine Wirksamkeit im Einzelfall zu sehr vom Zufall abhängt.[1287]

Verbänden Hamburgs über Wohnungsneubau, Klimaschutz und Energieeffizienz, Erhalt der Backsteinfassaden, integrative Wohnungspolitik und Mietrecht in Hamburg für die 22. Legislaturperiode, Stand: 23. Juni 2021, Seite 3.

1284 Behörde für Stadtentwicklung und Wohnen (BSW) für Hamburg (abrufbar unter: https://www.hamburg.de/bsw/baugenehmigungen, zuletzt abgerufen am 26. April 2025).

1285 Behörde für Stadtentwicklung und Wohnen (BSW) für Hamburg, abrufbar unter https://www.hamburg.de/bsw/baugenehmigungen, zuletzt abgerufen am 29. März 2021.

1286 Senatsverwaltung für Stadtentwicklung und Wohnen, Berliner Modell – eine Zwischenbilanz vom 5. Juni 2019, Seite 2 f., abrufbar unter: https://www.parlament-berlin.de/ados/18/StadtWohn/vorgang/sw18-0152-Präsentation-SenStadtWohn.pdf (zuletzt abgerufen am 26. Oktober 2021).

1287 Vgl. dazu Darstellung unter III.4.b); so auch: Senatsverwaltung für Stadtentwicklung und Wohnen, Berliner Modell – eine Zwischenbilanz vom 5. Juni 2019, Seite 2 f.

Dem Berliner Modell sind daher unbedingt weitere Werkzeuge zur Bekämpfung der anhaltenden Wohnraumknappheit in Berlin zur Seite zu stellen sind.

7.3.4 Fazit Neuköllner Modell

Bei der Beurteilung der Ausgestaltung städtebaulicher Verträge nach dem Neuköllner Modell ist dieses – unter Zugrundelegung der entsprechenden Arbeitsanweisung[1288] – als zulässig zu bewerten.[1289] Wie bereits das Berliner Modell, ist auch das Neuköllner Modell ein zulässiges Instrument, das dem Bezirk Neukölln eine flexiblere Handhabe von Neubauvorhaben ermöglicht.[1290]

Das Neuköllner Modell findet aber nur Anwendung, wenn eine Befreiung aufgrund städtebaulicher Vertretbarkeit des Bauvorhabens nach § 31 Abs. 2 Nr. 2 BauGB in Betracht kommt.[1291] Damit ist die Zahl der von dem Modell erfassten Bauvorhaben bereits von vornherein deutlich eingeschränkt.[1292] Dieser Anwendungsbereich wird zukünftig weiter zunehmen. Dies gilt vor allem, wenn die bereits bestehende Wohnungsmarktdichte weiter zunimmt und aufgrund der Unterversorgung der Wohnbevölkerung mit ausreichendem Wohnraum Befreiungen zum Wohl der Allgemeinheit nach § 31 Abs. 2 Nr. 1 BauGB vorzugswürdig sind.[1293] Gleichzeitig ist das Modell durch die Einführung des § 31 Abs. 3 BauGB in seinem Anwendungsbereich weiter

---

[1288] Vgl. dazu Bezirksamt Neukölln von Berlin, Arbeitsanweisung, Vorgehen bei Anträgen, mit denen die Zulassung von Wohnungsbauvorhaben gem. § 31 Abs. 2 BauGB erreicht werden soll, „Neuköllner Modell".

[1289] Vgl. so im Ergebnis auch: Bundesverwaltungsgericht, Urteil vom 6. Juli 1973 – IV C 22.72, NJW 1973, 1895; so auch: Hellriegel/Teichmann, BauR 2014, 189 (192); Schmidt-Eichstaedt, ZfBR 2018, 537 (538); Bonk/Neumann/Siegel, in: Stelkens/Bonk/Sachs, Verwaltungsverfahrensgesetz, 10. Auflage 2023, § 54 Rn. 113.

[1290] Vgl. Pressemitteilung des Bezirksamtes Neukölln von Berlin vom 5. März 2020; so auch: Bezirksamt Neukölln von Berlin, Arbeitsanweisung, Vorgehen bei Anträgen, mit denen die Zulassung von Wohnungsbauvorhaben gem. § 31 Abs. 2 BauGB erreicht werden soll, „Neuköllner Modell", Seite 14 f.

[1291] Vgl. Pressemitteilung des Bezirksamtes Neukölln von Berlin vom 5. März 2020; so auch: Bezirksamt Neukölln von Berlin, Arbeitsanweisung, Vorgehen bei Anträgen, mit denen die Zulassung von Wohnungsbauvorhaben gem. § 31 Abs. 2 BauGB erreicht werden soll, „Neuköllner Modell", Seite 14 f.

[1292] Vgl. so auch: Fleckenstein, Das Grundeigentum 2020, 451 (453).

[1293] Vgl. so auch: Fleckenstein, Das Grundeigentum 2020, 451 (453).

eingeschränkt worden und es ergeben sich für das Neuköllner Modell dieselben Unsicherheiten, die auch dem Berliner Modell zugrunde liegen: Voraussetzung für die Anwendung ist stets ein Vorhabenträger, der sich zum Abschluss eines städtebaulichen Vertrages bereiterklärt, und ein Bauvorhaben, das sich nach städtebaulichen Gesichtspunkten zur Anwendung der Leitlinien eignet.[1294]

Schlussendlich ist das Neuköllner Modell nur geeignet, einen geringen Beitrag zur Bekämpfung der Wohnraumknappheit zu leisten.[1295] Wie auch dem Berliner Modell sind daher dem Neuköllner Modell weitere Werkzeuge zur Bekämpfung der anhaltenden Wohnraumknappheit in Berlin zur Seite zu stellen. Denkbar wäre in einem ersten Schritt die Regelungen auf die übrigen Berliner Bezirke auszuweiten.[1296] Den Bezirken würde damit ein zulässiges Regelungsinstrument an die Hand gegeben, mit dem Neubauvorhaben im Rahmen einer detaillierten Einzelfallsteuerung durch die Bezirke zugelassen werden könnten.[1297]

[1294] Vgl. so bereits auch Kapitel G. unter IV.

[1295] Vgl. so auch: Fleckenstein, Das Grundeigentum 2020, 451 (453).

[1296] Vgl. so auch: Pressemitteilung des Bezirksamtes Neukölln von Berlin vom 5. März 2020; so auch: Bezirksamt Neukölln von Berlin, Arbeitsanweisung, Vorgehen bei Anträgen, mit denen die Zulassung von Wohnungsbauvorhaben gem. § 31 Abs. 2 BauGB erreicht werden soll, „Neuköllner Modell", Seite 14 f.

[1297] Vgl. so auch: Pressemitteilung des Bezirksamtes Neukölln von Berlin vom 5. März 2020; so auch: Bezirksamt Neukölln von Berlin, Arbeitsanweisung, Vorgehen bei Anträgen, mit denen die Zulassung von Wohnungsbauvorhaben gem. § 31 Abs. 2 BauGB erreicht werden soll, „Neuköllner Modell", Seite 14 f.

Resümee

Für die im Rahmen dieser Arbeit untersuchten Möglichkeiten und Grenzen des Städtebaurechts zur Mietensteuerung gilt im Ergebnis: Die Regulierung von Mietpreisen durch die Einführung von Mietobergrenzen ist im Städtebaurecht kaum zulässig. Vielmehr wird von der Rechtsprechung in einer Vielzahl von Entscheidungen festgestellt, dass das Städtebaurecht nicht dem Mieterschutz dient, so dass die Einführung von Mietobergrenzen regelmäßig als rechtswidrig angesehen wird.[1298]

Die Berliner Praxis im Sanierungsrecht sowie auch im Zweckentfremdungsrecht, mit Hilfe von Nebenbestimmungen zu den jeweiligen Genehmigungen baulicher Maßnahmen Mietobergrenzen festzusetzen, hat sich bereits als unzulässig herausgestellt (vgl. Kapitel D. und E.).[1299] Der öffentlich-rechtlich ausgestaltete „Berliner Mietendeckel" ist ebenfalls

1298 Vgl. unter anderem so auch: Bundesverfassungsgericht, Beschluss vom 25. März 2021 – 2 BvF 1.20, 2 BvL 4.20, 2 BvL 5.20, NJW 2021, 1377 (1377); Bundesverwaltungsgericht, Urteil vom 24. Mai 2006 – 4 C 9.04, NZM 2006, 903; Urteil vom 18. Juni 1997 – 4 C 2.97, NVwZ 1998, 503 (504); Hessischer Verwaltungsgerichtshof, Beschluss vom 11. Mai 1992 – 3 UE 174.89, NVwZ-RR 1993, 401 (401); Bayerischer Verwaltungsgerichtshof, Urteil vom 12. Februar 1996 – 14 B 90.1485, juris; Verwaltungsgericht Berlin, Urteil vom 27. August 2019 – 19 K 517.18; Verwaltungsgericht Ansbach, Urteil vom 21. März 1990 – AN 3 K 89.791, NVwZ-RR 1991, 61 (61); Haaß, LKV 2018, 156; Fleckenstein, Das Grundeigentum 2020, 451 (453); Tietzsch, NVwZ 1998, 590 (590).

1299 Vgl. Bundesverwaltungsgericht, Urteil vom 24. Mai 2006 – 4 C 9.04, NZM 2006, 903; Verwaltungsgericht Berlin, Urteil vom 27. August 2019 – 6 K 452.18, juris; Ganseforth, Das Grundeigentum 2019, 1360 (1360).

rechtswidrig und vom Bundesverfassungsgericht daher für nichtig erklärt worden (vgl. Kapitel C.).[1300]

Dagegen sind die bestehenden kooperativen Baulandmodelle – namentlich das Berliner Modell und das Neuköllner Modell – zum einen rechtlich zulässig und haben zum anderen in der praktischen Anwendung bereits zur Schaffung von neuem mietpreisgebundenem Wohnraum geführt (vgl. Kapitel G.).[1301]

Bei einem Blick auf die bestehenden Instrumente des Städtebaurechts zeigt sich also, dass kooperative Modelle gegenüber Regulierungsversuchen bedeutend erfolgreicher bei der Schaffung des erforderlichen neuen Wohnraums sind – insbesondere im niedrigen Preissegment. Wie es in Hamburg bereits vorgemacht wird[1302], gilt daher: Die Kooperation zwischen Vorhabenträgern und der öffentlichen Hand führt entscheidend zur Bereitstellung von Wohnraum für alle Bevölkerungsschichten. Darüber hinausgehend zeigt sich anhand der im Rahmen dieser Arbeit durchgeführten Betrachtung verschiedener Rechtsinstrumente, dass das Städtebaurecht für die Regulierung von Mietpreisen kaum geeignet ist. Vielmehr dienen diese Beispiele zum Gegenbeweis: Das Städtebaurecht dient der Steuerung und Ordnung der baulichen Entwicklung von Gebieten, aber nicht – wie das Bundesverwaltungsgericht in seinen Entscheidungen mehrfach betont hat[1303] – dem Mieterschutz.[1304] Eine Regulierung von Mietpreisen lässt sich

---

[1300] Vgl. Bundesverfassungsgericht, Beschluss vom 25. März 2021 – 2 BvF 1.20, 2 BvL 4.20, 2 BvL 5.20, NJW 2021, 1377 (1377).

[1301] Vgl. Senatsverwaltung für Stadtentwicklung und Wohnen, Berliner Modell – eine Zwischenbilanz vom 5. Juni 2019, Seite 3 f.

[1302] Vgl. Bündnis für das Wohnen in Hamburg – eine Vereinbarung für das Bündnis für das Wohnen zwischen der Freien Hansestadt Hamburg und den wohnungswirtschaftlichen Verbänden Hamburgs über Wohnungsneubau, Klimaschutz und Energieeffizienz, Erhalt der Backsteinfassaden, integrative Wohnungspolitik und Mietrecht in Hamburg für die 21. Legislaturperiode, Stand: 7. Juni 2016, Seite 7 f., abrufbar unter: https://www.hamburg.de/contentblob/15200132/a2918bb7bfdb9e0f-2b89aab0dedf9375/data/vereinbarung-buendnis-fuer-das-wohnen-in-hamburg-22-legislaturperiode.pdf (zuletzt abgerufen am 26. April 2025.

[1303] Vgl. so ausdrücklich etwa Bundesverwaltungsgericht, Urteil vom 17. Oktober 1997 – 8 C 18.96, NJW 1998, 94 (96).

[1304] Vgl. Bundesverwaltungsgericht, Urteil vom 22. April 1994 – 8 C 29.92, NJW 1995, 542 (546); Urteil vom 17. Oktober 1997 – 8 C 18.96, NJW 1998, 94 (96).

im Städtebaurecht daher auch kaum umsetzen – auch gilt dies gegenüber den Grundstückseigentümern.[1305]

Daneben hat der Bundesgesetzgeber den Ländern und Bezirken mit dem Baulandmobilisierungsgesetz in § 9 Abs. 2d BauGB ein neues Regelungsinstrument zur Schaffung von Sozialwohnungen zur Seite gestellt. Diese Regelung hat der Gesetzgeber allerdings derart ausgestaltet, dass der jeweilige Vorhabenträger eine Verpflichtung zur Errichtung von Gebäuden mit einem Anteil an Sozialwohnungen übernehmen soll.[1306] Es kann dabei jedoch nicht erwartet werden, dass die Umsetzung sektoraler Bebauungspläne der nennenswerten Bekämpfung der Wohnraumknappheit dienen werden. Vielmehr bleibt das neu geschaffene Rechtsinstrument aufgrund seiner gesetzlichen Ausgestaltung auf einen geringen Anwendungsbereich beschränkt – und von der Anwendung in beispielweise der Stadt Berlin, für die regelmäßig bereits qualifizierte Bebauungspläne vorliegen, ist der sektorale Bebauungsplan weitgehend ausgenommen.[1307]

8.1 Regulierung von Mietpreisen im Städtebaurecht

Bei der Regulierung von Mietpreisen sind im Wesentlichen die Rechtspositionen von zwei Beteiligten zu berücksichtigen: die der Vorhabenträger baulicher Maßnahmen – regelmäßig als Eigentümer des zu entwickelnden Grundstücks – und die der öffentlichen Hoheitsträger, also regelmäßig der Bezirk oder das Land als zuständige Bauaufsichtsbehörde.[1308] Für die Regu-

[1305] Vgl. im Ergebnis dahingehend etwa auch Bundesverwaltungsgericht, Urteil vom 22. April 1994 – 8 C 29.92, NJW 1995, 542 (546); Urteil vom 17. Oktober 1997 – 8 C 18.96, NJW 1998, 94 (96).

[1306] So etwa Mitschang/Reidt, in: Battis/Krautzberger/Löhr, BauGB, 15. Auflage 2022, § 9 Rn. 210l und 246 Rn. 8b; Mitschang, UPR 2021, 206 (214); Reidt, BauR 2021, 38 (39); Relling, ZfBR 2021, 228 (229); Uechtritz, BauR 2021, 1227 (1230); a.A. nur Beckmann/Groth, Das Grundeigentum 2021, 802 (802).

[1307] Vgl. Mitschang/Reidt, in: Battis/Krautzberger/Löhr, BauGB, 15. Auflage 2022, § 9 Rn. 210l und 246 Rn. 8b; Mitschang, UPR 2021, 206 (214); Reidt, BauR 2021, 38 (39); Relling, ZfBR 2021, 228 (229); Uechtritz, BauR 2021, 1227 (1230); a.A. nur Beckmann/Groth, Das Grundeigentum 2021, 802 (802).

[1308] Die Rechtsposition von betroffenen Dritten bleibt für die grobe Darstellung des verfassungsrechtlichen Rechtsrahmens zunächst außen vor.

lierung von Mietpreisen gibt maßgeblich das Verfassungsrecht den Rechtsrahmen vor, was dazu dient, die sich gegenüberstehenden Rechtspositionen in einen Ausgleich zu bringen.[1309] Auf der einen Seite besitzt der Eigentümer eines Grundstücks keinen Anspruch darauf, aus diesem den wirtschaftlich betrachtet maximalen Vorteil zu ziehen.[1310] Das bedeutet auch, dass der Eigentümer nicht darin geschützt ist, stets den am Wohnungsmarkt höchstmöglichen Mietpreis zu verlangen.[1311] Vielmehr ist eine Einschränkung der wirtschaftlichen Ausnutzung des Eigentums zulässig.[1312] Eine Beschränkung des Eigentums durch den Hoheitsträger ist aber ebenso wenig ohne weiteres zulässig: Zwar obliegt dem Hoheitsträger mit Blick auf das Städtebaurecht die Planungshoheit,[1313] was bedeutet, dass der Hoheitsträger die Entwicklung und Ordnung der baulichen Entwicklung innerhalb des Hoheitsgebiets durch Bauleitpläne steuern kann und dazu zugleich gesetzlich verpflichtet ist.[1314] Aber dabei ist dieser in jedem Fall an den Verhältnismäßigkeitsgrundsatz gebunden.[1315] Das bedeutet insbesondere, dass jede Maßnahme zwingend einen legitimen Zweck verfolgen, für eben diesen Zweck tatsächlich geeignet

---

[1309] Vgl. so ausdrücklich: Bayerischer Verwaltungsgerichtshof, Beschluss vom 20. Januar 2021 – 12 N 20.1706, BeckRS 2021, 963 Rn. 33; ebenso: Burgi NVwZ 2020, 257 (263).

[1310] Vgl. dazu das Bundesverfassungsgericht in ständiger Rechtsprechung: Bundesverfassungsgericht, Beschluss vom 15. Juli 1981 – 1 BvL 77.78, NJW 745 (751); Urteil vom 19. Januar 1987 – 1 BvR 1343.86, ZMR 1987, 133; Beschluss vom 4. Dezember 1985 – 1 BvL 23.84, NJW 1986, 1669; dazu auch: Börstinghaus, in: Miethöhe-Handbuch, 2. Auflage 2016, Kapitel 11 Rn. 157 f.

[1311] Vgl. Bundesverfassungsgericht, Beschluss vom 4. Dezember 1985 – 1 BvL 23.84, NJW 1986, 1669; so auch: Börstinghaus, in: Blank/Börstinghaus, Miete, 6. Auflage 2020, § 558 Rn. 67 f.; Gramlich, in: Mietrecht, 15. Auflage 2019, § 558 Rn. 20 f.; im Ergebnis auch: Burgi NVwZ 2020, 257 (263).

[1312] Vgl. Bundesverfassungsgericht, Beschluss vom 18. Juli 2019 – 1 BvL 1.18, 1 BvL 4.18, 1 BvR 1595.18, NJW 2019, 3054 (3054); ebenso: Börstinghaus, in: Schmidt-Futterer, Mietrecht, 16. Auflage 2024, § 558 Rn. 150 f.; Säcker, in: Münchener Kommentar zum BGB, 9. Auflage 2021, Einleitung (Einl. BGB) Rn. 67 f.

[1313] Vgl. Söfker/Runkel, in: Ernst/Zinkahn/Bielenberg/Krautzberger, Baugesetzbuch, Stand: November 2024, § 1 Rn. 11 f., 39 f.; Mitschang, ZfBR 2013, 324; Götz, Bauleitplanung und Eigentum, Berlin 1969.

[1314] Vgl. unter anderem Battis, in Battis/Krautzberger/Löhr, Baugesetzbuch, 15. Auflage 2022, § 1 Rn. 1 f.; Schmidt-Aßmann, BauR 1978, 99.

[1315] Vgl. Voßkuhle, JuS 2007, 429 (430); Klatt/Meister, JuS 2014, 193 (193); Grzeszick, in: Dürig/Herzog/Scholz, Grundgesetz-Kommentar, Stand: Juli 2021, Art. 20 Rn. 107 f.

und erforderlich sein muss sowie stets die Angemessenheit im Einzelfall zu wahren hat.[1316]

Damit ist also der Grundstückseigentümer keinesfalls berechtigt, seine Rechtsposition unbeschränkt auszuüben.[1317] Ebenso kann jedoch auch der Hoheitsträger bei der Einschränkung dieses Ausübungsbereichs der Eigentumsgarantie nicht willkürlich vorgehen.[1318] Stattdessen muss der Hoheitsträger dabei die bestehenden hohen Vorgaben der Verfassung berücksichtigen.[1319] Die Einführung von Mietobergrenzen hat sich im Städtebaurecht mit Blick auf die vorhandenen Rechtsinstrumente bisher als unzulässig herausgestellt. Dies lässt sich anhand verschiedener Regelungsinstrumente in Berlin belegen:

8.1.1 Unzulässigkeit von Mietobergrenzen im Sanierungsrecht

Die Errichtung, Änderung sowie Nutzungsänderung baulicher Anlagen bedarf im Sanierungsbiet gemäß § 144 BauGB einer Genehmigung.[1320] Die Genehmigung darf nur dann versagt werden, wenn Grund zur Annahme besteht, dass das Vorhaben die Durchführung der Sanierung zumindest wesentlich erschweren würde.[1321] Es besteht ein Rechtsanspruch auf eine Genehmigung der geplanten Errichtung, Änderung sowie Nutzungsänderung baulicher Anlagen, soweit die Ziele der Sanierungsmaßnahmen nicht betroffen sind.[1322] Wie in Kapitel D. dargestellt, hat das Land Berlin bei der

---

[1316] Vgl. Huster/Rux, in: Epping/Hillgruber, BeckOK Grundgesetz, Stand: 28. Dezember 2024, Art. 20 Rn. 189 f.

[1317] Vgl. so etwa Bundesverfassungsgericht in ständiger Rechtsprechung: Bundesverfassungsgericht, Beschluss vom 15. Juli 1981 – 1 BvL 77.78, NJW 745 (751).

[1318] Vgl. Bundesverfassungsgericht, Beschluss vom 21. Juni 2006 – 2 BvR 1780.04, BeckRS 2006, 25340.

[1319] Vgl. Erbguth, UPR 2010, 281; Breuer, Die Bodennutzung im Konflikt zwischen Städtebau und Eigentumsgarantie, 1976; Bielenberg, DVBl. 1971, 441.

[1320] Vgl. Krautzberger, in: Ernst/Zinkahn/Bielenberg/Krautzberger, Baugesetzbuch, Stand: November 2024, § 144 Rn. 23 f.

[1321] Vgl. § 145 Abs. 2 BauGB.

[1322] Vgl. Bundesverwaltungsgericht, Urteil vom 20. Oktober 1978 – 4 C 48.76, NJW 1979, 2577 (2577); Urteil vom 24. Mai 2006 – 4 C 9.04, ZfBR 2006, 674 (674); Oberverwaltungsgericht für das Land Nordrhein-Westfalen, Urteil vom 12. November 1993 – 7 A 3706.92, BeckRS 1993, 10057; Schmitz, in: Spannowsky/Uechtritz, BeckOK BauGB, Stand: 1. Februar 2021, § 145 Rn. 13 f.; Krautzberger, in: Ernst/Zinkahn/Bielenberg/Krautzberger, Baugesetzbuch, Stand: November 2024, § 145 Rn. 22 f.

Erteilung von sanierungsrechtlichen Genehmigungen nach §§ 136 f. BauGB die Praxis entwickelt, mit Blick auf den geschaffenen Ersatzwohnraum eine Obergrenze für Mietbeträge in Form einer Nebenbestimmung nach § 36 VwVfG festzusetzen.[1323]

Diese Praxis zur Einführung einer Mietobergrenze als Nebenbestimmung sanierungsrechtlicher Genehmigungen von Bauvorhaben ist mit den bestehenden – und vorrangigen – Regeln des sozialen Mietrechts jedoch unvereinbar.[1324] Zum einen steht diese Praxis im Widerspruch zu den Zielen des Sanierungsrechts.[1325] Denn die Festsetzung einer Mietobergrenze ist – entgegen dem primären Zweck der Gebietssanierung – zumindest geeignet, die Behebung städtebaulicher Missstände im Einzelfall zu verhindern, so dass eine Mietobergrenze mit der Konzeption des Sanierungsrechts unvereinbar ist.[1326] Vielmehr wird die Durchführung von Sanierungsmaßnahmen durch Grundstückseigentümer aufgrund der Einführung von Mietobergrenzen wirtschaftlich unattraktiver, so dass die Gefahr besteht, dass in der Folge die Sanierung eines Gebiets wesentlich beeinträchtigt wird.[1327] Zum anderen lässt sich dem Sanierungsrecht – wie im Kapitel D ausführlich dargestellt[1328] – auch keine Rechtsgrundlage für die Einführung einer Mietobergrenze für Ersatzwohnraum entnehmen.[1329]

Es bleibt festzuhalten, dass die Gemeinden im Sanierungsrecht für eine sozialverträgliche Durchführung auf den gesetzlichen Maßnahmenkatalog

---

1323 Siehe Kapitel D. Seite 33 f. dieser Arbeit; vgl. dazu auch: Oberverwaltungsgericht Berlin, Urteil vom 30. Januar 2004 – 2 B 18.02, LKV 2004, 415 (415).

1324 Vgl. Bundesverwaltungsgericht, Urteil vom 24. Mai 2006 – 4 C 9.04, NZM 2006, 903.

1325 Vgl. so im Ergebnis: Bundesverwaltungsgericht, Urteil vom 24. Mai 2006 – 4 C 9.04, NZM 2006, 903; Oberverwaltungsgericht Berlin, Urteil vom 30. Januar 2004 – 2 B 18.02, LKV 2004, 415 (415).

1326 Vgl. so auch Bundesverwaltungsgericht, Urteil vom 24. Mai 2006 – 4 C 9.04, NZM 2006, 903 Rn. 35; a.A. Schmidt-Eichstaedt, NVwZ 2003, 566 (567), der eine zeitweise Begrenzung der Höhe der zulässigen Mieten als rechtlich zulässig ansieht.

1327 Vgl. so ausdrücklich: Bundesverwaltungsgericht, Urteil vom 24. Mai 2006 – 4 C 9.04, NZM 2006, 903 Rn. 35

1328 Siehe Kapitel D. Seite 37 dieser Arbeit.

1329 Vgl. so auch Bundesverwaltungsgericht, Urteil vom 24. Mai 2006 – 4 C 9.04, NZM 2006, 903 Rn. 35; a.A. Schmidt-Eichstaedt, NVwZ 2003, 566 (567), der eine zeitweise Begrenzung der Höhe der zulässigen Mieten als rechtlich zulässig ansieht.

beschränkt sind – eine Ausweitung dieser Regelungsinstrumente zur Einführung einer Mietobergrenze ist dagegen unzulässig.[1330]

8.1.2 Unzulässigkeit von Mietobergrenzen im Zweckentfremdungsverbotsrecht

Ebenso hat sich gezeigt, dass die Einführung von Mietobergrenzen im Zweckentfremdungsrecht unzulässig ist.

Beantragte ein Bauherr in der Stadt Berlin den Abriss von Wohnraum, haben die Bezirksämter in ihrer täglichen Praxis mit Verweis auf § 3 Abs. 4 ZwVbVO gefordert, dass bei der Vermietung des nach den Anforderungen des Zweckentfremdungsrechts geschaffenen Ersatzwohnraums keine höhere Nettokaltmiete verlangt werden darf als EUR 9,12 pro Quadratmeter im Monat.[1331]

Im Zuge der zweckentfremdungsrechtlichen Genehmigung wird damit eine Mietobergrenze mit Blick auf den neu geschaffenen Ersatzwohnraum festgesetzt.[1332]

Wie in Kapitel E. ausführlich dargestellt[1333], dient das Zweckentfremdungsverbotsrecht ausschließlich der Erhaltung eines funktionierenden Wohnungsmarktes mit einem ausreichenden Angebot an Wohnraum – der Schutz der Mieter wird davon allerdings nicht mit umfasst.[1334] Der Sinn und Zweck des Zweckentfremdungsrechts kann also nicht dahingehend ausgelegt werden, dass Bestandsmieten zum Schutz der Mieter festgesetzt werden können.[1335]

1330 Vgl. so im Ergebnis unter anderem auch: Bundesverwaltungsgericht, Urteil vom 24. Mai 2006 – 4 C 9.04, NZM 2006, 903 (905); Oberverwaltungsgericht Berlin, Urteil vom 30. Januar 2004 – 2 B 18.02, LKV 2004, 415 (421).

1331 Vgl. so § 3 Abs. 4 der Berliner ZwVbVO.

1332 Hellriegel, in: Meyer/Achelis/von Alven-Döring/Hellriegel/Kohl/Rau, Bauordnung für Berlin mit Kommentierung des Berliner Planungsrechts, 7. Auflage 2021, § 63b Rn. 43 f.

1333 Siehe Kapitel E. Seite 171 f. dieser Arbeit.

1334 Vgl. so ausdrücklich: Bundesverwaltungsgericht, Urteil vom 17. Oktober 1997 – 8 C 18.96, NJW 1998, 94 (96); so im Ergebnis auch: Hellriegel, in: Meyer/Achelis/von Alven-Döring/Hellriegel/Kohl/Rau, Bauordnung für Berlin mit Kommentierung des Berliner Planungsrechts, 7. Auflage 2021, § 63b Rn. 37 f.

1335 Vgl. Verwaltungsgericht Berlin, Urteil vom 27. August 2019 – 19 K 517.18, juris Rn. 45; Hellriegel, in: Meyer/Achelis/von Alven-Döring/Hellriegel/Kohl/Rau, Bauordnung für Berlin mit Kommentierung des Berliner Planungsrechts, 7. Auflage 2021, § 63b Rn. 37 f.

Daher ist die Einführung einer Mietobergrenze, wie sie § 3 Abs 4 ZwVbVO Bln vorsieht, verfassungswidrig und damit nichtig.[1336]

Vielmehr gelten die sechs Kriterien aus dem Grundsatzurteil des Bundesverwaltungsgerichts vom 17. Oktober 1997 abschließend.[1337] Danach ist der Abriss von Bestandswohnraum zulässig, soweit im Zuge der Schaffung von Ersatzwohnraum sichergestellt ist, dass der Ersatzwohnraum räumlich innerhalb derselben Gemeinde entsteht, zeitlich ein Zusammenhang zwischen Neubau und Ersatzwohnraum besteht, dieser durch den selben Verfügungsberechtigten geschaffen wird, der auch für den Abriss des Bestandgebäudes verfügungsberechtigt war, er vollwertig mit Blick auf die Größe und den baulichen Standard dem abgerissenen Wohnraum entspricht, über den Standard des abgerissenen Bestandsgebäudes höchstens bis zu einer Obergrenze hinausreicht und auf dem Wohnungsmarkt denjenigen, die Wohnraum nachfragen, gleichwertig zur Verfügung steht.[1338] Soweit diese Kriterien eingehalten sind, ist eine zweckentfremdungsrechtliche Genehmigung zu erteilen und kann nicht mit Nebenbestimmungen im Sinne des § 36 VwVfG versehen werden.[1339] In der Folge ist dabei auch die Festsetzung einer Mietobergrenze im Zweckentfremdungsrecht ausgeschlossen.[1340]

[1336] Vgl. Oberverwaltungsgericht Berlin-Brandenburg, Urteil vom 23. Mai 2023 – OVG 5 B 29.29, NVwZ 2023, 1769 Rn. 32-34; Verwaltungsgericht Berlin, Urteil vom 27. August 2019 – 19 K 517.18, juris Rn. 45 f.; im Ergebnis auch: Bayerischer Verwaltungsgerichtshof, Beschluss vom 20. Januar 2021 – 12 N 20.1706, NVwZ-RR 2021, 482 Rn. 35 f.

[1337] Vgl. Verwaltungsgericht Berlin, Urteil vom 27. August 2019 – 19 K 517.18, juris Rn. 45; so auch: Hellriegel, in: Meyer/Achelis/von Alven-Döring/Hellriegel/Kohl/Rau, Bauordnung für Berlin mit Kommentierung des Berliner Planungsrechts, 7. Auflage 2021, § 63b Rn. 37 f.

[1338] Vgl. Bundesverwaltungsgericht, Urteil vom 17. Oktober 1997 – 8 C 18.96, NJW 1998, 94 (94); dazu auch: Hellriegel, in: Meyer/Achelis/von Alven-Döring/Hellriegel/Kohl/Rau, Bauordnung für Berlin mit Kommentierung des Berliner Planungsrechts, 7. Auflage 2021, § 63b Rn. 37 f.

[1339] Vgl. Bundesverwaltungsgericht, Urteil vom 17. Oktober 1997 – 8 C 18.96, NJW 1998, 94 (95); Verwaltungsgericht Berlin, Urteil vom 27. August 2019 – 19 K 517.18, juris Rn. 45.

[1340] Vgl. Bundesverwaltungsgericht, Urteil vom 17. Oktober 1997 – 8 C 18.96, NJW 1998, 94 (94); Verwaltungsgericht Berlin, Urteil vom 27. August 2019 – 19 K 517.18, juris Rn. 45; dazu auch: Hellriegel, in: Meyer/Achelis/von Alven-Döring/Hellriegel/Kohl/Rau, Bauordnung für Berlin mit Kommentierung des Berliner Planungsrechts, 7. Auflage 2021, § 63b Rn. 37 f.

8.1.3 Unzulässigkeit und Nichtigkeit des „Mietendeckels"

Des Weiteren hat sich der sogenannte Berliner „Mietendeckel" als unzulässig herausgestellt.

Wie in Kapitel C. ausführlich dargestellt[1341], ist das Bundesverfassungsgericht der Auffassung des Landes Berlin nicht gefolgt: Für die Einführung des Berliner Mietendeckels fehle es dem Land Berlin an der erforderlichen Gesetzgebungskompetenz nach Art. 74 Abs. 1 Nr. 1 i.V.m. Art. 72 Abs. 1 GG. Der Bundesgesetzgeber habe mit dem sozialen Mietrecht des BGB abschließende Regelungen geschaffen, die gegen den Erlass der Regelungen des Berliner Mietendeckels eine Sperrwirkung entfalten würden.[1342] In der Folge hat das Gericht mit Beschluss vom 25. März 2021 den Berliner Mietendeckel für nichtig erklärt.[1343]

8.1.4 Unzulässigkeit von Mietobergrenzen im Erhaltungsrecht

Es hat sich gezeigt, dass auch das Erhaltungsgebiet als Instrument des Städtebaurechts nicht für den Mieterschutz derart geeignet ist, dass sich damit die Mieten innerhalb eines Gebiets der Höhe begrenzen lassen – auch wenn hierzu einzelne Stimmen in der Literatur die Zulässigkeit der Einführung von Mietobergrenzen innerhalb von Erhaltungssatzungsgebieten vertreten.[1344] Zum einen lässt sich die Einführung von Mietobergrenzen nicht unter Vorhalt der Ausübung eines gemeindlichen Vorkaufsrechts zwecks Abschlusses von Abwendungsvereinbarungen erreichen.[1345] Zum anderen sprechen die besseren Argumente zudem dafür, dass – auch darüber hinaus, d.h. insbesondere unabhängig von Abwendungsvereinbarungen – die Festsetzung von Mietobergrenzen auf Grundlage des städtebaulichen Erhaltungsrechts nach § 172 Abs. 1 Nr. 2 BauGB nicht zulässig ist.[1346]

[1341] Siehe Kapitel C. dieser Arbeit.

[1342] Vgl. Bundesverfassungsgericht, Beschluss vom 25. März 2021 – 2 BvF 1.20, 2 BvL 4.20, 2 BvL 5.20, NJW 2021, 1377 (1378).

[1343] Vgl. Bundesverfassungsgericht, Beschluss vom 25. März 2021 – 2 BvF 1.20, 2 BvL 4.20, 2 BvL 5.20, NJW 2021, 1377 (1378).

[1344] Vgl. so etwa Jankowski, LKV 2003, 217 (219); Tietzsch, NVwZ 1998, 590 (590); wohl auch Weber, JZ 2018, 1022 (1026).

[1345] Vgl. Anmerkungen von Schröer/Kümmel zu Bundesverwaltungsgericht, Urteil vom 9. November 2021 – 4 C 1.20, NVwZ 2022, 75 (78).

[1346] Vgl. dazu unter anderem: Verwaltungsgericht Berlin, Beschluss vom 28. Oktober 2002 – 19 A 393.02, BeckRS 2002, 30920316.

8.1.5 Zwischenergebnis

Es bleibt festzuhalten, dass sich die städtebaulichen Regelungsinstrumente sowohl im Sanierungs-, Zweckentfremdungs- und Erhaltungsrecht als auch beim Berliner Mietendeckel als unzulässig herausgestellt haben.[1347] Dies gilt vor allem, da das Städtebaurecht nicht der Regulierung von Mietpreisen dient, so dass eine Ausweitung dahingehend rechtswidrig ist – wie sich anhand der genannten Beispiele zeigt.[1348]

8.2 Städtebauliche Verträge zur Schaffung von Wohnraum

Etwas anderes gilt hingegen für die bestehenden kooperativen Baulandmodelle – namentlich das Berliner Modell und das Neuköllner Modell. Diese sind nach der Beurteilung der jeweiligen Leitlinien rechtlich zulässig (vgl. 1.). Insbesondere mit Blick auf das Berliner Modell zur kooperativen Baulandentwicklung lässt sich festhalten, dass dieses in der praktischen Anwendung bereits zur Schaffung von einer großen Anzahl an neuem mietpreisgebundenem Wohnraum geführt hat (vgl. 2.).

Dabei erweist sich die hohe potenzielle Hebelwirkung dieser kooperativen Baulandmodelle beim Blick auf die Stadt Hamburg: Die dort betriebene enge Zusammenarbeit hoheitlicher Träger und privater Akteure hat sich als besonders erfolgreich bei der Bekämpfung von Wohnraumknappheit herausgestellt (vgl. 3.).[1349]

Dem Hamburger Beispiel ist Berlin gefolgt und hat das Bündnis für Wohnungsbau und bezahlbares Wohnen ins Leben gerufen. Nach den ersten Ergebnissen des Bündnisses kann auch für Berlin eine positive Bilanz

---

[1347] Vgl. Bundesverfassungsgericht, Beschluss vom 25. März 2021 – 2 BvF 1.20, 2 BvL 4.20, 2 BvL 5.20, NJW 2021, 1377 (1378).

[1348] Vgl. Bundesverfassungsgericht, Beschluss vom 25. März 2021 – 2 BvF 1.20, 2 BvL 4.20, 2 BvL 5.20, NJW 2021, 1377 (1378).

[1349] Vgl. Bündnis für das Wohnen in Hamburg – eine Vereinbarung für das Bündnis für das Wohnen zwischen der Freien Hansestadt Hamburg und den wohnungswirtschaftlichen Verbänden Hamburgs über Wohnungsneubau, Klimaschutz und Energieeffizienz, Erhalt der Backsteinfassaden, integrative Wohnungspolitik und Mietrecht in Hamburg für die 22. Legislaturperiode, Stand: 23. Juni 2021, Seite 5 f.

gezogen werden[1350]: Sowohl Vonovia als auch Deutsche Wohnen, zwei der größten privaten Unternehmen, die sich an dem Bündnis beteiligen, haben im 1. Quartal 2023 40 % der Wohnungen bei einer Wiedervermietung an WBS-berechtigte Haushalte vermietet (vgl. 4.).[1351]

Dies hat gezeigt, dass kooperative Modelle gegenüber dem Versuch einer Regulierung von Mietpreisen durch Rechtsinstrumente des Städtebaurechts bedeutend bessere Erfolgsaussichten haben – und mit Blick auf die Vergangenheit bereits einen maßgeblichen Beitrag zur Bekämpfung der Wohnraumknappheit geleistet haben.[1352]

8.2.1 Zulässigkeit der kooperativen Baulandmodelle

Mit dem Berliner Modell hat der Berliner Senat Leitlinien für den Abschluss städtebaulicher Verträge aufgestellt: Vorgesehen ist dabei die Schaffung von 30 % an mietpreis- und belegungsgebundenem Wohnraum sowie die Übernahme von Kosten für soziale Infrastruktur und weitere Folgekosten durch den Vorhabenträger.[1353] Die Vertragsgestaltung im Einzelfall bemisst sich danach auch mit Blick auf das Koppelungsverbot, da das Berliner Modell nur Anwendung finden soll, soweit kein Baurecht auf dem betreffenden Grundstück besteht.[1354] Zudem sehen die Leitlinien zur Einhaltung des Angemessenheitsgrundsatzes aus § 11 Abs. 2 Satz 1 BauGB vor, dass die Beteiligung des Vorhabenträgers an den durch das Bauvorhaben unmittelbar ausgelösten Folgekosten anhand des Differenzbetrages des (Grundstücks-) Eingangswertes – nach den Leitlinien des Berliner Modell die Hälfte des

---

1350 Vgl. Senatsverwaltung für Stadtentwicklung, Bauen und Wohnen, Lagebericht – Sitzung des Bündnisses für Wohnungsnaubau und bezahlbares Wohnen am 30. September 2024, S. 3 f. (abrufbar unter: https://www.berlin.de/sen/bauen/neubau/buendnisse/ (zuletzt abgerufen am 21. April 2025)).

1351 Vgl. Senatsverwaltung für Stadtentwicklung, Bauen und Wohnen, Bündnis für Wohnungsneubau und bezahlbares Wohnen – Monitoringbericht, Sitzung am 12. Juli 2023, S. 8 (abrufbar unter: https://www.berlin.de/sen/bauen/neubau/buendnisse/ (zuletzt abgerufen am 21. April 2025)).

1352 Vgl. so ausdrücklich: Senatsverwaltung für Stadtentwicklung und Wohnen, Berliner Modell – eine Zwischenbilanz vom 5. Juni 2019, Seite 3 f.

1353 Vgl. Berliner Modell, Leitlinien für den Abschluss städtebaulicher Verträge im Land Berlin, Stand: 1. August 2018, Seite 7 f.

1354 Vgl. Berliner Modell, Leitlinien für den Abschluss städtebaulicher Verträge im Land Berlin, Stand: 1. August 2018, Seite 21 f.

prognostizierten Zielwertes, unabhängig vom tatsächlichen Verkehrswert[1355] – und des Zielwertes – dem Bodenwert nach Festsetzung des Bebauungsplans – berechnet werden.[1356]

Ein städtebaulicher Vertrag anhand des Berliner Modells ist danach aber ausgeschlossen, wenn auf einem Baugrundstück bereits Baurecht gegeben ist.[1357] Daran knüpft das Neuköllner Modell an: Ist für ein Baugrundstück bereits Baurecht vorhanden, sind aber für die Umsetzung des geplanten Bauvorhabens Befreiungen vom geltenden Planungsrecht für die Schaffung von über 1.000 qm zusätzlicher Geschossfläche erforderlich, kommt in der Praxis des Bezirks Neukölln von Berlin der Abschluss eines städtebaulichen Vertrags nach dem Neuköllner Modell in Betracht.[1358] Die Leitlinien des Neuköllner Modells schließen maßgeblich an die Leitlinien des Berliner Modells an und sind daher, soweit der Vorhabenträger für die Umsetzung seines Bauvorhabens einer Befreiung vom geltenden Planungsrecht bedarf, entsprechend anwendbar.[1359]

Es fehlt bisher zwar an einer vertiefenden Beurteilung der Berliner Baulandmodelle durch die Rechtsprechung, aber dennoch sprechen gute Argumente dafür, dass die von dem Berliner Modell vorgesehenen Vertragsbestimmungen einer rechtlichen Bewertung standhalten – wie dies außerdem auch von der überwiegenden Mehrheit der Literaturstimmen vertreten wird.[1360]

1355 Vgl. Berliner Modell, Leitlinien für den Abschluss städtebaulicher Verträge im Land Berlin, Stand: 1. August 2018, Seite 21 f.

1356 Vgl. Berliner Modell, Leitlinien für den Abschluss städtebaulicher Verträge im Land Berlin, Stand: 1. August 2018, Seite 21 f.

1357 Vgl. Berliner Modell, Leitlinien für den Abschluss städtebaulicher Verträge im Land Berlin, Stand: 1. August 2018, Seite 21 f.

1358 Vgl. Pressemitteilung des Bezirksamtes Neukölln von Berlin vom 5. März 2020; so auch: Bezirksamt Neukölln von Berlin, Arbeitsanweisung, Vorgehen bei Anträgen, mit denen die Zulassung von Wohnungsbauvorhaben gem. § 31 Abs. 2 BauGB erreicht werden soll, „Neuköllner Modell", Seite 1.

1359 Vgl. dazu etwa Bunzel, ZfBR 2018, 638 (641); im Allgemeinen auch: Hellriegel/ Teichmann, BauR 2/2014, Seite 189; teilweise a.A.: Schmidt-Eichstaedt, ZfBR 2018, 537 (539).

1360 Vgl. dazu etwa Bunzel, ZfBR 2018, 638 (641); im Allgemeinen auch: Hellriegel/ Teichmann, BauR 2/2014, Seite 189; teilweise a.A.: Schmidt-Eichstaedt, ZfBR 2018, 537 (539).

8.2.2 Bilanz und praktische Umsetzung

Das Berliner Modell hat binnen kurzer Zeit seit seiner Einführung erheblich dazu beigetragen, dass 92 städtebauliche Verträge mit einer Quote für den sozialen Wohnungsbau von bis zu 30 % an Mietpreis- und Belegungsbindungen geschaffen wurden.[1361] Infolgedessen sind circa 20.000 Wohneinheiten geschaffen worden, von denen 4.000 Wohneinheiten mietpreis- und belegungsgebunden sind.[1362] Ebenso ist eine Kostenbeteiligung von Vorhabenträgern für circa 1.500 Plätze in Kindertagesstätten und für die gleiche Anzahl an Grundschulplätzen – deren Kostenumfang sich insgesamt auf 54 Mio. Euro beläuft – erreicht worden.[1363]

Insgesamt sind durch die 92 geschlossenen städtebaulichen Verträge circa 36.463 Wohneinheiten geschaffen worden, von denen circa 8.938 Wohneinheiten eine Mietpreisbindung besitzen.[1364] Der Vorteil des Modells ist dabei, dass es sich innerhalb kurzer Zeit in der Berliner Praxis etabliert hat.[1365] Durch das Erreichen transparenter sowie einheitlicher Verfahren wird ein entscheidender Beitrag auch zur Beschleunigung der Verfahren bei hoher Rechtssicherheit für den Abschluss städtebaulicher Verträge im Einzelfall erzielt.[1366]

Der Kritik am Berliner Modell, wie z.B. von *Zepf/Neubrandt* vorgetragen, ist allerdings beizupflichten.[1367] Für eine effektivere praktische Umsetzung des Berlin Modells sind daher von Seiten des Gesetzgebers weitere Instrumente in Ansatz zu bringen (vgl. dazu unter IV. Ausblick: Weitere Instrumente des Gesetzgebers). Wenn sich durch die geforderte Übernahme von Folgekosten (insbesondere soziale Infrastruktur und naturschutzrechtliche

---

1361 Vgl. Senatsverwaltung für Stadtentwicklung und Wohnen, Berliner Modell – eine Zwischenbilanz vom 5. Juni 2019, Seite 12-14.

1362 Vgl. Senatsverwaltung für Stadtentwicklung und Wohnen, Berliner Modell – eine Zwischenbilanz vom 5. Juni 2019, Seite 12-14.

1363 Vgl. Senatsverwaltung für Stadtentwicklung und Wohnen, Berliner Modell – eine Zwischenbilanz vom 5. Juni 2019, Seite 12.

1364 Vgl. Senatsverwaltung für Stadtentwicklung und Wohnen, Berliner Modell – eine Zwischenbilanz vom 5. Juni 2019, Seite 12-14.

1365 So auch Senatsverwaltung für Stadtentwicklung und Wohnen, Berliner Modell – eine Zwischenbilanz vom 5. Juni 2019, Seite 15.

1366 So auch Senatsverwaltung für Stadtentwicklung und Wohnen, Berliner Modell – eine Zwischenbilanz vom 5. Juni 2019, Seite 15.

1367 Vgl. Zepf/Neubrandt, LKV 2019, 249 (253).

Ausgleichsmaßnahmen) der Kostenrahmen für Vorhabenträger erheblich steigert, werden damit eine Vielzahl von potenziellen Vorhabenträgern von der tatsächlichen Umsetzung von Bauvorhaben abgehalten.[1368]

8.2.3 Beispiel Hamburger Wohnungsmarkt

In ihrem Ansatz geht die Freie Hansestadt Hamburg über die Aufstellung von Leitlinien zum Abschluss städtebaulicher Verträge, wie sie das Berliner Modell vorsieht,[1369] noch deutlich hinaus und hat mit den Verbänden der Wohnungswirtschaft ein „Bündnis für das Wohnen in Hamburg"[1370] geschlossen.[1371] Die Freie Hansestadt Hamburg stellt im Zuge dessen beim Verkauf städtischer Grundstücke finanzielle Mittel für Erschließungsmaßnahmen und Wohnfolgeeinrichtungen bereit, und verpflichtet sich, jedes Jahr städtische Grundstücke zu veräußern, um ein Gesamtvolumen von mindestens 2.000 Wohnungen zu ermöglichen.[1372] Gemeinsam mit der Wohnungswirtschaft will sie geeignete Flächen durch Planungsrecht mobilisieren und mit den einzelnen Stadtbezirken gesondert einen Vertrag zu den konkreten Zielvereinbarungen mit Blick auf das Bündnis für das Wohnen in Hamburg[1373]

1368 Vgl. mit Verweis auf den potenziellen Ausschluss von Wohnungsbaugenossenschaften infolge der im Berliner Modell vorgesehenen Kostenübernahme: Zepf/Neubrandt, LKV 2019, 249 (253).

1369 Vgl. Berliner Modell, Leitlinien für den Abschluss städtebaulicher Verträge im Land Berlin, Stand: 1. August 2018, Seite 5 f.

1370 Vgl. Bündnis für das Wohnen in Hamburg – eine Vereinbarung für das Bündnis für das Wohnen zwischen der Freien Hansestadt Hamburg und den wohnungswirtschaftlichen Verbänden Hamburgs über Wohnungsneubau, Klimaschutz und Energieeffizienz, Erhalt der Backsteinfassaden, integrative Wohnungspolitik und Mietrecht in Hamburg für die 22. Legislaturperiode, Stand: 23. Juni 2021, Seite 1.

1371 Vgl. Bündnis für das Wohnen in Hamburg – eine Vereinbarung für das Bündnis für das Wohnen zwischen der Freien Hansestadt Hamburg und den wohnungswirtschaftlichen Verbänden Hamburgs über Wohnungsneubau, Klimaschutz und Energieeffizienz, Erhalt der Backsteinfassaden, integrative Wohnungspolitik und Mietrecht in Hamburg für die 22. Legislaturperiode, Stand: 23. Juni 2021, Seite 5 f.

1372 Vgl. Bündnis für das Wohnen in Hamburg – eine Vereinbarung für das Bündnis für das Wohnen zwischen der Freien Hansestadt Hamburg und den wohnungswirtschaftlichen Verbänden Hamburgs über Wohnungsneubau, Klimaschutz und Energieeffizienz, Erhalt der Backsteinfassaden, integrative Wohnungspolitik und Mietrecht in Hamburg für die 22. Legislaturperiode, Stand: 23. Juni 2021, Seite 5 f.

1373 Vgl. dazu Vertrag für Hamburg – Wohnungsneubau, Fortschreibung der Vereinbarung zwischen Senat und Bezirken zum Wohnungsneubau, abrufbar unter: https://www.

schließen.[1374] Als Gegenleistung werden die Bündnispartner pro Jahr mindestens 10.000 bescheidungsfähige Bauanträge für Wohnungen einreichen[1375], bei den Neubauten durch ihren Einfluss auf die einzelnen Mitgliedsunternehmen einen Anteil von 30 % als geförderten Mietwohnungsbau errichten sowie im gleichen Maße sich an der Qualifizierung der bisher weniger nachgefragten Stadtquartiere durch Bestandsaufwertung sowie quartierbezogene Maßnahmen beteiligen.[1376] Darüber hinaus hat sich das Bündnis für das Jahr 2022 vorgenommen, bei Neubauten einen Anteil von 35 Prozent an geförderten Wohnungen umzusetzen.[1377]

Aus diesem Bündnis zieht die Hansestadt Hamburg eine positive Bilanz:[1378] Auch im Jahr 2021 sind die Ziele – insbesondere die Genehmigung von 10.000 Wohnungen im Jahr – eingehalten worden.[1379] Vor allem sei es vor-

---

hamburg.de/contentblob/3460004/65e2289292ca1cd51fc92baddd91fcb8/data/vertrag-fuer-hamburg.pdf (zuletzt abgerufen am 26. April 2025).

1374 Vgl. Bündnis für das Wohnen in Hamburg – eine Vereinbarung für das Bündnis für das Wohnen zwischen der Freien Hansestadt Hamburg und den wohnungswirtschaftlichen Verbänden Hamburgs über Wohnungsneubau, Klimaschutz und Energieeffizienz, Erhalt der Backsteinfassaden, integrative Wohnungspolitik und Mietrecht in Hamburg für die 22. Legislaturperiode, Stand: 23. Juni 2021, Seite 5 f.

1375 Vgl. Bündnis für das Wohnen in Hamburg – eine Vereinbarung für das Bündnis für das Wohnen zwischen der Freien Hansestadt Hamburg und den wohnungswirtschaftlichen Verbänden Hamburgs über Wohnungsneubau, Klimaschutz und Energieeffizienz, Erhalt der Backsteinfassaden, integrative Wohnungspolitik und Mietrecht in Hamburg für die 22. Legislaturperiode, Stand: 23. Juni 2021, Seite 5 f.

1376 Vgl. Bündnis für das Wohnen in Hamburg – eine Vereinbarung für das Bündnis für das Wohnen zwischen der Freien Hansestadt Hamburg und den wohnungswirtschaftlichen Verbänden Hamburgs über Wohnungsneubau, Klimaschutz und Energieeffizienz, Erhalt der Backsteinfassaden, integrative Wohnungspolitik und Mietrecht in Hamburg für die 22. Legislaturperiode, Stand: 23. Juni 2021, Seite 5 f.

1377 Vgl. Behörde für Stadtentwicklung und Wohnen (BSW) für Hamburg, Bezahlbarer Wohnraum: Bündnis für das Wohnen setzt erfolgreiche Arbeit fort.

1378 Vgl. Bündnis für das Wohnen in Hamburg – eine Vereinbarung für das Bündnis für das Wohnen zwischen der Freien Hansestadt Hamburg und den wohnungswirtschaftlichen Verbänden Hamburgs über Wohnungsneubau, Klimaschutz und Energieeffizienz, Erhalt der Backsteinfassaden, integrative Wohnungspolitik und Mietrecht in Hamburg für die 22. Legislaturperiode, Stand: 23. Juni 2021, Seite 3.

1379 Vgl. Behörde für Stadtentwicklung und Wohnen (BSW) für Hamburg, Bündnis für das Wohnen: Mehr als 10.000 neue Wohnungen genehmigt, abrufbar unter: https://www.hamburg.de/bsw/15757888/2022-01-05-bsw-wohnungsgenehmigungen/ (zuletzt abgerufen am 26. April 2025); siehe auch: Behörde für Stadtentwicklung und Wohnen

gesehen gewesen, Verfahren bis zur Baugenehmigung in sechs Monaten abzuschließen. Und dies sei sogar noch unterboten worden: Durchschnittlich seien Verfahren im Jahr 2017 in nur drei Monaten abgeschlossen worden.[1380] Im Besonderen sei dies durch eine Unterstützung der Fachkräfte der einzelnen Bezirke durch den Senat sowie eine Aufstockung der Mittel und Abordnungen von Mitarbeiterinnen und Mitarbeitern der Behörde für Stadtentwicklung und Wohnen in die Fachabteilungen der Bezirke erreicht worden.[1381]

8.2.4 Bündnis für Wohnungsbau und bezahlbares Wohnen

Seit dem 28. Januar 2022 gibt es auch in Berlin ein Bündnis für Wohnungsneubau und bezahlbares Wohnen.[1382] An dem Bündnis beteiligen sich neben dem Land Berlin, seinen Bezirken und landeseigenen Wohnungsunternehmen (GESOBAU AG, Gewobag AG, Stadt und Land Wohnbauten-Gesellschaft mbH, WBM Wohnungsbaugesellschaft Berlin-Mitte mbH, degewo AG, HOWOGE Wohnungsbaugesellschaft mbH) auch der Verband Berlin-Brandenburgischer Wohnungsunternehmen e. V. (BBU), der Landesverband Berlin/Brandenburg e. V. (BFW) sowie die Vonovia SE, LIGA der Spitzenverbände der Freien Wohlfahrtspflege Berlin, das Bündnis junger Genossenschaften, der Fachgemeinschaft Bau Berlin und Brandenburg e. V., der Bauindustrieverband Ost e. V., die Industrie- und Handelskammer zu Berlin und der ZIA Zentraler Immobilien Ausschuss e.V.[1383]

(BSW) für Hamburg, Bezahlbarer Wohnraum: Bündnis für das Wohnen setzt erfolgreiche Arbeit fort, abrufbar unter: https://www.hamburg.de/bsw/15206844/2021-06-23-bsw-buendnis-fuer-das-wohnen/ (zuletzt abgerufen am 26. April 2025).

[1380] Behörde für Stadtentwicklung und Wohnen (BSW) für Hamburg (abrufbar unter: https://www.hamburg.de/bsw/baugenehmigungen, zuletzt abgerufen am 26. April 2025).

[1381] Behörde für Stadtentwicklung und Wohnen (BSW) für Hamburg (abrufbar unter: https://www.hamburg.de/bsw/baugenehmigungen, zuletzt abgerufen am 26. April 2025).

[1382] Vgl. Senatsverwaltung für Stadtentwicklung, Bauen und Wohnen, abrufbar unter: Bündnis für Wohnungsneubau und bezahlbares Wohnen - Berlin.de (zuletzt abgerufen am 26. April 2025).

[1383] Vgl. Senatsverwaltung für Stadtentwicklung, Bauen und Wohnen, abrufbar unter: Bündnis für Wohnungsneubau und bezahlbares Wohnen - Berlin.de (zuletzt abgerufen am 26. April 2025).

Dabei stellen die Beteiligten die Gemeinsamkeit und die Zusammenarbeit in den Vordergrund. Zu diesem Zweck hält die Vereinbarung des Bündnisses vom 20. Juni 2022 ausdrücklich fest:

„Das Land Berlin und seine Bezirke streben an, die beeinflussbaren Rahmenbedingungen dafür zu verbessern. Die teilnehmenden Institutionen und Unternehmen (im Folgenden werden jene, die entsprechend ihrer jeweiligen Rolle z.B. in ihrer Verbandstätigkeit die Möglichkeit haben, die Vereinbarungen umzusetzen, Bündnispartnerinnen und Bündnispartner genannt) sind sich darin einig, dass Zusammenarbeit und gegenseitige Verlässlichkeit der beste Weg sind, um dem angespannten Wohnungsmarkt in Berlin entgegenzuwirken.“ (Bündnis für Wohnungsneubau und bezahlbahres Wohnen in Berlin vom 20. Juni 2022, Seite 3 Abs. 3)[1384].

Um dieses Ziel zu erreichen, treten die Partnerinnen und Partner des Bündnisses in regelmäßigen Abständen zusammen, um sich über die gemeinsamen Zielsetzungen sowie aktuelle Herausforderungen auszutauschen und konkrete Handlungsempfehlungen zu erarbeiten. Der jährliche Monitoringbericht dokumentiert den Fortschritt bei der Umsetzung der Vereinbarungen in den jeweiligen Handlungsfeldern des Bündnisses.[1385]Das Land Berlin sowie die Bündnispartner erklären dabei, dass das Berliner Modell sich bewährt habe und einen wesentlichen Beitrag zur Schaffung bezahlbaren Wohnraums und zur integrierten Stadtentwicklung leiste.[1386] Dennoch halten die Bündnispartner fest, dass das Berliner Modell fortgeschrieben werden soll. Um auch den aktuellen Anforderungen zu entsprechen, soll neben der bereits vorgesehenen Quote für mietpreis- und belegungsgebundene Wohnungen des unteren Preissegments auch eine Quote von 20 % für das mittlere Preissegment in das Berliner Modell aufgenommen werden.[1387]

1384 Bündnis für Wohnungsneubau und bezahlbahres Wohnen in Berlin vom 20. Juni 2022, abrufbar unter: Bündnis für Wohnungsneubau und bezahlbares Wohnen - Berlin.de (zuletzt abgerufen am 26. April 2025).

1385 Vgl. Senatsverwaltung für Stadtentwicklung, Bauen und Wohnen, abrufbar unter: Bündnis für Wohnungsneubau und bezahlbares Wohnen - Berlin.de (zuletzt abgerufen am 26. April 2025).

1386 Bündnis für Wohnungsneubau und bezahlbahres Wohnen in Berlin vom 20. Juni 2022, Seite 13 abrufbar unter: Bündnis für Wohnungsneubau und bezahlbares Wohnen - Berlin.de (zuletzt abgerufen am 26. April 2025).

1387 Bündnis für Wohnungsneubau und bezahlbahres Wohnen in Berlin vom 20. Juni 2022, Seite 14 abrufbar unter: Bündnis für Wohnungsneubau und bezahlbares Wohnen - Berlin.de (zuletzt abgerufen am 26. April 2025).

Nach dem Verständnis der Bündnisvereinbarung sind damit Haushalte erfasst, deren Jahreseinkommen bei Einpersonenhaushalten EUR 21.600 und bei Zweipersonenhaushalten EUR 32.400 nicht überschreitet, zuzüglich EUR 7.380 für jede weitere zum Haushalt zu rechnende Person. Für jedes Kind erhöht sich die Einkommenobergrenze noch einmal um EUR 500 (§ 9 WoFG).[1388] Nach § 20 WoFG ist das Gesamteinkommen des jeweiligen Haushalts die Summe der Jahreseinkommen der Haushaltsangehörigen abzüglich der Frei- und Abzugsbeträge nach § 24 WoFG.Im Monitoringbericht zieht die Senatsverwaltung für Stadtentwicklung, Bauen und Wohnen ein positives Fazit. Insbesondere erfolgte im Jahr 2023 eine Förderung von 3.492 Sozialwohnungen. Mit 3.065 Wohnungen in 14 Bauvorhaben tragen die landeseigenen Unternehmen den größten Anteil hierzu bei. Private Unternehmen haben im Rahmen von sieben Bauvorhaben 356 Sozialwohnungen realisiert. Dies entspricht mit Blick auf die privaten Unternehmen einem Zuwachs gegenüber dem Vorjahr.[1389]

Auch daran zeigt sich also, dass kooperative Baulandmodelle für beide Vertragsparteien zielführend ausgestaltet werden und unter Voranstellung maßgebender Rahmenbedingungen auch rechtssicher umgesetzt werden können.

8.3 Ausblick: Sektoraler Bebauungsplan

Eine Regulierung von Mietpreisen scheidet auf Grundlage der bestehenden städtebaulichen Instrumente – wie in den vorhergehenden Kapiteln ausführlich dargelegt[1390] – aus.[1391] Zugleich besteht die städtische Wohnraumknappheit, wie sich am Beispiel der Stadt Berlin zeigt, auch weiterhin.[1392] Zudem lässt sich – wie in Kapitel B. aufgezeigt – absehen, dass

---

[1388] Entsprechend 180 % der Einkommensgrenzen gemäß § 9 Abs. 2 WoFG.

[1389] Senatsverwaltung für Stadtentwicklung, Bauen und Wohnen, Sitzung des Bündnisses für Wohnungsneubau und bezahlbares Wohnen am 30. September 2024 – Lagebericht, abrufbar unter: Bündnis für Wohnungsneubau und bezahlbares Wohnen - Berlin.de (zuletzt abgerufen am 26. April 2025).

[1390] Vgl. Mitschang/Reidt, in: Battis/Krautzberger/Löhr, BauGB, 15. Auflage 2022, § 9 Rn. 210l und 246 Rn. 8b; Mitschang, UPR 2021, 206 (214).

[1391] Vgl. Mitschang/Reidt, in: Battis/Krautzberger/Löhr, BauGB, 15. Auflage 2022, § 9 Rn. 210l und 246 Rn. 8b; Mitschang, UPR 2021, 206 (214).

[1392] Vgl. Mitschang/Reidt, in: Battis/Krautzberger/Löhr, BauGB, 15. Auflage 2022, § 9 Rn. 210l und 246 Rn. 8b; Mitschang, UPR 2021, 206 (214).

sich die Wohnraumknappheit aufgrund sinkender Genehmigungen für Wohnraumvorhaben weiter zuspitzen wird.[1393] Die Gemeinden sind daher dringend angehalten, auf die bewährten und rechtssicheren kooperativen Baulandmodelle – namentlich das Berliner Modell und das Neuköllner Modell – zurückzugreifen.[1394]

Außerdem hat der Bundesgesetzgeber mit der Einführung des § 9 Abs. 2d BauGB – dem sogenannten sektoralen Bebauungsplan zur Schaffung von sozialem Wohnraum[1395] – ein neues Rechtsinstrument geschaffen.[1396] Hierbei lässt sich trotz fehlender gerichtlicher Auseinandersetzung mit diesem neuen Rechtsinstrument allerdings bereits absehen, dass dessen Anwendungsbereich insbesondere in städtischen Ballungsräumen deutlich beschränkt sein wird.[1397] So spricht § 9 Abs. 2d BauGB grundsätzlich davon, dass Festsetzungen des sektoralen Bebauungsplans für im Zusammenhang bebaute Ortsteile nach § 34 BauGB möglich sind.

Damit kommt eine Anwendung im Berliner Stadtgebiet kaum in Betracht, da das Gebiet umfänglich durch Festsetzungen des Berliner Baunutzungsplans von 1960/1961 i.V.m. der Bauordnung von 1958[1398] gesteuert wird.[1399] Zwar soll § 9 Abs. 2d BauGB gemäß § 246 Abs. 6 BauGB auch für übergeleitete Bebauungspläne, zu denen grundsätzlich auch der Baunutzungsplan zählt, entsprechend gelten.[1400] Aber mehrere Literaturansichten haben sich bereits gegen die Anwendbarkeit des sektoralen Bebauungsplans auf den

---

1393 Vgl. Seifert, Das Grundeigentum 2021, 1537 (1540); Uechtritz, BauR 2021, 1227 (1230); a.A. nur Beckmann/Groth, Das Grundeigentum 2021, 802 (802).

1394 Vgl. Seifert, Das Grundeigentum 2021, 1537 (1540); Uechtritz, BauR 2021, 1227 (1230); a.A. nur Beckmann/Groth, Das Grundeigentum 2021, 802 (802).

1395 Vgl. dazu etwa Seifert, Das Grundeigentum 2021, 1537 (1540); Uechtritz, BauR 2021, 1227 (1230); a.A. nur Beckmann/Groth, Das Grundeigentum 2021, 802 (802).

1396 Vgl. Seifert, Das Grundeigentum 2021, 1537 (1540); Uechtritz, BauR 2021, 1227 (1230); a.A. nur Beckmann/Groth, Das Grundeigentum 2021, 802 (802).

1397 So etwa Mitschang/Reidt, in: Battis/Krautzberger/Löhr, BauGB, 15. Auflage 2022, § 9 Rn. 210l und 246 Rn. 8b; Mitschang, UPR 2021, 206 (214); Reidt, BauR 2021, 38 (39); Relling, ZfBR 2021, 228 (229); Uechtritz, BauR 2021, 1227 (1230); a.A. nur Beckmann/Groth, Das Grundeigentum 2021, 802 (802).

1398 Siehe Berliner Baunutzungsplan, abrufbar unter: https://www.berlin.de/gutachterausschuss/service/glossar/artikel.156350.php (zuletzt abgerufen am 26. April 2025).

1399 Vgl. Beckmann/Groth, Das Grundeigentum 2021, 802 (802).

1400 Vgl. Beckmann/Groth, Das Grundeigentum 2021, 802 (802).

Baunutzungsplan ausgesprochen.[1401] Daraus folgt, dass § 246 Abs. 6 BauGB nur auf einfache Bebauungspläne anwendbar ist.[1402] Der Baunutzungsplan stellt jedoch einen qualifizierten Bebauungsplan dar, so dass § 246 Abs. 6 BauGB und damit § 9 Abs. 2d BauGB nicht greifen.[1403]

Daher ist der sektorale Bebauungsplan im Geltungsbereich des Baunutzungsplans nicht anwendbar. Denn als qualifizierter Bebauungsplan setzt er bereits abschließend die Art der baulichen Nutzung fest.[1404] § 9 Abs. 2d BauGB würde diese Vorgaben und damit die nach Art. 28 Grundgesetz (GG) verfassungsrechtlich geschützte Planungshoheit der zuständigen Behörden außer Kraft setzen.[1405] Dies führt insgesamt dazu, dass § 9 Abs. 2d BauGB nicht auf das Berliner Stadtgebiet anwendbar ist und damit eine Verpflichtung zur Herstellung von Sozialwohnungen gegenüber Grundstückseigentümern nicht durchgesetzt werden könnte.[1406]

In der Folge ist der Anwendungsbereich des neu geschaffenen sektoralen Bebauungsplans nach § 9 Abs. 2d BauGB deutlich beschränkt. Insbesondere ist eine Anwendung innerhalb des Berliner Stadtgebiets nahezu ausgeschlossen. Daher lässt sich nicht annehmen, dass dieses Rechtsinstrument einen wesentlichen Beitrag zur Bekämpfung der Wohnraumknappheit leisten wird.[1407]

[1401] Vgl. Mitschang/Reidt, in: Battis/Krautzberger/Löhr, BauGB, 15. Auflage 2022, § 9 Rn. 210l und 246 Rn. 8b; Mitschang, UPR 2021, 206 (214); Reidt, BauR 2021, 38 (39); Relling, ZfBR 2021, 228 (229); Seifert, Das Grundeigentum 2021, 1537 (1540); Uechtritz, BauR 2021, 1227 (1230); a.A. nur Beckmann/Groth, Das Grundeigentum 2021, 802 (802).

[1402] Vgl. insbesondere Mitschang, UPR 2021, 206 (214); Reidt, BauR 2021, 38 (39).

[1403] Vgl. so auch: Mitschang/Reidt, in: Battis/Krautzberger/Löhr, BauGB, 15. Auflage 2022, § 9 Rn. 210l und 246 Rn. 8b; Mitschang, UPR 2021, 206 (214); Reidt, BauR 2021, 38 (39); Relling, ZfBR 2021, 228 (229); Seifert, Das Grundeigentum 2021, 1537 (1540); Uechtritz, BauR 2021, 1227 (1230).

[1404] So auch: Mitschang/Reidt, in: Battis/Krautzberger/Löhr, BauGB, 15. Auflage 2022, § 9 Rn. 210l und 246 Rn. 8b.

[1405] So etwa Mitschang/Reidt, in: Battis/Krautzberger/Löhr, BauGB, 15. Auflage 2022, § 9 Rn. 210l und 246 Rn. 8b; Mitschang, UPR 2021, 206 (214); Reidt, BauR 2021, 38 (39); Relling, ZfBR 2021, 228 (229); Uechtritz, BauR 2021, 1227 (1230); a.A. nur Beckmann/Groth, Das Grundeigentum 2021, 802 (802).

[1406] So etwa Mitschang/Reidt, in: Battis/Krautzberger/Löhr, BauGB, 15. Auflage 2022, § 9 Rn. 210l und 246 Rn. 8b; Mitschang, UPR 2021, 206 (214); Reidt, BauR 2021, 38 (39); Relling, ZfBR 2021, 228 (229); Uechtritz, BauR 2021, 1227 (1230); a.A. nur Beckmann/Groth, Das Grundeigentum 2021, 802 (802).

[1407] So wohl auch: Reidt, BauR 2021, 38 (39).

8.4 Ausblick: Weitere Instrumente des Gesetzgebers

Mit Blick auf die anhaltende Wohnraumkrise sollen im Folgenden als Ausblick erarbeitete Ansätze dargestellt werden, die dem Gesetzgeber zur Lösung der Krise zur Verfügung stehen:

8.4.1 Innenentwicklung als Priorität

Angesichts begrenzter Flächenressourcen und der Zielvorgaben der nationalen Nachhaltigkeitsstrategie muss sich die Bauleitplanung vorrangig auf die Aktivierung von Innenentwicklungspotenzialen bzw. Innenverdichtung konzentrieren. Um die Bedeutung der Wohnbedürfnisse und der Schaffung bezahlbaren Wohnraums insofern bei der Bauleitplanung stärker zu berücksichtigen, sollte eine Ergänzung des § 1 Abs. 5 Satz 1 BauGB betrieben werden.[1408]

Dabei ist allerdings für eine lebenswerte Stadt die begleitende Entwicklung von Grünflächen und Frischluftschneisen unverzichtbar.[1409]

Angesichts der Zielvorgaben zur Begrenzung der Neuflächeninanspruchnahme und der Priorität der Innenentwicklung wird eine Erweiterung der Bebaubarkeit des Außenbereichs – z.B. durch Ausweisung neuer Baugebiete – strikt abgelehnt.[1410]

8.4.2 Angemessene Steuerung der Wohnungsgrößen

Um eine Flächenverschwendung zu vermeiden und den örtlichen Wohnungsmarkt zu bedienen, ließe sich die Ermächtigung in § 9 Abs. 1 Nr. 6 BauGB erweitern. Danach kann bisher die höchstzulässige Zahl der Wohnungen in Wohngebäuden Inhalt eines Bebauungsplans werden. Die Ermächtigung in § 9 Abs. 1 Nr. 6 BauGB ergänzend ließe sich vorsehen, dass die Mindestzahl an Wohnungen sowie die Mindest- und Höchstgröße der Wohnungen festgesetzt werden kann. [1411]

[1408] Vgl. so auch: Decker, Schaffung bezahlbaren Wohnraums – Ein unlösbares Problem?, ZfBR 2024, 193 (196).

[1409] Vgl. so auch: Decker, Schaffung bezahlbaren Wohnraums – Ein unlösbares Problem?, ZfBR 2024, 193 (196).

[1410] Vgl. so auch: Decker, Schaffung bezahlbaren Wohnraums – Ein unlösbares Problem?, ZfBR 2024, 193 (196).

[1411] Vgl. so auch: Decker, Schaffung bezahlbaren Wohnraums – Ein unlösbares Problem?, ZfBR 2024, 193 (196).

8.4.3 Herabsetzung der Anforderungen an Wohngebäude

Im Rahmen der Diskussion um den sog. Gebäudetyp E sollen planungs- und bauordnungsrechtlicher Anforderungen flexibilisiert werden. Dabei handelt es sich um ein geeignetes Instrument zur Mobilisierung von Bauland, zur Erleichterung der Nachverdichtung und zur Förderung des Bauens im Bestand, um mehr Wohnraum insbesondere in Ballungszentren bzw. Regionen mit angespanntem Wohnungsmarkt zu schaffen. Die Bauministerkonferenz der Länder hat im November 2023 in Baden-Baden die Bedeutung der Wirtschaftlichkeit des Bauens betont und Beschlüsse zur Änderung der Musterbauordnung gefasst, um das einfache und experimentelle Bauen zu unterstützen.[1412]

Wesentliche Hindernisse sind dabei die energetische Anforderungen: In den letzten Jahren sind die Anforderungen an Gebäude, insbesondere in energetischer Hinsicht, immer weiter verschärft worden, was zu einer deutlichen Verteuerung des Wohnungsbaus geführt hat. Die aktuelle Bundesregierung sieht im Gebäudebestand einen maßgeblichen Faktor für die Verschärfung der Klimakrise und strebt eine Reduzierung der CO2-Emissionen an, etwa durch ein Verbot fossiler Brennstoffe in Heizeinrichtungen.

Ein weiteres bedeutsames Hindernis sind zu pauschale Vorgaben durch den Gesetzgeber: Die pauschalen Vorgaben, wie sie beispielsweise im Gebäudeenergiegesetz (GEG) enthalten sind, können dazu führen, dass sie die Baukosten in die Höhe treiben und die Schaffung bezahlbaren Wohnraums erschweren.[1413]

Es wird zu diesem Zusammenhang eine Änderung der Musterbauordnung beabsichtigt. Einen Beitrag zur Lösung der Wohnraumkrise vermögen die folgenden maßgeblichen Regelungsänderungen zu leisten:

[1412] Vgl. Bundesministerium für Wohnen, Stadtentwicklung und Bauwesen, Bündunis bezahlbarer Wohnraum, Einfaches Bauen – Gebäudetyp E, Leitlinien und Prozessempfehlungen, S. 29, abrufbar unter: https://www.bmwsb.bund.de/SharedDocs/downloads/Webs/BMWSB/DE/veroeffentlichungen/bauen/gebaeudetyp-e-leitlinie.pdf?__blob=publicationFile&v=13 (zuletzt abgerufen am 13. April 2025); ebenso: Die Bundesregierung, Erleichterung des Gebäudebaus, abrufbar unter: https://www.bundesregierung.de/breg-de/aktuelles/schnell-und-einfach-bauen-2318980 (zuletzt abgerufen am 13. April 2025).

[1413] Vgl. so auch: Decker, Schaffung bezahlbaren Wohnraums – Ein unlösbares Problem?, ZfBR 2024, 288 (289).

- **Abweichungen:** Die bestehende „Kann-Vorschrift" zur Zulassung von Abweichungen wurde in eine „Soll-Vorschrift" geändert (§ 67 MBO). Insbesondere bei der Weiternutzung bestehender Gebäude und bei experimentellen Bauweisen sollen Abweichungen von gesetzlichen Anforderungen im Einzelfall ermöglicht werden.
- **Bauen im Bestand:** Erleichterungen beim Bauen im Bestand werden erreicht durch Änderungen von den §§ 48 Abs. 5 und 49 MBO. Bei Umnutzung von Nutzungseinheiten mit Aufenthaltsräumen in rechtmäßig bestehenden Gebäuden in Wohnraum soll der Bestandsschutz gelten.
- **Stellplatzpflicht:** Die Stellplatzpflicht entfällt bei Teilung einer Wohnung oder Schaffung von Wohnraum durch Aufstockung oder Dachausbau.[1414]

Es ließen sich weitere Hürden, begründet auf mehr Freiwilligkeit, abbauen: So wird gefordert, die verpflichtenden Anforderungen energetischer Standards zurückzunehmen und stattdessen mehr auf Freiwilligkeit zu setzen. Die Bundesregierung scheint dies teilweise zu berücksichtigen, wie es die Aufhebung der Umsatzbesteuerung für Photovoltaikanlagen zeigt. Ähnliche Anreize könnten für Wärmepumpen, Fahrradstellplätze oder Wallboxen geschaffen werden. Zum Beispiel sollen – während Außenisolierungen bei Neubauten weiterhin verpflichtend bleiben – bei Bestandsgebäuden mehr Flexibilität gelten, da deren Nachrüstung sehr viel teurer ist.[1415]

Dies könnte in naher Zukunft Realität werden. In den am 5. Mai 2025 vereinbarten Koalitionsvertrag für die 21. Legislaturperiode wird der Gebäudetyps E ausdrücklich angesprochen. Darin ist in Rn. 728 festgehalten:

> „Baustandards werden vereinfacht und der Gebäudetyp E abgesichert." (Koalitionsvertrag zwischen CDU, CSU und SPD, Verantwortung für Deutschland, 21. Legislaturperiode, Rn. 728)[1416]

1414 Vgl. Bundesministerium für Wohnen, Stadtentwicklung und Bauwesen, Bündunis bezahlbarer Wohnraum, Einfaches Bauen – Gebäudetyp E, Leitlinien und Prozessempfehlungen, S. 29.

1415 Vgl. so auch: Decker, Schaffung bezahlbaren Wohnraums – Ein unlösbares Problem?, ZfBR 2024, 288 (289).

1416 Abrufbar unter: https://www.spd.de/fileadmin/Dokumente/Koalitionsvertrag_2025.pdf (zuletzt abgerufen am 13. April 2025).

8.4.4 Wohnraumförderung und -finanzierung

Zudem fehlt es bisher an einer praktikablen Wohnraumförderung und -finanzierung. Dazu sieht die Koalition vor, die Wohnraumförderung und -finanzierung neu zu organisieren.[1417] Für eine Errichtung des fehlenden Wohnraums soll

- **die Förderstruktur grundlegend reformiert werden.**
  Die bestehende Förderstruktur im Wohnungsbau soll grundlegend neu organisiert werden. Künftig sollen zwei zentral gebündelte KfW-Programme zur Verfügung stehen: eines für den Neubau und eines für die Modernisierung. Diese Programme sollen administrativ vereinfacht und strategisch auf kostensparendes, klimagerechtes und serielles Bauen ausgerichtet werden. Zur Reaktivierung von Bauvorhaben ist eine zeitlich befristete Förderung des Effizienzhausstandards 55 geplant.
- **die Wohneigentumsbildung gefördert werden.**
  Zur Förderung der Wohneigentumsbildung ist eine Reihe ergänzender Maßnahmen vorgesehen, darunter steuerliche Erleichterungen, eigenkapitalersetzende Instrumente sowie staatliche Bürgschaften für Hypotheken. Diese Maßnahmen sollen insbesondere Familien und junge Haushalte beim Erwerb von Wohneigentum unterstützen.
- **zusätzliche Investitionsinstrumente geschaffen werden.**
  Ein Investitionsfonds für den Wohnungsbau soll zusätzliches privates Kapital mit öffentlichen Garantien kombinieren und gezielt für Neubauvorhaben bereitgestellt werden. Kommunale Wohnungsbaugesellschaften sollen durch eigenkapitalentlastende Maßnahmen unterstützt werden. Zudem soll die Bundesanstalt für Immobilienaufgaben (BImA) künftig über eine begrenzte Kreditfähigkeit verfügen.

8.5 Ausblick: Bundesmietendeckel

Die Entscheidung des Bundesverfassungsgerichts hat die gesellschaftliche wie politische Diskussion zur Idee eines „Mietendeckels“ keinesfalls beendet. Vielmehr wird von einigen sowohl politischen wie auch gesellschaftlichen

[1417] Vgl. Koalitionsvertrag zwischen CDU, CSU und SPD, Verantwortung für Deutschland, 21. Legislaturperiode, Rn. 735 f.

Akteuren aus der Entscheidung geschlussfolgert, dass der Bundesgesetzgeber aufgerufen sei, einen „Bundesmietendeckel“ einzuführen.[1418]

Aufgrund dieser anhaltenden Diskussionen soll im Folgenden eine erste Einschätzung mit Blick auf die verfassungsrechtlichen Hürden für die Zulässigkeit einer bundesgesetzlichen Regelung am Beispiel des Berliner Mietendeckels vorgenommen werden (vgl. 1.). Zudem sollen die Maßstäbe aufgezeigt werden, die bei der Ausgestaltung einer Einführung von Mietobergrenzen zu beachten wären (vgl. 2.).

8.5.1 Verfassungsmäßigkeit

Die formelle Verfassungswidrigkeit hat dem Bundesverfassungsgericht bereits für die Erklärung der Nichtigkeit des Berliner Mietendeckels ausgereicht. Die materielle Verfassungsmäßigkeit der Regelungen des MietenWoG Bln soll im Folgenden kurz beurteilt werden; auch sie war vor der Entscheidung von vielen Autoren bezweifelt worden.[1419]

a) Das Eigentum wird nach Art. 14 GG gewährleistet, wobei Inhalt und Schranken des Eigentums durch die Gesetze bestimmt werden. Geschützt werden durch Art. 14 GG sowohl die Verfügungsrechte an beweglichen Sachen wie auch alle dinglichen Rechte, Ansprüche und Forderungen

---

[1418] Vgl. so etwa gefordert von der SPD, vgl https://www.welt.de/finanzen/immobilien/article200781128/Immobilien-SPD-will-bundesweiten-Mietendeckel-und-Grundsteuer-Aufteilung.html (zuletzt abgerufen am: 13. November 2022); aber auch von DIE LINKE, vgl. https://www.dielinke-berlin-mitte.de/politik/aktuelles/detail/news/bundesmietendeckel-jetzt-die-bundestagswahl-muss-zur-mietenwahl-werden-1/ (zuletzt abgerufen am: 13. November 2022) und den Bündnis 90/Die Grünen, vgl. https://www.tagesspiegel.de/politik/nachtraegliche-aenderung-im-wahlprogramm-gruene-im-bund-wollen-mietendeckel-nun-doch-ermoeglichen/27267012.html (zuletzt abgerufen am: 13. November 2022).

[1419] Vgl. so etwa auch von der materiellen Verfassungswidrigkeit ausgehend: Schede/Schuldt, NVwZ 2019, 1572 (1574); Papier, Landeskompetenz zur Einführung eines sogenannten Mietendeckels? Rechtsgutachterliche Stellungnahme im Auftrag des Bundesverbandes deutscher Wohnungs- und Immobilienunternehmen e.V. – GdW vom September 2019, Seite 28 f., abrufbar unter: https://web.gdw.de/uploads/pdf/Pressemeldungen/Gutachten_Mietendeckel_Zustaendigkeit.pdf (zuletzt abgerufen am 26. April 2025); Battis, Rechtsgutachten, Verfassungsrechtliche Prüfung des Referentenentwurfes eines Gestzes zur Neuregelung gesetzlicher Vorschriften zur Mietenbegrenzung in Berlin (Berliner MietenWoG) im Auftrag der Senatskanzlei des Landes Berlin vom 4. Oktober 2019.

einschließlich der Rechte des geistigen Eigentums, soweit sie Vermögensrechte sind, nach dem bürgerlichen Recht.[1420] Die Einschränkung durch Gesetz hat dabei zwingend im Rahmen der Verhältnismäßigkeit zu erfolgen, also nach einer Prüfung der Geeignetheit, Erforderlichkeit und Angemessenheit des jeweiligen Gesetzes.[1421] Dabei hat die Rechtsprechung mit Blick auf die Angemessenheit von Eigentumsbeschränkungen Konkretisierungen der Verhältnismäßigkeitsprüfung vorgenommen. Dies hat zur Folge, dass die Grenzen der Freiheit des Gesetzgebers zur Ausgestaltung von Gesetzen mithin nicht starr und für alle Sachbereiche gleich sind.[1422] Danach kommt es auf den konkreten Bereich an, dem das jeweilige Gesetz zur Beschränkung des Eigentums im Einzelnen zuzuordnen ist. Dabei ist der Gesetzgeber umso weniger in seiner Ausgestaltung des jeweiligen Gesetzes eingeschränkt, je stärker der soziale Bezug des Eigentumsobjekts ist.[1423] So verhält es sich in der Folge insbesondere mit Blick auf Wohnungseigentum: Benötigt ein Dritter das jeweilige Wohnungseigentum zur Sicherung der eigenen Freiheit, dann umfasst das gemäß Art. 14 Abs. 2 GG gewährleistete grundgesetzliche Gebot einer am Gemeinwohl orientierten Nutzung des Eigentums ebenso die Pflicht zur Rücksichtnahme auf den Dritten, sodass bei vermietetem Wohneigentum stärkere Beschränkungen des Eigentumsgrundrechts zulässig sind.[1424]

b) Für die konkrete Ausgestaltung einer Mietobergrenze, wie sie § 4 MietenWoG Bln vorsah, gilt: Die Tabelle des § 6 MietenWoG Bln bestimmt die Obergrenze der monatlich zulässigen Miete in einem ersten Schritt

---

1420 Vgl. Bundesverfassungsgericht, Beschluss vom 18. Januar 2006 – 2 BvR 2194.99, NJW 2006, 1191 (1192), Urteil vom 22. März 2010 – II ZR 12.08, NJW 2010, 1948 (1950); Axer, in: Epping/Hillgruber, BeckOK Grundgesetz, Stand: 28. Dezember 2024, Art. 14 Rn. 48.

1421 Vgl. so unter anderem auch: Schede/Schuldt, NVwZ 2019, 1572 (1572).

1422 Vgl. unter anderem Bundesverfassungsgericht, Beschluss vom 7. Dezember 2004 – 1 BvR 1804.03, NJW 2005, 879; Axer, in: Epping/Hillgruber, BeckOK Grundgesetz, Stand: 28. Dezember 2024, Art. 14 Rn. 88.

1423 Bundesverfassungsgericht, Beschluss vom 18. Juli 2019 – 1 BvL 1.18, BvL 4.18, 1 BvR 1595.18, NJW 2019, 3054 (3055); Beschluss vom 2. März 1999 – 1 BvL 7.91, NJW 1999, 2877; Beschluss vom 15. September 2011 – 1 BvR 2232.10, NVwZ 2012, 429; Urteil vom 6. Dezember 2016 – 1 BvR 2821.11, 1 BvR 321.12, 1 BvR 1456.12, NJW 2017, 217.

1424 Vgl. Bundesverfassungsgericht, Beschluss vom 22. November 1994 – 1 BvR 351.91, NJW 1995, 511 (512); ebenfalls zur Gemeinwohlorientierung des Eigentumsgrundrechts: Bundesverwaltungsgericht, Urteil vom 18. August 2005 – 4 C 13.04, NVwZ 2006, 87 (91); Stüer/Krautzberger, DVBl 2015, 1545.

anhand der Wohnfläche und ergänzt dieses Merkmal außerdem durch das Jahr der erstmaligen Bezugsfertigkeit mit Blick auf die jeweilige Ausstattung mit Sammelheizung und Bad – oder umgekehrt dem Fehlen dieser Ausstattungsmerkmale.[1425] Unabhängig davon, ob die Ausstattung mit Sammelheizung und Bad tatsächlich ein geeignetes Abgrenzungskriterium darstellt – für den Großteil der Berliner Wohnungen dürfte dies nicht zutreffen –, bleibt als wesentlicher Faktor der Wertbildung für Wohnraum in der Tabelle des § 6 MietenWoG Bln die Lage der jeweiligen Wohnung unberücksichtigt.[1426] Dies ist nach der Gesetzesbegründung ausdrückliches Ziel des Berliner Senats gewesen.[1427] Die fehlende Unterscheidung nach dem Lagekriterium spricht allerdings bereits gegen eine Angemessenheit der eingeführten Mietobergrenze nach § 4 des Berliner Mietendeckels:[1428] Zum einen ist der Lagevorteil der Wohnungen unter Berücksichtigung des marktüblich mit ihnen erzielten Preises bereits wesentlich; so wird eine Wohnung in besonders begehrten Gegenden – so etwa am Kurfürstendamm im Bezirk Berlin-Charlottenburg – einen deutlich anderen Marktpreis erzielen als eine Wohnung im gleichen Bezirk, die nicht am Kurfürstendamm liegt; deutlich signifikanter stellen sich die Unterschiede darüber hinaus zum anderen gegenüber Wohnungen in weniger nachgefragten Bezirken dar.[1429]

1425 Vgl. Gesetz zur Neuregelung gesetzlicher Vorschriften zur Mietenbegrenzung, Abgeordnetenhaus Berlin, Drucksache 18/2347 in der Fassung vom 28. November 2019, Seite 28 f., abrufbar unter: https://pardok.parlament-berlin.de/starweb/adis/citat/VT/18/DruckSachen/d18-2347.pdf (zuletzt abgerufen am 26. April 2025).

1426 Diesen ebenfalls als allgemein wertbildenden Faktor betrachtend, vgl. Berliner Mietspiegel 2021, Information der Senatsverwaltung für Stadtentwicklung und Wohnen Berlin, Seiten 5 und 11 f., abrufbar unter: https://www.stadtentwicklung.berlin.de/wohnen/mietspiegel/de/download/Mietspiegel2021.pdf (zuletzt abgerufen am 26. April 2025).

1427 Vgl. Gesetz zur Neuregelung gesetzlicher Vorschriften zur Mietenbegrenzung, Abgeordnetenhaus Berlin, Drucksache 18/2347 in der Fassung vom 28. November 2019, Seite 30.

1428 Vgl. Papier, Landeskompetenz zur Einführung eines sogenannten Mietendeckels? Rechtsgutachterliche Stellungnahme im Auftrag des Bundesverbandes deutscher Wohnungs- und Immobilienunternehmen e.V. – GdW vom September 2019, Seite 28 f.; so unter anderem auch: Schede/Schuldt, NVwZ 2019, 1572 (1576).

1429 Vgl. so unter anderem auch: Schede/Schuldt, NVwZ 2019, 1572 (1576); dies unterstellt auch der Berliner Mietspiegel 2021, Information der Senatsverwaltung für Stadtentwicklung und Wohnen Berlin, Seite 13 f.

Dies hat auch das Bundesverfassungsgericht in seiner Entscheidung zur sogenannten „Mietpreisbremse“[1430] ausdrücklich so entschieden.[1431] Dabei war das Gericht der Auffassung, dass die unmittelbare Verknüpfung der nach dem Gesetz zulässigen und der ortsüblichen Vergleichsmiete ein wesentlicher Faktor für die Verhältnismäßigkeit des Gesetzes darstellt.[1432] Denn dies sichere die Wirtschaftlichkeit der Wohnung für den Vermieter ab, indem unter anderem auch die etwaigen Kostensteigerungen für den Grundstückseigentümer in einen angemessenen Ausgleich zu den Interessen des Mieters gebracht würden.[1433] Daraus kann gefolgert werden, dass bei andauernder Unwirtschaftlichkeit der Erhaltung des Eigentums der Berliner Mietendeckel für Grundstückseigentümer zum dauerhaften Verlust oder jedenfalls zum Wegfall jeder gewinnbringenden Nutzungsmöglichkeit der Wohnungen führt.[1434] Hierbei handelt es sich nach der Rechtsprechung des Bundesverfassungsgerichts jedoch um Grenzen für den Eingriff durch Gesetze in das Eigentumsgrundrecht des Art. 14 GG, so dass sich die konkrete Ausgestaltung der Einführung einer Mietobergrenze durch den Berliner Mietendeckel als besonders weitreichender Eingriff in das Eigentumsgrundrecht darstellt.[1435] Für die Verhältnismäßigkeit des Gesetzes wäre daher eine hinreichende Kompensation dieser Belastung der Grundstückseigentümer zwingend erforderlich.[1436]

An dieser fehlt es hingegen: Die Regelungen des Berliner Mietendeckels sehen keinen Ausgleich zu den festgesetzten Obergrenzen in § 6 MietenWoG

[1430] Vgl. Bundesverfassungsgericht, Beschluss vom 18. Juli 2019 – 1 BvL 1.18, BvL 4.18, 1 BvR 1595.18, NJW 2019, 3054 (3055).

[1431] Vgl. Bundesverfassungsgericht, Beschluss vom 18. Juli 2019 – 1 BvL 1.18, BvL 4.18, 1 BvR 1595.18, NJW 2019, 3054 (3055).

[1432] Vgl. so unter anderem auch: Schede/Schuldt, NVwZ 2019, 1572 (1576).

[1433] Vgl. Bundesverfassungsgericht, Beschluss vom 18. Juli 2019 – 1 BvL 1.18, BvL 4.18, 1 BvR 1595.18, NJW 2019, 3054 (3055).

[1434] Vgl. so unter anderem auch: Schede/Schuldt, NVwZ 2019, 1572 (1576).

[1435] Vgl. zum Vorstehenden Bundesverfassungsgericht, Beschluss vom 18. Juli 2019 – 1 BvL 1.18, BvL 4.18, 1 BvR 1595.18, NJW 2019, 3054 (3055); ebenso Papier, Landeskompetenz zur Einführung eines sogenannten Mietendeckels? Rechtsgutachterliche Stellungnahme im Auftrag des Bundesverbandes deutscher Wohnungs- und Immobilienunternehmen e.V. – GdW vom September 2019, Seite 28 f.

[1436] Vgl. so auch Kühling, NZM 2020, 521 (528 f.); Schindler, NZM 2020, 347 (352); NZM 2020, 357 (365); Grzeszick, ZRP 2020, 37 a.A.: Burgi, NVwZ 2020, 257; Herrlein/Tuschl, NZM 2020, 217; Hardan/Pustelnik, NZM 2021, 67.

Bln vor.[1437] Vorgesehen ist für moderne Ausstattungen von Wohnraum eine Erhöhung der Mietobergrenze um Euro 1 pro Quadratmeter Wohnfläche.[1438] Voraussetzung ist dabei allerdings, dass von den Merkmalen für eine moderne Ausstattung – solche sind ein schwellenlos von der Wohnung und vom Hauseingang erreichbarer Personenaufzug, eine Einbauküche, eine hochwertige Sanitärausstattung, ein hochwertiger Bodenbelag in der überwiegenden Zahl der Wohnräume sowie ein Energieverbrauchskennwert von weniger als 120 kWh/(m2 a) – in der Wohnung drei dieser Merkmale vorhanden sind.[1439] Etwas anderes gilt auch nicht, wenn der Eigentümer Modernisierungsmaßnahmen im Sinne des § 7 MietenWoG Bln vornimmt. Auch nach einer Modernisierung erhöht sich die zulässige Miete gemäß § 3 und § 6 MietenWoG Bln um nicht mehr als Euro 1 pro Quadratmeter; so darf sich auch im Falle mehrfacher Modernisierung die zulässige Miete insgesamt um nicht mehr als EUR 1 pro Quadratmeter erhöhen.[1440]

Darüber hinaus sehen die Regelungen des Berliner Mietendeckels einen Härtefallausgleich nach § 8 MietenWoG Bln vor.[1441] Danach kann die Investitionsbank Berlin zur Vermeidung einer unbilligen Härte auf Grund des Berliner Mietendeckels auf Antrag der Vermieterinnen und Vermieter für das jeweilige Mietverhältnis eine höhere als die nach den §§ 3 bis 6 MietenWoG Bln zulässige Miete genehmigen, soweit dies aus Gründen, die

---

1437 Vgl. Gesetz zur Neuregelung gesetzlicher Vorschriften zur Mietenbegrenzung, Abgeordnetenhaus Berlin, Drucksache 18/2347 in der Fassung vom 28. November 2019, Seite 30 f.; dazu siehe auch: Papier, Landeskompetenz zur Einführung eines sogenannten Mietendeckels? Rechtsgutachterliche Stellungnahme im Auftrag des Bundesverbandes deutscher Wohnungs- und Immobilienunternehmen e.V. – GdW vom September 2019, Seite 28 f.

1438 Vgl. Gesetz zur Neuregelung gesetzlicher Vorschriften zur Mietenbegrenzung, Abgeordnetenhaus Berlin, Drucksache 18/2347 in der Fassung vom 28. November 2019, Seite 30 f.

1439 Siehe § 6 MietenWoG Bln; Vgl. Gesetz zur Neuregelung gesetzlicher Vorschriften zur Mietenbegrenzung, Abgeordnetenhaus Berlin, Drucksache 18/2347 in der Fassung vom 28. November 2019, Seite 30 f.

1440 Vgl. Gesetz zur Neuregelung gesetzlicher Vorschriften zur Mietenbegrenzung, Abgeordnetenhaus Berlin, Drucksache 18/2347 in der Fassung vom 28. November 2019, Seite 30 f.

1441 Vgl. Gesetz zur Neuregelung gesetzlicher Vorschriften zur Mietenbegrenzung, Abgeordnetenhaus Berlin, Drucksache 18/2347 in der Fassung vom 28. November 2019, Seite 30 f.

nicht im Verantwortungsbereich der Vermieterinnen und Vermieter nach § 8 MietenWoG Bln liegen, erforderlich ist.[1442] Im Verantwortungsbereich der Vermieterinnen und Vermieter können nach dieser Vorschrift zum Beispiel liegen: Wertsteigerungserwartungen, Renditeerwartungen, Finanzierungskosten außerhalb des Marktüblichen, Ertragserwartungen, denen auch unabhängig von diesem Gesetz überhöhte Mieten zugrunde liegen, Verluste, die durch die Aufteilung in Wirtschaftseinheiten entstehen.[1443] Auch liegt eine unbillige Härte insbesondere vor, wenn die Beibehaltung der nach den §§ 3 bis 6 MietenWoG Bln zulässigen Miete auf Dauer zu Verlusten für die Vermieterinnen und Vermieter oder zur Substanzgefährdung des Eigentums führen würde – so etwa, wenn die laufenden Aufwendungen die Erträge für die maßgebliche Wirtschaftseinheit übersteigen.[1444] Eine Substanzgefährdung ist nach § 8 MietenWoG Bln gegeben, wenn die Erträge aus dem Eigentum für dessen Erhaltung nicht mehr ausreichen.[1445]

Auch wenn die Härtefallregelung damit die dargelegten Anforderungen der Rechtsprechung mit Blick auf die Verhältnismäßigkeit von Inhalts- und Schrankenbestimmungen des Eigentums aufgreift, mag dies der Unverhältnismäßigkeit des Berliner Mietendeckels und insbesondere der Mietobergrenzen des § 4 MietenWoG Bln nicht entgegenstehen.[1446] Die Schaffung einer Härtefallregelung kann ausschließlich in besonderen Ausnahmefällen einen Ausgleich zwischen abzuwägenden Verfassungsgütern schaffen, jedoch nicht mit Blick auf die Folgen, die ein Gesetz gegebenenfalls

---

[1442] Vgl. Gesetz zur Neuregelung gesetzlicher Vorschriften zur Mietenbegrenzung, Abgeordnetenhaus Berlin, Drucksache 18/2347 in der Fassung vom 28. November 2019, Seite 30 f.

[1443] Vgl. Gesetz zur Neuregelung gesetzlicher Vorschriften zur Mietenbegrenzung, Abgeordnetenhaus Berlin, Drucksache 18/2347 in der Fassung vom 28. November 2019, Seite 30 f.

[1444] Vgl. Gesetz zur Neuregelung gesetzlicher Vorschriften zur Mietenbegrenzung, Abgeordnetenhaus Berlin, Drucksache 18/2347 in der Fassung vom 28. November 2019, Seite 30 f.

[1445] Siehe § 8 MietenWoG Bln.

[1446] Vgl. so im Ergebnis auch: Papier, Landeskompetenz zur Einführung eines sogenannten Mietendeckels? Rechtsgutachterliche Stellungnahme im Auftrag des Bundesverbandes deutscher Wohnungs- und Immobilienunternehmen e.V. – GdW vom September 2019, Seite 36 f.

im einem Regelfall verursacht.[1447] Das bedeutet, dass das jeweilige Inhalts- und Schrankengesetz ohne Berücksichtigung der Härtefallklausel mit Blick auf den erfassten Regelfall verfassungsgemäß sein muss; der Ausgleich einer Verfassungswidrigkeit durch eine Härtefallregelung muss dagegen auf Ausnahmefälle beschränkt bleiben. [1448]

c) Die vorgesehenen Mietobergrenzen des Berliner Mietendeckels haben hingegen nicht nur in Ausnahmefällen die Gefahr von Verlusten oder Substanzgefährdung des Eigentums für die Vermieterinnen und Vermieter zur Folge, sondern begründen diese vielmehr im Regelfall oder zumindest mit Blick auf einen beträchtlichen Teil der Berliner Mietwohnungen. Daher ist die Regelung des § 4 MietenWoG Bln zur Einführung einer Mietobergrenze schon nicht mit Art. 14 GG vereinbar und damit materiell verfassungswidrig.

8.5.2 Rechtsrahmen

Das Bundesverfassungsgericht hat im Zuge der Entscheidung zur „Mietpreisbremse“[1449] bereits die wesentlichen Rahmenbedingungen für eine – auch materiell rechtlich zulässige – Ausgestaltung eines Mietendeckels festgehalten:

Es hat dabei entschieden, dass eine gesetzliche Mietpreisregelung mit Blick auf das verfassungsrechtlich garantierte Eigentumsgrundrecht nicht die Gefahr begründen darf, dass es in Folge einer gesetzlichen Begrenzung von Mietpreisen zur andauernden Unwirtschaftlichkeit der Erhaltung des Eigentums für die betroffenen Grundstückseigentümer kommt.[1450] Denn

---

1447 Vgl. Papier, Landeskompetenz zur Einführung eines sogenannten Mietendeckels? Rechtsgutachterliche Stellungnahme im Auftrag des Bundesverbandes deutscher Wohnungs- und Immobilienunternehmen e.V. – GdW vom September 2019, Seite 36.

1448 Vgl. so im Ergebnis auch: Papier, Landeskompetenz zur Einführung eines sogenannten Mietendeckels? Rechtsgutachterliche Stellungnahme im Auftrag des Bundesverbandes deutscher Wohnungs- und Immobilienunternehmen e.V. – GdW vom September 2019, Seite 36 f.

1449 Vgl. zum Vorstehenden Bundesverfassungsgericht, Beschluss vom 18. Juli 2019 – 1 BvL 1.18, BvL 4.18, 1 BvR 1595.18, NJW 2019, 3054 (3055).

1450 Vgl. zum Vorstehenden Bundesverfassungsgericht, Beschluss vom 18. Juli 2019 – 1 BvL 1.18, BvL 4.18, 1 BvR 1595.18, NJW 2019, 3054 (3055).

dies gefährde in der Konsequenz auch die Erhaltung des Eigentums in seiner Sachsubstanz.[1451] Daraus folgend darf also auch die wirtschaftliche Nutzbarkeit von Eigentum jedenfalls nicht ausgeschlossen werden. Dies komme dem dauerhaften Entzug oder jedenfalls dem Wegfall einer akzeptablen wirtschaftlichen Nutzungsmöglichkeit der Wohnungen gleich und spreche für einen Verstoß gegen die Eigentumsgarantie des Art. 14 GG.[1452]

Festzuhalten ist, dass auch die Wirtschaftlichkeit der Erhaltung des jeweiligen Eigentums wesentlich bei der Einführung einer Mietobergrenze zu berücksichtigen ist.[1453] Auch kann dabei nicht auf die Regelungen des Berliner Mietendeckels zurückgegriffen werden, weil diese mit Blick auf die Mietobergrenze im Sinne des § 4 MietenWoG Bln bereits unverhältnismäßig waren.[1454] Hingegen können die Maßstäbe der Entscheidung zur Mietenbremse durchaus für eine verfassungsmäßige Ausgestaltung einer Bundesmietenbremse aufgegriffen werden.[1455] Vor allem mit Blick auf die Bestimmung einer Mietobergrenze ist zu berücksichtigen, dass das Gericht der Auffassung ist, dass die unmittelbare Verknüpfung der nach dem Gesetz zulässigen und der ortsüblichen Vergleichsmiete ein wesentlicher Faktor für die Verhältnismäßigkeit des jeweiligen Mietpreises darstellt.[1456] Denn dies sichere die Wirtschaftlichkeit der Wohnung für den Vermieter ab, indem unter anderem auch die etwaigen Kostensteigerungen für den

---

1451 Vgl. zum Vorstehenden Bundesverfassungsgericht, Beschluss vom 18. Juli 2019 – 1 BvL 1.18, BvL 4.18, 1 BvR 1595.18, NJW 2019, 3054 (3055).

1452 Vgl. dazu Bundesverfassungsgericht, Beschluss vom 18. Juli 2019 – 1 BvL 1.18, BvL 4.18, 1 BvR 1595.18, NJW 2019, 3054 (3055).

1453 Vgl. dazu Bundesverfassungsgericht, Beschluss vom 18. Juli 2019 – 1 BvL 1.18, BvL 4.18, 1 BvR 1595.18, NJW 2019, 3054 (3055).

1454 Vgl. so im Ergebnis auch: Papier, Landeskompetenz zur Einführung eines sogenannten Mietendeckels? Rechtsgutachterliche Stellungnahme im Auftrag des Bundesverbandes deutscher Wohnungs- und Immobilienunternehmen e.V. – GdW vom September 2019, Seite 36 f.

1455 Vgl. Battis, Rechtsgutachten, Verfassungsrechtliche Prüfung des Referentenentwurfes eines Gestzes zur Neuregelung gesetzlicher Vorschriften zur Mietenbegrenzung in Berlin (Berliner MietenWoG) im Auftrag der Senatskanzlei des Landes Berlin vom 4. Oktober 2019, Seiten 2 und 3.

1456 Vgl. dazu Bundesverfassungsgericht, Beschluss vom 18. Juli 2019 – 1 BvL 1.18, BvL 4.18, 1 BvR 1595.18, NJW 2019, 3054 (3055).

Grundstückseigentümer in einen angemessenen Ausgleich zu den Interessen des Mieters gebracht würden.[1457]

8.6 Fazit

Inhärent ist zwar den Baulandmodellen, dass der Tausch von Baurecht gegen die Übernahme der dargestellten Pflichten nicht für jeden Vorhabenträger als eine gangbare Lösung erscheint. Für den Bezirk ist zudem auch nicht jedes Baugrundstück dafür tatsächlich geeignet oder entspricht den städtebaulichen Planungsvorstellungen, so dass in diesen Fällen eine Zustimmung des Bezirks fehlt.[1458] Dies zeigt sich insbesondere daran, dass die bestehenden Baulandmodelle nicht unbegrenzt anwendbar sind, sondern jeweils einen Schwellenwert für ihre Anwendbarkeit vorsehen: Auf Bebauungspläne, die eine Geschossfläche von unter 5.000 qm für Wohnbebauung vorsehen, findet das Berliner Modell keine Anwendung;[1459] das Neuköllner Modell setzt 1.000 qm zusätzlicher Geschossfläche für seine Anwendbarkeit voraus.[1460]

In der Folge ist Voraussetzung für die erfolgreiche Anwendung der kooperativen Baulandmodelle, dass der Vorhabenträger bereit ist, die Forderungen des Bezirks entsprechend dem Baulandmodell zu erfüllen. Allerdings muss der Vorhabenträger auch ein Grundstück anbieten können, das wiederum aus Sicht des Bezirks tatsächlich für eine bauliche Entwicklung entsprechend der Ausgestaltung der Baulandmodelle in Betracht kommt.[1461]

Es bleibt festzuhalten, dass die kooperativen Baulandmodelle – wie in Kapitel G. sowie in vorhergehenden Darlegungen aufgezeigt[1462] – geeignet sind, einen Beitrag zur Bekämpfung der anhaltenden Wohnraumknappheit

---

[1457] Vgl. Bundesverfassungsgericht, Beschluss vom 18. Juli 2019 – 1 BvL 1.18, BvL 4.18, 1 BvR 1595.18, NJW 2019, 3054 (3055).

[1458] Vgl. Berliner Modell, Leitlinien für den Abschluss städtebaulicher Verträge im Land Berlin, Stand: 1. August 2018, Seite 23 f.

[1459] Vgl. Berliner Modell, Leitlinien für den Abschluss städtebaulicher Verträge im Land Berlin, Stand: 1. August 2018, Seite 8.

[1460] Vgl. Bezirksamt Neukölln von Berlin, Arbeitsanweisung, Vorgehen bei Anträgen, mit denen die Zulassung von Wohnungsbauvorhaben gem. § 31 Abs. 2 BauGB erreicht werden soll, „Neuköllner Modell“, Seite 2.

[1461] Vgl. so im Ergebnis auch: Bunzel, ZfBR 2018, 638 (639).

[1462] Siehe Kapitel G.

in Berlin zu leisten.[1463] Dabei bleibt es aufgrund der beschränkten Anwendbarkeit der bestehenden Baulandmodelle aber erforderlich, dass weitere Rechtsinstrumente zur Bekämpfung der Wohnraumknappheit geschaffen werden.[1464] Vor allem aber ist – nach dem Hamburger Vorbild – eine effektive Zusammenarbeit aller am Wohnungsmarkt beteiligten Akteure zu erreichen.[1465] Das Vorgehen mit der sprichwörtlichen Brechstange führt – wie in dieser Arbeit in Teilen dargestellt – nicht zum Erfolg; vielmehr bleiben insbesondere die betroffenen Mieter ohne eine Lösung zurück.[1466] Erste hoffnungsvolle Ansätze sind seit der Gründung des Bündnisses für Wohnungsneubau und bezahlbares Wohnen des Beliner Senats, bestehend aus den landeseigenen Wohnungsunternehmen und einigen privaten Wohnungsunternehmen, vorhanden – wobei hier tatsächliche Erfolge vergleichbar dem Hamburger Vorbild abzuwarten bleiben.[1467] Dennoch lässt sich bereits feststellen, dass die Senatskanzlei in Berlin das Bündnis für Wohnungsneubau und bezahlbares Wohnen als wichtigen Baustein zur Bekämpfung der Wohnraumknappheit und damit letztlich rasant steigender Mietpreise erkannt hat. Zuletzt hat der Senator für Stadtentwicklung, Bauen und Wohnen betont: „Wir werden den Wohnungsbau in Berlin nur gemeinsam mit den landeseigenen Wohnungsunternehmen, privaten Bauträgern und Genossenschaften weiter erfolgreich voranbringen. Das Bündnis für Wohnungsneubau und bezahlbares Wohnen ist dafür ein wichtiges Format."[1468]

[1463] Vgl. so ausdrücklich: Senatsverwaltung für Stadtentwicklung und Wohnen, Berliner Modell – eine Zwischenbilanz vom 5. Juni 2019, Seite 15.

[1464] Vgl. so im Ergebnis etwa Fleckenstein, Das Grundeigentum 2020, 451 (453).

[1465] Vgl. Bündnisvereinbarung des Bündnisses für Wohnungsneubau und bezahlbares Wohnen in Berlin vom 20. Juni 2022, Seite 5 f., abrufbar unter: https://www.berlin.de/rbmskzl/aktuelles/pressemitteilungen/2022/pressemitteilung.1218203.php (zuletzt abgerufen am 26. April 2025).

[1466] Vgl. Kapitel C, D, E und F dieser Arbeit.

[1467] Vgl. Bündnisvereinbarung des Bündnisses für Wohnungsneubau und bezahlbares Wohnen in Berlin vom 20. Juni 2022, Seite 5 f.

[1468] Vgl. Der Regierende Bürgermeister – Senatskanzlei, Pressemitteilung zu den Ergebnissen der 8. Sitzung des Bündnisses für Wohnungsneubau und bezahlbares Wohnen, Pressemitteilung vom 30. September 2024 (abrufbar unter: https://www.berlin.de/rbmskzl/aktuelles/pressemitteilungen/2024/pressemitteilung.1490007.php (zuletzt abgerufen am 21. April 2025)).

Mit einer Kombination aus rechtlicher Entlastung, technischer Flexibilisierung, gezielter Förderung und ökologischer Steuerung plant die Koalition aus CDU, CSU und SPD in der 21. Legislaturperiode einen Rahmen zu schaffen, der nachhaltige Investitionen in bezahlbaren, klimafreundlichen Wohnraum beschleunigen soll. Öffentliche wie private Bauherren können in den kommenden Jahren mit besseren Voraussetzungen bei der Planung, Finanzierung und Umsetzung rechnen. Eine zügige und verbindliche Umsetzung der angekündigten Maßnahmen ist entscheidend, damit dieser politische Aufbruch in der Praxis Wirkung entfalten kann.[1469]

[1469] Vgl. Koalitionsvertrag zwischen CDU, CSU und SPD, Verantwortung für Deutschland, 21. Legislaturperiode, Rn. 735 f.

Literaturverzeichnis

Ackermann, Thomas	Das bürgerliche Recht in der bundesstaatlichen Ordnung, JZ 2021, 7.
Appel, Markus	Eigentumsgrundrechtlicher Bestands- oder rechtsstaatlicher Vertrauensschutz – was schützt den Eigentümer?, DVBl. 2005, 340.
Augustin, Julian	Entwicklungen in der aktuellen Rechtsprechung zu sozialen Erhaltungsgebieten, BauR 2021, 888.
Bader, Johann/ Ronellenfitsch, Michael Ulrich	Beck´scher Online-Kommentar, BeckOK VwVfG, 66. Edition, Stand: 1. April 2023.
Battis, Ulrich	Rechtsgutachten, Verfassungsrechtliche Prüfung des Referentenentwurfes eines Gesetzes zur Neuregelung gesetzlicher Vorschriften zur Mietenbegrenzung in Berlin (Berliner MietenWoG) im Auftrag der Senatskanzlei des Landes Berlin vom 4. Oktober 2019 als **Anlage** zu dieser Arbeit.
Battis, Ulrich/ Krautzberger, Michael/ Löhr, Rolf-Peter	Baugesetzbuch: BauGB, Kommentar, 15. Auflage, München 2022.
Battis, Ulrich/ Mitschang, Stephan/ Reidt, Olaf	Stärkung der Innenentwicklung in den Städten und Gemeinden, NVwZ 2013, 961.

Beckmann, Jörg/Groth, Klaus Martin — Baulandmobilisierungsgesetz in Kraft getreten: Impulse für den Wohnungsbau in Berlin jetzt nutzen, Das Grundeigentum 2021, 802.

Bielenberg, Walter — Eigentumsgarantie und Sozialbindung im Städtebau, DVBl. 1971, 441.

Bielenberg, Walter/Koopmann, Klaus-Dieter/Krautzberger, Michael — Städtebauförderungsrecht, Städtebauliches Sanierungs- und Entwicklungsrecht, Stadtumbau, Kommentar und Handbuch, 69. Auflage, München 2021.

Birk, Hans-Jörg — Städtebauliche Verträge, Inhalte und Leistungsstörungen, Erschließungsvertrag, Städtebaulicher Vertrag, Vorhaben- und Erschließungsplan/vorhabenbezogener Bebauungsplan, 6. Auflage, Stuttgart/München/Hannover/Berlin/Weimar/Dresden 2021.

ders. — Die neuen städtebaulichen Verträge: Erschließungsvertrag, Freiwillige Bodenordnung, Folgelastvertrag, Vorhaben- und Erschließungsplan, Stuttgart/Dresden 1994.

Blank, Hubert/Börstinghaus, Hubertus — Miete: Kommentar, 6. Auflage, München 2020.

Blankenagel, Alexander/Schröder, Rainer/Spoerr, Wolfgang — Verfassungsmäßigkeit des Instituts und der Ausgestaltung der sog. Mietpreisbremse auf Grundlage des MietNovGE, Gutachten im Auftrag von Haus & Grund Deutschland (Stand: 12. November 2014), NZM 2015, 1.

Böhle, Thomas — Das Verbot von Zweckentfremdung von Wohnraum (Art. 6 Mietrechtsverbesserungsgesetz), Stuttgart 1988.

ders. — Zweckentfremdung von Wohnraum: Kommentar zu Art. 6 Mietrechtsverbesserungsgesetz und zu den entsprechenden Verordnungen und Verwaltungsvorschriften der Länder, Stuttgart/München/Hannover/Berlin/Weimar/Dresden 1994.

Börstinghaus, Ulf — Miethöhe-Handbuch, 2. Auflage, München 2016.

ders.	Die aktuelle Rechtsprechung des BGH zum Wohnraummietrecht, NZM 2004, 801.
Breuer, Rüdiger	Das rechtsstaatliche Koppelungsverbot, NVwZ 2017, 112.
ders.	Die Bodennutzung im Konflikt zwischen Städtebau und Eigentumsgarantie, München 1976.
Brock, Patrick	Mietobergrenzen in Berliner Sanierungsgebieten, Ohne Rechtsgrundlage und Kompetenz?, NZM 2001, 887.
Brohm, Winfried	Städtebauliche Verträge zwischen Privat- und Öffentlichem Recht, JZ 2000, 321.
Brüggelmann, Hermann	Baugesetzbuch, Loseblattwerk mit 123. Aktualisierung Juli 2022.
Brüning, Christoph	Verwaltungsgerichtliche Kontrolle qualifizierter Mietspiegel, NZM 2003, 921.
Bundesministerium für Wirtschaft und Energie	Gutachten des Wissenschaftlichen Beirats beim Bundesministerium für Wirtschaft und Energie, Soziale Wohnungspolitik, Stand 17. Juli 2018, abrufbar unter https://www.bmwi.de/Redaktion/DE/Publikationen/Ministerium/Veroeffentlichung-Wissenschaftlicher-Beirat/gutachten-wissenschaftlicher-beirat-soziale-wohnungspolitik.pdf?__blob=publicationFile&v=4 (zuletzt besucht am 26. April 2025).
Bunzel, Arno	Soziale Wohnraumförderung durch städtebauliche Verträge, ZfBR 2015, 11.
ders.	Baulandmodelle mit städtebaulichen Verträgen – das Berliner Modell, ZfBR 2018, 638.
Bunzel, Arno/Coulmas, Diana/Schmidt-Eichstaedt, Gerd	Städtebauliche Verträge – ein Handbuch: mit Berücksichtigung der BauGB-Novelle 2013, 4. Auflage, Berlin 2013.
Burgi, Martin	Eigentumsordnung und Wohnungsnot: Spielräume für eine wohnraumbezogene Bodenpolitik, NVwZ 2020, 257.

Burmeister, Thomas	Praxishandbuch städtebauliche Verträge, Bonn 2000.
ders.	Der Städtebauliche Vertrag als rechtliches Instrument der Kooperation mit Privaten bei der Baulandentwicklung und -erschließung, Diss. Ing. Technische Universität Berlin 2003.
ders.	Praxishandbuch Städtebauliche Verträge, 2. Auflage, Bonn 2005.
Busse, Jürgen/Kraus, Stefan	Bayerische Bauordnung, München Mai 2021.
Butzer, Hermann	Brauchen wir das Koppelungsverbot nach § 56 VwVfG?, DÖV 2002, 881.
Chatziathanasiou, Konstantin/Towfigh, Emanuel	Die Angemessenheit der Vertragserfüllungsbürgschaft bei städtebaulichen Verträgen, DVBl. 2013, 84.
Decker, Andreas	Schaffung bezahlbaren Wohnraums – Ein unlösbares Problem?, ZfBR 2024, 193 und 288.
Dolde, Klaus-Peter	Die Entwicklung des öffentlichen Baurechts 1981, NJW 1982, 1785.
Dombert, Mathias	Vertragliche Gestaltungsmöglichkeiten nach der neuen Gesetzgebung im Bereich des Bauplanungs- und Erschließungsrechts, BauR 1994, 551.
Dreier, Horst (Hrsg.)	Grundgesetz: Kommentar, 3. Auflage, Tübingen 2013.
Epping, Völker/ Hillgruber, Christian	Bek´scher Online-Kommentar, BeckOK Grundgesetz, Stand: 28. Dezember 2024.
Erbguth, Wilfried	Abwägung als Wesensmerkmal rechtsstaatlicher Planung – die Anforderungen des Rechtsstaatsprinzip, UPR 2010, 281.
Erichsen, Hans-Uwe/ Ehlers, Dirk/Papier, Hans-Jürgen/Rüfner, Wolfgang	Allgemeines Verwaltungsrecht, 12. Auflage, Berlin/Boston 2020.

Ernst, Werner/ Zinkahn, Willy/ Bielenberg, Walter/ Krautzberger, Michael	Baugesetzbuch: Kommentar, Loseblatt-Sammlung (157. Ergänzungslieferung), München 2024.
Federwisch, Christof	Zu den Grenzen städtebaulicher Sanierungskonzepte, Behutsame Stadterneuerung ohne Verdrängungsschutz?, NVwZ 2003, 1035.
Feldmann, Peter/ Möller, Andreas	Berliner Planungsrecht, 4. Auflage, Berlin 2021.
Fieseler, Hans-Georg	Leipziger Stadtentwicklungspraxis – Instrumente zur zügigen Durchführung der städtebaulichen Sanierungsmaßnahme, NVwZ 1997, 867.
Fischer-Lescano, Andreas/Gutmann, Andreas/Schmid, Christoph	Landeskompetenz für Maßnahmen der Mitpreisregulierung, Rechtsgutachten im Auftrag der Rosa-Luxemburg-Stiftung, abrufbar unter: https://www.rosalux.de/publikation/id/41344/landeskompetenzen-fuer-massnahmen-der-mietpreisregulierung (zuletzt abgerufen am 26. April 2025).
Fleckenstein, Martin	Berliner Modell „Reloaded": Darf die kooperative Baulandentwicklung auf Befreiungsentscheidungen ausgeweitet werden?, Das Grundeigentum 2020, 451.
Fock, Alexandra	Zweckentfremdungsverbotsregelungen zwischen Mieterschutz und Städtebaurecht am Beispiel Berlins, LKV 2003, 495.
Ganseforth, Oliver	Keine Mietobergrenze in der Zweckentfremdung, Das Grundeigentum 2019, 1352.
Gern, Alfons	Aktuelle Probleme des Kommunalabgabenrechts – Analogie im Abgaberecht – Begründungspflicht von Abgabensatzungen – Die Zulässigkeit von Sozialtarifen, NVwZ 1995, 1145.

Gramlich, Bernhard	Mietrecht: Bürgerliches Gesetzbuch (§§ 535 bis 580a), Betriebskostenverordnung, Heizkostenverordnung, 15. Auflage, München 2019.
Gronemeyer, Steffen	Die Entwicklung des Städtebauförderungsrechts 1971-1985, Verfahren und Instrumentarium der Sanierung, NVwZ 1986, 92.
Grzeszick, Bernd	Strategien der Mietenbegrenzung aus grundrechtlicher Sicht, Überlegungen am Beispiel des Berliner Mietendeckels, ZRP 2020, 37.
Grziwotz, Herbert	Unvernünftiges Einheimischenmodell contra Menschenwürde, KommJur 2009, 376.
ders.	Koppelungsverbot, Angemessenheitsgebot und Schellenass, DVBl 2007, 1125.
ders.	Praktische Probleme beim Abschluß städtebaulicher Verträge, NVwZ 1996, 637.
ders.	Risiken für Einheimischenmodelle und Gestaltungsvorschläge, KommJur 2007, 450.
ders.	Verkauf von Baurecht?, BauR 2005, 812.
Grziwotz, Herbert / Lüke, Wolfgang/Saller, Roland Rudolf	Praxishandbuch Nachbarrecht, 3. Auflage, München 2020.
Gustorff, Niklas	Befreiungen von Festsetzungen eines Bebauungsplans gegen Zugeständnisse zur Erfüllung stadtplanerischer Ziele, BauR 2022, 853.
Haaß, Bernhard	Das „Berliner Modell“ in der bauleitplanerischen Abwägung, LKV 2018, 156.
ders.	Sanierungsrechtlicher Ausgleichsbetrag nach „Zielbaummethode“, Das Grundeigentum 2010, 244.
Hardan, Odey/ Pustelnik, Paul	Mietpreisregulierungskompetenz der Bundesländer vor den Toren des Grundgesetzes, Zur Sperrwirkung der „Mietpreisbremse“ des BGB und warum die „Mietenstopp“-Entscheidung des BayVerfGH in NZM 2020, 649 nicht überzeugt, NZM 2021, 67.

Heinemann, Patrick	Die Verfassungswidrigkeit der Zweckentfremdungsverbotsgesetze der Länder, NVwZ 2019, 1070.
Hellriegel, Mathias	Risikoabsicherung durch städtebauliche Verträge, BauR 2016, 1853-1858.
Hellriegel, Mathias/ Teichmann, Lisa	Sozialgerechte Bodennutzung (SoBoN) – Voraussetzungen und Grenzen für städtebauliche Verträge zwischen Plangebern und Bauherren, BauR 2014, 189-197.
Hellriegel, Mathias/ Wild, Michael	Voraussetzungen und Grenzen für die Überwälzung von Folgekosten bei Wohnbauvorhaben, Das Grundeigentum 2014, 1316.
Hellriegel, Mathias/ Zielke, Luise	Abriss von Bestands- und Schaffung von Ersatzwohnraum – Die Berliner Verzahnung von Zweckentfremdungs- und Bauordnungsrecht, LKV 2020, 393.
Henke, Sebastian/ Singbartl, Jan/Zintl, Josef	Mietwohnungsüberlassung an Touristen: Wimdu, Airbnb & Co. Aus zivilrechtlicher Perspektive, Neues von der „kollaborativen Wirtschaft", NZM 2018, 1.
Herrlein, Jürgen	100 Jahre „Mietpreisbremse" – Entwicklungslinien in Politik und Recht 1916 bis 2016, NZM 2016, 1.
ders.	Die Rechtsprechung zur Wohnraummiete im ersten Halbjahr 2020, NJW 2020, 2857.
Herrlein, Jürgen/ Tuschl, Patrick	Das Ringen um Mietpreisbegrenzungen in Bund und Ländern, Eine Standortbestimmung aus Anlass des Inkrafttretens des Berliner „Mietendeckels" am 23.2.2020, NZM 2020, 217.
Herzog, Roman (Hrsg.)/Scholz, Ruper (Hrsg.)	Dürig/Herzog/Scholz: Grundgesetz-Kommentar, Loseblatt-Sammlung (106. Ergänzungslieferung), München 2024.
Hillgruber, Christian	Verfassungswidrigkeit und Nichtigkeit eines Landesgesetzes wegen fehlender Gesetzgebungskompetenz gemäß Art. 74 I Nr. 1 i.V.m. Art. 72 I GG („Berliner Mietendeckel"), JA 2021, 614.

Hinz, Werner	Minderungsausschluss und Modernisierungsmieterhöhung nach der Mietrechtsänderung, NZM 2013, 209.
Hofe, Gerhard	Abschied vom weiten Wohnungsbegriff des Art. 13 GG?, ZRP 1995, 169.
Hong, Mathias	Zur Zulässigkeit von Mietobergrenzen als Auflagen zu Sanierungsgenehmigungen gemäß § 145 IV Satz 1 BauGB i.V.m. § 36 I Alt. 2 VwVfG, ZMR 2001, 857.
Hoppe, Werner	Das Ermessen bei der Erteilung baurechtlicher Ausnahmen und Befreiungen, DVBl. 69, 340.
Investitionsbank Berlin	IBB Wohnungsmarktbericht 2020, abrufbar unter: https://www.ibb.de/media/dokumente/publikationen/berliner-wohnungsmarkt/wohnungsmarktbericht/ibb_wmb_zusammenfassung_2020.pdf (zuletzt abgerufen am 26. April 2025).
Investitionsbank Berlin	IBB Wohnungsmarktbericht 2021, abrufbar unter: https://www.ibb.de/de/ueber-uns/publikationen/wohnungsmarktbericht/2021.html (zuletzt abgerufen am 26. April 2025).
Jankowski, Klaus	Mietobergrenzen in Erhaltungsgebieten nach § 172 BauGB – Ein geeignetes Instrument zur Sicherung der Innenstadtstrukturen in den neuen Bundesländern?, LKV 2003, 217.
Kahl, Wolfgang/ Waldhoff, Christian/ Walter, Christian	Bonner Kommentar zum Grundgesetz, Loseblatt-Sammlung (214. Ergänzungslieferung), Heidelberg 2021.
Kämper, Phillip	Planungsleistung als „Gegenleistung" in städtebaulichen Verträgen, Berlin 2007.
Kerbusch, Hermann	Wohnungsmodernisierung, Stadterneuerung und „Milieuschutz", NVwZ 1982, 360.
Kingreen, Thorsten	Die Verteilung der Gesetzgebungskompetenzen für das Mietpreisrecht bei Wohnraum, NVwZ 2020, 737.

Klatt, Matthias/ Meister, Moritz	Der Grundsatz der Verhältnismäßigkeit. Ein Strukturelement des globalen Konstitutionalismus, JuS 2014, 193.
Kluth, Winfried (Hrsg.)/Krings, Günter (Hrsg.)	Gesetzgebung – Rechtsetzung durch Parlamente und Verwaltungen sowie ihre gerichtliche Kontrolle, Karlsruhe 2013.
Kluth, Winfried	Die Verortung von Wohnungsgenossenschaften im System der Vergesellschaftung, DVBl. 2022, 879.
Konzak, Olaf	Analogie im Verwaltungsrecht, NVwZ 1997, 872.
Kopp, Ferdinand Otto/ Ramsauer, Ullrich	Verwaltungsverfahrensgesetz Kommentar, 25. Auflage, München 2024.
Kopp, Ferdinand Otto/ Schenke, Wolf-Rüdiger	Verwaltungsgerichtsordnung, 30. Auflage, München 2024.
Krautzberger, Michael	Die Änderungen des Städtebauförderungsgesetzes zum 1. Januar 1985, DVBl. 1984, 1149.
ders.	Schutz der Wohnbevölkerung gegen Verdrängung, Zum Instrumentarium des Städtebaurechts, ZfBR 1981, 209.
Krautzberger, Michael /Stüer, Bernhard	BauGB-Novelle 2013 Gesetz zur Stärkung der Innenentwicklung in den Städten und Gemeinden und weiteren Fortentwicklung des Städtebaurechts, DVBl. 2013, 805.
Krebs, Walter	Liber amicorum Hans-Uwe Erichsen, Zum 70. Geburtstag am 15. Oktober, Köln 2004.
Krumme, Markus	Die Wohnung im Recht: unter besonderer Berücksichtigung des Wohnungsbegriffs in § 244 Abs. 1 Nr. 3 StGB, Heidelberg 2004.
Kühling, Jürgen	Gentrifizierung als Rechtsproblem: Wohnungspolitik ohne rechtsstaatliche Leitplanken?, NZM 2020, 521.
Kunze, Axel/ Badtke, Fabian	Wegfall von Mietobergrenzen in Sanierungsgebieten, BauR 2003, 976.

Löhr, Rolf-Peter	Wohnungsmodernisierung, Stadterneuerung und "Milieuschutz", NVwZ 1982, 19.
Looman, Gudula	„Ausverkauf von Hoheitsrechten" in Verträgen zwischen Bauherren und Gebietskörperschaften, NJW 1996, 1439.
May, Rüdiger	Erhaltung der Zusammensetzung der Wohnbevölkerung in Sanierungsgebieten – Verhältnis zwischen Sanierungssatzung und Milieuschutzsatzung, DÖV 1994, 862.
Mayer, Alexander/ Schorn, Martin	Strafrechtliche Risiken des unwirksamen öffentlich-rechtlichen Vertrags, KommJur 2015, 86.
Mayer, Franz/Artz, Markus	Rechtsgutachten für die SPD Frankfurt/Main und die SPD-Fraktion im Hessischen Landtag, Öffentlich-rechtliche und privatrechtliche Aspekte eines „Mietendeckels" für das Land Hessen, abrufbar unter: https://www.spd-fraktion-hessen.de/wp-content/uploads/sites/265/2020/03/MAYER_ARTZ_Gutachten_Mietendeckel_Hessen_v1_4_FIN_06012020.pdf (zuletzt abgerufen am 26. April 2025).
Mehde, Veith	Vertragliche Absprachen im Baurecht – Rechtliche Perspektiven eines privat-öffentlichen Interessenausgleichs, LSK 2002, 311309.
Merten, Detlef/Papier, Hans-Jürgen	Handbuch der Grundrechte in Deutschland und Europa, Heidelberg 2018.
Meyer, Thomas/ Achelis, Justus/ von Alven-Döring, Annegret/Kohl, Matthias/Hellriegel, Mathias/Rau, Markus	Bauordnung für Berlin mit Kommentierung des Berliner Planungsrechts, 7. Auflage, Berlin 2021.
Mitschang, Stephan	Einfacher Bebauungsplan zur Wohnraumversorgung, UPR 2021, 206.
Möller, Andreas/Hatz, Maximiliane	Bringt die Sozialwohnungsquote den Bauboom für Wohnungen in Berlin zum Erliegen?, Das Grundeigentum 2013, 314.

Papier, Hans-Jürgen — Landeskompetenz zur Einführung eines sogenannten Mietendeckels?, Rechtsgutachterliche Stellungnahme im Auftrag des Bundesverbandes deutscher Wohnungs- und Immobilienunternehmen e.V. – GdW vom September 2019, abrufbar unter: https://web.gdw.de/uploads/pdf/Pressemeldungen/Gutachten_Mietendeckel_Zustaendigkeit.pdf (zuletzt abgerufen am 26. April 2025).

Partsch, Christoph — Die Vertreibung der Investoren aus den Sanierungsgebieten, NVwZ 1997, 139.

Peine, Franz-Joseph — Der Schutz der Wohnbevölkerung vor Verdrängung als Ziel baurechtlicher Satzungen, DÖV 1992, 85.

ders. — Die Gesetzgebungskompetenz des Bundes für den Bodenschutz, NuR 1992, 353.

Pernice-Warnke, Silvia — Die Gesetzgebungsverfahren auf Bundes- und Unionsebene, JuS 2018, 666.

Pieroth, Bodo/Kotulla, Michael — Das Verhältnis der Aufhebung von Miet- und Pachtverhältnissen nach § 182 Abs. 1 BauGB zu zivilrechtlichen Kündigungen, DVBl. 1992, 585.

Posser, Herbert/Wolff, Heinrich Amadeus/Decker, Andreas — Beck'scher Onlinekommentar, BeckOK VwGO, 72. Edition, 1. Januar 2025, München 2025.

Regenfus, Thomas — Die »doppelte Analogie« – Erscheinungsformen und Voraussetzungen, JA 2009, 579.

Reidt, Olaf — Novellierung des Baugesetzbuchs, Zum Bericht der Unabhängigen Expertenkommission zur Vorbereitung von Gesetzänderungen im Baurecht, NordÖR 2003, 177.

ders. — Der Bebauungsplan zur Festsetzung von Flächen für den sozialen Wohnungsbau, BauR 2021, 38.

Relling, Katharina — Der Bebauungsplan zur Wohnraumversorgung, ZfBR 2021, 228.

Ronellenfitsch, Michael — Rechtsfolgen fehlerhafter Planung, NVwZ 1999, 583.

Sachs, Michael	Staatsorganisationsrecht: Gesetzgebungskompetenzen („Mietendeckel“), Sperrwirkung der abschließenden bundesgesetzlichen Regelung des Wohnungsmietpreisrechts, JuS 2021, 572.
ders.	Grundgesetz: Kommentar, 10. Auflage, München 2024.
Scharmer, Eckart	Städtebauliche Verträge nach § 6 BauGB-Maßnahmengesetz, NVwZ 1995, 221.
Schede, Christian/ Schuldt, Johann-Frederik	Allgemeiner Landes-Mietendeckel unzulässig?, NJW-aktuell 14/2019, 15.
dies.	Berliner Mietendeckel – Update, Berliner Anwaltsblatt 2019, 414.
dies.	Verfassungswidrigkeit landesrechtlicher Mietendeckel, NVwZ 2019, 1572.
Schindler, Benjamin	Vom Nachjustieren der „Mietpreisbremse“, NZM 2020, 347.
Schmidt-Eichstaedt, Gerd	Die Befreiung nach § 31 II BauGB und andere „Abweichungen”, NVwZ 1998, 571.
ders.	Soziale Sanierungsziele und Mietobergrenzen, ZfBR 2002, 212.
ders.	Schutz der Wohnbevölkerung als zulässiges soziales Ziel der Sanierung, NVwZ 2003, 566.
ders.	Das Berliner Modell: „Den Umständen nach angemessen“?, ZfBR 2018, 537.
Schmidt-Futterer, Wolfgang/ Börstinghaus, Ulf	Großkommentar des Wohn- und Gewerberaummietrechts: Bürgerliches Gesetzbuch (§§ 535-580a, 138), Mietspiegelverordnung, Verordnung über die verbrauchsabhängige Abrechnung der Heiz- und Warmwasserkosten, Wirtschaftsstrafgesetz (§§ 4, 5, 6 WiStG) und Zivilprozessordnung (§§ 283a, 712, 721, 765a, 794a, 885, 885a, 940a ZPO), 16. Auflage, München 2024.

Schmidt, Thorsten Ingo	Grundlagen rechtswissenschaftlichen Arbeitens, JuS 2003, 649.
Schmitz, Holger	Mietobergrenzen als Instrument des Verdrängungsschutzes in Sanierungs- und Milieuschutzgebieten am Beispiel Berlins, LKV 2001, 443.
Schoch, Friedrich (Hrsg.)/Schneider, Jens-Peter (Hrsg.)	Verwaltungsrecht, Verwaltungsgerichtsordnung: VwGO, Kommentar (46. Ergänzungslieferung), August 2024 und Verwaltungsverfahrensrecht: VwVfG, Kommentar (5. Ergänzungslieferung) Loseblatt-Sammlung, Juli 2024, München.
dies.	Verwaltungsverfahrensgesetz: VwVfG, München 2020.
Schrödter, Wolfgang (Hrsg.)	Baugesetzbuch: BauGB, Kommentar, 9. Auflage, Baden-Baden 2019.
Schröer, Thomas/ Kullick, Christian	Gewerbliche Untervermietung als „Zweckentfremdung“ von Wohnraum, NZBau 2013, 624.
Schultz, Michael	Die Wiederkehr der Wohnungszwangswirtschaft in der Hauptstadt, Das neue Berliner Zweckentfremdungsverbot-Gesetz, Das Grundeigentum 2/2014, 96.
Schultz, Michael/ Bujewski-Crawford, Utemaria	„Aus” für das Zweckentfremdungsverbot in Berlin?, NZM 2001, 576.
dies.	Berliner Mietrechtliche Reihe: Das Verbot der Zweckentfremdung in Berlin und Brandenburg, Berlin 1997.
dies.	Das Verbot der Zweckentfremdung von Wohnraum – Grundlage und Anwendbarkeit der Zweckentfremdungsvorschriften, NZM 1998, 385.
Schulze-Fielitz, Helmuth	Gesetzgebung als materiales Verfassungsverfahren, Die Befugnisse des Vermittlungsausschusses und die Aufspaltung von Gesetzen, NVwZ 1983, 709.

Seifert, Frank-Florian	Chancen und Risiken des geplanten Baulandmobilisierungsgesetzes: „(K)Ein Meilenstein der Wohnungspolitik"?, Das Grundeigentum 2021, 1537.
Senatskanzlei Berlin	Bündinsvereinbarung Bündnis für Wohnungsneubau und bezahlbares Wohnen in Berlin, abrufbar unter: https://www.berlin.de/rbmskzl/aktuelles/pressemitteilungen/2022/pressemitteilung.1218203.php (zuletzt abgerufen am 26. April 2025).
Senatsverwaltung für Stadtentwicklung, Bauen und Wohnen Berlin	Stadtentwicklungsplan Wohnen, abrufbar unter: https://www.stadtentwicklung.berlin.de/planen/stadtentwicklungsplanung/de/wohnen/ (zuletzt abgerufen am 26. April 2025).
Siegel, Thorsten	Zweckentfremdung im Baurecht, LKV 2019, 399.
Spannowsky, Willy/Uechtritz, Michael	Beck´scher Online-Kommentar, BeckOK BauGB, Stand: 1. November 2024.
Spieß, Gerhard	Sozialgerechte Bodennutzung – Rechtliche Anforderungen an Baulandmodelle für bezahlbaren Wohnraum, KommJur 2017, 441.
Steiner, Heinrich	Das Grundrecht der Unverletzlichkeit der Wohnung, Zürich 1959.
Stelkens, Paul/Bonk, Heinz Joachim/Sachs, Michael	Verwaltungsverfahrensgesetz: Kommentar, 10. Auflage, München 2023.
Stelkens, Ulrich	„Hinkende" Verwaltungsverträge: Wirkungen und Rechtsnatur, DÖV 2009, 850.
Stüer, Bernhard/Beckmann, Martin	Handbuch des Bau- und Fachplanungsrechts, Planung – Genehmigung – Rechtsschutz, 6. Auflage, München 2025.
Stüer, Bernhard/König, Claas-Dietrich	Städtebauliche Verträge- Strikter Gesetzesvollzug oder grenzenlose Vertragsfreiheit?, ZfBR 2000, 528
Stüer, Bernhard/Krautzberger, Michael	Flüchtlingsunterbringung: Die BauGB-Novellen 2014 und 2015, DVBl 2015, 1545.

Thiel, Markus	Der Sozialplan im Rahmen städtebaulicher Sanierungs- und Entwicklungsmaßnahmen und der Bebauungsplanung, BauR 2001, 1668.
Tietzsch, Rainer	„Milieuschutz" durch Sanierungsrecht, NVwZ 1996, 870.
ders.	Soziale Sanierungsziele – Ziele ohne Mittel?, NVwZ 2007, 299.
ders.	Bestätigung für den Milieuschutz, NVwZ 1998, 590.
Uechtritz, Michael	Das Baulandmobilisierungsgesetz - Anmerkungen zu den Neuregelungen, BauR 2021, 1227.
Vierling, Markus	Die Abschöpfung des Planungsgewinns durch städtebauliche Verträge, München/Hamburg 2006.
Von Hase, Wolf Rüdiger	Sanierungsrechtliche Mietobergrenzen im juristischen Zwielicht, Das Grundeigentum 2001, 329.
Voßkuhle, Andreas	Grundwissen - Öffentliches Recht: Der Grundsatz der Verhältnismäßigkeit, JuS 2007, 429.
Wagner, Klaus	Der städtebauliche Vertrag als Mittel zur Baulandmobilisierung, GewArch 1995, 231.
Walker, Gotthilf	Handbuch städtebaulicher Verträge, Baden-Baden 1999.
Weber, Peter	Zum Begriff des „Wohnens", NZM 2018, 70.
ders.	Ferienwohnungsvermietung zwischen Bau- und Zweckentfremdungsrecht, Der Fall Berlin, NZM 2017, 584.
ders.	Mittel und Wege landesrechtlichen Mietpreisrechts in angespannten Wohnungsmärkten, JZ 2018, 1022.
Wilke, Kirsten/Düwel, Martin	Gilt das Angemessenheitsgebot der §§ 11 II 1, 124 III 1 BauGB auch zu Gunsten der Gemeinde?, NVwZ 2012, 1449.

Windoffer, Alexander	Wider die Zweckentfremdung - Ordnungsrechtliche Grenzen der „Sharing Economy" bei kurzfristigen Vermietungen, LKV 2016, 337.
Wissenschaftliche Dienste des Deutschen Bundestages	Gesetzliche Mietpreisregulierung durch die Länder aufgrund der Gesetzgebungskompetenz für das Wohnungswesen, Ausarbeitung WD 3-3000-029/19 vom 5. Februar 2019 abrufbar unter: https://www.bundestag.de/resource/blob/592066/409b80b8bd9764f047a54e923b7c0ab3/wd-3-029-19-pdf-data.pdf (zuletzt abgerufen am 13. November 2022).
Wolfers, Benedikt/ Oppers, Kau-Uwe	Ist ein landesrechtlicher „Mietendeckel" mit dem Grundgesetz vereinbar?, DVBl. 2019, 1446.
Würdinger, Markus/ Bergmeister, Felix	Analogie und Umkehrschluss, LSK 2007, 060619.
Zepf, Uwe/Neubrandt, Philipp	Städtebauliche Verträge und bezahlbarer Wohnraum: Berliner Leitlinie in angespannten Wohnungsmärkten – Erster Teil & Zweiter Teil, LKV 2019, 207 und LKV 2019, 249.
Zimniock, Klaus	Das Grundrecht der Unverletzlichkeit der Wohnung und die Enteignung, DÖV 1954, 392.

Register/Sachverzeichnis

www.ingramcontent.com/pod-product-compliance
Ingram Content Group UK Ltd.
Pitfield, Milton Keynes, MK11 3LW, UK
UKHW021931290926
8980IPUK00016B/1564